KB068700

법조윤리강의

문제편

정형근

:

박영사

지난 2010년 「법조윤리강의」를 출간할 때 '법조윤리' 시험에 대비할 수 있도록 선택형 문제도 만들어 교재 중간마다 배치하여 풀어 볼 수 있도록 했다. 이렇게 법조윤리 학습과 시험에 대비하도록 하였던 것을 이번에 제8판 「법조윤리강의」를 내면서, 선택형 문제를 완전히 분리하여 「법조윤리강의 문제편」 이름으로 출간하는 본서에 전부 넣게 되었다.

「법조윤리강의 문제편」은 법조윤리 시험 범위에 포함되는 변호사법과 변호사법 시행령, 변호사윤리장전 등 대한변협 회칙을 비롯한 법령의 내용을 반영하여 출제한 문제들을 모아둔 것이다. 뿐만 아니라 중요한 내용을 담고 있거나 최근 새롭게 나온 판례들을 충실하게 반영한 문제도 추가하였다. 치열한 법조계의 어려운 현실이 법조윤리 교육의 중요성을 더해가고 있다. 이에 따라 법조윤리 시험 역시 갈수록 매우 수준 높은 문제가 출제되고 있다. 이런 점을 감안하여 수험 적합도에 맞는 저서로 탈바꿈시킨 본서를 내게 된 것을 다행스럽게 여기고 있다. 저자는 그간 법조윤리 시험 출제에도 여러 차례 참여하게 되었다. 출제위원으로 들어갈 때마다 시험의 난이도가 매우 높아 합격률이 예년보다 낮았던 것으로 기억하고 있다. 특히 2017년 8회 시험은 59% 합격률에 불과하여 역대 최저를 기록했다. 이는 장차 의뢰인의 인생이 걸린 중요한 법률사건을 수임하여 처리하는 법률전문가로 진출할 예비법조인들이 시간과 주의를 쏟아 꼼꼼하고 철저하게 변호사법 등의 시험범위에 포함된 법령과 판례를 익혀야 할 필요성을 느끼는 계기가 되었을 것으로 본다.

법조윤리는 정의로운 법조인의 직무규범(책임)을 정립하는 법 과목으로 민법의 특별법과 같은 성격도 강하다. 최근 불거진 법원행정처의 문건들을 통하여 법관윤리 역시도 재조명을 받고 있다. 그리고 저자가 신설해야 한다고 주장해 왔던 검사윤리강령 중 "검사상호간의 관계"가 최근 법무부에서 신설한 바 있다. 이런 점을 보면 변호사나 법관 및 검사에 관한 직무규범은 아직도 정착되었다고 할 수 없는 상황이다. 대부분 로스쿨 한

학기를 마친 후에 법조윤리 시험을 보아야 하는 수험생들을 염두에 두고 출제한 문제들을 통해서 시험합격은 물론 장차 실력 있고 성실한 법조인으로 살아가는 토대가 될 수 있도록 배려하였다.

「법조윤리강의」가 신간으로 나오는 순간부터 개정 8판에 이르기까지 꼼꼼하게 교정해 주셔서 멋진 모습으로 나오도록 수고해 주신 박영사 김선민 부장님께서 「법조윤리강의 문제편」 역시 수험생들의 사랑을 받는 애독서로 자리매김할 수 있도록 배려해 주신 점에 대하여 고마움의 인사를 전한다. 2017년부터 법학전문대학원장을 맡아 충실한 법학 이론과 법조실무 교육에 매진하는 가운데 본서를 새롭게 낼 수 있게 되어 기쁘게 생각한다. 앞으로 더욱 충실하고 유익한 내용이 담기도록 노력해 갈 것을 다짐해 본다. 본서를 통하여 법조윤리 시험에 모두 합격하고 남은 로스쿨 학업도 탁월하게 감당하여 각자 원하는 직역으로 진출할 수 있게 되기를 기원한다.

2018. 7. 15

경희대학교 법학전문대학원장실에서

저자 정 형 근 씀

차례

제 1 장   법조윤리의 의의 ··· 1
제 2 장   변호사의 지위와 직무 ··· 5
제 3 장   변호사와 의뢰인의 관계 ·· 23
제 4 장   변호사의 개업과 기본적인 의무 ································ 31
제 5 장   법무법인·법무법인(유한)·법무조합의 책임 ············ 69
제 6 장   변호사의 품위유지의무 ··· 83
제 7 장   변호사의 진실의무 ·· 87
제 8 장   변호사의 비밀유지의무 ··· 91
제 9 장   변호사의 이익충돌회피의무 ······································ 99
제10장   변호사의 보수 ·· 121
제11장   사내변호사 ·· 133
제12장   외국법자문사 제도 ··· 139
제13장   변호사의 징계제도 ··· 147
제14장   법관의 직업윤리 ·· 161
제15장   검사의 직업윤리 ·· 169

부록(제3·4·5·6·7·8회 법조윤리 기출문제) ······························· 177

1. 변호사의 직무수행과정에서 준수해야 할 의무가 아닌 것은?

① 업무상 비밀누설금지

② 등사한 형사기록의 부당목적교부금지

③ 선량한 관리자로서의 주의의무

④ 공직선거법상의 사전선거운동금지

《**해설**》 ④ 변호사의 공직선거법상 사전선거운동은 변호사 개인의 정치활동이고, 변호사로서의 직무가 아니다.

① 의사, 한의사, 치과의사, 약제사, 약종상, 조산사, 변호사, 변리사, 공인회계사, 공증인, 대서업자나 그 직무상 보조자 또는 차등의 직에 있던 자가 그 업무처리중 지득한 타인의 비밀을 누설한 때에는 3년 이하의 징역이나 금고, 10년 이하의 자격정지 또는 700만원 이하의 벌금에 처한다(형법 317①).

② 피고인 또는 변호인(피고인 또는 변호인이었던 자를 포함한다)은 검사가 열람 또는 등사하도록 한 제266조의3 제 1 항에 따른 서면 및 서류등의 사본을 당해 사건 또는 관련 소송의 준비에 사용할 목적이 아닌 다른 목적으로 다른 사람에게 교부 또는 제시(전기통신설비를 이용하여 제공하는 것을 포함한다)하여서는 아니 된다. 피고인 또는 변호인이 제1항을 위반하는 때에는 1년 이하의 징역 또는 500만원 이하의 벌금에 처한다(형사소송법 266조의16①).

③ 수임인은 위임의 본지에 따라 선량한 관리자의 주의로써 위임사무를 처리하여야 한다(민법 681).

[**정답**] ④

2. 변호사와 의뢰인간의 관계에 대하여 틀린 것은?

① 변호사는 의뢰인과의 관계에서 우월적인 지위에 설 수 있다.

② 변호사는 의뢰인으로부터 보수를 받는다면 어떤 불법행위도 할 수 있는 위험이

있다.
③ 변호사는 의뢰인의 수임사건을 처리하면서 자신의 가치관을 주장할 수 있다.
④ 변호사는 의뢰인의 고용된 총잡이 역할을 하는 것은 아니다.

《해설》 ③ 변호사는 공공성을 지닌 법률 전문직으로서 독립하여 자유롭게 그 직무를 수행한다(변호사법 2). 변호사 직무의 독립성은 의뢰인으로부터의 직무상 독립과 변호사 자신의 가치관·신념으로부터도 독립하여야 한다는 것이다.
④ 이른바 「고용된 총잡이」론은 의뢰인을 향한 적극적인 변론자세를 지칭하는 측면과 함께 오로지 의뢰인의 이익만을 위해서 행동하는 측면을 지적한 내용이다.

[정답] ③

3. 변호사의 윤리에 관한 설명 중 옳지 않은 것은?
① 국가가 법률 전문직으로서의 독립적 지위를 보장하고 있다.
② 국가는 변호사가 공익을 추구하도록 감독하고 견제하는 기능을 하고 있다.
③ 변호사의 직무는 공공성을 가지므로 의뢰인의 이익보다 공익을 앞세워야 한다.
④ 변호사는 공익적 지위를 가지므로 공익활동에 종사하여야 한다.

《해설》 ③ 변호사는 공공성을 지닌 법률 전문직이기는 하지만, 항상 공익을 앞세워야 될 의무가 있는 것은 아니다.
① 변호사는 공공성을 지닌 법률 전문직으로서 독립하여 자유롭게 그 직무를 수행한다(변호사법 2).
② 국가는 변호사가 법률 전문직으로 기능할 수 있도록 후견자적인 입장에서 감독하며 견제하고 있다.
④ 변호사는 연간 일정 시간 이상 공익활동에 종사하여야 한다(변호사법 27①)

[정답] ③

4. 변호사윤리장전 중 윤리강령에서 명시하고 있는 변호사의 사명은?

(2010년 법무부 모의고사)

① 성실·공정한 직무수행과 국민에 대한 봉사
② 기본적 인권의 옹호와 사회정의의 실현
③ 의뢰인의 권익보호와 법률문화의 창달
④ 공명정대한 직무수행과 법치주의의 확립

《해설》 변호사윤리강령은 아래와 같다.

1. 변호사는 **기본적 인권의 옹호와 사회정의의 실현을 사명**으로 한다.
2. 변호사는 성실·공정하게 직무를 수행하며 명예와 품위를 보전한다.
3. 변호사는 법의 생활화운동에 헌신함으로써 국가와 사회에 봉사한다.
4. 변호사는 용기와 예지와 창의를 바탕으로 법률문화향상에 공헌한다.
5. 변호사는 민주적 기본질서의 확립에 힘쓰며 부정과 불의를 배격한다.
6. 변호사는 우애와 신의를 존중하며, 상부상조·협동정신을 발휘한다.
7. 변호사는 국제 법조 간의 친선을 도모함으로써 세계 평화에 기여한다.

[정답] ②

5. 변호사의 직업윤리에 관한 설명 중 옳지 않은 것은?

① 변호사의 직업윤리의 준수여부는 변호사법과 변호사윤리장전의 위반 여부만을 기준으로 하는 것은 아니다.

② 변호사법은 변호사와 의뢰인의 관계를 민법상 위임계약으로 전제하고 있다.

③ 변호사는 수임할 사건의 내용이 정의에 반하고 변론을 할 여지가 없을 경우에는 의뢰인에게 법률상의 조력을 거절해야 한다는 견해도 있다.

④ Lord Brougham의 고용된 총잡이론은 변호사는 의뢰인의 이익을 위하여 최선의 노력을 다해야 한다는 것으로 오늘날 보편적인 변호사의 직업윤리 기준으로 인정되고 있다.

《해설》 ④ 고용된 총잡이론은 변호사의 의뢰인을 향한 열정적인 변론에 대한 자세를 강조함과 아울러 의뢰인의 이익을 위해서라면 어떤 불법행위도 저지르는 것에 대한 우려가 담겨 있는 것으로서 변호사법과 변호사윤리장전의 정신에 비추어 볼 때 보편적인 직업윤리로 수용될 수는 없다.
① 변호사는 직무의 내외를 막론하고 변호사로서의 품위를 손상하는 행위를 하여서는 아니 되므로(변호사법 91②(3)), 음주운전을 하여 도로교통법을 위반하거나 도박을 하여 형법을 위반하는 행위도 직업윤리위반으로 징계책임을 지게 되므로, 변호사는 모든 법령을 준수할 의무를 진다.
② 민법은 변호사와 의뢰인 간의 법률관계를 위임계약 관계라고 명시하고 있지는 않다. 그러나 수임사건(변호사법 28의2), 수임제한(변호사법 31), 수임사건과 관련된 손해배상책임(변호사법 58의11, 25)이라고 표현하고 있어 그 관계가 민법상 위임계약임을 전제로 하고 있음을 알 수 있다.
③ George Sharswood 판사는 변호사는 수임할 사건의 내용이 정의에 반하고, 변론할 여지가 없으며, 재판장과 배심원의 역할을 침해하게 될 가능성이 있는 때에는 의뢰인에게 법률적인 조력을 거절해야 한다고 하였다.

[정답] ④

1. A 변호사는 오로지 돈을 많이 벌고 싶은 동기에서 법률을 공부하고 변호사가 되었다. 그는 수많은 의뢰인과 법률자문회사를 확보하여 아침부터 밤늦게까지 업무에 전념하며 살아가고 있다. 그런데 그는 돈을 벌 수 없거나 보수가 아주 적은 사회봉사활동이나 국선변론활동 등은 일체 하지 않고 있다. A 변호사에 대하여 옳지 않은 내용은?

① 변호사는 기본적 인권의 옹호와 사회정의를 실현하는 것을 사명으로 하기 때문에, 오로지 소득의 활동의 일환으로 그 직무를 행하는 것은 윤리규칙의 위반이다.

② 변호사는 스스로의 노력으로 의뢰인을 확보하고 그 직무에 대한 대가로 생활을 하기 때문에, 원칙적으로 국선변론 등 공익적인 업무수행을 강요할 수는 없다.

③ 변호사가 건강상의 이유나 개인적인 특별한 사유에 의하여 공익적인 업무를 수행할 수 없는 경우도 있다.

④ 변호사가 부득이한 사정으로 공익활동 시간을 완수하지 못한 경우에는 시간당 금액을 계산하여 지방변호사회에 납부하는 것으로 공익활동의무를 면할 수 있다.

《해설》 ② 변호사는 연간 일정 시간 이상 공익활동에 종사하여야 한다(변호사법 27①). 변호사는 법령에 따라 공공기관, 대한변호사협회 또는 소속 지방변호사회가 지정한 업무를 처리하여야 한다(변호사법 27②). 변호사윤리장전 제4조는 「공익활동 등」에 관한 의무를 규정하고 있으며, 「공익활동등에 관한 규정」에는 변호사의 공익활동의 내용과 시간 등을 상세히 규정하고 있다. 따라서 변호사는 공익적인 업무수행을 해야 할 의무가 있다.
① 변호사의 사명은 기본적 인권의 옹호와 사회정의의 실현에 있으므로 그 직무는 영업이 아니며, 대가적 거래의 대상이 되어서는 아니 된다(구 변호사윤리장전 29①). 현재 변호사윤리장전은 이 규정을 삭제하였지만 그 취지는 여전히 유효하다.
④ 부득이한 사정으로 공익활동 시간을 완수하지 못한 개인회원은 1시간당 금 20,000원 내지 30,000원에 해당하는 금액을 소속 지방변호사회에 납부하여야 한다(공익활동 등에 관한 규정 3②).

[정답] ②

2. 변호사의 직무상 선관주의 의무에 관한 설명 중 틀린 것은(판례에 의함)?

① 변호사는 위임사무의 종료단계에서 패소판결이 있었던 경우에는 의뢰인으로부터 상소에 관하여 특별한 수권이 없는 때에도, 그 판결을 점검하여 의뢰인에게 불이익한 계산상의 잘못이 있다면, 의뢰인에게 그 판결의 내용과 상소하는 때의 승소가능성 등에 대하여 구체적으로 설명할 의무가 있다.

② 변호사는 인격을 도야하고 지식의 연마에 힘써야 하므로 의뢰인의 수임사건을 처리할 수 있는 충분한 법률지식을 갖춰야 할 의무가 있다.

③ 피사취수표와 관련된 본안소송을 위임받은 변호사가 사고신고담보금에 대한 권리 보전조치의 위임을 별도로 받은 바 없다면, 적극적으로 사고신고담보금에 대한 권리 보전조치로서 지급은행에 소송계속중임을 증명하는 서면을 제출하여야 할 의무가 있다고 볼 수는 없다.

④ 사해행위취소소송의 소송대리를 수임한 변호사는 그 수임사건과 내용을 달리하는 향후 의뢰인을 위하여 실질적인 채권확보가 가능하도록 하는 가압류등의 보전처분의 필요성과 절차를 설명할 의무는 없다.

《해설》 ④ 변호사가 대여금청구사건의 소송대리를 수임할 당시 의뢰인과 함께 찾아온 제3자로부터 사해행위취소소송의 소송대리도 함께 수임하였다면, 제반사정에 비추어 의뢰인을 위하여 실질적인 채권 확보가 가능하도록 보전처분의 필요성과 그 절차 등에 관하여 충분한 설명을 하여 보전조치가 이루어지도록 할 주의의무가 있다고 할 것인데, 이를 소홀히 함으로써 책임재산을 확보할 수 없게 되었다면 변호사로서는 선관주의의무 위반을 이유로 의뢰인에게 그로 인한 손해를 배상할 책임이 있다(서울고법 2005. 1. 4. 2004나63424 손해배상(기)).

① 일반적으로 수임인은 위임의 내용에 따라 선량한 관리자의 주의의무를 다하여야 하고, 특히 소송대리를 위임받은 변호사는 그 수임사무를 수행함에 있어 전문적인 법률지식과 경험에 기초하여 성실하게 의뢰인의 권리를 옹호할 의무가 있으며, 구체적인 위임사무의 범위는 변호사와 의뢰인 사이의 위임계약의 내용에 의하여 정하여지는 것이지만, 위임사무의 종료단계에서 패소판결이 있었던 경우에는 의뢰인으로부터 상소에 관하여 특별한 수권이 없는 때에도 그 판결을 점검하여 의뢰인에게 불이익한 계산상의 잘못이 있다면 의뢰인에게 그 판결의 내용과 상소하는 때의 승소가능성 등에 대하여 구체적으로 설명하고 조언하여야 할 의무가 있다(대법원 2004. 5. 14. 2004다7354 손해배상(기)).

② 변호사는 법률전문직으로서 필요한 지식을 탐구하고 윤리와 교양을 높이기 위하여 노력한다(변호사윤리장전 2④). 여기서 말하는 지식의 연마는 의뢰인의 수임업무를 처리할 수 있는 풍부한 법률지식을 말한다.

③ 피사취수표와 관련된 본안소송을 위임받은 변호사가 사고신고담보금에 대한 권리 보전조치의 위임을 별도로 받은 바 없다면, 적극적으로 사고신고담보금에 대한 권리

보전조치로서 지급은행에 소송계속중임을 증명하는 서면을 제출하여야 할 의무가 있다고 볼 수는 없다. 그러나 의뢰인과 변호사 사이의 신뢰관계 및 사고수표와 관련된 소송을 위임한 의뢰인의 기대와 인식 수준에 비추어 볼 때, 피사취수표와 관련된 본안소송을 위임받은 변호사는, 비록 사고신고담보금에 대한 권리 보전조치의 위임을 별도로 받은 바 없다고 하더라도, 위임받은 소송업무를 수행함에 있어서 사고신고담보금이 예치된 사실을 알게 되었다면, 이 경우에는 수표 소지인이 당해 수표에 관한 소송이 계속중임을 증명하는 서면을 지급은행에 제출하고 수익의 의사표시를 하면 나중에 확정판결 등을 통하여 정당한 소지인임을 증명함으로써 사고신고담보금에 대한 직접청구권이 생기므로, 법률전문가의 입장에서 승소 판결금을 회수하는 데 있어 매우 실효성이 있는 이와 같은 방안을 위임인에게 설명하고 필요한 정보를 제공하여 위임인이 그 회수를 위하여 필요한 수단을 구체적으로 강구할 것인지를 결정하도록 하기 위한 법률적인 조언을 하여야 할 보호의무가 있다(대법원 2002. 11. 22. 2002다9479 손해배상(기)).

[정답] ④

3. 변호사의 의뢰인에 대한 수임사건 처리시에 취해야 할 선량한 관리자로서의 의무에 관한 설명 중 틀린 것은(판례에 의함)?

① 변호사가 의뢰인으로부터 사건을 수임한 후 법원에 제출하는 소송위임장은 민사소송법상 소송대리인의 권한을 증명하는 전형적인 서면이다.

② 의뢰인의 소송위임은 소송대리권의 발생이라는 소송법상의 효과를 목적으로 하는 단독 소송행위로서, 그 기초관계인 의뢰인과 변호사 사이의 사법상의 위임계약과 성격을 같이 한다.

③ 본안소송을 수임한 변호사가 그 소송을 수행함에 있어 강제집행이나 보전처분에 관한 소송행위를 할 수 있는 소송대리권을 가진다고 하여, 의뢰인에 대한 관계에서 당연히 그 권한에 상응한 위임계약상의 의무를 부담한다고 할 수는 없다.

④ 소유권이전등기 청구소송을 수임한 변호사가 소송 계속중인 그 수임시로부터 6개월이 지난 시점에 상대방이 그 토지를 제3자에게 처분할 염려가 있다고 판단하여 소송대리인의 권한으로써 그 토지에 대한 처분금지가처분신청을 하였으나 그 담보 제공에 따른 가처분기입등기가 마쳐지기 전에 상대방이 제3자에게 근저당권설정등기를 경료해 주었다면, 소송의 수임 당시 의뢰인에게 그 토지에 대한 소유권이전등기청구권을 보전할 필요성 및 처분금지가처분절차에 관하여 충분히 설명을 하였어야 할 구체적 사정이 존재하였다고 보기는 어렵다.

《해설》 ② 의뢰인이 변호사에게 소송을 위임하는 행위(수권행위)는 소송대리권의 발생이라는 소송법상의 효과를 목적으로 하는 단독 소송행위이다. 그러므로 그 기초관계인

의뢰인과 변호사 사이의 사법상의 위임계약과는 성격을 달리하는 것이며, 의뢰인과 변호사 사이의 권리의무는 수권행위가 아닌 별도의 위임계약에 의하여 발생한다(대법원 1997. 12. 12. 95다20775 손해배상(기)). 따라서 소송위임장에 기재된 소송행위의 범위가 위임계약보다 넓은 경우에는 변호사와 의뢰인간의 위임계약의 내용에 따르게 된다. ③ 본안소송을 수임한 변호사가 그 소송을 수행함에 있어 강제집행이나 보전처분에 관한 소송행위를 할 수 있는 소송대리권을 가진다고 하여 의뢰인에 대한 관계에서 당연히 그 권한에 상응한 위임계약상의 의무를 부담한다고 할 수는 없고, 변호사가 처리의무를 부담하는 사무의 범위는 변호사와 의뢰인 사이의 위임계약의 내용에 의하여 정하여진다(대법원 1997. 12. 12. 95다20775 손해배상(기)). ④ 소유권이전등기 청구소송을 수임한 변호사가 소송 계속중인 그 수임시로부터 6개월이 지난 시점에 그 소송의 상대방 9인 중의 1인이 계쟁 토지에 관하여 협의분할에 의한 재산상속을 원인으로 단독 명의로 소유권이전등기를 마친 사실을 등기부등본을 열람한 결과 알게 되자 상대방이 그 토지를 제3자에게 처분할 염려가 있다고 판단하여 소송대리인의 권한으로써 그 토지에 대한 처분금지가처분신청을 하였으나 그 담보 제공에 따른 가처분기입등기가 마쳐지기 전에 상대방이 제3자에게 근저당권설정등기를 경료해 준 사안에서, 소송의 수임 당시 변호사가 의뢰인에게 그 토지에 대한 소유권이전등기청구권을 보전할 필요성 및 처분금지가처분절차에 관하여 충분히 설명을 하였어야 할 구체적 사정이 존재하였다고 보기는 어렵다는 이유로, 변호사의 의뢰인에 대한 선량한 관리자로서의 주의의무 위반으로 인한 손해배상책임을 인정한 원심판결을 파기한 사례(대법원 1997. 12. 12. 95다20775 손해배상(기)).

[정답] ②

4. A는 고금리로 사채업을 하는 회사의 법률자문 변호사이다. 그 회사는 가혹하게 높은 대출이자를 채무자로부터 징수하는 과정에서 폭행·협박을 행사한 것이 문제되어 언론에 보도되어 악덕 고리대금업회사로 알려져 있다. A 변호사는 위 자문회사로부터 수임한 대여금청구소송을 진행함에 있어 「대부업의 등록 및 금융이용자보호에 관한 법률」이 정하는 범위 내에서 이자를 정확히 계산하여 청구를 하고, 소송중에도 채무자의 형편을 고려하지 않고 오로지 승소판결을 얻고자 노력하고 있다. A 변호사에 관한 설명 중 옳은 것은?

① 사회적 약자의 인권을 보호해야 할 변호사의 사명을 위반한 것이다.
② 사회적으로 비난받는 회사로부터 사건을 수임하여 소송대리를 하는 것을 비난할 수는 없다.
③ 채무자들을 폭행·협박하는 등의 불법행위를 저지르는 회사의 행위에 동조한 것이다.
④ 성공보수를 받을 생각으로 오로지 승소판결을 받고자 애쓰는 것은 변호사 직무

의 공공성에 반하는 것이다.

《**해설**》 ② 변호사는 의뢰인이나 사건의 내용이 사회 일반으로부터 비난을 받는다는 이유만으로 수임을 거절하지 아니한다(변호사윤리장전 16①). 변호사는 노약자, 장애인, 빈곤한 자, 무의탁자, 외국인, 소수자, 기타 사회적 약자라는 이유만으로 수임을 거절하지 아니한다(변호사윤리장전 16②). 그러므로 고리대금 회사의 소송대리를 하는 것 자체는 윤리규범에 반하지 아니한다.

[**정답**] ②

5. 변호사의 의무와 책임에 관하여 옳지 않은 것은?
  ① 위임계약에서 정한 의무를 이행하지 않은 경우에는 채무불이행 책임을 진다.
  ② 변호사가 감독의무를 다하였다면, 사무직원의 과실은 변호사의 과실이 될 수 없다.
  ③ 변호사가 의뢰인이 불리한 시기에 소송대리를 사임한 때 손해배상책임이 생길 수 있다.
  ④ 변호사는 복대리인을 선임하려는 경우에 의뢰인의 승낙이나 부득이한 사유가 있어야 한다.

《**해설**》 ② 변호사의 사무직원 등의 이행보조자의 과실은 바로 변호사의 과실이다(민법 391). 변호사 사무직원의 과실로 상소기간의 오고지로 인하여 의뢰인이 불이익을 받거나, 불변기일을 도과시킨 경우 등이다.
③ 당사자 일방이 부득이한 사유 없이 상대방의 불리한 시기에 계약을 해지한 때에는 그 손해를 배상하여야 한다(민법 689②).
④ 변호사는 위임인의 승낙이나 부득이한 사유없이 제 3 자로 하여금 자기에 갈음하여 위임사무를 처리하게 하지 못한다(민법 682①).

[**정답**] ②

6. 변호사의 직무에 관하여 잘못된 설명은(판례에 의함)?
  ① 변호사의 직무에 부동산중개행위가 당연히 포함된다고 할 수는 없다.
  ② 변호사가 변리사 업무를 하려는 경우에는 변리사 등록을 하여야 한다.
  ③ 변호사는 세무사등록부에 등록하지 않으면 세무사 업무는 할 수 없다.
  ④ 변호사가 법무사처럼 등기업무와 고소장 대서행위를 하는 것은 무방하다.

《**해설**》 ③ 변호사는 세무사등록부에 등록을 하지 않고서는 세무사라는 명칭을 사용할 수 없다(헌재 2008. 5. 29, 2007헌마248, 세무사법 제20조 제2항 위헌확인). 등록을 하여야 세무사 명칭을 사용할 수 있고, 등록을 하지 않더라도 세무사 업무는 할 수 있지만 세무사 명칭을 사용할 수 없을 뿐이다.

세무사법[시행 2018. 1. 1.][법률 제15288호, 2017. 12. 26, 일부개정]의 개정으로 변호사에 대한 세무사 자격을 인정하는 규정이 삭제되었다. 다만, 이 법 시행 당시(2018. 1. 1) 종전의 제3조 제3호에 따라 세무사의 자격이 있던 사람은 제3조 제3호의 개정규정에도 불구하고 세무사 자격이 있는 것으로 본다(세무사법 부칙 제2조 변호사의 세무사 자격에 관한 경과조치).

① 변호사의 직무에 부동산중개행위가 당연히 포함된다고 해석할 수도 없고, 변호사법에서 변호사의 직무가 구 부동산중개업법 시행령(2002. 12. 26. 대통령령 제17816호로 개정되기 전의 것) 제5조 단서 소정의 '다른 법률의 규정'에 해당한다고 명시한 바도 없으므로, 변호사는 구 부동산중개업법(2005. 7. 29. 법률 제7638호 공인중개사의 업무 및 부동산 거래신고에 관한 법률로 전문 개정되기 전의 것) 제4조 제1항, 제4항, 같은 법 시행령 제5조에 규정된 중개사무소개설등록의 기준을 적용받지 않는다고 할 수는 없다(대법원 2006. 5. 11. 2003두14888 부동산중개사무소개설등록신청반려처분취소).

② 변리사법 제11조 중 변리사 부분이 변리사로 하여금 변리사회에 의무적으로 가입하도록 규정한 것은 변리사회의 법적 지위를 강화하여 공익사업을 수행하고 지식재산권에 관한 민간차원의 국제협력을 증진하고자 하는 입법목적의 정당성이 인정되고, 등록된 변리사로 하여금 변리사회에 의무적으로 가입하도록 하는 것은 그 입법목적의 달성에도 적합하며, 그 입법목적을 달성하기 위하여 적합한 유일한 수단이어서 피해의 최소성 원칙에도 위반되지 않을 뿐만 아니라, 청구인의 불이익과 공익을 비교형량하면 청구인이 겪게 되는 직업수행의 자유에 대한 제한보다 그 입법목적을 달성함으로써 얻게 되는 공익의 비중과 정도가 더 크다 할 것이므로, 법 제11조 중 변리사 부분은 법익의 균형성 원칙에도 위배되지 않는다(헌재 2008. 7. 31, 2006헌마666, 변리사법 제2조 등 위헌확인).

④ 등기업무와 고소장 대서행위는 일반 법률 사무를 하는 것에 해당된다(변호사법 3).

[정답] ③

7. A 변호사는 부동산매매를 전문으로 하는 주식회사의 의뢰를 받고, X와 Y 사이에 체결하는 토지매매계약에 입회인으로 참석하여, 의뢰인이 준비해 준 위 토지매매계약서에 입회인으로 서명날인을 하고, 그 보수를 의뢰인으로부터 받았다. A 변호사의 위 행위에 대한 다음 설명 중 옳은 것은?

① 위 계약에 관하여 분쟁이 발생하여 재판을 하게 될 때, 변호사는 계약 당사자로부터 소송을 수임할 수 없는 경우가 있을 수 있다.

② 위 계약과 관련하여 분쟁이 발생하면 그 계약체결 사정을 잘 알고 있는 위 변호사가 가장 유리한 수임조건을 제시하는 당사자를 대리하는 것은 무방하다.

③ 변호사는 동일 사건에서 이익이 서로 충돌하는 위 계약의 당사자를 동시에 대리하는 것이기 때문에 수임이 제한된다.

④ 계약 당사자 일방이 그 상대방을 대리하여 소송행위를 하는 데 양해를 한 경우에는 아무런 제한을 받지 않고 수임할 수 있다.

《해설》 ① 변호사는 ⊙ 과거 공무원·중재인·조정위원 등으로 직무를 수행하면서 취급 또는 취급하게 된 사건이거나, 공정증서 작성사무에 관여한 사건, ⓛ 동일한 사건에 관하여 상대방을 대리하고 있는 경우에 해당하는 **사건을 수임하지 아니한다**(변호사윤리장전 22①(1)(2)). **수임하고 있는 사건의 상대방이 위임하는 다른 사건**의 경우 수임하고 있는 사건의 **의뢰인이 양해하거나**(변호사윤리장전 22①(3)), **상대방 또는 상대방 대리인과 친족관계에 있는 경우 의뢰인이 양해하거나**(변호사윤리장전 22①(4)), **동일 사건에서 둘 이상의 의뢰인의 이익이 서로 충돌하는 경우 및 현재 수임하고 있는 사건과 이해가 충돌하는 사건의 경우 관계되는 의뢰인들이 모두 동의하고 의뢰인의 이익이 침해되지 않는다는 합리적인 사유가 있는 경우에는 그러하지 아니한다**(변호사윤리장전 22①(5)(6)). 변호사윤리장전은 변호사가 스스로 **증인이 되어야 할 사건**의 수임을 제한하기도 한다. 즉, 변호사는 스스로 증인이 되어야 할 사건을 수임하지 아니한다. 다만, 다음 각 호의 1에 해당하는 경우에는 그러하지 아니하다(변호사윤리장전 54①).

1. 명백한 사항들과 관련된 증언을 하는 경우
2. 사건과 관련하여 본인이 제공한 법률사무의 내용에 관한 증언을 하는 경우
3. 사건을 수임하지 아니함으로써 오히려 의뢰인에게 불리한 영향을 미치는 경우

따라서 A변호사는 계약당사자 X, Y 중 일방이나 쌍방으로부터 그 매매계약과 동일하거나 다른 사건을 수임하는데 있어서 수임제한에 관한 변호사법 제31조, 개정 변호사윤리장전 제22조 및 제54조 등의 제약을 받을 수 있다.

[정답] ①

8. A 변호사는 X로부터 인접한 이웃 주민 Y가 자신의 땅 3㎡를 침범하여 그 위에 가옥을 신축하였기 때문에, Y를 상대로 위 대지인도청구와 함께 그 동안의 불법점유로 인한 지료 상당의 부당이득금을 청구하려는 사건을 선임한 다음 Y에게 그 같은 사실을 알려 주었다. 그러자 Y는 A 변호사 사무실을 찾아와 위 사건으로 재판을 하면 돈도 많이 들고, 이웃간에 분쟁하는 것도 싫다면서 위 대지는 X로부터 매수하고, 그 동안의 대지사용료는 적당한 금액으로 조정해 줄 것을 A 변호사에게 부탁하였다. A 변호사에 대한 다음 설명 중 옳은 것은?

① 변호사가 의뢰인의 동의를 구하지 않고 그 상대방인 Y에게 수임사실을 알린 것은 의뢰인의 신뢰를 훼손한 것이다.

② 의뢰인과 체결한 수임계약의 내용은 대지인도청구 및 부당이득금반환청구이기

때문에 소송 외에서 양 당사자간의 분쟁조정에 개입하는 것은 위임계약을 위반한 것이다.

③ 변호사가 적극적으로 의뢰인의 상대방에게 선임사실을 알려서 Y의 부탁으로 양 당사자 사이에 조정에 나서는 것은 쌍방대리에 해당된다.

④ 의뢰인이 Y의 제안에 동의하여 소송 외에서 분쟁을 해결하게 되었다면, 변호사는 직무상의 윤리규정에 위반되지 않는다.

《해설》 ④ 변호사는 당사자와 그 밖의 관계인의 위임이나 국가·지방자치단체와 그 밖의 공공기관(이하 "공공기관"이라 한다)의 위촉 등에 의하여 소송에 관한 행위 및 행정처분의 청구에 관한 대리행위와 일반 법률 사무를 하는 것을 그 직무로 한다(변호사법 3). 변호사의 직무를 규정하는 변호사법 제 3 조에는 설문과 같은 행위를 직접적으로 규율하는 규정은 없지만, 양 당사자의 동의하에 분쟁내용에 대한 화해를 성립시키는 것은 변호사의 직무범위에 해당한다.

[정답] ④

9. 변호사 정보 제공 웹사이트 운영자가 변호사들의 개인신상정보를 기반으로 변호사들의 '인맥지수'를 산출하여 공개하는 서비스를 제공한 경우에 관한 설명 중 틀린 것은(다툼이 있을 때는 판례에 의함)?

① 정보주체의 동의 없이 개인정보를 공개함으로써 침해되는 인격적 법익과 정보주체의 동의 없이 자유롭게 개인정보를 공개하는 표현행위로서 보호받을 수 있는 법적 이익이 하나의 법률관계를 둘러싸고 충돌하는 경우, 그 행위의 위법성은 개인정보에 관한 인격권 보호에 의하여 얻을 수 있는 이익(비공개 이익)과 표현행위에 의하여 얻을 수 있는 이익(공개 이익)을 구체적으로 비교 형량하여, 어느 쪽 이익이 더욱 우월한 것으로 평가할 수 있는지에 따라 그 행위의 최종적인 위법성 여부를 판단하여야 한다.

② 웹사이트 운영자가 변호사들의 개인신상정보를 기반으로 한 인맥지수를 공개하는 표현행위에 의하여 얻을 수 있는 법적 이익이 이를 공개하지 않음으로써 보호받을 수 있는 변호사들의 인격적 법익에 비하여 우월하다고 볼 수는 없다.

③ 인맥지수에 의하여 표현되는 법조인 간의 친밀도는 변호사인 원고들의 공적 업무에 대한 평가적 요소와는 무관한 사적인 영역에 속하는 정보로서 일반 법률수요자들이 변호사를 선택하기 위하여 최소한도로 제공받아야 할 공익적 가치가 있는 개인적 및 직업적 정보라고 할 수 없다.

④ 웹사이트 운영자가 변호사들의 개인신상정보를 기반으로 한 인맥지수 서비스를

일반인에게 제공하는 것은 국민의 알 권리를 충족하고 웹사이트 운영자의 표현
의 자유로서 보장되어야 하는 영역에 속한다.

《해설》 ④ 인맥지수의 사적·인격적 성격, 그 산출과정에서의 왜곡가능성, 그 이용으
로 인한 원고들의 이익 침해와 공적 폐해의 우려, 그에 반하여 그 이용으로 인하여 달
성될 공적인 가치의 보호 필요성 정도 등을 종합적으로 고려하면, 피고(웹사이트 운영
자)가 이 사건 개인신상정보를 기반으로 한 인맥지수를 공개하는 서비스를 제공하는
표현행위에 의하여 얻을 수 있는 법적 이익이 이를 공개하지 아니함으로써 보호받을
수 있는 원고들의 인격적 법익에 비하여 우월하다고 볼 수 없어, 결국 피고의 이 사건
인맥지수 서비스 제공행위는 원고들의 개인정보에 관한 인격권을 침해하는 위법한 것
이다(대법원 2011. 9. 2. 2008다42430 정보게시금지등).

[정답] ④

10. 변호사의 선량한 관리자의 주의의무에 관한 설명으로 옳지 않은 것은?

① 대여금청구 사건을 수임한 경우 의뢰인과 보전소송 제기에 관한 별도의 위임계
약이 없더라도 채권보전을 위한 가압류청구를 해주어야 한다.

② 제 1 심 손해배상 청구사건에서 패소한 경우 의뢰인으로부터 항소에 관한 특별
수권이 없는 때에도 그 판결을 점검하여 의뢰인에게 불이익한 계산상의 잘못이
있다면 항소의 가능성에 대하여 구체적으로 설명하고 조언하여야 한다.

③ 피사취수표와 관련된 본안소송을 위임받은 변호사가 사고신고담보금에 대한 권
리보전조치의 위임을 별도로 받은 바 없다면 적극적으로 사고신고담보금에 대
한 권리보전조치로서 지급은행에 소송계속 중임을 증명하는 서면을 제출할 의
무가 없다.

④ 의뢰인으로부터 사건을 수임하여 처리함에 있어 그 재량적 판단에 기초하여 성
실하게 수임사무를 처리한 것으로 인정될 경우에는 의뢰인의 지시에 어긋나거
나 재량권의 범위를 일탈한 것으로 인정되지 않는 한 수임계약상의 책임을 물
을 수 없다.

《해설》 ① 본안소송을 수임한 변호사가 강제집행이나 보전처분에 관한 소송행위를 할
수 있는 소송대리권을 갖는다고 하여 의뢰인에 대해 당연히 그 권한에 상응한 위임계
약상의 의무를 부담하지 않는다(대법원 1997. 12. 12. 95다20775 손해배상(기)).

[정답] ①

11. 법무법인 A는 국제사건 유치를 위하여 미국에서 변호사자격을 취득하였을뿐 국내변호사 자격이 없는 甲을 채용하였다. 이에 대한 설명으로 옳은 것은?

① 법무법인 A는 외국에서 변호사 자격을 갖춘 甲을 사무직원으로 채용할 수 없다.

② 甲은 법률자문 업무에 관하여 자신의 명의로 대외적 서면을 작성하여 제출할 수 있다.

③ 법원에 제출할 서면용지에 "미국변호사 甲(Attorney-at-law 甲)"이라고 병기하여 표시할 수 있다.

④ 법무법인 A가 甲을 형식은 사무직원으로 고용하는 것처럼 하고 실질적으로 국내변호사와 동등한 자격으로 사무실을 운영한다면 변호사법 위반이 된다.

《해설》 ④ 자유무역협정등에 따라 법무부장관이 고시하는 자유무역협정등의 당사국에 본점사무소가 설립·운영되고 있는 외국법자문법률사무소는 사전에 대한변호사협회에 제34조의3에 따른 공동 사건 처리 등을 위한 등록(이하 "공동사건처리등을 위한 등록"이라 한다)을 한 경우 제34조 제 2 항에도 불구하고 법률사무소, 법무법인, 법무법인(유한) 또는 법무조합과 국내법사무와 외국법사무가 혼재된 법률사건을 사안별 개별계약에 따라 공동으로 처리하고 그로부터 얻게 되는 수익을 분배할 수 있다(외국법자문사법 34의2①). 외국법자문법률사무소의 구성원 또는 구성원이 아닌 소속 외국법자문사는 제 1 항에 따른 업무를 처리하는 경우 법률사무소, 법무법인, 법무법인(유한) 또는 법무조합 소속 변호사가 처리하는 법률사무에 대하여 제24조 각 호에 규정된 업무범위를 넘어 부당하게 관여하여서는 아니 된다(외국법자문사법 34의2②). 공동사건처리등을 위한 등록은 공동 사건 처리 등의 업무를 수행하려는 외국법자문법률사무소의 대표자가 서면으로 신청하여야 한다(외국법자문사법 34의3①). 법무부장관은 공동사건처리등을 위한 등록을 마친 외국법자문법률사무소의 본점사무소가 법무부장관이 고시하는 자유무역협정등의 당사국에서 설립·운영되고 있지 아니한 경우에는 대한변호사협회에 그 등록의 취소를 명할 수 있다(외국법자문사법 34의4①). 대한변호사협회는 제 1항에 따른 등록취소명령이 있거나 등록취소명령 사유가 있는 경우에는 공동사건처리등을 위한 등록을 취소하여야 한다(외국법자문사법 34의4②). 공동사건처리등을 위한 등록을 마친 외국법자문법률사무소의 대표자는 매년 1월 31일까지 전년도에 그 외국법자문법률사무소가 제34조의2 제 1 항에 따라 체결한 계약과 관련하여 그 상대방인 법률사무소, 법무법인, 법무법인(유한) 또는 법무조합의 명칭 및 그 사무소의 소재지, 계약체결일, 그 밖에 대한변호사협회가 정하는 사항을 대한변호사협회에 신고하여야 한다(외국법자문사법 34의5①). 지난 2011. 4. 5. 외국법자문사법의 개정으로 신설된 내용으로 제한적인 범위에서 공동사건처리와 수익의 분배 등의 절차를 정하고 있다.

[정답] ④

12. 변호사의 자격을 취득한 후 행정안전부의 사무관으로 근무하던 甲은 직권을 남용하였다는 혐의를 받아 수사기관의 조사를 받게 되자 사표를 제출하고 퇴직하여 변호사 등록을 하려고 한다. 甲에 대한 다음 설명 중 옳지 않은 것은?

(제 1 회 기출문제)

① 甲이 직권남용죄로 기소되어 징역형의 집행유예를 선고받을 경우, 甲은 그 유예기간이 지난 후에도 2년 동안 변호사의 자격이 상실된다.

② 甲이 직권남용죄로 기소되어 징역형을 선고받은 경우에도 그 형의 선고의 효력이 상실되는 특별사면 및 복권이 된 후 대한변호사협회에 등록신청을 한 경우라면, 대한변호사협회는 등록을 거부할 수 없다.

③ 甲이 직권남용죄로 기소되어 징역형의 선고유예를 받을 경우, 甲은 그 유예기간 동안 변호사의 자격이 상실된다.

④ 甲이 직권남용죄로 기소되어 벌금형을 선고받는 경우라면, 변호사의 결격사유 문제는 발생하지 아니하나 대한변호사협회로부터 등록이 거부될 수 있다.

《해설》 ②「공무원 재직 중의 직무에 관한 위법행위로 인하여 형사소추 또는 징계처분(파면 및 해임은 제외한다)을 받거나 퇴직한 자로서 **변호사의 직무를 수행하는 것이 현저히 부적당하다고 인정되는 자**」는 대한변호사협회 등록심사위원회의 의결을 거쳐 등록을 거부할 수 있다(변호사법 8①(4)). ④도 여기에 해당된다.
①, ③ 변호사법 제 5 조(변호사의 결격사유)

[정답] ②

13. 다음 설명 중 옳지 않은 것은? (제 1 회 기출문제)

① 변호사는 사건 내용이 사회 일반으로부터 비난받는다는 이유만으로 수임을 거절해서는 안 된다.

② 원고 소송복대리인으로서 변론기일에 출석하여 소송행위를 하였던 변호사가 피고 소송복대리인으로도 출석하여 변론한 경우라도, 당사자가 그에 대하여 아무런 이의를 제기하지 않았다면 그 소송행위는 소송법상 완전한 효력이 생긴다.

③ 본안소송을 맡은 변호사는 그에 부수되는 권리보전조치의 위임을 별도로 받은 바 없다면 의뢰인에게 가능한 권리보전조치가 어떤 것이 있는지에 대해서까지 설명할 의무는 없다.

④ 변호사가 법률상담 및 소송수행을 무료로 하기로 하였더라도, 그 상담 및 송무 과정에서 과실로 의뢰인에게 손해를 발생시킨 경우, 의뢰인은 그 변호사를 상대로 손해배상을 청구할 수 있다.

《해설》 ③ 피사취수표와 관련된 본안소송을 위임받은 변호사에게 위임인으로 하여금 사고신고담보금에 대한 권리보전조치를 취하도록 설명·조언할 보호의무가 있다는 판례가 있다. 의뢰인과 변호사 사이의 신뢰관계 및 사고수표와 관련된 소송을 위임한 의뢰인의 기대와 인식 수준에 비추어 볼 때, 피사취수표와 관련된 본안소송을 위임받은 변호사는, 비록 사고신고담보금에 대한 권리보전조치의 위임을 별도로 받은 바 없다고 하더라도, 위임받은 소송업무를 수행함에 있어서 사고신고담보금이 예치된 사실을 알게 되었다면, 이 경우에는 수표 소지인이 당해 수표에 관한 소송이 계속 중임을 증명하는 서면을 지급은행에 제출하고 수익의 의사표시를 하면 나중에 확정판결 등을 통하여 정당한 소지인임을 증명함으로써 사고신고담보금에 대한 직접청구권이 생기므로, 법률전문가의 입장에서 승소 판결금을 회수하는 데 있어 매우 실효성이 있는 이와 같은 방안을 위임인에게 설명하고 필요한 정보를 제공하여 위임인이 그 회수를 위하여 필요한 수단을 구체적으로 강구할 것인지를 결정하도록 하기 위한 법률적인 조언을 하여야 할 보호의무가 있다(대법원 2002. 11. 22. 2002다9479 손해배상(기)). 같은 취지의 판결로, 위임사무의 종료단계에서 패소판결이 있었던 경우에는 의뢰인으로부터 상소에 관하여 특별한 수권이 없는 때에도 그 판결을 점검하여 의뢰인에게 불이익한 계산상의 잘못이 있다면 의뢰인에게 그 판결의 내용과 상소하는 때의 승소가능성 등에 대하여 구체적으로 설명하고 조언하여야 할 의무가 있다(대법원 2004. 5. 14. 2004다7354 손해배상(기)).

[정답] ③

14. 법조윤리협의회에 관한 설명 중 옳은 것은?

① 공직퇴임변호사는 퇴직일로부터 2년 동안 수임한 사건자료를 법조윤리협의회에 제출하여야 한다.

② 법조윤리협의회 위원장은 특정 변호사에게 징계사유가 있을 때에는 소속 지방변호사회에 징계개시를 신청할 수 있다.

③ 변호사윤리강령의 대폭적인 개정을 위한 연구용역을 유상으로 교수에게 맡길 수 있다.

④ 법조윤리협의회 위원장은 9명의 전체 위원 중에서 재적위원 과반수의 동의로 선출한다.

《해설》 ③ 변호사법 제89조 제1항 제2호 "법조윤리 실태의 분석과 법조윤리 위반행위에 대한 대책" 수립을 위하여 변호사윤리강령의 개정을 위한 연구용역을 전문가에게 의뢰할 수 있다.
① 수임자료를 소속 지방변호사회에 제출하여야 한다.
② 특정 변호사에게 징계사유가 있을 때에는 대한변호사협회의 장에게 징계개시를 신청할 수 있다(변호사법 89의5③).

④ 법조윤리협의회 위원장은 대한변호사협회의 장이 지명하거나 위촉하는 위원 중에서 재적위원 과반수의 동의로 선출한다(변호사법 89의2②).

[**정답**] ③

15. 다음 설명 중 옳지 않은 것은(다툼이 있는 경우에는 판례에 의함)?

(제 2 회 기출문제)

① 소송대리를 위임받은 변호사는 위임사무의 종료단계에서 패소판결이 있었던 경우에는 의뢰인으로부터 상소에 관하여 특별한 수권이 없는 때에도 그 판결을 점검하여 의뢰인에게 불이익한 계산상의 잘못이 있다면 의뢰인에게 그 판결의 내용과 상소하는 때의 승소가능성 등에 대하여 구체적으로 설명하고 조언하여야 할 의무가 있다.

② 변호사는 의뢰인과 체결한 위임계약의 본지에 따라 선량한 관리자의 주의로써 수임사무를 직접 처리해야 하지만, 의뢰인의 승낙이나 부득이한 사유로 인하여 다른 변호사에게 수임사무의 처리를 맡겨 그 다른 변호사가 수임사무를 처리하는 동안에는 그 다른 변호사가 동일한 내용과 정도의 주의의무를 부담하므로 그 기간 동안 원래의 수임인인 변호사는 위 다른 변호사에게 비용지급의무를 부담하는 외에 의뢰인에게는 책임을 부담하지 않는다.

③ 민사사건의 소송 대리업무를 위임받은 변호사가 그 소송 제기 전에 상대방에게 채무 이행을 최고하고 형사고소를 제기하는 등의 사무를 처리함으로써 사건 위임인과 상대방 사이에 재판 외 화해가 성립되어 결과적으로 소송제기를 할 필요가 없게 된 경우에, 사건 위임인과 변호사 사이에 소제기에 의하지 아니한 사무처리에 관하여 명시적인 보수의 약정을 한 바 없다고 하여도 특단의 사정이 없는 한 사건 위임인은 변호사에게 위 사무처리에 들인 노력에 상당한 보수를 지급할 의무가 있다.

④ 변호사는 소송수행 등 수임사무의 처리로 인하여 받은 금전 기타의 물건 및 그 수취한 과실을 의뢰인에게 인도하여야 하고, 변호사가 의뢰인을 위하여 변호사의 명의로 취득한 권리는 의뢰인에게 이전하여야 한다.

《**해설**》 ② 수임인은 위임인의 승낙이나 부득이한 사유없이 제삼자로 하여금 자기에 갈음하여 위임사무를 처리하게 하지 못한다(민법 682①). 수임인이 전항의 규정에 의하여 제삼자에게 위임사무를 처리하게 한 경우에는 제121조, 제123조의 규정을 준용한다(민법 682①).

대리권이 법률행위에 의하여 부여된 경우에는 대리인은 본인의 승낙이 있거나 부득이한 사유있는 때가 아니면 복대리인을 선임하지 못한다(민법 120). 전조의 규정에 의하여 대리인이 복대리인을 선임한 때에는 본인에게 대하여 그 선임감독에 관한 책임이 있다(민법 121①). 대리인이 본인의 지명에 의하여 복대리인을 선임한 경우에는 그 부적임 또는 불성실함을 알고 본인에게 대한 통지나 그 해임을 태만한 때가 아니면 책임이 없다(민법 121②). 그러므로 원래의 수임인인 변호사는 다른 변호사에게 비용지급 의무를 부담하는 외에 의뢰인에게는 책임을 부담하지 않는다는 지문은 옳지 않다.

① 소송대리를 위임받은 변호사의 위임사무 종료단계에서의 선관주의의무의 내용에 관한 판례이다(대법원 2004. 5. 14. 2004다7354 손해배상(기)).

③ 민사소송 대리업무를 위임받은 변호사가 소제기 이외의 방법으로 재판외 화해를 성립시켜 소제기가 불필요하게 된 경우 변호사의 보수청구권 유무에 관한 판례이다(대법원 1982. 9. 14. 82다125, 82다카284 사례금).

④ 수임인의 취득물 등의 인도, 이전의무에 관한 민법 제684조의 내용이다. 수임인은 위임사무의 처리로 인하여 받은 금전 기타의 물건 및 그 수취한 과실을 위임인에게 인도하여야 한다(민법 684①). 수임인이 위임인을 위하여 자기의 명의로 취득한 권리는 위임인에게 이전하여야 한다(민법 684②).

[정답] ②

16. 변호사법상 일정 수 이상의 사건을 수임한 '특정 변호사'의 수임자료 제출과 관련된 설명 중 옳지 않은 것은?

① 지방변호사회는 특정 변호사의 성명과 사건목록을 법조윤리협의회에 제출하여야 한다.

② 법조윤리협의회는 특정 변호사에게 수임자료 및 처리결과의 제출을 요구할 수 있다.

③ 특정 변호사는 법조윤리협의회로부터 수임자료 및 처리결과의 제출을 요구받은 때에는 반드시 이를 제출하여야 한다.

④ 법조윤리협의회 위원장은 특정 변호사에게 위법사유가 있음을 발견하였을 때에는 소속 지방변호사회의 장에게 수사의뢰를 신청할 수 있다.

《해설》 ④ 지방변호사회는 대통령령으로 정하는 수 이상의 사건을 수임한 변호사[제50조, 제58조의16 및 제58조의30에 따른 법무법인·법무법인(유한)·법무조합의 담당 변호사를 포함하며, 이하 "특정 변호사"라 한다]의 성명과 사건 목록을 윤리협의회에 제출하여야 한다(변호사법 89의5①). 윤리협의회는 제30조, 제31조, 제34조 제 2 항·제 3 항 및 제35조 등 사건수임에 관한 규정의 위반 여부를 판단하기 위하여 수임 경위 등을 확인할 필요가 있다고 인정되면 특정 변호사에게 제 1 항의 사건 목록에 기재된 사건에 관한 수임 자료와 처리 결과를 제출하도록 요구할 수 있다. 이 경우 특정 변호사는 제출을 요구받은 날부터 30일 이내에 제출하여야 한다(변호사법 89의5②). 특정 변호사에 대하여는 제89조의4 제 4 항 및 제 5 항을 준용한다(변호사법 89의5③). 따라서 법조윤리협의회 위원장은 대한변호사협회의 장이나 지방검찰청 검사장에게 그 변호사에 대한 징계개시를 신청하거나 수사를 의뢰할 수 있다(변호사법 89의4④).

[정답] ④

17. 변호사법과 변호사윤리장전이 명시하고 있는 변호사의 사명에 해당되지 않은 것은?
① 기본적 인권의 옹호와 사회정의의 실현
② 직무수행의 고도화를 위한 필요한 지식의 탐구
③ 법령과 제도의 민주적 개선
④ 성실한 직무수행과 사회질서의 유지

《해설》 ② 변호사는 법률전문직으로서 필요한 지식을 탐구하고 윤리와 교양을 높이기 위하여 노력한다(변호사윤리장전 2④)는 법률지식의 탐구는 고도의 직무수행을 위한 지적숙련을 해야 한다는 것으로 변호사의 사명이 아니라 '기본윤리'에 해당된다.
① 변호사법 제 1 조 제 1 항.
③ 변호사는 인간의 자유와 권리를 보호하고 향상시키며, 법을 통한 정의의 실현을 위하여 노력한다. 변호사는 공공의 이익을 위하여 봉사하며, 법령과 제도의 민주적 개선에 노력한다(변호사윤리장전 1①②).
④ 변호사법 제 1 조 제 2 항.

[정답] ②

18. 법조윤리협의회의 업무와 공직퇴임변호사와 관련된 설명 중 옳은 것은?
① 법조윤리협의회는 업무수행을 위하여 필요하다고 인정하면 관계인 및 관계 기관·단체 등에 대하여 관련 사실을 조회하거나 자료 제출을 요구할 수 있지만, 사실 조회 또는 자료제출을 요청받은 기관·단체 등은 이에 따라야 할 의무는 없다.
② 퇴직한 날로부터 1년이 지나지 않은 공직퇴임변호사는 사건당사자가 인척인 경우라도 수임제한을 받게 된다.
③ 재판연구원, 사법연수생과 병역의무를 이행하기 위하여 군인·공익법무관 등으로 근무한 후 개업한 변호사는 공직퇴임변호사에 해당된다.
④ 법조윤리협의회는 비밀누설금지의무가 있음에도 불구하고 공직퇴임변호사의 수임자료를 국회에 제출하여야 할 의무가 있다.

《해설》 ④ 법조윤리협의회는 변호사법 제89조의8(비밀누설의 금지)에도 불구하고 「인사청문회법」에 따른 인사청문회 또는 「국정감사 및 조사에 관한 법률」에 따른 국정조사를 위하여 국회의 요구가 있을 경우에는 제89조의4 제 3 항(공직퇴임변호사의 수임자료)

및 제89조의5 제 2 항(특정 변호사의 수임자료)에 따라 제출받은 자료 중 다음 각 호의 구분에 따른 자료를 국회에 제출하여야 한다(변호사법 89의9②).

① 법조윤리협의회는 징계개시의 신청 또는 수사 의뢰 등 업무수행을 위하여 필요하다고 인정하면 관계인 및 관계 기관·단체 등에 대하여 관련 사실을 조회하거나 자료 제출 또는 윤리협의회에 출석하여 진술하거나 설명할 것을 '요구'할 수 있다. 이 경우 요구를 받은 자 및 기관·단체 등은 이에 따라야 한다(변호사법 89②). 지난 2013. 5. 28. 변호사법 개정으로 법조윤리협의회의 자료요구에 대해 응할 의무를 관계 기관에 부과하였다.

② 공직퇴임변호사는 퇴직 전 1년부터 퇴직한 때까지 근무한 법원, 검찰청, 군사법원, 금융위원회, 공정거래위원회, 경찰관서 등 국가기관(대법원, 고등법원, 지방법원 및 지방법원 지원과 그에 대응하여 설치된 「검찰청법」 제 3 조 제 1 항 및 제 2 항의 대검찰청, 고등검찰청, 지방검찰청, 지방검찰청 지청은 각각 동일한 국가기관으로 본다)이 처리하는 사건을 퇴직한 날부터 1년 동안 수임할 수 없다. 다만, 국선변호 등 공익목적의 수임과 **사건당사자가 「민법」 제767조에 따른 친족인 경우의 수임은 그러하지 아니하다**(변호사법 31③).

③ 법관, 검사, 장기복무 군법무관, 그 밖의 공무원 직에 있다가 퇴직(**재판연구원, 사법연수생과 병역의무를 이행하기 위하여 군인·공익법무관 등으로 근무한 자는 제외한다**)하여 변호사 개업을 한 자를 '공직퇴임변호사'라 한다(변호사법 31③).

[정답] ④

19. 변호사의 직무와 그 한계에 관련된 설명 중 옳지 않은 것은(다툼이 있는 경우 판례에 의함)?

① 변호사시험에 합격한 변호사는 세무사 시험에 합격하지 않더라도 세무사 등록부에 세무사로 등록할 수 있다.

② 현행법상 특허 등의 침해를 청구원인으로 하는 침해금지청구 또는 손해배상청구 등과 같은 민사사건에서 변리사의 소송대리는 허용되지 아니한다.

③ 변호사는 세무사등록부에 등록을 하지 않고서는 세무사라는 명칭을 사용할 수 없다.

④ 변호사가 변리사 업무를 하려는 경우에 변리사회에 의무적으로 가입하지 않고서는 변리사 업무를 할 수 없다는 변리사법 규정은 합헌이다.

《해설》 ① 세무사 자격시험에 합격하지 않은 변호사는 비록 세무사 자격이 있더라도 세무사법 부칙 제 2 조 제 1 항의 적용대상에 해당하지 않는 이상 세무사등록부에 세무사로 등록할 수 없다(대법원 2012. 5. 24. 2012두1105 세무사등록신청반려처분취소).
② "변리사는 특허, 실용신안, 디자인 또는 상표에 관한 사항의 소송대리인이 될 수 있다"라고 정하는 변리사법 제 8 조에 의하여 변리사에게 허용되는 소송대리의 범위 역시 특허심판원의 심결에 대한 심결취소소송으로 한정되고, 현행법상 특허 등의 침해를 청

구원인으로 하는 침해금지청구 또는 손해배상청구 등과 같은 민사사건에서 변리사의
소송대리는 허용되지 아니한다(대법원 2012. 10. 25. 2010다108104 상표권침해금지등).
③ 헌재 2008. 5. 29, 2007헌마248(세무사법 제20조 제 2 항 위헌확인).
④ 헌재 2008. 7. 31, 2006헌마666(변리사법 제 2 조 등 위헌확인).

[**정답**] ①

20. 법조윤리협의회와 관련된 설명 중 틀린 것은?

① 법조윤리협의회는 「인사청문회법」에 따른 인사청문회 또는 「국정감사 및 조사
에 관한 법률」에 따른 국정조사를 위하여 국회의 요구가 있을 경우에는 공직퇴
임변호사 및 특정변호사로부터 제출받은 변호사법 소정의 자료를 국회에 제출
하여야 한다.
② 법조윤리협의회의 위원장은 위원 중에서 대한변호사협회의 장이 지명한다.
③ 법조윤리협의회의 위원장은 특정변호사에 대하여 징계사유나 위법의 혐의가 있
는 것을 발견하였을 때에는 그 변호사에 대한 징계개시를 신청하거나 수사를
의뢰할 수 있다.
④ 공직퇴임변호사는 퇴직일부터 2년 동안 수임한 사건에 관한 수임 자료와 처리
결과를 소속 지방변호사회에 제출하여야 한다.

《**해설**》 ② 위원장은 대한변호사협회의 장이 지명하거나 위촉하는 위원 중에서 재적위
원 과반수의 동의로 선출한다(변호사법 89의2②).
① 법조윤리협의회는 제89조의8에도 불구하고 「인사청문회법」에 따른 인사청문회 또
는 「국정감사 및 조사에 관한 법률」에 따른 국정조사를 위하여 국회의 요구가 있을 경
우에는 제89조의4 제 3 항 및 제89조의5 제 2 항에 따라 제출받은 자료 중 다음 각 호의
구분에 따른 자료를 국회에 제출하여야 한다(변호사법 89의9②).
③ 윤리협의회의 위원장은 공직퇴임변호사에게 제91조에 따른 징계사유나 위법의 혐
의가 있는 것을 발견하였을 때에는 대한변호사협회의 장이나 지방검찰청 검사장에게
그 변호사에 대한 징계개시를 신청하거나 수사를 의뢰할 수 있다(변호사법 89의4④).
특정변호사에 대하여는 제89조의4 제 4 항 및 제 5 항을 준용한다(변호사법 89의5③).
④ 공직퇴임변호사는 퇴직일부터 2년 동안 수임한 사건에 관한 수임 자료와 처리 결과
를 대통령령으로 정하는 기간마다 소속 지방변호사회에 제출하여야 한다(변호사법 89
의4①).

[**정답**] ②

┌─────────────┐
│ 제3장   │
│   │
│ 변호사와   │
│ 의뢰인의   │
│ 관계   │
└─────────────┘

1. 변호사의 수임거절에 관하여 틀린 설명은?

   ① 의뢰인의 범죄행위를 목적으로 하는 사건의 수임은 거절하여야 한다.

   ② 청구권원이 애매한 사건은 수임을 거절하는 것이 옳다.

   ③ 수임사건의 처리 중에 위법행위에 해당된다고 판단되면 협조를 중단하여야
   한다.

   ④ 변호사의 직무의 독립성은 불법행위의 도구가 되지 않는다는 것이다.

   《해설》 ② 청구권원이 애매하다는 것은 승소가능성이 높지 않다는 것을 말할 수 있
   다. 패소가능성이 있다는 사유만으로 수임이 제한되지는 않는다.
   ① 변호사는 의뢰인의 범죄행위, 기타 위법행위에 협조하지 아니한다. 직무수행 중 의
   뢰인의 행위가 범죄행위, 기타 위법행위에 해당된다고 판단된 때에는 즉시 그에 대한
   협조를 중단한다(변호사윤리장전 11①).

   [정답] ②

2. 변호사의 수임의무에 관한 설명 중 옳지 않은 것은?

   ① 변호사는 계약체결의 자유가 있기 때문에 수임의무는 제한적인 것이다.

   ② 어린 자녀를 상습적으로 성폭행하여 온 자의 선임요청에 응하여야 하는 것은
   아니다.

   ③ 빈곤한 자에 대한 소송구조제도가 완비되어 있으므로 수임요청을 거절할 수
   있다.

   ④ 보호자가 없다는 이유로 국선변호인의 선정을 거절할 수 없다.

   《해설》 ③ 변호사는 노약자, 장애인, 빈곤한 자, 무의탁자, 외국인, 소수자, 기타 사회
   적 약자라는 이유만으로 수임을 거절하지 아니한다(변호사윤리장전 16②). 소송구조가
   완비되어 있어 민사·형사 사건에서 사선 변호사를 선임하지 않더라도 도움을 받을 수

있는 여건이 되었을지라도 경제적으로 곤궁한 자를 도와야 하는 기본정신은 여전히 지켜져야 한다.

[**정답**] ③

3. 변호사와 의뢰인의 관계 종료사유에 관한 설명 중 틀린 것은?

① 변호사와 의뢰인은 아무런 제한 없이 위임계약을 해지할 수 있다.

② 변호사의 소송대리권 존속시한은 판결정본이 송달될 때까지이다.

③ 의뢰인은 변호사의 직무수행태도가 불성실한 경우에는 해임할 수 있다.

④ 변호사는 의뢰인이 소송진행에 협조하지 않을 때 사임할 수 있다.

《**해설**》 ① 당사자 일방이 부득이한 사유 없이 상대방의 불리한 시기에 계약을 해지한 때에는 그 손해를 배상하여야 한다(민법 689②). 변호사와 의뢰인은 서로 간에 위임계약을 해지할 수 있는 자유가 있다. 그렇지만 해지시에는 부득이한 사유가 있어야 하고, 그렇지 않고 상대방이 불리한 시기에 해지를 한 때에는 손해를 배상하여야 한다.

[**정답**] ①

4. 의뢰인 A는 변호사 甲에게 찾아와 자신이 최근 의료과오사고를 당했다고 하면서 민사소송을 제기할 실익이 있는지 상담하였다. 변호사 甲은 입증의 어려움이 있지만 입증만 된다면 승소가능성이 있다고 하여 의뢰인 A는 소송위임계약을 체결하였다. 소제기 후 1심 재판부는 원고 A의 대리인 변호사 甲에게 좀 더 입증할 자료가 없느냐고 묻자 변호사 甲은 좀 더 준비할 시간을 위해 기일연기를 신청하였다. 이를 본 의뢰인 A는 패소할까봐 다급해져 의사출신 변호사 乙을 수소문하였다. 자초지종을 들은 변호사 乙은 자신이 의료과오소송의 전문가이며 A의 사건을 수임하여 계속 진행하겠다고 한다. A는 甲을 해임하고 乙을 선임할 수 있는가?

(2010년 법무부 모의고사)

① 할 수 있다. 의뢰인 A는 언제든지 변호사 甲과 위임관계를 종료시킬 수 있기 때문이다.

② 할 수 있다. 변호사 甲은 객관적으로 신뢰를 할 수 없는 행태를 보였기 때문이다.

③ 할 수 없다. 소송 계속 중에 변호사의 해임은 부득이한 사유에 한하는데 이 사안은 부득이한 사유에 해당하지 않는다.

④ 할 수 없다. 변호사 乙의 태도는 동료 변호사 甲의 사건을 부당하게 빼앗는 것이기 때문이다.

《해설》 ① 위임계약은 각 당사자가 언제든지 해지할 수 있다(민법 689①). 그러므로 의뢰인은 변호사와의 위임계약을 해지하고 乙을 새롭게 선임하여 재판할 수 있다. 그러나 당사자 일방이 부득이한 사유 없이 상대방의 불리한 시기에 계약을 해지한 때에는 그 손해를 배상하여야 한다(민법 689②). 설문에서는 변호사 甲에게 불리한 시기에 해당하는지 불분명하고, 의료과오소송이므로 의사출신 변호사 乙을 수임하여 입증을 충분히 하려는 의뢰인에게 부득이한 사유가 있다고 볼 수 있다.

[정답] ①

5. 변호사의 영업 및 영리추구 활동에 관한 설명 중 옳지 않은 것은?

① 변호사법은 변호사의 영리추구 활동을 엄격히 제한하고 그 직무에 관하여 고도의 공공성과 윤리성을 강조하고 있다.

② 변호사는 위임인과의 개별적 신뢰관계에 기초하여 개개 사건의 특성에 따라 전문적인 법률지식을 활용하여 소송에 관한 행위 및 행정처분의 청구에 관한 대리행위와 일반 법률사무를 수행하는 활동을 할 수 있다.

③ 변호사의 영업활동은 상인의 영업활동과는 본질적으로 차이가 없다 할 것이고, 변호사의 직무 관련 활동과 그로 인하여 형성된 법률관계에 대하여 상인의 영업활동 및 그로 인하여 형성된 법률관계와 동일하게 상법을 적용받고 있다.

④ 변호사의 업무를 비즈니스측면에서 보면 의뢰인과 위임계약 등을 통하여 사실상 영리를 목적으로 그 직무를 행하는 것으로 보지 않을 수 없으며, 변호사의 직무수행으로 인하여 발생한 수익은 법률용역사업에서 발생하는 소득으로 보아 과세된다.

《해설》 ③ 변호사의 자격을 가진 자가 변호사로 등록하여 변호사로서의 직무를 수행하는 행위는 상행위가 될 수 없다. 그러므로 상법의 적용을 받지 않는다. 다만, 법무법인의 책임관계에서는 합명회사 사원의 책임규정이 준용되고 있다(변호사법 58).

[정답] ③

6. 변호사의 직무범위와 관련된 설명 중 옳지 않은 것은?

① 변호사는 일반 법률사무를 취급하는 자이므로 부동산 중개사무소 개설허가 없이 부동산 중개업무를 할 수 있다.

② 자동차손해보험사의 구상채권에 관하여 보험사로부터 위임받은 법무법인이 그 사무를 처리함에 있어 소제기 전후로 적극적으로 채무자에 대하여 유선 또는

서면으로 변제를 촉구하는 업무를 할 수 있다.

③ 변호사가 금융기관의 요구에 따라 신청사건 일체를 위임받아 대리인으로 접수하기도 하고 작성 및 제출만 위임받아 금융기관의 이름으로 접수만 대행할 수 있다.

④ 법무법인의 구성원변호사가 세무사로 등록하여 별도의 사무실을 설치하지 아니하고 법무법인 사무실에서 세무사로서의 업무인 세무대리업무를 수행할 수 있다.

《해설》 ① 변호사의 직무에 부동산 중개행위가 당연히 포함된다고 해석할 수 없다(대법원 2006. 5. 11. 2003두14888). 따라서 부동산 중개사무소를 개설하기 위해서는 소정의 허가절차를 거쳐야 한다.

④ 변호사는 세무사등록부에 등록을 하지 않고서는 세무사라는 명칭을 사용할 수 없다(헌재 2008. 5. 29, 2007헌마248). 그러나 변호사는 세무사라는 명칭을 사용하지 않더라도 얼마든지 자신이 세무대리업무를 하고 있음을 일반 소비자들에게 알릴 수 있다.

[정답] ①

7. 변호사와 의뢰인의 관계에 관한 설명 중 옳지 않은 것은?　　(제 1 회 기출문제)

① 변호사와 의뢰인의 관계는 원칙적으로 위임관계이므로 수임인인 변호사는 선량한 관리자의 주의로써 위임사무를 처리하여야 한다.

② 변호사는 의뢰인으로부터 독립하여 직무를 수행하며 의뢰인의 지휘·감독을 받는 것은 아니다.

③ 변호사가 무상으로 사건을 수임한 경우에는 의뢰인의 승낙 없이도 복대리인을 선임할 수 있다.

④ 위임계약이 종결된 후에도 변호사는 의뢰인에게 일정한 의무를 부담할 수 있다.

《해설》 ③ 임의대리인은 본인의 승낙이 있거나 부득이한 사유가 있지 아니하면 복대리인을 선임하지 못한다(민법 120). 이를 임의대리인의 복임권이라고 한다. 임의대리인의 복대리인의 선임에 관하여 본인의 묵시적 승낙이 있다고 보아야 할 경우에 관하여 판례는 "대리의 목적인 법률행위의 성질상 대리인 자신에 의한 처리가 필요하지 아니한 경우에는 본인이 복대리 금지의 의사를 명시하지 아니하는 한 복대리인의 선임에 관하여 묵시적인 승낙이 있는 것으로 보는 것이 타당하다"(대법원 1996. 1. 26. 94다30690 분양대금반환)고 한다.

[정답] ③

8. 변호사가 의뢰인과의 수임관계가 종료된 경우 의뢰인이 소송사건 기록의 반환을 요구하는 경우에 관한 설명 중 틀린 것은?

① 변호사는 수임사무 종료한 때부터 3년간 의뢰인의 사건기록을 보관할 의무가 있다.

② 변호사는 위임사무의 처리로 인하여 받은 금전 기타의 물건을 의뢰인에게 인도하여야 한다.

③ 변호사는 수임사무가 종료되어 의뢰인이 기록의 반환을 요구하는 경우에 당해 사건의 판결이 확정된 후에 반환의무가 발생한다.

④ 변호사가 의뢰인에게 기록을 반환할 때에는 원칙적으로 의뢰인으로부터 받은 문서의 경우 원본 자체를 반환하여야 한다. 그러나 소장이나 답변서, 준비서면 등은 복사본을 교부하여도 된다.

《해설》 ③ 변호사는 수임사무가 종료되어 의뢰인이 기록의 반환을 요구하는 경우에는 확정판결 이전이라도 반환의무가 발생한다.

① 변호사, 변리사, 공증인, 공인회계사 및 법무사에 대한 직무상 보관한 서류의 반환을 청구하는 채권은 3년간 행사하지 아니하면 소멸시효가 완성한다(민법 163).

② 수임인은 위임사무의 처리로 인하여 받은 금전 기타의 물건 및 그 수취한 과실을 위임인에게 인도하여야 한다(민법 684①). 수임인이 위임인을 위하여 자기의 명의로 취득한 권리는 위임인에게 이전하여야 한다(민법 684②).

④ 기록을 반환할 때에는 원칙적으로 의뢰인으로부터 받은 문서의 경우 원본 자체를 반환하여야 할 것이지만, 소장이나 답변서, 준비서면 등과 같이 기록의 성질상 원본의 존재 자체는 별다른 의미가 없고 그 내용만이 의미를 갖는 기록 등에 대해서는 구태여 원본의 반환을 필요로 하지 않는다고 할 것이다.

[정답] ③

9. A 변호사는 타인의 건물을 불법으로 점유하여 주점을 운영하고 있다는 사유로 건물명도청구소송을 제기받은 X로부터 그 사건의 수임을 의뢰받았다. 다음 중 틀린 것은?

① A는 승소할 수 있을 것이라는 말을 하면서 수임해서는 안 된다.

② A는 X가 타인의 건물을 불법점유하고 있다는 점을 알았다면 그 사건을 선임하여서는 아니 된다.

③ A는 X가 계속적으로 주점영업을 할 수 있도록 재판을 연기해 달라는 요청에 응할 필요가 없다.

④ A는 건물명도청구 사건의 원고를 개인적으로 만나 화해를 시도할 수 있다.

《해설》 ② 변호사는 위임의 목적 또는 사건처리의 방법이 현저하게 부당한 경우에는 당해 사건을 수임하지 아니한다(변호사윤리장전 21). 그러나 설문의 사안에서는 소장에 기재된 X에 대한 청구원인에 의해서는 점유의 권원이 적법한지 여부가 명확하지 않고, 설령 변호사가 내심으로 X가 불법점유를 하고 있는 것으로 보일지라도 소송 진행 중에 화해 등을 통하여 정당한 차임을 지급한다거나 원, 피고간의 약정으로 영업을 일정기간 계속할 수 있는 방안을 고려할 수 있으므로 선임하지 못하는 것은 아니다.
③ 변호사가 소송에서의 공격방어방법의 제출을 의도적으로 지연시키는 방법으로 재판을 지연하는 것은 적법한 대리권행사라고 볼 수 없으며, 상대방을 괴롭히는 방법에 해당하여 허용되지 아니한다.
④ 의뢰인의 이익을 위하여 상호간에 원만히 화해하도록 시도하는 것은 변호사의 정당한 활동이다.

[정답] ②

10. 다음 중 변호사의 직무상 의무 등에 관한 우리 판례(하급심 판례도 포함)의 태도와 다른 것은?

① 의뢰인으로부터 본안소송을 수임한 변호사는 의뢰인을 위하여 보전처분이나 강제집행에 관한 소송행위를 할 수 있는 소송대리권을 갖게 되므로, 의뢰인에 대한 관계에서 그 권한에 상응한 위임계약상의 의무를 부담한다.

② 변호사가 그 재량적 판단에 기초하여 성실하게 수임사무를 처리한 것으로 인정될 경우에는 의뢰자의 지시에 반하거나 재량권의 범위를 일탈한 것으로 인정되지 않는 한 수임계약상의 채무불이행책임을 물을 수 없다.

③ 변호사와 의뢰인 간의 구체적인 위임사무의 범위는 그 위임계약에 의하여 정하여지는 것이므로 변호사는 이와 같은 위임의 범위를 넘어서서 의뢰인의 재산 및 권리의 옹호에 필요한 조치를 취하여야 할 일반적인 의무를 언제나 부담하는 것은 아니다.

④ 의뢰인으로부터 사건을 수임한 변호사는 전문적인 법률지식과 경험에 기초하여 성실하게 의뢰인의 권리를 옹호할 의무가 있음과 아울러 의뢰인과의 신뢰관계를 깨뜨리는 행위를 하여서는 안 될 의무도 있다

《해설》 ① 본안소송을 수임한 변호사가 그 소송을 수행함에 있어 강제집행이나 보전처분에 관한 소송행위를 할 수 있는 소송대리권을 가진다고 하여 의뢰인에 대한 관계에서 당연히 **그 권한에 상응한 위임계약상의 의무를 부담한다고 할 수는 없고**, 변호사가 처리의무를 부담하는 사무의 범위는 변호사와 의뢰인 사이의 위임계약의 내용에 의하여 정하여진다(대법원 1997. 12. 12. 95다20775 손해배상(기)).

[정답] ①

11. 변호사 甲은 의뢰인 A로부터 곧 수임료를 지급하겠다는 약속을 받고 A의 형사사 건의 변론을 맡아 기록을 등사하고 피고인 신문사항과 변론요지서를 미리 준비하 였다. 그럼에도 불구하고 의뢰인 A가 수임료를 지급하지 아니하여 여러 차례 그 지급을 요청하였으나 의뢰인 A는 수임료 지급을 미루면서 오히려 변호사가 작성 한 변론요지서 등이 부실하다고 비난하고 있다. 변호사 甲과 의뢰인 A의 관계에 대한 설명으로 옳지 않은 것은? (제 2 회 기출문제)

   ① 의뢰인 A는 변호사 甲에게 해임의 사유를 설명함이 없이 언제든지 변호사를 해 임할 수 있다.
   ② 의뢰인 A가 변호사 甲을 해임한 경우에 변호사 甲은 이미 처리한 수임사무의 비율에 따른 보수의 지급을 청구할 수 있다.
   ③ 변호사 甲은 의뢰인 A의 보수 미지급을 이유로 위임계약을 해지하고 사임할 수 없다.
   ④ 변호사 甲이 사임을 하기 위해서 의뢰인 A의 동의를 얻을 필요는 없다.

   《해설》 ③ 변호사는 의뢰인이 약정대로 보수를 지급하지 않으면 위임계약을 해지하고 사임할 수 있다. 다만, 당사자 일방이 부득이한 사유없이 상대방의 불리한 시기에 계약 을 해지한 때에는 그 손해를 배상하여야 한다(민법 689②).

   [정답] ③

12. 변호사와 의뢰인의 관계에 관한 설명 중 옳지 않은 것은(다툼이 있는 경우 판례 에 따름)?

   ① 변호사는 위임인의 승낙이나 부득이한 사유 없이는 제 3 자로 하여금 자기에 갈 음하여 위임사무를 처리하게 할 수 없으므로, 변호사가 복대리인을 선임하려는 경우에도 위임인의 승낙이 있거나 부득이한 사유가 있어야 한다.
   ② 피고인이 법인인 형사사건에서 그 법인의 대표이사가 변호인을 선임하는 경우 에 그 선임권을 제 3 자에게 위임하여 그 제 3 자로 하여금 변호인을 선임하게 할 수 있다.
   ③ 변호사에게 계쟁사건의 처리를 위임하면서 보수의 지급 여부나 그 수액에 관하 여 명시적인 약정을 하지 않았을 경우에는 무보수로 한다는 특별한 약정이 없 는 한 응분의 보수를 지급한다는 묵시적 약정이 있는 것으로 해석된다.
   ④ 변호사는 언제든지 의뢰인과의 법률사무처리 위임계약을 해지할 수 있으나, 부 득이한 사유 없이 의뢰인이 불리한 시기에 그 위임계약을 해지한 때에는 그 손 해를 배상하여야 한다.

《**해설**》 ② 피고인이 법인인 경우에는 형사소송법 제27조 제 1 항 소정의 대표자가 피고인인 당해 법인을 대표하여 피고인을 위한 변호인을 선임하여야 하며, 대표자가 제 3 자에게 변호인 선임을 위임하여 제 3 자로 하여금 변호인을 선임하도록 할 수는 없다 (대법원 1994. 10. 28. 94모25).

① 민법 제120조.

③ 대법원 1975. 5. 25. 75다1637 보수금.

④ 민법은 '위임의 상호해지의 자유'를 인정하고 있다. 즉, 위임계약은 각 당사자가 언제든지 해지할 수 있다. 당사자 일방이 부득이한 사유없이 상대방의 불리한 시기에 계약을 해지한 때에는 그 손해를 배상하여야 한다(민법 689①②).

[**정답**] ②

1. A 변호사는 사금융업을 하는 회사의 자문변호사로 위촉받고 법률사무소는 그 회사 내부의 한 공간에 개설하고, 사무실 임대료도 지급하지 않을 뿐만 아니라 전기·수도료등 일체의 공과금도 그 회사에서 부담하고 있다. 변호사의 수임사건은 그 회사의 대여금 회수사건에만 국한되어 있어 변호사의 수입은 오로지 그 회사에만 의존하고 있는 실정이다. A 변호사에 대한 설명 중 옳지 않은 것은?

① 법률 전문가로서 독립하여 자유롭게 행동해야 하는 변호사의 법적 지위와 관련하여 문제되는 사안이다.

② 변호사는 국가권력과 사회로부터 자유와 독립을 유지해야 하는데, 사안의 경우는 회사로부터 독립이 위협받을 수 있다.

③ 변호사는 회사가 제공하는 공간에서 법률사무소를 개설·운영할지라도 직무수행에 있어서는 독립이 유지되어야 한다.

④ 변호사가 수임사건의 전부를 위 회사에 의존하고 있더라도 수임료를 받고 직무를 행하는 것이므로 독립성은 문제되지 않는다.

《해설》 ④ 사안은 변호사가 의뢰인의 회사에 고용되지 않은 상태에서 임대료와 공과금을 지급하지 않고 사무소를 운영하고 있지만, 사실상 고용된 사내변호사와 유사한 성격을 띠고 있으므로, 의뢰인으로부터의 독립과 경제적·직무상의 독립이 위협받은 상태라고 하겠다.

[정답] ④

2. A 변호사는 법학전문대학원 전임교수로 임용되면서 소속 지방변호사회에 휴업계를 제출하고, 소속 대학원 내에서 「Legal Clinic」이라는 사무소를 개설하여 교직원은 물론 일반인들에게 법률상담을 해 주고 있다. A 변호사에 대하여 옳지 않은 설명은?

① 휴업중인 변호사가 대학 내에서 일반인들을 대상으로 법률상담을 하는 것은 가능하다.

② 상담자의 요청이 있더라도 사건을 선임하여 소송대리를 하는 것은 허용되지 아니한다.

③ 직접 사건을 선임하여 소송수행을 할 수는 없지만 소송복대리인이 되는 것은 가능하다.

④ 예외적인 경우 형사사건의 국선변호인으로 선임되어 피고인을 위한 변론 활동은 가능하다.

《해설》 ③ 휴업 중인 변호사는 소송대리행위를 할 수 없다. 소송복대리인이 되는 것도 실제로 소송대리를 하는 것이기 때문에 휴업 중인 변호사가 사건을 선임하여 처리하는 것으로 볼 수 있으므로 금지된다.

① 법률사무소는 변호사법 제21조가 정하는 바에 따라 개설하여야 하지만, 대학 내의 장소에서 단순한 법률상담을 해 주는 수준의 행위는 가능하다.

② 휴업 중인 변호사는 법률사무소를 개설하여 사건을 수임하여 처리할 수 없다.

④ 휴업 중인 변호사는 원칙적으로 국선변호인도 될 수 없다. 그러나 예외적으로 변호사, 공익법무관 또는 사법연수생이 없거나 기타 부득이한 때에는 법원의 관할구역 안에서 거주하는 변호사 아닌 자 중에서 이를 선정할 수 있다(형사소송규칙 14③)는 형사소송규칙에 의하여 국선변호인이 될 여지는 있다.

[정답] ③

3. A 변호사는 서울지방변호사회에 소속되어 법률사무소는 서울특별시 서초구 서초동에 두고 있다. 그는 서울에서 비교적 가까운 부천시가 고향이며, 중·고등학교를 졸업하였던 지역인 관계로 부천시에 자택을 마련하고, 자택에 「A 변호사 법률사무소 부천시 출장소」라고 기재한 간판을 게시하고, 1주일 중 2일 동안은 자택 응접실에서 의뢰인들과 만나 상담을 하여 오고 있다. A 변호사에 관하여 틀린 것은?

① 변호사는 지연과 학연의 이점이 있더라도 자택에 마련한 사무소를 폐쇄하여야 한다.

② 두 개 이상의 법률사무소를 두는 것을 금지하는 것은 변호사간의 과당경쟁을 방지하는 목적을 가진다.

③ 소속 지방변호사회의 지휘·감독권의 행사를 벗어날 가능성도 크다.

④ 법무법인은 분사무소의 설치가 허용되지만, 개인 변호사는 어떤 명목으로든 복수 사무실을 둘 수 없다.

《해설》 ④ 변호사는 어떠한 명목으로도 둘 이상의 법률사무소를 둘 수 없다. 다만, 사무공간의 부족 등 부득이한 사유가 있어 대한변호사협회가 정하는 바에 따라 인접한 장소에 별도의 사무실을 두고 변호사가 주재하는 경우에는 본래의 법률사무소와 함께 하나의 사무소로 본다(변호사법 21③). 그러므로 위 조항 단서규정에 해당하는 경우에는 복수의 사무소를 둘 수 있다. 변호사가 자택에서 직무를 수행하는 것이 절대적으로 금지되는 것은 아니지만, 출장소라는 명칭의 사무소를 개설하여 의뢰인을 만나는 등의 행위는 복수 사무실 개설금지 의무를 위반한 것이다.

[정답] ④

4. 변호사의 사무직원 채용과 관련한 설명 중 틀린 것은?
  ① 징역 이상의 형을 선고받고 그 집행이 끝난 후 3년이 지나지 아니한 자는 채용에 제한을 받을 수 있다.
  ② 공무원으로서 징계처분에 의하여 파면된 자는 사무직원으로 채용할 수 없다.
  ③ 공무원으로 재직 중 징계처분에 의하여 해임된 후 3년이 지나지 아니한 자는 채용할 수 없다.
  ④ 변호사는 사건의 유치를 주된 임무로 하는 사무직원을 채용하여서는 아니 된다.

《해설》 ② 공무원으로서 징계처분에 의하여 파면되어 3년이 지나지 아니한 자는 채용할 수 없다(변호사법 22②(2)). 파면되어 3년이 경과하면 채용할 수 있다.
  ③ 공무원으로서 해임된 후 3년이 지나지 아니한 자는 채용할 수 없다(변호사법 22②(2)).
  ④ 변호사는 사건의 유치를 주된 임무로 하는 사무직원을 채용하지 아니한다(변호사윤리장전 8①).

[정답] ②

5. 변호사의 사무직원의 채용과 관련된 설명 중 옳지 않은 것은?
  ① 변호사 사무직원이 다른 영리를 목적으로 하는 회사의 대표이사를 겸하고 있더라도 채용할 수 있다.
  ② 행정사 자격을 가진 변호사 사무원이 행정사무소를 개설하여 겸직할 수 없다.
  ③ 외국에서 변호사 자격을 갖춘 외국변호사와 공동으로 합동법률사무소를 개설할 수 있다.
  ④ 손해사정인을 정식 직원으로 변호사협회에 등록하고, 일정급여를 지급하면서 법원과 검찰청에 서류제출만의 사무를 전담시킬 수 있다.

《**해설**》 ③ 외국에서 변호사 자격을 갖춘 외국변호사를 변호사 사무실의 직원으로 고용하여 업무를 보조하게 할 수는 있으나, 이는 어디까지나 사무직원으로 고용하는 것이므로 각종 법률자문에 대한 대외적인 서면은 외국변호사의 명의가 아닌 그를 고용한 변호사의 이름으로 제출하여야 한다(대한변협 2005. 8. 2. 법제 제1995호 질의회신).

① 변호사 사무직원이 다른 영리를 목적으로 하는 회사의 대표이사를 겸하고 있더라도, 이를 변호사 사무직원으로 채용할 수 없는 결격사유에 해당된다고 볼 만한 근거규정이 없으므로, 노무용역회사의 대표이사가 변호사 사무실의 사무장으로 근무하는 것은 가능하다(대한변협 2008. 9. 2. 법제 제2211호 질의회신).

② 행정사 자격을 가진 변호사 사무원이 행정사무소를 별도로 개설한다는 것은 변호사가 별도의 사무소를 개설하는 것이므로, 둘 이상의 법률사무소의 개설을 금지한 현행 변호사법 제21조 제3항과 변호사윤리장전 제7조 이중사무소 금지에 해당된다(대한변협 2005. 3. 8. 법제 제856호).

④ 변호사가 손해사정인을 사무직원으로 등록하고 일정급여를 지급하면서 외근업무를 보게 하는 것은 변호사법에 위배되지 아니한다(대한변협 2004. 6. 17. 법제 제1560호). 다만 변호사나 사무직원은 사건유치를 목적으로 법원, 수사기관, 교정기관 및 병원에 출입하거나 다른 사람을 파견하거나 출입 또는 주재하게 하여서는 아니 된다(변호사법 35)는 제한을 받는다.

[**정답**] ③

6. 변호사가 광고할 수 없는 내용이 **아닌** 것은?

① 저리의 이율로 착수금을 대출해 주고 수임하겠다는 사실
② 국제변호사라는 사실
③ 100% 승소하여 왔다는 사실
④ 언론에 보도된 승소판결에 관한 사실

《**해설**》 ④ 의뢰인이 동의하거나, 당해 사건이 널리 일반에 알려져 있거나 의뢰인이 특정되지 않는 경우 등 의뢰인의 이익을 해칠 우려가 없는 경우에는 그러하지 아니하다(변호사업무광고규정 4(8)단서). 언론에 보도된 승소판결에 관한 사실은 일반에 널리 알려진 것으로 의뢰인의 이익을 해칠 우려가 없는 사항으로 광고금지사항이 아니다.

① 변호사의 품위를 훼손할 우려가 있거나 공정한 수임질서를 해치는 내용이다.
② 국제변호사를 표방하는 내용이다.
③ 객관적 사실을 과장한 내용이거나 업무수행 결과에 대하여 부당한 기대를 가지도록 하는 내용의 광고이다.

[**정답**] ④

7. 변호사의 광고 방법에 관하여 옳지 않은 것은?

① "교차로"라는 무가지신문에 개인회생, 소비자파산 등의 업무를 처리한다는 광고를 할 수 있다.

② 성악가의 독창회 개최를 후원하면서 독창회 팸플릿 뒷면에 후원자들의 명단을 등재하는 란에 법무법인의 명칭 등을 등재할 수 있다.

③ "국제변호사"라는 명칭을 변호사업무가 아닌 국회의원 선거홍보물에는 사용할 수 있다.

④ 무료법률 상담을 한다는 취지의 내용을 케이블 TV로 광고할 수 있다.

《해설》 ③「변호사업무광고규정」제4조 제7호는 "국제변호사 기타 법적 근거가 없는 자격이나 명칭을 표방하는 내용의 광고"는 할 수 없도록 규정하고 있으므로 비록 영업활동이 아닌 선거구민 대상 홍보물에라도 이를 사용할 수 없다(대한변협 2008. 2. 19. 법제 제467호).

① "교차로"라는 무가지도 신문에 해당하므로 광고매체로 이용이 가능하고, 광고내용도 광고규정에 저촉되지 않는다(대한변협 2006. 1. 24. 법제 제156호).

② 개인음악회 등을 후원하고 그 팸플릿 등에 후원자로서 등재하면서 전화번호 등을 기재하는 것은 광고가 주된 목적이라기보다는 음악회의 후원에 주목적이 있는 것으로 판단되므로 광고규정에 위반되지 않는다(대한변협 2005. 12. 8. 법제 제2772호).

④ 광고의 목적이 공익적 서비스 차원에서 무료법률상담을 하기 위한 것이라면 케이블 TV를 통하여 광고하는 것은 문제가 없다(대한변협 2007. 6. 4. 법제 제1704호).

[정답] ③

8. 변호사의 광고 방법에 대하여 틀린 것은?

① 법무법인이 입주자들이 공유로 사용하는 복도에 변호사들의 약력을 기재한 간판을 설치하고, 간판의 변호사 성명 하단에 '사무전담 ○○○, ○○○'라고 사무원의 이름을 기재하는 것은 허용된다.

② 생활정보지에 "소액사건에 관하여 소송물가액 금 1,000만원 미만은 금 50만원, 소송물 가액 금 1,000만워 이상 금 2,000만원 미만은 금 100만원, 단 비용 및 부가가치세 별도 등"이라는 광고는 가능하다.

③ 변호사가 "전국 법원 경매(아파트, 토지, 상가, 공장 등 경매 관련 입찰대리 및 소송)"라는 제목하에 경매목적물인 2개의 부동산을 특정하여 명시하고 각 감정가격을 표시한 다음, "위 물건은 예시이며 그 외 전국 경매물건 상담 가능합니다"라는 내용의 광고는 허용되지 아니한다.

④ 아파트관리사무소가 지정한 아파트의 각 동 1층 로비 게시판에 A4 크기 10장

내외의 인쇄물을 1주일 정도 부착하여 사무소 소개, 취급분야, 주소 및 연락처 등을 기재하는 방법으로 업무광고를 하는 것은 가능하다.

《해설》 ① 자기 또는 구성원의 학력이나 경력을 광고하는 것 자체가 금지되어 있는 것은 아니지만, 광고를 하는 장소가 일반인이 출입을 하는 건물 복도이기 때문에 불특정다수인이 출입을 하는 공공장소로 볼 여지가 있으며, 옥외 광고물은 아니라 하더라도 변호사의 품위를 훼손할 우려가 있어 변호사업무광고규정 제5조 제3항(변호사는 광고이면서도 광고가 아닌 것처럼 가장하는 방법으로 광고를 하여서는 아니 된다) 및 제4조 제2항 제6호(부정한 방법을 제시하는 등 변호사의 품위 또는 신용을 훼손할 우려가 있는 내용의 광고)에 저촉된다. 간판에 사무원의 이름을 기재하는 것과 관련하여서는, 광고에 변호사 외에 다른 직원의 성명을 명시하는 것을 금지하는 것은 아니지만, 변호사 성명 하단에 '사무전담 ○○○'라고 표시하는 것은 자칫 변호사가 아님에도 변호사로 오인될 우려가 있을 뿐만 아니라 변호사의 품위를 훼손할 우려가 있어 위 광고규정 제4조 제2항 제2호(객관적 사실을 과장하거나 사실의 일부를 누락하는 등으로 고객을 오도하거나 고객으로 하여금 객관적 사실에 관하여 오해를 불러일으킬 우려가 있는 내용의 광고) 및 제6호에 저촉된다(대한변협 2006. 6. 22. 법제 제1741호).
② 생활정보지에 광고내용을 게재하는 방법이 금지되지 아니하며, 변호사가 서비스의 가격(수임료)을 제시하여 광고하는 행위를 제한하는 규정은 없고, 제시된 가격과 관련하여서도 문제가 없으므로 위와 같은 내용의 광고가 허용된다(대한변협 2006. 6. 22. 법제 제1741호).
③ 설문의 광고는 "불특정다수인을 상대로 특정된 경매목적물에 관하여 경매관련 상담 또는 입찰대리 및 소송 의뢰를 권유하는 내용"으로서, 광고규정 제4조 제2항 제5호(특정사건과 관련하여 당사자나 이해관계인(당사자나 이해관계인으로 예상되는 자 포함)에 대하여 그 요청이나 동의 없이 방문, 전화, 팩스, 우편, 전자우편, 문자 메시지 송부, 기타 이에 준하는 방식으로 접촉하여 당해 사건의 의뢰를 권유하는 내용의 광고. 다만, 소속 지방변호사회의 허가를 받은 경우에는 그러하지 아니하다)에 해당되므로 허용되지 아니한다(대한변협 2005. 11. 23. 법제 제2678호).
④ 광고방법의 제한기준은 불특정다수인에게 무차별적으로 광고물 또는 광고내용을 전달하거나, 운송수단의 내·외부에 광고를 하는 등으로 광고로 인한 불쾌감, 혐오감을 일으키거나, 또는 광고방법이 유치하고, 광고물 자체가 노상 등에 방기되거나 쉽게 훼손되는 현상을 가져오는 광고전단 살포 및 노상비치 등을 제한하는 것이다. 설문의 경우 아파트 관리사무소의 검인하에 지정된 게시판에 1주일 정도의 제한된 기간 동안 광고물을 부착 게시하는 것으로서, 변호사업무광고규정 제5조에 어긋나지 아니하는, 즉 변호사의 품위 또는 신용을 훼손할 우려가 없는 적정한 광고방법으로 여겨진다. 그 광고내용 역시 법무법인의 종합법률서비스를 고객들의 가까운 곳에서 제공한다는 것으로 법무법인의 장소와 연락처 정도를 알리는 단순한 내용으로서, 동 규정 제4조(광고내용에 대한 제한)를 벗어나지 아니하여 허용되는 광고로 판단된다(대한변협 2008. 5. 13. 법제 제1618호).

[정답] ①

9. A 변호사는 많은 의뢰인을 확보하여 사건을 수임할 목적으로 여성잡지, 시내버스와 택시 내부, 스포츠 신문, 핸드폰의 문자 메시지, 자신의 인터넷 홈페이지에 자신의 학력과 경력, 출신지역(고향) 등을 기재한 광고문에 "서초동에서 가장 저렴한 비용으로 해드리겠습니다. 저의 재판승소율은 누구보다도 탁월합니다"라는 내용의 문구도 기재하였다. A 변호사의 광고와 관련하여 틀린 것은?

① 시내버스와 택시 내부에 광고하는 것은 적법하다.
② 출신지역(고향)에 대한 광고는 허용되지 않는다.
③ 문자 메시지를 보내는 행위가 항상 금지되는 것은 아니다.
④ 승소율이 실제로 높을지라도 광고방법을 위반한 것이다.

《해설》 ② 변호사·법무법인·법무법인(유한) 또는 법무조합은 자기 또는 그 구성원의 학력, 경력, 주요 취급 업무, 업무 실적, 그 밖에 그 업무의 홍보에 필요한 사항을 신문·잡지·방송·컴퓨터통신 등의 매체를 이용하여 광고할 수 있다(변호사법 23①).

변호사법 제23조 제 1 항은 「자기 또는 그 구성원의 학력, 경력」을 광고할 수 있도록 하고 있고, 출신지에 대한 언급은 없다. 반면, 변호사광고업무규정 제 4 조 「광고 내용에 대한 제한」 규정에도 출신지를 광고할 수 없다는 제한이 없다. 따라서 출신지에 관하여는 광고할 수 있다고 보아야 한다. 다만, "변호사나 그 사무직원은 법률사건이나 법률사무의 수임을 위하여 재판이나 수사업무에 종사하는 공무원과의 연고 등 사적인 관계를 드러내며 영향력을 미칠 수 있는 것으로 선전하여서는 아니 된다"(변호사법 30(연고관계 등의 선전금지)). 그러므로 사건 수임을 위하여 법관이나 검사등의 공무원과는 지연관계를 드러내서는 아니 되는 제한이 있다. 이는 변호사의 일반적인 광고활동에서의 출신지를 밝히는 것과 사건 선임과정에서 공무원과의 사적인 친밀관계를 드러내기 위한 것과는 구별된다.

① 변호사는 다음 각 호의 방법으로 광고할 수 없다(변호사업무광고규정 5⑥).
1. 자동차, 전동차, 기차, 선박, 비행기, 기타 운송수단의 <u>외부에 광고물을 비치</u>, 부착, 게시하는 행위
③ 변호사는, "특정사건과 관련하여 당사자나 이해관계인(당사자나 이해관계인으로 예상되는 자 포함)에 대하여 그 요청이나 동의 없이 방문, 전화, 팩스, 우편, 전자우편, 문자 메시지 송부, 기타 이에 준하는 방식으로 접촉하여 당해 사건의 의뢰를 권유하는 내용의 광고. 다만, 소속 지방변호사회의 허가를 받은 경우에는 그러하지 아니하다"(변호사광고업무규정 4(6)). 핸드폰의 문자 메시지를 보내는 방법의 광고는 소속 지방변호사회의 허가를 받아 수신인을 특정하고, 메시지 발신횟수를 제한하는 방법 등으로 법률사무소 개업이나 이전 등의 광고를 할 수도 있다.
④ 변호사는 「객관적 사실을 과장하거나 사실의 일부를 누락하는 등으로 고객을 오도하거나 고객으로 하여금 객관적 사실에 관하여 오해를 불러일으킬 우려가 있는 내용의 광고」(변호사업무광고규정 4(2)), 「승소율, 석방률 기타 고객으로 하여금 업무수행결과

에 대하여 부당한 기대를 가지도록 하는 내용의 광고」(변호사업무광고규정 4(3))를 할 수 없다. 재판승소율이 누구보다도 탁월하다는 내용은 객관적 사실의 과장이거나 업무수행결과에 대하여 부당한 기대를 가지도록 하는 내용으로 허용되지 아니한다.

[정답] ②

10. 변호사의 공익활동 의무규정이 정하는 공익상의 직무가 될 수 없는 것은?
  ① 형사사건의 국선변호인
  ② 민사사건의 국선대리인
  ③ 서울지방변호사회 회관에서의 법률상담
  ④ 서울특별시 종로구청의 법률자문변호사

《해설》 ④ 법률자문변호사는 당해 변호사와 종로구청간의 법률자문계약에 의하여 성립된 유상의 계약관계라고 할 수 있다. 그러나 법률자문서비스를 무상으로 제공하는 것이라면 공익활동에 해당될 수 있지만, 대개는 특정기업이나 관공서의 「법률자문변호사」는 사적인 계약관계에서 행하는 변호사 본래의 직무범위에 해당된다.
  ① 국선변호인 또는 국선대리인으로서의 활동은 공익활동에 해당된다(공익활동등에 관한 규정 2(5)).
  ② 변호사는 법원을 비롯한 국가기관 또는 대한변호사협회나 소속 지방변호사회로부터 국선변호인, 국선대리인, 당직변호사 등의 지정을 받거나 기타 임무의 위촉을 받은 때에는, 신속하고 성실하게 이를 처리하고 다른 일반 사건과 차별하지 아니한다. 그 선임된 사건 또는 위촉받은 임무가 이미 수임하고 있는 사건과 이해관계가 상반되는 등 정당한 사유가 있는 경우에는, 그 취지를 알리고 이를 거절한다(변호사윤리장전 16③).
  ③ 변호사는 법령에 따라 공공기관, 대한변호사협회 또는 소속 지방변호사회가 지정한 업무를 처리하여야 한다(변호사법 27②). 변호사의 공익활동의 내용으로서는 「이 회 또는 지방변호사회가 지정하는 법률상담변호사로서의 활동」(공익활동등에 관한 규정 2(3))으로 법률상담 활동도 해당된다.

[정답] ④

11. 변호사의 위임장 또는 선임서 제출과 관련하여 옳지 않은 것은?
  ① 변호사가 법원에서 소송대리 행위를 할 때 선임서가 필요하다.
  ② 변호사가 의뢰인의 대리인으로 매매계약을 체결할 때 제출하여야 한다.
  ③ 변호사가 선임서를 법원에 제출하지 않을 수 있는 예외 사유는 없다.
  ④ 검찰에서 내사 중인 사건의 경과를 확인할 때에도 필요하다.

《해설》 ② 변호사는 법원이나 수사기관에 변호인선임서나 위임장 등을 제출하지 아니

하고는 ㉠ 재판에 계속 중인 사건, ㉡ 수사 중인 형사사건[내사 중인 사건을 포함한다]
에 대하여 변호하거나 대리할 수 없다(변호사법 29조의2).

따라서 변호사가 의뢰인의 대리인으로 매매계약을 체결할 때는 매매계약의 상대방에게
의뢰인의 위임장을 제시하면 된다. 변호인의 선임서는 재판이나 수사기관에 제출하는
것이다.

① 개인회원이나 법인회원은 재판계속 중인 사건 및 수사 중인 형사사건(내사 중인 사
건을 포함한다)에 관하여 변호 또는 대리하고자 하는 경우 법원 또는 수사기관에 변호
인선임서 또는 위임장 등을 제출하여야 한다(대한변호사협회 회칙 9⑤). 그러므로 변호
사가 재판에 계속 중인 사건을 변호할 때(형사사건)는 변호인선임서를, 소송대리하는
(민사·행정등 사건) 경우에는 (소송)위임장을 당해 사건이 계류중인 법원이나 헌법재
판소에 제출하여야 한다.

③ 변호사가 선임서를 법원에 제출하지 않을 수 있는 예외 사유는 없으나, 다만, 제출
전 소속 지방변호사회 경유절차에 대해서는 변호사법이 그 예외를 규정하고 있다. 즉,
변호사는 법률사건이나 법률사무에 관한 변호인선임서 또는 위임장 등을 공공기관에
제출할 때에는 사전에 소속 지방변호사회를 경유하여야 한다. 다만, 사전에 경유할 수
없는 급박한 사정이 있는 경우에는 변호인선임서나 위임장 등을 제출한 후 지체 없이
공공기관에 소속 지방변호사회의 경유확인서를 제출하여야 한다(변호사법 29). 선임서
또는 위임장을 공공기관에 제출할 때 급박한 사유로 사전에 소속 지방변호사회를 경유
할 수 없는 때가 있다. 그 경우에는 경유확인서를 제출하여야 한다.

④ 수사기관에서 내사 중인 사건의 변론 때에도 검찰청에 선임서를 제출하여야 한다
(변호사법 29의2(2)).

[**정답**] ②

12. 다른 변호사가 이미 수임하여 재판이 진행 중인 형사사건의 피고인의 요청으로
교도소 변호인 접견실에서 접견을 한 A 변호사는 그 사건의 담당 판사와 같은
대학을 졸업한 동창관계이며, 현재 피고인의 변호인은 형사사건의 경험이 미숙하
여 재판을 제대로 수행하지 못한다고 하면서, 자신을 변호인으로 선임하면 "보석
으로 100% 석방시켜 주겠다"는 취지의 말을 하였다. A 변호사에 관한 다음의
설명 중 틀린 것은?

① 수임하지 않은 사건에 대하여는 개입할 수 없다.

② 다른 변호사가 수행 중인 사건의 내용을 비난할 수 없다.

③ 담당 판사와 동창 관계 등 사적인 관계를 말할 수 없다.

④ 피고인이 변호인으로 선임해도 그 사건의 변론을 할 수 없다.

《**해설**》 ④ 피고인이 A변호사를 변호인으로 선임하였다면, 그 변호사는 형사변론을 할
수 있다. 다만, 수임과정에서의 법령위반 사실로 징계책임을 질 수 있다.

①, ② 변호사는 상대방 또는 상대방 변호사를 유혹하거나 비방하지 아니한다(변호사윤리장전 10①). 변호사는 수임하지 않은 사건에 개입하지 아니하고, 그에 대한 경솔한 비판을 삼간다(변호사윤리장전 10②).

③ 변호사나 그 사무직원은 법률사건이나 법률사무의 수임을 위하여 재판이나 수사업무에 종사하는 공무원과의 연고(緣故) 등 사적인 관계를 드러내며 영향력을 미칠 수 있는 것으로 선전하여서는 아니 된다(변호사법 30, 연고 관계 등의 선전금지). 변호사는 사건의 수임을 위하여 재판이나 수사업무에 종사하는 공무원과의 연고 등 사적인 관계를 드러내며 영향력을 미칠 수 있는 것처럼 선전하지 아니한다(변호사윤리장전 20④).

[정답] ④

13. 변호사의 계쟁권리의 양수금지에 대하여 옳지 않은 것은?

① 변호사가 횡령, 사기 등의 죄로 수사를 받고 있는 피의자의 변호인이 되어 활동한 결과 무혐의처분이 되었는데, 약정한 성공보수금을 피의자 소유의 B 법인의 주식 중 일부를 양수받은 것은 계쟁권리의 양수금지에 해당되지 아니한다.

② 변호사가 1심 소송대리 후 일부승소판결을 받고 변호사 수임료 명목으로 의뢰인의 1심 소송 상대방에 대한 승소판결채권의 일부를 사무장 명의로 양수받은 것은 계쟁권리를 양수받은 것에 해당된다.

③ 변호사가 공사대금청구채권의 원고 대리인이 되어 소송을 수행한 결과 승소판결을 받은 후에 원고로부터 위 공사대금채권 중 일부 금액을 양수받은 것은 허용되지 않는다.

④ 변호사가 A 회사 주식반환청구권을 피보전권리로 한 주식처분금지가처분 사건에서 채무자 B를 대리하여 가처분이의를 제기하여 소송계류 중에, B로부터 B의 처 C명의로 된 A 회사 주식을 변호사의 처 명의로 양도받은 것은 허용된다.

⑤ 변호사법이 양수를 금하는 계쟁권리는 강학상 소송물과 다른 개념으로 보는 것이 일반적이다.

《해설》 ⑤ 계쟁권리라 함은 바로 계쟁 중에 있는 그 권리이며(대법원 1985. 4. 9. 83다카1775 소유권이전등기말소), 강학상 '소송물'과 동일한 개념이라고 할 것이다(법무부 2007. 8. 27. 결정).

① 수임하여 처리한 형사사건이 직접 주식에 관련된 사건이 아니었고, 그 의뢰인과는 아무런 의견대립이 없으며, 설령 의뢰인의 상대방인 B 법인이 의뢰인과의 내부적인 관계를 이유로 그 주식에 대한 명의개서를 금지하였더라도 변호사는 계쟁권리 양수금지 의무를 위반한 것은 아니다(대한변협 2006. 3. 3. 법제 제915호).

② 변호사가 양수한 목적이 변호사의 용역의 대가인 수임료로서 변호사의 계산으로 양수한 것에 해당된다(법무부 2003. 7. 3. 결정).

③ A 회사를 상대로 B가 제기한 공사대금청구소송에서 B를 대리하던 중 위 사건 소송목적 계쟁권리인 A 회사로부터 받을 공사대금 채권 중 금 7억원을 B로부터 양수한 것은 변호사법을 위반한 것이다(대한변협 2008. 6. 2. 결정, 징계 제2007-33호).

④ 계쟁권리라 함은 바로 계쟁 중에 있는 그 권리이고, 계쟁 목적물은 포함되지 않는다는 것이 판례(대법원 1985. 4. 9. 83다카1775 소유권이전등기말소)이므로 '주식인도청구권'이 아닌 '주식'을 양수한 행위는 계쟁권리의 양수로 볼 수 없다(법무부 2007. 8. 27. 결정).

[정답] ⑤

14. 변호사의 사건 수임과 관련된 내용으로 금지된 사항이 아닌 것은?

① 피의자의 처를 변호사 사무실에 데려와서 선임케 한 친구에게 술과 음식을 대접하였다.

② 사건 수임시에 사건 소개인에게 금품을 제공하기로 약속한 후 금품을 제공하지 않았다.

③ 검사는 근무 중인 검찰청에서 내사 단계에 있는 친척의 사건을 특정 변호사에게 소개할 수 없다.

④ 사건 수임과 관련하여 어떤 경우에도, 누구라도 금품을 요구하거나 받을 수 없다.

《해설》 ③ 재판기관이나 수사기관의 소속 공무원은 대통령령으로 정하는 자기가 근무하는 기관에서 취급 중인 법률사건이나 법률사무의 수임에 관하여 당사자 또는 그 밖의 관계인을 특정한 변호사나 그 사무직원에게 소개·알선 또는 유인하여서는 아니 된다. 다만, **사건 당사자나 사무 당사자가 「민법」 제767조에 따른 친족인 경우에는 그러하지 아니하다**(변호사법 36).

② 금품의 제공을 약속한 것만으로도 변호사법 제34조 제 1 항 제 1 호를 위반한 것이다.

④ 누구든지 법률사건이나 법률사무의 수임에 관하여 ㉠ 사전에 금품·향응 또는 그 밖의 이익을 받거나 받기로 약속하고 당사자 또는 그 밖의 관계인을 특정한 변호사나 그 사무직원에게 소개·알선 또는 유인하는 행위, ㉡ 당사자 또는 그 밖의 관계인을 특정한 변호사나 그 사무직원에게 소개·알선 또는 유인한 후 그 대가로 금품·향응 또는 그 밖의 이익을 받거나 요구하는 행위를 하여서는 아니 된다(변호사법 34①). 따라서 사건 수임과 관련하여 변호사는 금품의 제공 또는 약속을 하여서도 아니 되고, 제 3 자 역시 변호사에게 금품을 수령하거나 요구할 수 없다.

[정답] ③

15. 변호사가 인터넷 포털사이트 홈페이지를 통하여 이메일 상담을 의뢰한 고객에 대하여 일정한 비용을 받고, 이에 대한 답변 등의 유료법률 서비스를 제공하고자 하는 행위와 관련하여 틀린 것은?

① 변호사의 위와 같은 활동은 변호사 아닌 자와의 동업에 해당될 수 있다.

② 알선은 법률사건을 위임계약 등의 체결을 중개하는 행위이므로 포털사이트에 변호사홈페이지를 링크해 놓는 것만으로는 알선이라고 볼 수 없다.

③ 포털사이트에 이메일 법률상담 페이지를 만들어 변호사의 웹 사이트와 링크하여 놓는다면 그 행위는 소개에 해당될 수 있다.

④ 변호사가 포털사이트 운영 회사에게 법률상담의 대가인 상담료의 일부를 지급하면 알선에 대한 대가의 성격이 있다.

《**해설**》 ② 알선이라 함은 법률사건의 당사자와 그 사건에 관하여 대리 등의 법률사무를 취급하는 상대방 사이에서 양자간에 법률사건이나 법률사무에 관한 위임계약 등의 체결을 중개하거나 그 편의를 도모하는 행위를 말한다(대법원 2000. 6. 15. 98도3697 전원합의체판결 뇌물공여·변호사법위반). 포털사이트에 이메일 법률상담 페이지를 만들어 변호사의 웹 사이트와 링크하여 놓는다면 그 행위는 알선이나 소개에 해당한다고 할 것이다(대한변협 2004. 5. 7. 법제 제1335호).

① 설문과 같은 사안이 변호사 아닌 자와의 동업관계에 해당될 수 있는데, 변호사법은 이를 금지하고 있다. 즉, 변호사가 아닌 자는 변호사를 고용하여 법률사무소를 개설·운영하여서는 아니 된다(변호사법 34④). 변호사가 아닌 자는 변호사가 아니면 할 수 없는 업무를 통하여 보수나 그 밖의 이익을 분배받아서는 아니 된다(변호사법 34⑤). 그러므로 변리사 및 세무사 등록을 한 변호사가 변리사, 세무사와 각각 공동사업자로 등록을 하여 세무 또는 특허변리업무를 처리한다면, 비변호사와의 동업을 통하여 변호사 아닌 자와 그러한 행위로부터 얻어진 수익을 분배하게 되는 것으로 이는 변호사법 제34조 제5항에 정면으로 위반된다(대한변협 2005. 5. 2. 법제 제1342호).

③ 변호사의 웹 사이트와 링크해 두었다면 알선 또는 소개에 해당될 수 있다.

④ 변호사가 업무제휴에서 포털사이트 운영 회사에게 법률상담의 대가인 상담료의 일부를 운영비용의 명목 등으로 약정하여 지급한다면, 이는 알선이나 소개에 대한 대가의 성격이 있고, 보수를 분배하는 것에 해당된다.

[**정답**] ②

16. 변호사의 변호사 아닌 자와의 동업금지에 관한 설명 중 틀린 것은?

① 변호사 아닌 자가 변호사를 고용하여 법률사무소를 개설하면 처벌된다.

② 변호사 아닌 자는 변호사와의 동업으로 보수나 이익을 분배받을 수 없다.

③ 변호사와 변호사 아닌 자 사이의 동업으로 인한 이익분배약정 자체는 유효하다.

④ 비변호사에게 고용된 변호사는 공범으로 처벌할 수 없다.

《해설》 ③ 변호사법 제34조 제 5 항은 강력한 처벌규정을 동반하는 강행법규로 되어 있는 점, 위의 규정을 위반하여 변호사가 아닌 자가 변호사가 아니면 할 수 없는 업무에 대하여 보수를 받기로 약정한 경우 그 사법상 효력이 유효하다고 한다면, 강행규정인 변호사법 제109조 제 1 호(현행 제 2 호) 내지 제111조의 입법취지를 잠탈하는 결과를 초래하게 되는 점, 변호사법 제34조 위반행위는 변호사 자격을 가진 자만이 법률사무를 취급할 수 있다는 사회질서에 반하고 변호사법의 입법목적을 중대하게 침해하는 결과를 초래하게 되는 점 등을 고려할 때, 변호사법 제34조 제 5 항에 위반된 약정은 그 사법상 효력 역시 무효라고 보아야 한다(춘천지방법원 2007. 6. 22. 2006가합319 소유권이전등기).
① 변호사법 제109조 제 2 호는 「제33조 또는 제34조(제57조, 제58조의16 또는 제58조의30에 따라 준용되는 경우를 포함한다)를 위반한 자」를 처벌하고 있다. 따라서 변호사가 아닌 자는 변호사를 고용하여 법률사무소를 개설·운영할 수 없다.
② 변호사가 아닌 자는 변호사가 아니면 할 수 없는 업무를 통하여 보수나 그 밖의 이익을 분배받아서는 아니 된다(변호사법 34⑤).
④ 변호사 아닌 자에게 고용되어 법률사무소의 개설·운영에 관여한 변호사의 행위가 일반적인 형법 총칙상의 공모, 교사 또는 방조에 해당된다고 하더라도 변호사를 변호사 아닌 자의 공범으로서 처벌할 수는 없다고 할 것이다(대법원 2004. 10. 28. 2004도3994 변호사법위반).

[정답] ③

17. 개인 변호사가 변리사로 구성된 특허법인의 구성원 겸직이 가능한지 여부에 관한 설명 중 틀린 것은?

① 변호사가 법률사무소를 개설하고 동시에 변리사가 설립한 특허법인의 분사무소의 구성원이 되는 것은 가능하다.
② 변호사가 주소를 달리하는 수인의 변호사가 운영하는 법률사무소에 참여하는 것은 허용되지 않는다.
③ 법무법인의 분사무소 소속 변호사가 변리사 업무를 하는 경우에 그 법무법인의 지위에서 변리사 업무를 행하여야 한다.
④ 변호사가 법률사무소를 두는 외에 공인중개사 자격을 취득한 후 별도로 공인중개사사무실을 둘 수 있다.

《해설》 ① 변호사가 법률사무소를 개설한 상태에서 이중사무소 설치 또는 변리사와 고용 또는 동업관계가 아니라면, 변리사법에 의해 변리사 등록을 하고 변리사로서 업무를 수행할 수 있다. 그런데 변호사가 법률사무소를 개설하고 동시에 변리사가 설립한 특허법인의 분사무소의 구성원 또는 소속 변리사 지위를 겸할 경우에 변호사가 특허법인에서 행하는 변리사로서의 직무 또한 법률사무로써 변호사의 직무에 속하므로 변호사로서의 직무와 변리사로서의 직무는 사실상 구별하기 어렵게 된다. 따라서 법률사무소를 개설한 변호사가 변리사의 지위에서 특허법인에서 업무를 수행하는 것은 실질적으로 특허법인의 변리사들과의 관계에서 그 형태에 따라 고용 또는 동업하는 것과 다를 바 없어 변호사법상의 고용 또는 동업금지조항에 위반될 소지가 있고, 법률사무소와 특허법인의 분사무소가 장소를 달리하는 경우에는 이중사무소 금지규정에도 위반된다 할 것이다(대한변협 2004. 6. 30. 법제 제1639호).

② 변호사가 주소를 달리하는 수인의 변호사가 운영하는 법률사무소에 참여하는 것은 실질적으로 수개의 법률사무소를 개설한 것과 같으므로 허용되지 않는다.

③ 법무법인의 구성원 또는 소속 변호사가 변리사로 등록을 하고 변리사 업무를 행하는 것은 허용된다 할 것이나, 변리사 개인 자격으로 행할 수 없고, 법무법인의 업무로 수행해야 할 것이고, 법무법인의 분사무소 소속 변호사들은 독립된 지위에서 변리사 업무를 행할 수는 없으며, 그 법무법인의 직무로서 변리사 업무를 수행해야 할 것이다.

④ 변호사법은 변호사의 자격에 기한 법률사무소에 관하여 이중사무소를 개설하는 것을 금하고 있을 뿐 변호사의 자격과 무관한 별개의 다른 자격에 기하여 별개의 사무소를 개설하는 것은 변호사법상 이중사무소 개설금지규정에 저촉되지 않는다. 다만, 변호사가 변호사 업무 이외에 영리업무(공인중개사 업무도 영리업무에 해당)를 수행하고자 하는 경우에는 소속 지방변호사회의 겸업허가를 받아야 한다(대한변협 2007. 4. 6. 법제 제1217호).

이와 달리 공인중개사 자격이 있는 자가 변호사 자격을 취득하여 등록 · 개업한 경우에는 변호사법 제38조의 제한과 관계없이 양 업무를 겸업하는 것이 가능하다(법무부 2001. 11. 17.자).

[정답] ①

18. A 변호사는 평소 잘 알고 지내던 친목회원으로부터 그가 현재 B 변호사를 선임하여 서울특별시를 상대로 소송을 진행 중인데 재판이 잘 풀리지 않고 있으니, 변호사를 교체하면 좋겠다는 말을 듣게 되었다. A 변호사는 그 후 그 사건의 내용과 진행과정을 파악한 다음 친목회원에게 "사건 기록을 살펴보았는데, 현재 소송대리인이 제대로 필요한 주장도 못하고, 입증도 미숙하다. 그런 사건재판을 해본 경험이 없는 것 같다. 지금처럼 가면 패소할 것이 분명하다. 빠른 시간 내에 지금 변호사를 사임시키는 것이 좋겠다"고 하면서, B 변호사를 사임시키도록 B 변호사에 대한 '해임신청서'를 직접 작성하여 그 사건 재판부에 제출하도록 하였다. 그리하여 그 사건의 소송대리인으로 된 A 변호사는 승소판결을 받게 되었다. A 변호사의 행위에 대하여 옳지 않은 것은?

① 소송수행 중인 B 변호사의 소송수행능력을 비난한 점은 윤리규약위반이다.
② A 변호사가 친목회원이 의뢰하는 사건의 수임이 절대적으로 금지되는 것은 아니다.
③ 의뢰인의 진지한 요청으로 수임하여 승소판결을 받았으므로 적절한 조력을 한 것이다.
④ A 변호사가 친목회원이 묻는 소송진행에 관련된 내용을 설명해 주는 것은 가능하다.

《해설》 ③ 변호사는 수임하지 않은 사건에 개입하지 아니하고, 그에 대한 경솔한 비판을 삼간다(변호사윤리장전 10②). 설문에서 A 변호사는 B 변호사의 소송능력을 경솔히 비판하여 그 변호사의 해임을 유도하고, 실제로 의뢰인이 해임할 수 있도록 해임신청서를 직접 작성해 주고 법원에 제출케 한 다음 그 사건을 수임한 것은 재판결과와 상관없이 윤리규약을 위반하여 징계책임을 질 수 있다.
② A 변호사는 의뢰인이 수임을 요청하면 현재 소송대리를 하고 있는 B 변호사에게 알리고 수임하는 것이 좋다. 사건 당사자는 복수의 변호사를 선임하여 대리하도록 할 권리가 있기 때문이다. 변호사는 의뢰인이 다른 변호사에게 해당 사건을 의뢰하는 것을 방해하지 아니한다(변호사윤리장전 25①).
④ 현재 소송진행 중인 사건 당사자는 자신이 선임한 변호사 이외의 다른 변호사에게 조력을 구하는 것은 금지된 바 없다. 따라서 A 변호사가 필요한 법적 조언을 해 주는 것은 가능하다. 다만 설문과 같이 상대방 변호사를 비방하여 의뢰인으로 하여금 자신을 수임하도록 유도한 점은 다른 사건에 부당하게 개입한 것으로 변호사윤리장전 제10조 제2항 '상대방비방금지 등' 규정을 위반한 것이다.

[정답] ③

19. 변호사의 법률사무소 개설과 등록에 관련된 설명 중 틀린 것은?
① 서울에서 개업한 변호사가 사무실 공간이 부족한 경우에는 인천지방법원 앞에 사무소를 추가로 둘 수 없다.
② 변호사가 개업하기 위해서는 반드시 등록하여야 한다.
③ 검사가 재직 중에 해임 징계처분을 받아 3년이 지난 후에는 능록을 신청할 수 있다. 이 때 변호사의 직무를 수행하는 것이 현저히 부적당하다는 이유로 등록을 거부할 수는 없다.
④ 변호사가 징역 2년, 집행유예 3년의 형을 선고받고 그 유예기간이 경과한 직후에 등록신청을 한 경우에는 그 등록을 거부할 수 없다.

《해설》 ④ 금고 이상의 형의 집행유예를 선고받고 그 유예기간이 지난 후 2년이 지나지 아니한 자는 변호사가 될 수 없다(변호사법 5(2)). 변호사가 집행유예를 선고받고 그 유예기간이 지난 후 2년이 지나지 아니하였으므로, 대한변호사협회는 등록심사위원회의 의결을 거쳐 등록을 거부할 수 있다(변호사법 8①(2)).

① 변호사의 법률사무소는 소속 지방변호사회의 지역에 두어야 한다(변호사법 2②). 변호사는 어떠한 명목으로도 둘 이상의 법률사무소를 둘 수 없다. 다만, 사무공간의 부족 등 부득이한 사유가 있어 대한변호사협회가 정하는 바에 따라 인접한 장소에 별도의 사무실을 두고 변호사가 주재(駐在)하는 경우에는 본래의 법률사무소와 함께 하나의 사무소로 본다(변호사법 2③). 따라서 서울지방변호사회 소속 변호사가 사무실 공간이 부족하다는 이유로 인천지방변호사회 소속 지역에 사무소를 둘 수 없다.

② 변호사로서 개업을 하려면 대한변호사협회에 등록을 하여야 한다(변호사법 7②).

③ 변호사 자격있는 자가 징계처분에 의하여 해임된 후 3년이 지나지 아니한 자는 변호사가 될 수 없다(변호사법 5(4)). 공무원 재직 중의 위법행위로 인하여 형사소추(과실범으로 공소제기되는 경우는 제외한다) 또는 징계처분[파면, 해임, 면직 및 정직(해당 징계처분에 의한 정직기간이 끝나기 전인 경우에 한정한다)은 제외한다]을 받거나 그 위법행위와 관련하여 퇴직한 자로서 변호사 직무를 수행하는 것이 현저히 부적당하다고 인정되는 자는 등록심사위원회의 의결을 거쳐 등록을 거부할 수 있다(변호사법 8①(4)). 이 경우 제4호에 해당하여 등록을 거부할 때에는 제9조에 따른 등록심사위원회의 의결을 거쳐 1년 이상 2년 이하의 등록금지기간을 정하여야 한다(변호사법 8①). 지난 2017. 12. 19. 개정된 변호사법[법률 제15251호]은 법관 및 검사의 비위를 예방하고 변호사에 대한 신뢰를 제고하기 위하여 공무원 재직 중 징계처분에 의하여 정직되고 정직기간 중에 퇴직하더라도 해당 정직기간 중에는 변호사 개업을 하지 못하도록 변호사 결격사유로 규정하였다. 따라서 징계처분에 의하여 파면을 당한 자는 5년이 지난 후에, 해임을 당한 자는 3년이 지난 후에 등록을 신청할 수 있다(변호사법 5(4)).

[정답] ④

20. 변호사 시험에 합격한 변호사의 의무연수에 관한 설명 중 틀린 것은?

① 법률사무종사기관으로 지정받기 위해서는 반드시 통산하여 5년 이상의 법조경력자가 있어야 한다.

② 법무법인에서 법률사무에 종사하는 변호사는 법무법인이 수임한 사건의 담당변호사로 지정받을 수 없다.

③ 법무부 장관은 지정된 법률사무종사기관이 거짓이나 그 밖의 부정한 방법으로 지정받은 경우에 해당하면 그 지정을 취소하여야 한다.

④ 의무연수를 받는 변호사가 연수기간 중에 사건을 수임한 자는 징역 또는 벌금형을 받게 된다.

《해설》 ① 제3호(법무법인, 법무법인(유한), 법무조합, 법률사무소) 및 제4호(국가기관, 지방자치단체와 그 밖의 법인, 기관 또는 단체)**는 통산하여 5년 이상 「법원조직법」**
제42조 제 1 항 각 호의 어느 하나에 해당하는 직에 있었던 자 1명 이상이 재직하는 기
관 중 법무부 장관이 법률사무에 종사가 가능하다고 지정한 곳에 한정한다(변호사법
21의2①단서). 그러므로 국회, 법원, 헌법재판소, 검찰청 등과 같은 법률사무종사기관은
이러한 요건을 요하지 아니한다.
② 변호사시험에 합격한 변호사는 법률사무종사기관에서 통산하여 6개월 이상 법률사
무에 종사하거나 연수를 마치지 아니하면 사건을 단독 또는 공동으로 수임[제50조 제
1항, 제58조의16 또는 제58조의30에 따라 법무법인·법무법인(유한) 또는 법무조합의
담당변호사로 지정하는 경우를 포함한다]할 수 없다(변호사법 31의2①).
③ 법무부 장관은 지정된 법률사무종사기관이 다음 각 호의 어느 하나에 해당하면 그
지정을 취소할 수 있다. 다만, 제 1 호에 해당하는 경우에는 취소하여야 한다(변호사법
21의2⑦).
1. 거짓이나 그 밖의 부정한 방법으로 지정받은 경우

④ 변호사법 제31조의2(변호사시험 합격자의 수임제한) 제 1 항을 위반하여 사건을 단
독 또는 공동으로 수임한 자에 해당하는 자는 1년 이하의 징역 또는 1천만원 이하의
벌금에 처한다(변호사법 113(5)).

[**정답**] ①

---

21. 甲은 민사소송사건을 대리할 변호사로 A를 선임하였다. 승소 여부가 불안하여 추
가로 B 변호사를 선임하는 문제에 대하여 옳지 않은 설명은?

① A가 B의 추가 선임에 반대하더라도 甲은 B를 선임할 수 있다.

② A는 B와 협조하여 갑의 승소를 위해 노력해야 한다.

③ B는 사건을 수임함에 있어서 A의 양해를 구해야 한다.

④ A, B는 수임사건의 처리 중에 서로 의견이 일치되지 않으면 의뢰인에게 이를
보고해야 하는 경우도 있다.

《**해설**》 ③ 구 변호사윤리장전에서는 "변호사는 의뢰인이 이미 다른 변호사를 선임한
사건을 수임할 때에는 그 다른 변호사의 양해를 구하여야 한다(구 변호사윤리장전 21
③)"라고 규정하였지만, 현행 변호사윤리장전에서는 이 규정을 삭제한 바 있다. 따라서
변호사 B는 A의 양해를 얻어야 하는 것은 아니다.
① 의뢰인은 변호사 A 외에도 다른 수인의 변호사를 대리인으로 선임할 수 있다. 변호
사는 의뢰인이 다른 변호사에게 해당 사건을 의뢰하는 것을 방해하지 아니한다(변호사
윤리장전 25①).
② 변호사는 동일한 의뢰인을 위하여 공동으로 직무를 수행하는 경우에는, 의뢰인의
이익을 위해 서로 협력한다(변호사윤리장전 26①).
④ 변호사는 공동으로 직무를 수행하는 다른 변호사와 의견이 맞지 아니하여 의뢰인에

게 불이익을 미칠 수 있는 경우에는 지체 없이 의뢰인에게 이를 알린다(변호사윤리장 전 26②).

[정답] ③

22. 변호사의 겸업 및 이중사무소설치 금지에 관한 설명으로 옳지 않은 것은?

① 별도의 개인법률사무소를 운영하는 변호사가 법무법인의 구성원에 해당한다면 이중 사무소를 가지고 있다고 볼 수 있다.

② 등록된 현업 변호사는 소속 지방변호사회의 허가 없이 타인이 설립한 세무법인 등에 직원으로 근무할 수 없다.

③ 변호사는 소속 지방변호사회의 허가를 받지 않고도 영리를 목적으로 한 모텔숙 박업을 개업할 수 있다.

④ 변호사가 별도의 사무실을 가지고 있음에도 불구하고 특허법인에서 일정한 대 가를 받고서 일하는 것은 현행법의 해석상 영리법인에 종사하는 것이 되어 변 호사법에 명백히 위반된다.

《해설》 ③ 변호사가 ㉠ 상업이나 그 밖에 영리를 목적으로 하는 업무를 경영하거나 이를 경영하는 자의 사용인이 되는 것, ㉡ 영리를 목적으로 하는 법인의 업무집행사 원·이사 또는 사용인이 되기 위해서는 「소속 지방변호사회」의 허가를 받아야 한다(변 호사법 38②).

[정답] ③

23. 변호사가 사건을 수임하는 경우 변호사법 위반으로 형사처벌을 받을 수 있는 것은?
(제1회 기출문제)

① 당사자 한쪽으로부터 상의를 받아 그 수임을 승낙한 사건의 상대방이 위임하는 사건

② 조정위원 또는 중재인으로 직무상 취급하거나 취급하게 된 사건

③ 수임하고 있는 사건의 상대방이 위임하는 다른 사건

④ 친족관계가 있는 다른 변호사가 수임하고 있는 사건에서 대립되는 당사자로부 터 수임한 사건

《해설》 ② 변호사법상의 수임제한 사유 중 「공무원·조정위원 또는 중재인으로서 직 무상 취급하거나 취급하게 된 사건」(변호사법 31①(3))을 수임한 변호사는 1년 이하의 징역 또는 1천만원 이하의 벌금에 처한다(변호사법 113(4)). 이뿐만 아니라 변호사 등

이 ㉠ 변호사시험에 합격한 자가 법률사무에 종사하거나 연수를 받지 않고 법률사무소를 개설하거나 법무법인등의 구성원이 되는 경우(변호사법 113(1)), ㉡ 연수확인서를 거짓으로 작성하거나 거짓으로 작성된 확인서를 제출하는 경우(변호사법 113(2)), ㉢ 변호사의 업무에 관하여 거짓된 내용을 표시하는 광고, 국제변호사를 표방하거나 그 밖에 법적 근거가 없는 자격이나 명칭을 표방하는 내용의 광고를 하는 경우(변호사법 113(3)), ㉣ 변호사시험에 합격한 자가 법률사무종사기관에서 통산하여 6개월 이상 법률사무에 종사하거나 연수를 마치지 아니하고 사건을 단독 또는 공동으로 수임한 경우(변호사법 113(5)), ㉤ 재판이나 수사 업무에 종사하는 공무원은 직무상 관련이 있는 법률사건 또는 법률사무의 수임에 관하여 당사자 또는 그 밖의 관계인을 특정한 변호사나 그 사무직원에게 소개·알선 또는 유인하여서는 아니 된다(변호사법 37①)는 규정을 위반한 자(변호사법 113(6)) 역시 1년 이하의 징역 또는 1천만원 이하의 벌금에 처한다. 수임제한 규정에 위반한 행위를 처벌하는 사례로 "법무법인은 그 법인이 인가공증인으로서 공증한 사건에 관하여는 변호사 업무를 수행할 수 없다"는 규정에 위반한 때에는 500만원 이하의 벌금에 처한다(변호사법 115①). 그 행위자를 벌할 뿐만 아니라 그 법무법인 또는 법무법인(유한)에도 동일한 벌금형을 과한다(변호사법 115②).

[정답] ②

24. 다음 설명 중 옳은 것은? (제1회 기출문제)

① 변호사 甲은 A의 구속적부심사청구에 관한 사건을 착수금 300만 원, 석방 결정 시 성공보수금 500만 원을 각각 지급받는 조건으로 수임하여, 보증금 500만 원의 공탁을 조건으로 A의 석방이 결정되자 A의 가족으로부터 위 보증금을 받아 납입하였다. A에 대한 판결이 확정됨에 따라 보증금 500만 원을 회수하게 되었는데, 이 경우 어차피 성공보수금으로 지급받을 금원이므로 甲이 이를 반환하지 않고 성공보수금으로 전환하는 것은 징계사유에 해당하지 않는다.

② 변호사 甲이 의뢰인 B로부터 개인회생신청사건을 의뢰받으면서 착수금 100만 원을 수령하고 B에게 알리지 않고 임의로 법무사에게 사건을 다시 맡기면서 50만 원을 지급하여 처리한 경우 징계사유에 해당하지 않는다.

③ 변호사 甲은 의뢰인 C의 형사사건을 수임하면서 C의 어려운 경제 사정을 고려하여 착수금을 받지 않고 무료로 변론하기로 하였는바, 변호사는 법률서비스를 제공하는 사업자이므로 이처럼 무료로 변론을 하는 경우에는 선관주의의무가 발생하지 않는다.

④ 변호사 甲이 D주식회사의 고문변호사로서 그 회사를 대리하여 소송을 하던 중 동일한 사건은 아니지만 D주식회사의 직원이었던 자들을 대리하여 D주식회사를 상대로 근로관계소송을 제기하는 경우, D주식회사는 채무불이행을 이유로

위임계약을 해지할 수 있다.

《해설》 ④ 변호사와 의뢰인은 원칙적으로 상호 위임계약의 해지의 자유가 있다(민법 689①). D회사의 고문변호사 甲이 그 회사직원들로부터 자신이 고문을 맡고 있는 회사를 상대로 하는 소송을 제기하는 경우에는 그 회사의 동의를 얻어야 할 것이고, 그러한 동의없이 근로관계사건을 수임하는 것은 상호 신뢰관계를 바탕으로 하는 고문계약의 위반에 해당될 수 있으므로, D회사는 고문계약('위임계약'으로 표현하는 것은 정확하지 않다)을 해지할 수 있다.

① 변호사는 서면에 의한 명백한 약정이 있는 경우가 아니면 공탁금, 보증금 기타의 보관금 등을 보수로 전환하여서는 아니 된다(구 변호사윤리장전 34). 사안은 성공보수금으로 전환하는 명백한 약정이 없어 허용되지 않는다. 개정 변호사윤리장전에서도 "변호사는 명백한 서면 약정 없이 공탁금, 보증금, 기타 보관금 등을 보수로 전환하지 아니한다. 다만, 의뢰인에게 반환할 공탁금 등을 미수령 채권과 상계할 수 있다(변호사윤리장전 33②)"라고 규정하고 있다.

② 변호사 甲이 수임한 사건을 의뢰인의 승낙없이 법무사에게 다시 사건을 맡겨 처리하고 수임료 중 일부만을 지급한 행위는 허용되지 않는 것으로 품위손상행위에 해당되어 징계사유에 해당된다.

③ 민법상 위임계약에 있어서 **무상위임의 경우에도 수임인이 수임사무의 처리에 관하여 선량한 관리자의 주의를 기울일 의무가 면제되지 않는 점**과 부동산중개업법이 위 조항의 적용 범위를 특별히 제한하지 않고 있는 점 등에 비추어 볼 때, 중개의뢰인이 중개업자에게 소정의 수수료를 지급하지 아니하였다고 해서 당연히 소멸되는 것이 아니다(대법원 2002. 2. 5. 2001다71484 손해배상(기)). 일반적으로 수임인은 위임의 내용에 따라 선량한 관리자의 주의의무를 다하여야 하고, 특히 소송대리를 위임받은 변호사는 그 수임사무를 수행함에 있어 전문적인 법률지식과 경험에 기초하여 성실하게 의뢰인의 권리를 옹호할 의무가 있으며, 구체적인 위임사무의 범위는 변호사와 의뢰인 사이의 위임계약의 내용에 의하여 정하여지는 것이지만, 위임사무의 종료단계에서 패소판결이 있었던 경우에는 의뢰인으로부터 상소에 관하여 특별한 수권이 없는 때에도 그 판결을 점검하여 의뢰인에게 불이익한 계산상의 잘못이 있다면 의뢰인에게 그 판결의 내용과 상소하는 때의 승소가능성 등에 대하여 구체적으로 설명하고 조언하여야 할 의무가 있다(대법원 2004. 5. 14. 2004다7354 손해배상(기)).

[정답] ④

25. 변호사 甲은 다른 변호사를 선임하여 재판을 받고 있던 피고인 A에게 담당 재판장과 고교 선·후배 사이임을 강조하며 재판장과 개인적으로 만나 A의 억울한 부분을 풀어주고 형량을 낮추어 주겠다면서 교제 비용으로 2,000만 원을 요구하였고, 그 후 A의 처 B로부터 2,000만 원을 받았다. 甲은 위 돈을 받고도 A

또는 B와 변호인선임약정서를 작성하지 않았고, 법원에 변호인선임신고서를 제출하지도 않았으며, A에 대한 형사재판과 관련하여 수사기록을 열람·검토하지 않았고, 담당 재판장을 직접 찾아간 사실도 없었다. 변호사 甲의 행위에 관한 설명 중 옳은 것은? (제1회 기출문제)

① 甲이 A로부터 받은 2,000만 원은 정당한 변호 활동의 대가나 보수가 아니라 당시 A의 형사재판을 담당하는 판사에 대한 교제비 명목으로 받은 것이고, 이러한 금전수수행위는 변호사법에 따라 형사처벌 대상이다.

② 甲이 받은 2,000만 원은 A에 대한 정당한 변호 활동의 대가에 해당한다. 변호인선임약정서를 작성하지 않았어도 구두로 변호인 선임약정이 체결된 것으로 볼 수 있고, 변호 활동에 대한 대가라고 보아야 한다.

③ 甲이 2,000만 원을 받고 A를 위하여 재판장을 개인적으로 만나 형량을 낮추도록 하는 활동을 하지 않았으므로, 甲은 A 및 B에 대하여 위임계약을 위반한 것일 뿐 다른 위법행위를 한 것은 아니다.

④ 甲이 A의 형사재판을 담당하는 판사에 대한 교제비 명목으로 2,000만 원을 받은 것은 변호사윤리에 어긋난다. 그러나 甲이 실제 2,000만 원을 판사에 대한 교제를 위하여 사용하지 않았으므로, 甲은 윤리적으로 비난받을 수 있을지언정 형사처벌을 받을 위법행위를 한 것은 아니다.

《해설》 ① 변호사나 그 사무직원이 다음 각 호의 어느 하나에 해당하는 행위를 한 경우에는 5년 이하의 징역 또는 3천만원 이하의 벌금에 처한다. 이 경우 벌금과 징역은 병과할 수 있다(변호사법 110).
㉠ 판사·검사, 그 밖에 재판·수사기관의 공무원에게 제공하거나 그 공무원과 교제한다는 명목으로 금품이나 그 밖의 이익을 받거나 받기로 한 행위
㉡ 제1호에 규정된 공무원에게 제공하거나 그 공무원과 교제한다는 명목의 비용을 변호사 선임료·성공사례금에 명시적으로 포함시키는 행위

[정답] ①

26. 대한변호사협회의 「공익활동 등에 관한 규정」상 변호사의 공익활동에 관한 설명 중 옳은 것은? (제1회 기출문제)

① 국선변호인으로서의 활동은 그에 대한 보수를 받으므로 공익활동으로 인정받지 못한다.

② 법조경력이 2년 미만이거나 60세 이상인 회원은 공익활동 의무가 면제된다.

③ 대한변호사협회가 설립한 공익재단에 대한 기부행위는 공익활동으로 인정받지

못한다.

④ 개인회원은 매년 그 해에 30시간의 공익활동을 하는 것과 공익활동을 대체하는 금액을 소속 지방변호사회에 납부하는 것 중 어느 것을 택할지를 사전에 소속 지방변호사회에 신고하여야 한다.

《해설》 ② 법조경력이 2년 미만이거나 60세 이상인 회원, 질병 등으로 정상적인 변호사 업무를 수행할 수 없는 회원과 기타 공익활동을 수행할 수 없는 정당한 사유가 있는 회원은 제1항의 의무를 면제한다(공익활동등에 관한 규정 3③).
①, ③ 공익활동이라 함은 다음 각 호에서 정하는 것을 말한다(위 규정 2).
5. 국선변호인 또는 국선대리인으로서의 활동
8. 이 회 또는 지방변호사회가 설립한 공익재단에 대한 기부행위
④ 개인회원은 제2조의 공익활동 중 적어도 하나 이상을 선택하여 연간 합계 30시간 이상 행하여야 한다. 다만, 특별한 사정이 있는 지방변호사회는 위 30시간을 20시간까지 하향 조정할 수 있다(위 규정 3①). 부득이한 사정으로 제1항의 공익활동 시간을 완수하지 못한 개인회원은 1시간당 금 20,000원 내지 30,000원에 해당하는 금액을 소속 지방변호사회에 납부하여야 한다(위 규정 3②).

[정답] ②

27. 변호사의 사무직원 감독에 관한 설명 중 옳지 않은 것은?　　(제1회 기출문제)

① 변호사법 위반으로 징역형의 선고유예를 받고 그 유예기간이 지난 후 2년이 지나지 아니한 자를 사무직원으로 채용할 수 없다.

② 변호사가 사무직원을 채용한 때에는 지체 없이 소속 지방변호사회에 신고하여야 한다.

③ 사무직원의 보수를 사건 유치에 대한 성과급으로 정하여서는 아니 된다.

④ 구청 공무원으로 재직하던 중 징계처분에 의하여 파면된 후 3년이 지나지 아니한 자를 사무직원으로 채용할 수 없다.

《해설》 ① 변호사는 법률사무소에 사무직원을 둘 수 있다(변호사법 22①). 변호사는 **징역형의 선고유예를 받고 그 유예기간 중에 있는 자**에 해당하는 자를 제1항에 따른 사무직원으로 채용할 수 없다(변호사법 22②).
② 변호사 또는 법무법인·법무법인(유한)·법무조합은 사무직원을 신규로 채용한 때, 사무직원을 해고한 때 등에 해당하는 때에는 지체 없이 소속 지방변호사회에 신고하여야 한다(변호사사무원규칙 8).
③ 구 변호사윤리장전은 지문과 같은 내용이었지만, 현행 변호사윤리장전에서는 "변호사는 사무직원에게 사건유치에 대한 대가를 지급하지 아니한다(변호사윤리장전 8②)"

로 변경하고 있다.

[정답] ①

28. 변호사의 등록에 관한 설명 중 틀린 것은?
  ① 변호사로 개업하려면 곧바로 대한변호사협회에 등록할 수 없다.
  ② 법무법인의 구성원 변호사는 법무법인 외에 오로지 봉사활동을 위한 법률상담소를 둘 수 없다.
  ③ 변호사가 대한변호사협회에 등록함으로 변호사 자격이 발생하는 것은 아니다.
  ④ 변호사 자격이 있는 자가 공무원으로 재직 중에 뇌물죄로 파면처분을 받은 경우 3년이 경과하면 변호사등록을 할 수 있다.

《해설》 ④ 변호사 자격이 있는 공무원이 재직 중의 직무에 관한 위법행위인 뇌물죄로 징계처분(파면)을 받은 경우에는 변호사법 제 5 조 제 4 호에 해당되고, **징계처분으로 파면된 지 5년이 지나지 아니한 자는 변호사의 결격사유**에 해당되어 변호사법 제 8 조 제 2 호에 의하여 등록을 거부할 수 있다. 그러나 5년이 경과하면 변호사 결격사유가 해소되기 때문에 등록을 할 수 있다.
① 변호사로 개업하려면 대한변호사협회에 등록하여야 한다. 등록을 하려는 자는 가입하려는 지방변호사회를 거쳐 등록신청을 하여야 한다(변호사법 7①②).
② 법무법인의 구성원과 구성원 아닌 소속 변호사는 법무법인 외에 따로 법률사무소를 둘 수 없다(변호사법 48③). 변호사는 어떤 명목으로도 둘 이상의 법률사무소를 둘 수 없다(변호사법 21②전단). 따라서 봉사활동을 목적으로 하는 법률상담소를 별도로 설치할 수 없다.
③ 등록에 의하여 비로소 변호사 자격이 부여되는 것은 아니다.

[정답] ④

29. 변호사에게 전년도에 처리한 수임사건의 건수 및 수임액을 보고하도록 하는 것과 관련한 설명 중 옳지 않은 것은(다툼이 있을 때는 판례에 의함)?
  ① 변호사가 부가가치세를 신고할 때 과세관청에 제출하는 수입금액명세서의 내용과 중복된다.
  ② 변호사는 수임관련 자료를 1년에 한번 제출하면 된다.
  ③ 변호사들의 직무수행과 관련한 사생활의 비밀과 자유를 침해하는 것이라 할 수 없다.
  ④ 수임사건의 건수 및 수임액을 보고하지 않으면 형사처벌을 받게 된다.

《해설》 ④ 1천만원 이하의 과태료를 부과한다(변호사법 117②(8)).

② 변호사는 매년 1월 말까지 전년도에 처리한 수임사건의 건수와 수임액을 소속 지방 변호사회에 보고하여야 한다(변호사법 28의2).

①, ③ 헌재 2009. 10. 29, 2007헌마667, 변호사법 제28조의2 위헌확인 사건의 판시 내용이다.

[정답] ④

30. 다음 중 변호사의 수임과 관련하여 형사처벌이 되지 않는 행위는?

① 변호사 아닌 자가 변호사를 고용한 행위

② 변호사 아닌 자가 변호사가 아니면 할 수 없는 업무를 통하여 보수를 받는 행위

③ 변호사가 사건유치를 목적으로 사무직원을 경찰서에 출입하도록 한 행위

④ 변호사가 수임하고 있는 사건의 상대방으로부터 돈을 받기로 약속한 행위

《해설》 ③ 변호사법 제35조(사건 유치 목적의 출입금지 등) 위반행위는 제117 제 2 항 제 1 의2호 위반으로 과태료 부과대상이다.

① 변호사법 제34조 제 4 항, 제109조 제 2 호 위반으로 7년 이하의 징역 또는 5천만원 이하의 벌금에 처한다.

② 변호사법 제34조 제 5 항, 제109조 제 2 호 위반.

④ 변호사법 제33조, 제109조 제 2 호 위반.

[정답] ③

31. 변호사의 결격사유에 관한 설명 중 틀린 것은?

① 징역형의 선고유예를 받고 그 유예기간 중에 있는 자는 변호사가 될 수 없다.

② 징역형의 집행유예를 선고받고 2년이 지나지 아니한 자는 변호사가 될 수 없다.

③ 제명징계처분을 받고 5년이 지나지 아니한 자는 변호사가 될 수 없다.

④ 징역형을 선고받고 집행을 종료한지 5년이 경과하지 아니한 자는 변호사가 될 수 없다.

《해설》 ② 금고 이상의 형의 집행유예를 선고받고 **그 유예기간이 지난 후 2년이** 지나지 아니한 자는 변호사가 될 수 없다(변호사법 5(2)).

[정답] ②

32. 변호사가 소속 지방변호사회와 대한변호사협회에 반드시 신고하여야 하는 사항이 아닌 것은?

① 법률사무소를 이전하는 경우

② 수임사건의 건수와 수임액을 신고하는 경우

③ 일시적으로만 휴업하려는 경우

④ 지방변호사회의 소속을 변경하려는 경우

《해설》 ② 소속 지방변호사회에 신고하면 되고 대한변호사협회에 신고하는 것은 아니다(변호사법 28조의2).

① 변호사가 개업하거나 법률사무소를 이전한 경우에는 지체 없이 소속 지방변호사회와 대한변호사협회에 신고하여야 한다(변호사법 15).

③ 변호사는 일시 휴업하려면 소속 지방변호사회와 대한변호사협회에 신고하여야 한다(변호사법 16).

④ 변호사법 제14조 제1항·제2항.

[정답] ②

33. 다음 사실관계에 대한 설명 중 옳은 것을 모두 고른 것은?　　(제2회 기출문제)

〈사실관계〉
변호사 甲은 의뢰인 A에게 내려진 부당한 가처분에 대하여 가처분이의소송을 수임하여 승소하였으나, 수임료를 받지 못하였다. 그 후 A는 위 가처분이 부당가처분이라는 이유로 손해배상청구소송을 제기하기로 하고 이를 변호사 甲에게 위임하였다. 변호사 甲은 A의 소송대리인으로서 부당가처분으로 인한 손해배상청구소송을 제기하여 소송계속중 위 가처분이의사건의 수임료 명목으로 위 손해배상청구사건의 손해배상청구권을 양수하였다.

가. 변호사 甲이 양수한 위 손해배상청구권은 위 가처분이의소송의 계쟁권리이다.

나. 변호사 甲이 위 손해배상청구권을 양수한 것은 변호사법 및 변호사윤리장전에 위반된다.

다. 변호사는 원칙적으로 소송의 목적을 양수하여서는 아니 되나 수임료에 충당하기 위해서는 예외적으로 허용된다.

라. 변호사 甲의 행위는 변호사의 품위유지의무에 반하는 행위이다.

① 가, 나　　　　　　　　② 나, 다

③ 가, 라　　　　　　　　④ 나, 라

《해설》 ④ ㉯ 변호사는 계쟁권리를 양수하여서는 아니 된다(변호사법 32). 변호사는 소송의 목적을 양수하거나, 정당한 보수 이외의 이익분배를 약정하거나, 공동의 사업으로 사건을 수임하여서는 아니 된다(구 변호사윤리장전 11). 현행 변호사윤리장전 역시 "변호사는 소송의 목적을 양수하거나, 정당한 보수 이외의 이익분배를 약정하지 아니한다(변호사윤리장전 34②)"라고 규정하고 있다. ㉰ 변호사는 그 품위를 손상하는 행위를 하여서는 아니 된다(변호사법 24①).

[정답] ④

34. 변호사의 업무광고 방법 중 허용되는 것은?　　　　　(제2회 기출문제)

① 변호사 甲은 대한변호사협회의 '변호사 전문분야 등록에 관한 규정'에 따라 형사법, 건설법을 전문분야로 등록한 내용에 대하여 '형사법 및 건설법 분야의 국내 최고 전문 변호사'라고 무료 배포되는 지역 신문에 광고하였다.

② 변호사 乙은 법무법인의 대표로서 일간신문 발행인과의 사이에 분야별로 뛰어난 법무법인을 소개하는 기획 기사의 외양을 갖추어 해당 법무법인을 홍보하는 유료광고계약을 체결하여 해당 내용을 게재하게 하였다.

③ 변호사 丙은 대한변호사협회의 '변호사 전문분야 등록에 관한 규정'에 따라 민사법, 형사법을 전문분야로 등록한 후 지하철역 구내에 민사법 및 형사법의 주요 취급업무 내용을 액자 모양의 광고판 2개에 기재하여 광고하였다.

④ 변호사 丁은 관할구청의 허가를 받아 도로 현수막 게시대에 주요 취급업무의 내용, 사무실의 위치 및 전화번호 등의 내용이 적힌 현수막을 게시하였다.

《해설》 ③ 변호사업무광고규정은 운송수단의 내·외부 및 도로상의 시설 등에 광고물을 비치, 부착, 게시하는 행위를 금지하고 있으나, 지하철 역내에서 광고를 하는 것은 금지하고 있지 아니하며, 이러한 방식의 광고는 현행 변호사업무광고규정상 대한변호사협회 또는 소속 지방변호사회의 허가가 필요한 사항은 아니라고 보는 것이 타당하다. 변호사는 주로 취급하는 업무('주요취급업무', '주로 취급하는 분야', '주요취급분야', '전문' 등의 용어도 사용가능하다)를 광고할 수 있다(변호사업무광고규정 7①).

[정답] ③

35. 다음 중 변호사법상 형사처벌의 대상이 되지 않는 것은(다툼이 있는 경우에는 판례에 의함)?　　　　　(제2회 기출문제)

① 변호사가 아닌 사람이 수사담당 공무원들에게 청탁한다는 명목으로 금원을 교부받았으나 그 금원의 일부를 변호사 선임비용 또는 채무변제금으로 사용한 경우

② 경찰관이 변호사에게 소송사건의 대리를 알선하고 그 대가로 금품을 받기로 하는 약속이 명시적이지 아니하고 묵시적인 데에 그친 경우

③ 변호사가 아닌 사람이 변호사로부터 대가를 받기로 하고 제 3 자의 법률사건의 대리를 변호사에게 알선하였으나 제 3 자와 변호사 간에 위임계약이 성립하지 않은 경우

④ 변호사가 법률사건을 유상으로 유치할 목적으로 사무직원을 수사기관에 출입 또는 주재하게 하는 경우

《해설》 ④ 변호사나 사무직원은 법률사건이나 법률사무를 유상으로 유치할 목적으로 수사기관 등에 출입하거나 다른 사람을 파견하거나 출입 또는 주재하게 하여서는 아니 된다(변호사법 35). 이를 위반한 경우에는 1천만원 이하의 과태료를 부과한다(변호사법 117②, 1의2). 나머지 지문은 형사처벌의 대상이 되는 행위에 해당된다.

[정답] ④

36. 변호사의 직역과 관련된 다음 설명 중 옳지 않은 것은?　　(제 2 회 기출문제)

① 개업 변호사 甲은 소속 지방변호사회의 겸직허가 없이도 중앙행정심판위원회의 비상임위원이 될 수 있다.

② 개업 변호사 乙은 소속 지방변호사회의 허가를 받아야만 의류판매업을 경영할 수 있다.

③ 개업 변호사 丙은 소속 지방변호사회의 허가 없이는 지방의회 의원으로 활동할 수 없다.

④ 개업 변호사 丁은 세무사 등록을 하지 않으면 명함에 세무사 명칭을 사용할 수 없다.

《해설》 ③ 변호사는 보수를 받는 공무원을 겸할 수 없다. 다만, 국회의원이나 지방의회 의원 또는 상시 근무가 필요 없는 공무원이 되거나 공공기관에서 위촉한 업무를 수행하는 경우에는 그러하지 아니하다(변호사법 38①). 따라서 국회의원이나 지방의회 의원 등은 겸직제한을 받지 아니하므로, 소속 지방변호사회의 허가를 받을 필요가 없다.

2013. 8. 3. 개정된 국회법 제29조 제 1 항은 국회의원은 국무총리 또는 국무위원의 직 이외의 다른 직을 겸할 수 없다. 다만, ㉠ 공익 목적의 명예직, ㉡ 다른 법률에서 의원이 임명·위촉되도록 정한 직, ㉢ 「정당법」에 따른 정당의 직의 어느 하나에 해당하는 경우에는 그러하지 아니하다고 규정하고 있다. 따라서 변호사법에서 겸직제한의 예외

로 규정하고 있는 국회의원은 변호사의 겸직이 제한받게 되었다.

[정답] ③

---

37. 다음 중 옳은 것을 모두 고른 것은?　　　　　(제 2 회 기출문제)

> 가. 변호사시험에 합격한 변호사는 법률사무종사기관에서 통산하여 6개월 이상 법률사무에 종사하거나 연수를 마치지 아니하면 다른 변호사와 공동으로라도 사건을 수임할 수 없다.
> 나. 법무법인은 3명 이상의 변호사로 구성되며, 그 중 1명 이상이 통산하여 7년 이상의 법조경력을 가진 자여야 한다.
> 다. 변호사시험에 합격한 변호사가 개인 법률사무소에서 연수를 받기 위해서는 그 개인변호사가 5년 이상의 법조경력이 있어야 한다.
> 라. 법무법인은 취업한 퇴직공직자의 명단을 대한변호사협회에 제출하여야 한다.
> 마. 법무법인이 취업한 공직퇴임변호사의 업무활동내역을 제출하지 않더라도 처벌규정은 없다.

① 가, 라　　　　　　　　　　② 나, 다, 라
③ 가, 다, 마　　　　　　　　　④ 가, 나, 라, 마

《**해설**》 ③, ㉮·㉰ 변호사시험에 합격한 변호사는 통산하여 6개월 이상 다음 각 호의 어느 하나에 해당하는 기관 등(이하 "법률사무종사기관"이라 한다)에서 법률사무에 종사하거나 연수(제 6 호에 한정한다)를 마치지 아니하면 단독으로 법률사무소를 개설하거나 법무법인, 법무법인(유한) 및 법무조합의 구성원이 될 수 없다. 다만, 제 3 호 및 제 4 호는 통산하여 5년 이상 「법원조직법」 제42조 제 1 항 각 호의 어느 하나에 해당하는 직에 있었던 자 1명 이상이 재직하는 기관 중 법무부장관이 법률사무에 종사가 가능하다고 지정한 곳에 한정한다(변호사법 21의2①).
　㉯ 법무법인은 3명 이상의 변호사로 구성하며, 그중 1명 이상이 통산하여 5년 이상 「법원조직법」 제42조 제 1 항 각 호의 어느 하나에 해당하는 직에 있었던 자이어야 한다(변호사법 45①).
　㉱ 법관, 검사, 장기복무 군법무관, 그 밖의 공무원 직에 있다가 퇴직(사법연수생과 병역의무를 이행하기 위하여 군인·공익법무관 등으로 근무한 자는 제외한다)하여 변호사 개업을 한 자(이하 "공직퇴임변호사"라 한다)는 퇴직일부터 2년 동안 수임한 사건에 관한 수임 자료와 처리 결과를 대통령령으로 정하는 기간마다 소속 지방변호사회에 제출하여야 한다(변호사법 89의4①).

[정답] ③

38. 다음 중 변호사의 법률사무소 사무직원으로 채용될 자격이 있는 사람은?

(제 2 회 기출문제)

① 형법상 사문서위조죄로 징역 1년에 집행유예 3년을 선고받고 집행유예 기간 중에 있는 사람
② 형법상 뇌물수수죄로 징역 2년을 선고받고 그 형의 집행을 종료한 후 2년이 지난 사람
③ 형법상 공갈죄로 징역 1년에 집행유예 2년을 선고받고 집행유예기간이 지난 후 다시 1년이 지난 사람
④ 공무원으로서 징계 해임된 후 2년이 지난 사람

《해설》 ① 형법상 사문서위조죄로 처벌받은 경우는 채용제한사유가 아니다. 변호사는 다음 각 호의 어느 하나에 해당하는 자를 제 1 항에 따른 사무직원으로 채용할 수 없다 (변호사법 22②).
1. 이 법 또는 「형법」 제129조부터 제132조까지, 「특정범죄가중처벌 등에 관한 법률」 제2 조 또는 제 3 조, 그 밖에 대통령령으로 정하는 법률에 따라 유죄 판결을 받은 자로서 다음 각 목의 어느 하나에 해당하는 자
"그 밖에 대통령령으로 정하는 법률"이란 ··· 「폭력행위 등 처벌에 관한 법률」 제 4 조, 제 5 조 및 제 6 조(같은 법 제 2 조, 제 3 조의 경우는 제외한다), 「마약류관리에 관한 법률」 제58조부터 제64조까지의 규정을 말한다(변호사법 시행령 6).

[정답] ①

39. 변호사 甲은 L법률사무소에서 변호사업무를 3년 정도 수행하다가 공정거래위원회 사무관으로 공채되어 2008. 6. 20.부터 2010. 6. 19.까지 약관심사과에서 근무하였다. 그 후 2010. 7. 1. 다시 예금보험공사에 경력직으로 입사하여 감사실에서 일하다가 2011. 6. 25. 퇴직하였다. 그 후 변호사 甲은 L법률사무소의 변호사로 복귀하여 일하고 있다. L법률사무소는 변호사 甲 외에도 乙 등 20여명의 변호사들의 각자 계산으로 운영되고 있으나, 변호사 업무 수행시 통일된 형태를 갖추고 비용을 분담하여 직원과 사무공간을 공유하고 있다. 한편 X전자회사는 2010. 12.말경 Y납품업체와의 2010. 10. 25.자 납품계약 관련 불공정거래행위 여부가 문제되어 최근까지 공정거래위원회 하도급심사과로부터 심사를 받고 있는데, 이 건과 관련하여 법적인 대응방안에 대한 법률검토 의견서를 받고자 공정거래법 분야에 전문성이 있는 변호사를 찾던 중, 변호사 甲을 소개받았다. 2011. 8. 20. 현재 변호사 甲 또는 乙이 X전자회사로부터 위 사건을 수임하여

처리할 수 있는지에 대한 설명 중 옳은 것은? (제 2 회 기출문제)

① 변호사 甲은 예금보험공사에서 일하다 퇴직하였으므로 이 사건을 수임할 수 없다.

② 변호사 甲은 이 사건을 수임하여 처리할 수 있다.

③ 변호사 甲이 평소 친분이 있는 다른 법무법인 소속의 변호사 丙에게 사건을 수임하게 한 후 실질적으로 업무처리에 도움을 주는 것은 위법이다.

④ 변호사 甲이 L법률사무소의 다른 변호사 乙로 하여금 사건을 수임하게 한 후 실질적으로 업무처리에 도움을 주는 것은 위법이다.

《해설》 ② 변호사 甲은 특별한 제한 없이 X 전자회사로부터 위 사건을 수임할 수 있다. 설문을 공직퇴임변호사의 수임제한과 관련된 것으로 볼 수도 있겠지만, 예금보험공사는 공직퇴임변호사의 수임제한에서 규제하는 국가기관에 해당되지 않는다.

[정답] ②

40. 변호사의 공익활동과 관련된 설명 중 옳지 않은 것은? (제 2 회 기출문제)

① 공익단체의 상근자로서 현저히 저렴한 실비를 받고 그 단체가 공익목적으로 행하는 사업을 지원하는 활동은 공익활동에 포함될 수 있다.

② 법령의 개정을 위하여 보수를 받지 않고 법률적 봉사를 제공하는 활동은 공익활동에 포함될 수 있다.

③ 법무법인이 그 구성원인 개인회원을 대신하여 공익활동을 행할 변호사를 지정할 수 있고, 그 경우 그 지정변호사가 행한 공익활동의 시간은 그 법무법인의 구성원인 개인회원 전원이 공동으로 행한 것으로 보고 그 전원의 수로 균등 배분하여 각 개인회원의 공익활동시간으로 인정할 수 있다.

④ 법조경력이 2년 미만인 변호사는 공익활동 의무가 면제되므로 법무법인의 공익활동 수행변호사로 지정될 수 없다.

《해설》 ④ 법무법인·법무법인(유한)·법무조합·공증인가합동법률사무소 또는 조합형 합동법률사무소는 법조경력이 2년 미만이거나 60세 이상인 개인회원을 공익활동 수행 변호사로 지정할 수 있다(공익활동등에 관한 규정 4⑤).

[정답] ④

41. 다음 설명 중 옳지 않은 것은? (제 2 회 기출문제)

① 개업신고를 한 사내변호사는 회사로부터 수임한 소송 사건에 관한 회사의 소송

대리인으로서의 지위와 그 회사의 법률 사무에 관한 회사내부 업무처리자로서
의 지위를 갖는다.

② 개업 변호사가 휴업한 경우에는 소속 지방변호사회로부터 겸직허가를 받지 아
니하고 주식회사의 법무실장이 될 수 있다.

③ 법무법인에 소속된 변호사가 1주일에 3일은 법무법인에서 일하고 2일은 주식회
사에서 별도의 급여를 받으며 사내변호사로 일할 수 있으려면 소속 지방변호사
회로부터 겸직허가를 받아야 한다.

④ 개업신고를 한 사내변호사의 경우에도 변호사로서의 독립성이 유지되어야 하고
비밀유지의무도 준수하여야 한다.

《해설》 ③ 법무법인의 구성원 변호사 및 구성원 아닌 소속 변호사는 자기나 제3자의
계산으로 변호사의 업무를 수행할 수 없다(변호사법 52①). 법무법인 소속 변호사가 1
주일에 2일은 주식회사에서 근무하면서 별도의 급여를 받는 것은 자기의 계산으로 변
호사의 업무를 수행하는 것으로 볼 수 있기 때문에 겸직허가를 받더라도 허용될 수 없
다. 다만, 법무법인이 소속 변호사를 고문계약 관계에 있는 주식회사에 파견하여 근무
토록 하면서 그 급여는 법무법인으로 귀속시키고 당해 변호사는 오로지 소속 법무법인
으로부터 급여를 받는 형식이라면, 소속 지방변호사회의 겸직허가를 받으면 가능하다
고 볼 수 있다.

[정답] ③

42. 금전적 대가를 받았거나 받기로 약속한 다음 행위 중 변호사법 위반이 아닌 것
은(다툼이 있는 경우에는 판례에 의함)? (제2회 기출문제)

① 건설업자 A는 상가의 분양 및 임대를 둘러싼 분쟁에 있어서 일부 이해관계인들
을 대리 내지 대행하여 다른 이해관계인들과의 사이에 화해, 합의서 및 분양계
약서를 작성하고 등기사무 등을 처리하였다.

② 부동산컨설팅업자 B는 부동산 등기부등본을 열람하여 근저당권, 임차권, 가압
류 등이 등재되어 있는지를 확인한 후 그 내용을 기재한 보고서를 의뢰인에게
제공하고 수수료를 받았다.

③ 손해사정인 C는 교통사고 피해자들로부터 손해사정업무를 위임받고 피해자들
을 대신하여 보험회사와 접촉하여 손해액 결정요인들에 대하여 절충한 후 피해
자들로 하여금 보험회사와 합의하도록 유도하였다.

④ 공인중개사 D는 임대차 관련 소송의 당사자로부터 소송을 조속히 끝내면 그 대
가로서 금원을 받기로 하고 소송 관련 서류를 건네받은 후 소송의 해결에 필요
한 실체적, 절차적 사항에 관하여 정보를 제공하였다.

《해설》 ② 부동산권리관계 내지 부동산등기부등본에 등재되어 있는 권리관계의 법적 효과에 해당하는 권리의 득실·변경이나 충돌 여부, 우열관계 등을 분석하는 이른바 권리분석 업무는 변호사법 제109조 제1호 소정의 법률사무에 해당함이 분명하다고 할 것이지만, 단지 부동산등기부등본을 열람하여 등기부상에 근저당권, 전세권, 임차권, 가압류, 가처분 등이 설정되어 있는지 여부를 확인·조사하거나 그 내용을 그대로 보고서 등의 문서에 기재하는 행위는 근저당권, 전세권 등의 법적 효과나 권리 상호간의 우열관계 등에 대한 판단이 포함되어 있지 않고, **누구든지 열람이 가능한 등기부의 기재 내용을 기계적으로 옮겨 적는, 일종의 사실행위에 불과하여** 이를 변호사법 제109조 제1호 소정의 법률사무 취급행위라고 볼 수는 없다(서울중앙지방법원 2006. 4. 21. 2006고합88 변호사법위반·법무사법위반). 즉, 공소외 1 주식회사 작성의 보고서는 모두 공소외 1 주식회사가 부동산등기부등본을 열람한 뒤 독자적인 판단이나 의견을 제시하지 아니한 채 등기부의 내용을 변경 없이 그대로 옮겨 적은 것에 불과하고, 이 중 ○○○ 아메리칸에 제출된 보고서의 '조건부 가능'이라는 문구는 위 인정 사실에 의하면 특별한 의미 없이 모든 보고서에 기재된 문구로서 여기에 어떠한 법률적 의의를 부여하기 어려우며, ○○○ 주식회사에 제출된 보고서 중 조사결과안정성란의 '상', '중', '하'라는 문구 또한, 사전에 ○○○주식회사와 협의한 내용에 따라 등기부상의 부담만을 기준으로 하여 기계적으로 등급을 부여한 것일 뿐, 권리관계의 법률적 해석이나 권리간 상호 충돌 여부, 우열관계의 판단에까지 나아간 것으로는 보이지 아니하므로, 결국 이들 보고서의 작성과 이에 관련된 권리조사행위는 변호사법 제109조 제1호 소정의 '법률사무'에 해당하지 않는다고 해석된다.

③ 손해사정인이 그 업무를 수행함에 있어 보험회사에 손해사정보고서를 제출하고 보험회사의 요청에 따라 그 기재 내용에 관하여 근거를 밝히고 타당성 여부에 관한 의견을 개진하는 것이 필요할 경우가 있다고 하더라도 이는 어디까지나 보험사고와 관련한 손해의 조사와 손해액의 사정이라는 손해사정인 본래의 업무와 관련한 것에 한하는 것이고, 여기에서 나아가 금품을 받거나 보수를 받기로 하고 교통사고의 피해자측을 대리 또는 대행하여 보험회사에 보험금을 청구하거나 피해자측과 가해자가 가입한 자동차보험회사 등과 사이에서 이루어질 손해배상액의 결정에 관하여 중재나 화해를 하도록 주선하거나 편의를 도모하는 등으로 관여하는 것은 위와 같은 손해사정인의 업무범위에 속하는 손해사정에 관하여 필요한 사항이라고 할 수 없다(대법원 2001. 11. 27. 2000도513 변호사법위반).

[정답] ②

43. 변호사업무광고규정상 변호사가 과거에 취급하였거나 현재 수임중인 사건을 광고하는 것이 예외적으로 허용되는 경우가 아닌 것은? (제2회 기출문제)

① 의뢰인이 광고에 동의하는 경우

② 객관적 사실에 한정하는 경우

③ 의뢰인이 특정되지 않는 경우

④ 당해 사건이 널리 일반에 알려져 있는 경우

《해설》 ② 과거에 취급하였거나 관여한 사건이나 현재 수임중인 사건 또는 의뢰인(고문 포함)을 표시하는 내용의 광고는 광고할 수 없다(변호사업무광고규정 4(8)). 다만, ㉮ 의뢰인이 동의하거나, ㉯ 당해 사건이 널리 일반에 알려져 있거나, ㉰ 의뢰인이 특정되지 않는 경우 등 의뢰인의 이익을 해칠 우려가 없는 경우에는 그러하지 아니하다(변호사업무광고규정 4(8)단서).

[정답] ②

44. 검사 A는 재직 중에 뇌물을 받은 혐의로 기소되어 징역 1년이 선고되었으며, 그 무렵 같은 사유로 진행된 징계절차에서 해임처분도 받게 되었다. 이 사안에 관련한 다음 설명 중 옳지 않은 것은?

① A는 징역형의 집행이 끝나거나 그 집행을 받지 아니하기로 확정된 후 5년이 지나지 아니하면 변호사가 될 수 없다.

② 법무부장관은 변호사자격 결격사유가 존재하는 자가 등록되어 있는 경우에는 대한변호사협회에 그 변호사의 등록취소를 명하여야 한다.

③ A는 징계처분에 의하여 해임되었기에 그로부터 3년이 경과하면 변호사로 등록하여 개업할 수 있다.

④ 대한변호사협회는 '공무원 재직 중의 직무에 관한 위법행위로 인하여 징계처분을 받거나 퇴직한 자'에 대하여 등록을 거부하기 위해서는 '변호사의 직무를 수행하는 것이 현저히 부적당하다고 인정'되어야 하는데, 해임처분을 받은 A에 대하여는 그 요건의 구비 여부와는 무관하게 일정기간 등록을 거부할 수 있다.

《해설》 ③ 징계처분에 의하여 해임된 후 3년이 지나지 아니한 자는 변호사가 될 수 없다(변호사법 5(5)). A는 징역 1년을 선고받고 동시에 해임처분도 받았으므로, 해임처분으로 인한 3년만이 경과하면 등록할 수 있는 것이 아니라 징역형의 집행이 끝나거나 그 집행을 받지 아니하기로 확정된 후 5년이 경과하여야 등록을 하고 개업할 수 있다.

① 금고 이상의 형(刑)을 선고받고 그 집행이 끝나거나 그 집행을 받지 아니하기로 확정된 후 5년이 지나지 아니한 자는 변호사가 될 수 없다(변호사법 5(1)).

② 법무부장관은 변호사 명부에 등록된 자가 제4조에 따른 변호사의 자격이 없거나 제5조에 따른 결격사유에 해당한다고 인정하는 경우 대한변호사협회에 그 변호사의 등록취소를 명하여야 한다(변호사법 19).

④ 대한변호사협회는 공무원 재직 중의 직무에 관한 위법행위로 인하여 형사소추 또는 징계처분(파면 및 해임은 제외한다)을 받거나 퇴직한 자로서 변호사의 직무를 수행하는

것이 현저히 부적당하다고 인정되는 자는 등록심사위원회의 의결을 거쳐 등록을 거부할 수 있다(변호사법 8①(4)). 따라서 해임처분을 받은 A는 위 요건에 해당되지 않는다.

[정답] ③

45. 변호사가 징역형을 선고받아 확정되면 발생하게 되는 효과에 관한 설명 중 옳지 않은 것은?

① 대한변호사협회는 반드시 등록심사위원회의 의결을 거쳐 변호사의 등록을 거부할 수 있다.

② 변호사명부의 등록이 취소되지 않는 동안에는 변호사의 직무를 할 수 있다.

③ 법무부장관은 대한변호사협회에 그 변호사의 등록취소를 명하여야 한다.

④ 지방변호사회는 소속 변호사에게 위 사유가 있다고 인정되면 지체 없이 대한변호사협회에 이를 보고하여야 한다.

《해설》 ① 대한변호사협회는 변호사가 다음 각 호의 어느 하나에 해당하면 변호사의 등록을 취소하여야 한다. 이 경우 지체 없이 등록취소 사유를 명시하여 등록이 취소되는 자(제 1 호의 경우는 제외한다)에게 통지하여야 하며, 제 2 호에 해당하여 변호사의 등록을 취소하려면 미리 등록심사위원회의 의결을 거쳐야 한다(변호사법 18①).

1. 사망한 경우

2. 제 4 조에 따른 변호사의 자격이 없거나 제 5 조에 따른 결격사유에 해당하는 경우

3. 제17조에 따른 등록취소의 신청이 있는 경우

4. 제19조에 따른 등록취소의 명령이 있는 경우

② 구 변호사법(1949. 11. 7 법률 63호) 제 5 조 제 2 호에 "금고이상의 형을 받은 자는 변호사의 자격이 없다"라는 것은 금고이상의 형을 받고 그 재판의 확정에 의하여 변호사의 자격이 없을 뿐만 아니라 당초에는 그 자격이 있어서 변호사명부에 등록된 자라 하더라도 그 후에 금고 이상의 형을 받으면 그와 동시에 그 자격이 상실되고 변호사법상의 변호사의 직무의 공공성과 사회성에 비추어 위 자격상실과 동시에 변호사직도 실직한다고 봄이 상당하다 할 것이고, 다만 동 변호사법 제 7 조에 의하면 변호사로서 업무를 개시하자면 변호사명부에 등록되어야 한다고 규정되어 있어 등록함으로써 변호사 개업을 할 수 있음은 물론이나 그 등록된 변호사가 동법 제 5 조 제 2 호의 결격사유에 해당될 경우에는 앞에서의 설시에 비추어 위 등록의 취소에 의하여 그 직이 상실하는 것도 아니며, 또한 위 경우 동 변호사법 제10조 제 2 호에 의하여 변호사명부의 등록의 취소는 그에 의하여 변호사로서의 신분 또는 자격 그 자체를 상실시키는 행위가 아니고, 변호사로서의 신분 또는 자격을 상실하고 있다는 사실을 공적으로 증명하는 행위라고 해석하여야 할 것이므로 따라서 비록 변호사가 동 변호사법 제 5 조 제 2 호 소정의 결격사유에 해당되면 바로 변호사로서의 신분 또는 자격을 상실하는 것으로서 가사 위와 같은 경우에 변호사명부의 등록이 취소되지 아니하고 남아 있다 하더라도 이는

변호사라 할 수 없고, 변호사의 직무를 행할 수 없다 할 것이다(대법원 1974. 5. 14, 74 누2 변호사명부등록취소처분무효확인).

③ 법무부장관은 변호사 명부에 등록된 자가 제 4 조에 따른 변호사의 자격이 없거나 제 5 조에 따른 결격사유에 해당한다고 인정하는 경우 대한변호사협회에 그 변호사의 등록취소를 명하여야 한다(변호사법 19).

④ 변호사법 제18조 제 5 항.

[정답] ②

46. 변호사윤리장전이 규정하는 법원 등에 대한 변호사의 윤리와 관련한 설명 중 옳지 않은 것은?

① 변호사는 법정의 내외를 불문하고 법원의 위신이나 재판의 신뢰성을 손상시키는 언동을 하여서는 아니 되며 사법권의 존중에 특히 유의하여야 한다.

② 변호사는 재판시간과 서류의 제출 기타의 기한을 준수하고 소송지연을 목적으로 하는 행위를 하여서는 아니 된다.

③ 변호사는 법정에서 어떤 경우에도 사건 진행의 순서를 다투어서는 아니 된다.

④ 변호사는 법정 주위에서 자신의 의뢰인이 상대방에게 모욕적 언사를 쓰는 경우 이를 방임하여서는 아니 된다.

《해설》 ① 구 변호사윤리장전 제26조, 현행 변호사윤리장전 제35조는 "변호사는 사법권을 존중하며, 공정한 재판과 적법 절차의 실현을 위하여 노력한다"라고 한다.

② 구 변호사윤리장전 제27조, 현행 변호사윤리장전 제37조는 "변호사는 소송과 관련된 기일, 기한 등을 준수하고, 부당한 소송지연을 목적으로 하는 행위를 하지 아니한다"고 규정하였다.

③ 변호사는 법정에서 사건 진행의 순서를 다투어서는 아니 되며 특별한 사정이 있을 때에는 재판장과 다른 변호사의 양해를 얻어야 한다(구 변호사윤리장전 28②). 현행 변호사윤리장전은 이 규정을 삭제하였다.

④ 구 변호사윤리장전 제28조 제 4 항에 규정된 내용인데, 현행 변호사윤리장전에서는 이 규정을 삭제하였지만 여전히 타당한 지문이다.

[정답] ③

47. 변호사 甲이 법률사무소를 아래와 같은 방법으로 운영할 때 형사처벌의 대상이 되는 것은?

① 변호사법위반죄로 징역 1년을 선고받고 그 집행이 끝난 지 1년이 지나지 않은 사람이 사무직원으로 지원하자 사건 유치에 능하다는 점만을 생각하고 직원으

로 채용하였다.

② 사건을 소개해 준 사람들 중 변호사가 아닌 사람에 한해서 보수 중 일정 비율을 소개료로 지급하고 있다.

③ 주사무실은 법원 근처에 있으나 30㎞ 정도 떨어진 시장의 상인들을 고객으로 유치하기 위하여 시장 내에 연락사무소를 두고 있다.

④ 사건을 유치하기 위하여 직원들에게 경찰서 유치장과 교통사고 환자 전문 병원에 출입하도록 독려하고 있다.

《해설》 ② 변호사나 그 사무직원은 법률사건이나 법률사무의 수임에 관하여 소개·알선 또는 유인의 대가로 금품·향응 또는 그 밖의 이익을 제공하거나 제공하기로 약속하여서는 아니 된다(변호사법 34②). 이를 위반한 경우 7년 이하의 징역 또는 5천만원 이하의 벌금에 처한다. 이 경우 벌금과 징역은 병과(倂科)할 수 있다(변호사법 109(2)). ①, ③, ④는 과태료 부과대상이다.

[정답] ②

48. 대한변호사협회와 관련된 설명 중 옳지 않은 것은?

① 대한변호사협회는 변호사법에 의하여 설립된 지방변호사회로 구성한다.

② 대한변호사협회는 변호사의 품위보전과 자질향상 등을 설립목적으로 한다.

③ 휴업신고를 한 변호사는 대한변호사협회의 지도·감독에 관한 규정을 적용받지 아니한다.

④ 대한변호사협회에 등록한 후 휴업한 변호사는 징계대상이 될 수 없다.

《해설》 ③ 개업신고를 하지 않았거나 휴업신고를 한 변호사는 이 회의 준회원이 된다(대한변호사협회 회칙 10①). 준회원에 대하여는 회원의 권리·의무와 변호사의 지도·감독에 관한 규정을 적용하지 아니한다(대한변호사협회 회칙 10②).
④ 대한변호사협회 회칙 제48조의2 "이 회에 <u>등록한 변호사</u>, 법인회원에 대한 징계사건을 심의하기 위하여 대한변호사협회 변호사징계위원회를 둔다"라고 규정하고 있어 등록 후에 휴업하였더라도 징계대상이 된다. 그런데 위 회칙 제10조 제2항은 휴업회원인 준회원은 변호사의 지도·감독에 관한 규정을 적용하지 아니한다는 규정과 모순된다.

[정답] ④

49. 변호사의 광고와 관련된 설명 중 옳지 않은 것은?

① 변호사는 자신의 이름으로 업무광고를 하여야 한다.

② 단독 개업 변호사가 광고를 하는 경우에는 광고책임변호사를 표시하여야 한다.

③ 변호사법 제31조 제 3 항에서 정한 수임제한의 해제 광고는 할 수 없다.

④ 변호사는 자동차, 전동차, 기차, 선박, 비행기 기타 운송수단의 외부에 광고물을 비치, 부착, 게시하는 행위를 할 수 있다.

《해설》 ② 법무법인등이 광고를 하는 경우에는 광고책임변호사를 표시하여야 한다(변호사업무광고규정 3②). ① 변호사업무광고규정 제 3 조 제 1 항.
③ 변호사업무광고규정 제 4 조 제10호. ④ 변호사업무광고규정 제 5 조 제 6 항 제 1 호.

[정답] ②

50. 변호사의 업무제한 및 겸직제한에 관한 설명 중 옳지 않은 것은?

① 변호사가 휴업한 경우에는 소속 지방변호사회의 겸직허가를 받지 않더라도 주식회사의 이사가 될 수 있다.

② 법무법인의 구성원 변호사는 소속 지방변호사회의 겸직허가를 받지 않더라도 지방의회 의원이 될 수 있다.

③ 법무법인의 구성원이 아닌 소속 변호사는 법무법인에서 사직한 후라면, 그 법무법인 소속기간 중 그 법인이 수임을 승낙한 사건에 대하여 변호사업무를 수행할 수 있다.

④ 사내변호사를 고용한 회사가 그 회사의 송무사건 뿐만 아니라 일반인으로부터 사건을 수임하여 사내변호사에게 소송대리 업무를 수행토록 하는 것은 허용되지 아니한다.

《해설》 ③ 법무법인의 구성원이었거나 구성원 아닌 소속 변호사이었던 자는 법무법인의 소속 기간 중 그 법인이 상의를 받아 수임을 승낙한 사건에 관하여는 변호사의 업무를 수행할 수 없다(변호사법 52②). ① 변호사가 휴업한 경우에는 겸직제한 규정을 적용하지 아니한다(변호사법 38③). ② 변호사는 보수를 받는 공무원을 겸할 수 없다. 다만, 지방의회 의원 또는 상시 근무가 필요 없는 공무원이 되거나 공공기관에서 위촉한 업무를 수행하는 경우에는 그러하지 아니하다(변호사법 38①). ④ 변호사가 아닌 자는 변호사를 고용하여 법률사무소를 개설·운영하여서는 아니 된다(변호사법 34④). 사내변호사를 고용하여 일반인으로부터 사건을 수임하는 행위는 법률사무소를 개설·운영하는 행위에 해당되므로 금지된다.

[정답] ③

1. 법무법인의 책임에 관한 설명 중 틀린 것은?

① 법무법인은 합명회사 사원의 책임규정을 준용하고 있다.

② 법무법인을 운영하는 과정에서 발생하는 책임과 수임사건 처리와 관련된 책임이 있다.

③ 대표 변호사는 수임사건과 관련한 책임은 부담하지 않는다.

④ 구성원 변호사가 담당변호사로 수임사건과 관련하여 손해를 야기한 경우에는 그 손해를 배상할 책임이 있다.

《해설》 ③ 대표 변호사 역시 담당변호사가 되어 수임사건을 처리하는 과정에서 야기한 손해배상책임을 진다.

① 변호사법은 법무법인의 제 3 자에 대한 책임관계에 관한 명시적인 규정을 두고 있지 않고, 「상법」 중 합명회사에 관한 규정을 준용하고 있다(변호사법 58①).

② 법무법인의 제 3 자에 대한 책임은 법무법인 자체를 운영하는 과정에서 발생하는 책임과 수임사건과 관련된 손해배상책임으로 나누어 볼 수 있다.

④ 법무법인의 구성원 변호사는 수임사건과 관련하여 담당변호사로 지정됨으로 업무를 수행하는 과정에서 의뢰인에게 손해를 가할 수 있다. 이때 구성원 변호사는 합명회사에서의 사원과 같이, 법무법인의 채권자에게 그 채무에 관하여 「인적·연대·무한·직접책임」을 부담한다.

[정답] ③

2. 법무법인의 구성원 변호사의 책임관계에 대하여 틀린 설명은?

① 법무법인의 재산으로 손해를 완제할 수 없는 경우에는 구성원 변호사는 법무법인과 연대하여 책임을 진다.

② 구성원 변호사는 법무법인의 채무전액에 관하여 무한책임을 진다.

③ 법무법인의 채권자는 구성원 변호사에게 직접 변제를 청구할 수 있다.

④ 법무법인의 조직변경으로 인한 종전의 채무는 종전의 구성원 변호사가 책임을

진다.

《해설》 ① 법무법인의 구성원 변호사는 법인의 채권자에 대하여 연대책임을 부담하는데, 여기에서 '연대'는 구성원 변호사와 법무법인 간의 연대가 아니라「구성원 변호사 상호간의 연대」를 의미한다. 법무법인의 재산으로 채무를 완제할 수 없는 때에는 각 구성원 변호사는 연대하여 변제할 책임이 있다(상법 212①, 변호사법 58①).
③ 법무법인의 채권자는 법무법인을 거치지 아니하고 구성원 변호사에게 직접 변제를 청구할 수 있다. 이를 구성원 변호사의 직접책임이라고 한다.
④ 법무법인의 조직변경으로 설립된 법무법인(유한)의 구성원 중 종전의 법무법인의 구성원이었던 자는 등기를 하기 전에 발생한 법무법인의 채무에 대하여 법무법인(유한)의 경우에는 등기 후 2년이 될 때까지, 법무조합의 경우에는 등기 후 5년이 될 때까지 법무법인의 구성원으로서 책임을 진다(변호사법 55의2④).

[정답]   ①

3. 법무법인(유한)의 설립과 구조에 대한 설명 중 틀린 것은?
① 대표 변호사와 구성원 변호사를 반드시 두어야 한다.
② 구성원 변호사와 소속 변호사는 7인 이상 두어야 한다.
③ 구성원 변호사는 반드시 일정액 이상의 출자를 하여야 한다.
④ 소속 변호사는 출자의무가 없다.

《해설》 ② 구성원 변호사는 7명 이상 두어야 하고(변호사법 58의6①), 구성원 변호사가 아닌 소속 변호사를 둘 수 있되, 그 숫자의 제한은 없다(변호사법 58의6②).
③ 법무법인(유한)은 7명 이상의 구성원 변호사의 출자에 의한 자본을 가지고, 이 자본은 균일한 비례적 단위인 출자에 의하여 분할된다. 법무법인(유한)의 자본총액은 5억원 이상이어야 한다(변호사법 58의7①). 출좌 1좌의 금액은 1만원으로 하며(변호사법 58의7②), 각 구성원의 출자좌수는 3천좌 이상이어야 한다(변호사법 58의7③).

[정답]   ②

4. 법무법인(유한)의 책임에 관한 설명 중 틀린 것은?
① 법무법인(유한)의 운영과 관련된 책임과 수임사건과 관련된 책임이 있다.
② 구성원 변호사의 법무법인(유한)의 운영과 관련된 책임은 출자금액을 한도로 한다.
③ 수임사건과 관련하여 의뢰인에게 손해를 가한 경우에 법무법인(유한)의 구성원 변호사 전원이 책임을 진다.

④ 구성원 변호사가 수임사건과 관련하여 지는 손해배상책임은 출자금액에 제한되지 않는다.

《해설》 ③ 법무법인(유한)의 수임사건과 관련된 손해배상책임의 주체는 당해 사건을 처리한 담당변호사와 그 변호사를 직접 지휘·감독한 지위에 있는 변호사 및 법무법인(유한)이 된다.
① 법무법인(유한) 구성원의 책임은 법무법인(유한)의 운영과 관련된 책임과 수임사건과 관련된 손해배상책임으로 분류할 수 있다.
② 법무법인(유한) 구성원 변호사의 책임은 이 법에 규정된 것 외에는 그 출자금액을 한도로 한다(변호사법 58의10). 여기에서 '이 법에 규정된 것'은 변호사법에 규정된 책임으로 「수임사건과 관련된 손해배상책임」을 말한다(변호사법 58의11). 그 외의 책임은 법무법인(유한)의 운영과 관련된 책임으로 출자금액이 그 한도가 된다.
④ 손해배상책임의 범위는 법률과오로 발생된 의뢰인이 입은 손해배상액이다.

[정답] ③

5. 법무법인(유한)의 수임사건처리와 그와 관련된 손해배상책임에 관한 설명 중 옳지 않은 것은?

① 소속 변호사가 수임사건을 처리할 경우에는 수인의 소속 변호사로 하여금 처리하도록 하여야 한다.

② 소속 변호사가 수임사건을 처리하는 과정에서 손해를 야기한 경우에도 배상책임이 있다.

③ 담당변호사의 과실로 손해배상책임을 지게 되는 수임사건은 법무법인(유한) 명의로 선임한 사건이어야 한다.

④ 구성원 변호사라도 법무법인(유한)으로부터 담당변호사로 지정되지 않았다면 원칙적으로 책임이 없다.

《해설》 ① 법무법인(유한)은 법인 명의로 업무를 수행하며, 그 업무를 담당할 변호사를 지정하여야 한다. 소속 변호사에게 그 업무를 담당시킬 경우에는 구성원 변호사와 공동으로 담당변호사로 지정하여야 한다(변호사법 58의16, 50①). 소속 변호사 단독으로 수임사건을 처리할 수 없다.
② 소속 변호사 역시 담당변호사가 되어 수임사건을 처리하므로 그 책임을 진다. 다만, 소속 변호사가 담당변호사가 된 경우에는 그와 함께 담당변호사가 된 구성원 변호사와 그를 지휘·감독하는 변호사가 있을 것이므로 양자의 책임이 함께 발생하게 될 것이다.
③ 법무법인(유한)의 구성원 및 구성원이 아닌 소속 변호사는 자기나 제3자의 계산으로 변호사의 업무를 수행할 수 없다(변호사법 58의16, 52①). 그러므로 담당변호사의

과실로 손해배상책임을 지게 되는 수임사건은 법무법인(유한) 명의로 선임한 사건이어야 한다.

④ 구성원 변호사가 손해배상책임을 부담하기 위해서는 법무법인(유한)으로부터 담당변호사로 지정되거나, 지휘 · 감독자의 지위에 있어야 한다.

[정답] ①

6. 법무법인(유한)의 구성원 변호사의 수임사건과 관련된 책임관계의 설명 중 옳은 것은?

① 기본적으로 당해 사건을 처리한 담당변호사와 법무법인(유한)이 연대하여 손해배상책임을 진다.

② 담당변호사의 상급 변호사도 지휘 · 감독의 해태로 인한 책임이 있다.

③ 담당변호사를 지휘 · 감독한 변호사는 반드시 법무법인(유한)의 대표 변호사이어야 한다.

④ 담당변호사를 지휘 · 감독한 변호사의 과실은 의뢰인이 주장 · 입증하여야 한다.

《해설》 ① 법무법인(유한)의 수임사건과 관련된 손해배상책임은 당해 사건을 처리한 「담당변호사와 법인이 연대」하여 손해배상책임을 진다. 그러므로 당해 사건에 관여하지 아니한 구성원 변호사는 책임이 없다.

② 담당변호사를 직접 지휘 · 감독한 구성원 변호사가 손해를 배상할 책임이 있고(변호사법 58의11②), 단순한 상급 변호사라는 지위만으로는 책임을 물을 수 없다. 담당변호사를 지휘 · 감독한 변호사의 책임이 성립하려면 담당변호사를 실질적으로 지휘 · 감독하는 관계에 있어야 한다.

③ 담당변호사를 지휘 · 감독한 변호사는 반드시 법무법인(유한)의 구성원 변호사이어야 한다(변호사법 58의11②전단). 물론 대표 변호사 역시 지휘 · 감독한 변호사가 될 수는 있지만, 반드시 대표 변호사로 제한하는 것은 아니다.

④ 담당변호사를 지휘 · 감독한 변호사가 지휘 · 감독을 할 때에 주의를 게을리 하지 아니하였음을 증명한 경우에는 그러하지 아니하다(변호사법 58조의11②단서). 이러한 사정은 당해 사건을 지휘 · 감독하는 지위에 있는 구성원 변호사가 주장 · 입증을 하여야 한다.

[정답] ①

7. 법무조합의 설립과 구조에 관한 설명 중 틀린 것은?

① 법무조합을 설립하려는 경우에는 규약을 작성하여야 한다.

② 법무조합은 구성원 변호사와 소속 변호사를 두어야 한다.

③ 구성원 변호사의 출자로 법무조합의 재산을 소유하게 된다.

④ 법무조합의 자본총액에 관한 제한은 없다.

《해설》 ② 법무조합은 대표 변호사와 구성원 변호사를 두어야 하며, 구성원이 아닌 소속 변호사를 둘 수 있다(변호사법 58의22②).

① 법무조합을 설립하려는 경우에는 규약을 작성하고 소정의 사항을 기재하게 된다(변호사법 58의19, 58의20).

③ 법무조합은 7명 이상의 구성원 변호사의 출자에 의하여 법무조합의 재산을 소유하게 된다.

④ 법무법인(유한)의 자본총액은 5억원 이상으로 하는 제약이 있는데(변호사법 58의7①), 법무조합에는 이 같은 제한이 없다.

[정답] ②

8. 법무조합 구성원 변호사의 책임에 관한 설명 중 옳은 것은?

① 구성원 변호사는 수임사건과 관련한 손해배상책임은 그 채무 발생 당시의 손실분담비율에 따라 책임을 진다.

② 담당변호사가 지정되지 않은 경우에는 법무조합의 구성원 변호사와 소속 변호사가 책임을 지게 된다.

③ 담당변호사는 그의 고의나 과실로 야기한 손해를 배상할 책임이 있다.

④ 담당변호사를 직접 지휘·감독한 구성원 변호사는 법무조합의 재산범위 내에서 책임이 있다.

《해설》 ③ 담당변호사는 그의 고의나 과실로 야기한 손해를 배상할 책임이 있다(변호사법 58의25①). 담당변호사는 법무조합의 출자금액이나 손익분배에 관한 사항과 무관하게 의뢰인이 입은 손해에 대하여 자기재산으로 배상을 해야 하는 무한책임을 지게 된다.

① 법무조합 구성원 변호사는 법무조합의 채무(58의25에 따른 손해배상책임과 관련한 채무는 제외한나)에 대하여 그 재부 발생 당시의 손실분담비율에 따라 책임을 진다(변호사법 58의24). 여기에서 「법무조합의 채무」는 수임사건과 관련된 손해배상책임으로 인한 채무는 제외하므로, 법무조합 자체의 「운영과 관련하여 발생한 채무」를 말한다.

② 법무조합이 수임사건과 관련하여 의뢰인에게 손해를 발생시킨 경우에는 원칙적으로 당해 사건을 처리하였던 담당변호사가 책임을 진다. 만약 담당변호사가 지정되지 않은 경우에는 법무조합의 **구성원 변호사 모두**가 책임을 지게 된다(변호사법 58의25①).

④ 담당변호사를 직접 지휘·감독한 구성원도 그 손해를 배상할 책임이 있다(변호사법

58의25②). 담당변호사의 손해배상책임이 인정되는 경우에 법무조합은 「재산의 범위 내에서 책임」을 지게 되지만(변호사법 58의25③), 담당변호사를 직접 지휘·감독한 구성원 변호사의 책임 범위가 조합재산의 범위로 한정되는 것은 아니다.

[정답] ③

9. 법무법인에 재직 중인 변호사 A는 그 법무법인과 고문계약 관계에 있는 P 주식회사의 사내변호사가 되어 상업사용인을 겸직한 다음, 일주일 중 3일은 법무법인의 소속 변호사로 급여를 받고 근무를 하고, 나머지 2일은 겸직허가를 받아 주식회사의 사내변호사로 급여를 받고 근무하려고 한다. 이에 관한 설명 중 틀린 것은?

① 주식회사의 사내변호사로 근무한다는 것은 변호사 아닌 자로부터 급여를 받으면서 업무를 수행하는 것에 해당된다.

② 법무법인의 구성원 및 구성원 아닌 소속 변호사는 자기 또는 제 3 자의 계산으로 변호사업무를 수행할 수 없다.

③ 법무법인의 구성원이나 구성원 아닌 소속변호사가 법무법인이 아닌 제 3 자에 해당하는 P 주식회사에 고용되어 사내변호사의 급여를 받는 것은 자기의 계산으로 변호사 업무를 수행하는 것에 해당될 수 있다.

④ 법무법인의 구성원 변호사는 소속 지방변호사회의 겸직허가를 받더라도 P 주식회사의 상업사용인이 될 수 없다.

《해설》 ④ 법무법인의 구성원 변호사라도 소속 지방변호사회의 겸직허가를 받으면 P 주식회사의 임원(상업사용인)으로 근무하는 것은 가능하다.
①, ②, ③ 법무법인에 재직 중인 변호사 A가 사내변호사로 근무한다는 것은 변호사 아닌 자로부터 급여를 받으면서 변호사의 업무수행을 하는 것이다. 변호사법 제52조 제 1 항은 법무법인의 구성원 및 구성원 아닌 소속 변호사는 자기 또는 제 3 자의 계산으로 변호사업무를 수행할 수 없도록 하고 있다. 따라서 법무법인의 구성원이나 구성원 아닌 소속 변호사가 법무법인이 아닌 제 3 자에게 고용되는 사내변호사의 형태로 변호사 업무를 수행하는 것은 금지된다고 하겠다(대한변협 2010. 5. 7. 질의회신). 그러나 변호사 A가 사내변호사로 받은 급여를 소속 법무법인에 귀속시키고 법무법인으로부터 급여를 받는 것이라면, 자기계산으로 변호사업무를 수행하는 것으로 볼 수 없다 할 것이다.

[정답] ④

10. A 변호사는 법무법인 소속 변호사로 있을 때 甲 사건을 담당하였다. 그 후 A 변호사는 그 법무법인을 탈퇴한 후 甲 사건의 의뢰인이 종전 법무법인과 위임계약을 해지하고 A 변호사 또는 A 변호사가 새롭게 소속한 법무법인에게 甲 사건을 의뢰하려고 한다. 이 때 A 변호사나 A가 소속한 법무법인이 甲 사건을 수임할 수 있는지 여부에 관한 설명 중 틀린 것은?

① 甲 사건을 담당한 A 변호사는 甲 사건의 의뢰인과 형성된 신뢰관계를 이용하여 법무법인을 탈퇴한 후 그 사건을 새롭게 옮긴 법무법인으로 유치할 목적으로 종전 법무법인과의 위임관계의 해지를 권유해서는 아니 된다.

② A 변호사는 甲 사건의 의뢰인이 종전 법무법인과의 위임관계를 해지하고 새로운 법무법인 또는 A 변호사 자신에게 위임하려고 하여도 당해 심급에서는 이를 승낙하여서는 아니 된다.

③ A 변호사는 탈퇴 전 법무법인에 소속하였던 중에 그 법무법인이 甲 사건의 의뢰인과 상의하여 수임을 승낙한 사건을 탈퇴 후에 수임하는 것은 허용되지 않는다.

④ A 변호사가 종전 법무법인에서 담당하였던 甲 사건에 대한 수임제한 시기는 당해 사건의 판결이 확정된 때까지 해당된다.

《해설》 ④ A 변호사는 탈퇴 전 법무법인에 속한 중에 그 법무법인이 甲 사건의 의뢰인과 상의하여 수임을 승낙한 사건을 탈퇴 후에 수임하는 것은 허용되지 않는다. 그러나 위와 같은 수임제한은 계약체결의 자유 및 직업수행의 자유를 제한하는 의무부과규정이라는 점에서 그 제한은 목적 달성에 필요한 최소한도의 범위 이내에 그쳐야 할 필요성이 있다. 이러한 관점에서 위 「수임을 승낙한 사건」의 수임제한 시기는 「수임 승낙 당시의 심급에 계속 중일 때」까지로 제한되고, **당해 심급에서 사건이 종결된 이후에는 수임에 제한을 받지 않는다고 해석하여야 한다.** 이는 소송대리인 선임행위의 효력은 당해 심급까지만 미친다는 소송법의 입장과 같은 맥락이다. 따라서 A 변호사가 탈퇴 전에 속한 법무법인이 수임을 승낙한 사건의 당해 심급이 종결된 후에 그 **사건의 상소심을 수임하는 것은 변호사법 제52조 제 2 항의 수임제한범위에 포함되지 않는다 할 것이다**(대한변협 2010. 4. 9. 질의회신).

변호사윤리장전은 법무법인 · 법무법인(유한) · 법무조합 · 공증인가합동법률사무소 및 공동법률사무소에 특정 변호사에게만 수임제한 사유에 해당되는 제22조 제 1 항 제 4 호(**상대방 또는 상대방 대리인과 친족관계에 있는 경우**) 또는 제42조(**변호사는 공정을 해할 우려가 있을 때에는, 겸직하고 있는 당해 정부기관의 사건을 수임하지 아니한다**)에 해당하는 사유가 있는 경우, 당해 변호사가 사건의 수임 및 업무수행에 관여하지 않고 그러한 사유가 법무법인 등의 사건처리에 영향을 주지 아니할 것이라고 볼 수 있는 합리적 사유가 있는 때에는 사건의 수임이 제한되지 아니한다(변호사윤리장전 48②)는 규정을 신설하였다. 설문은 이 규정에 해당되지 않는 사안이다.

[정답] ④

11. 법무조합 변호사의 책임에 관하여 틀린 것은?

① 구성원 변호사는 법무조합의 일반적인 채무는 채무 발생 당시의 손실분담비율에 따라 책임을 진다.

② 법무조합 구성원 변호사가 위임인에게 발생한 손해를 배상하는 경우도 있다.

③ 담당변호사가 위임인에게 손해를 발생시킨 경우에는 법무조합과 연대하여 배상 책임을 진다.

④ 위임인에게 손해를 발생시킨 담당변호사를 직접 지휘 · 감독한 구성원도 그 손해를 배상할 책임이 있다.

《**해설**》 ③ 담당변호사(담당변호사가 지정되지 아니한 경우에는 그 법무조합의 구성원 모두를 말한다)가 수임사건에 관하여 고의나 과실로 그 수임사건의 위임인에게 손해를 발생시킨 경우 담당변호사는 그 손해를 배상할 책임이 있다(변호사법 58의25①). 법무조합과 연대하여 책임을 지는 것이 아니다. 법무조합은 「조합재산의 범위」 내에서만 책임을 진다.

① 구성원은 법무조합의 채무[제58조의25(수임사건과 관련된 손해배상책임)에 따른 손해배상책임과 관련한 채무는 제외한다]에 대하여 그 채무 발생 당시의 손실분담비율에 따라 책임을 진다(변호사법 58의24).

② 담당변호사가 채무를 완제하지 못한 경우에 조합의 구성원 변호사는 「조합재산의 범위 내에서」 책임을 진다(변호사법 58의25③).

④ 담당변호사가 제1항에 따른 손해배상책임을 지는 경우 그 담당변호사를 직접 지휘 · 감독한 구성원도 그 손해를 배상할 책임이 있다. 다만, 지휘 · 감독을 할 때에 주의를 게을리 하지 아니하였음을 증명한 경우에는 그러하지 아니하다(변호사법 58의25②).

[**정답**] ③

12. 법무조합 구성원 변호사의 탈퇴에 관한 설명 중 틀린 것은?

① 구성원 변호사는 임의로 탈퇴할 수 있다.

② 재직 중 징역형의 선고유예를 받아 그 유예기간 중에 있어 변호사 등록이 취소되면 당연히 탈퇴한다.

③ 변호사법에 따른 정직 이상의 징계처분을 받은 경우에는 탈퇴된다.

④ 법무부장관으로부터 법무조합이 업무정지명령을 받으면 탈퇴된다.

《**해설**》 ④ 해당 변호사가 법무부장관으로부터 업무정지명령을 받으면 당연히 탈퇴한다(변호사법 102②, 58의30, 46②). 법무조합이 업무정지명령을 받았다고 하여 구성원 변호사가 그 의사와 무관하게 탈퇴되는 것은 아니다.

① 구성원은 임의로 탈퇴할 수 있다(변호사법 58의30, 46①).
② 등록이 취소된 경우에는 당연히 탈퇴한다(변호사법 58의30, 46②(2)).
③ 변호사법이나 공증인법에 따라 "정직" 이상의 징계처분을 받은 경우에는 당연히 탈퇴한다(변호사법 58의30, 46②(4)).

[정답] ④

13. 법무법인의 구성원 변호사의 책임관계에 관한 설명 중 틀린 것은?

① 법무법인의 재산으로 손해를 완제할 수 없는 경우에는 구성원 변호사는 법무법인과 연대하여 책임을 진다.
② 구성원 변호사는 법무법인의 채무전액에 관하여 무한책임을 진다.
③ 법무법인의 채권자는 구성원 변호사에게 직접 변제를 청구할 수 있다.
④ 법무법인의 조직변경으로 인한 종전의 채무는 종전의 구성원 변호사가 책임을 진다.

《해설》 ① 법무법인의 구성원 변호사는 법인의 채권자에 대하여 연대책임을 부담하는데, 여기에서 '연대'는 구성원 변호사와 법무법인 간의 연대가 아니라 「구성원 변호사 상호 간의 연대」를 의미한다. 법무법인의 재산으로 채무를 완제할 수 없는 때에는 각 구성원 변호사는 연대하여 변제할 책임이 있다(상법 212①, 변호사법 58①).
③ 법무법인의 채권자는 법무법인을 거치지 아니하고 구성원 변호사에게 직접 변제를 청구할 수 있다. 이를 구성원 변호사의 직접책임이라고 한다.
④ 법무법인의 조직변경으로 설립된 법무법인(유한)의 구성원 중 종전의 법무법인의 구성원이었던 자는 등기를 하기 전에 발생한 법무법인의 채무에 대하여 법무법인(유한)의 경우에는 등기 후 2년이 될 때까지, 법무조합의 경우에는 등기 후 5년이 될 때까지 법무법인의 구성원으로서 책임을 진다(변호사법 55의2④).

[정답] ①

14. 법무조합 L은 의뢰인 A로부터 손해배상청구 사건을 수임하였다. 위 법무조합의 변호사 甲, 乙이 위 사건의 딤딩번호사로 지징되있으며, 변호사 丙은 위 사건의 지휘·감독자로 지정되었다. 그런데 담당변호사들이 위 소송수행 과정에서 중요한 증거를 제출하지 않는 등 손해액에 대한 입증을 게을리한 잘못으로 손해배상청구는 기각되었고, 그 결과 의뢰인 A는 큰 손해를 입게 되었다. 다음 설명 중 옳지 않은 것은? (제2회 기출문제)

① 의뢰인 A의 손해배상청구 사건에 관여하지 아니한 법무조합 L의 구성원 변호사는 조합재산의 범위 내에서 책임을 진다.

② 담당변호사 甲, 乙은 과실로 인하여 의뢰인 A에게 가한 손해에 대하여 배상할 책임이 있다.

③ 담당변호사 甲, 乙이 손해배상책임을 지는 경우 그 담당변호사를 직접 지휘·감독한 변호사 丙은 지휘·감독에 대한 과실이 없었음을 증명한 경우에는 책임이 없다.

④ 의뢰인 A의 손해배상청구 사건에 관여한 변호사 甲, 乙, 丙에게 변제자력이 없는 경우에는 다른 구성원 변호사들이 균분하여 변제할 책임이 있다.

《해설》 ④ 법무조합에 관하여 변호사법이 정한 것 외에는 민법 중 조합에 관한 규정을 준용한다(변호사법 58의31). 그러나 민법 제713조(무자력조합원의 채무와 타조합원의 변제책임: 조합원 중에 변제할 자력없는 자가 있는 때에는 그 변제할 수 없는 부분은 다른 조합원이 균분하여 변제할 책임이 있다)에 관한 규정은 제외한다.

[정답] ④

15. 법무법인 L과 그 구성원 변호사들이 행한 다음 업무 중에서 변호사법상 허용되는 것은? (제2회 기출문제)

① 자동차손해보험사의 구상금 소송 사건을 보험사로부터 위임받은 법무법인 L은 그 사무를 처리함에 있어, 소 제기 전후로 구성원 변호사 甲으로 하여금 적극적으로 채무자에게 유선 또는 서면으로 변제의사 유무를 확인하거나 변제를 촉구하는 등의 업무를 행하도록 하였다.

② 변리사로 등록을 한 법무법인 L의 구성원 변호사 乙이 법무법인과는 별도로 변리사 개인 자격으로 변리사 업무를 행하였다.

③ 법무법인 L의 구성원 변호사 丙은 소속 지방변호사회의 겸직허가를 받지 않고 X회사의 이사로 취임하였다.

④ 법무법인 L은 구성원 변호사 丁을 담당변호사로 지정하여 부동산의 매도인, 매수인 등 당사자 양측의 사이에서 계약을 성사시키기 위한 중개업무를 행하도록 하였다.

《해설》 ① 법무법인의 구성원 변호사로 구상금 소송사건의 담당변호사로 위임사무의 처리를 위하여 제소 전에 채무자에게 변제의사 유무를 확인하거나 변제를 촉구하는 행위를 할 수 있다.
② 법무법인의 구성원 변호사가 법무법인과 별도로 변리사 개인자격으로 변리사 업무를 행하는 것은, 법무법인의 구성원 변호사가 자기의 계산으로 변호사의 업무를 수행할 수 없다는 변호사법 제52조 제1항 위반이다.
④ 부동산의 매도인과 매수인 등 양당사자를 대리하는 쌍방대리는 허용되지 아니한다

(민법 124).

[정답] ①

16. 피고 법무법인 A는 주식회사 甲 제약(나중에 원고에 흡수합병)과 사이에 대법원 2009다○○○사건에 관하여 소송위임계약을 체결하고 그 대표변호사인 피고 2를 담당변호사 중 1인으로 지정하였는데, 상고이유서 제출기간이 도과하도록 상고이유서를 제출하지 아니하여 위 사건의 상고가 기각되자 원고는 피고 법무법인 A와 담당변호사를 상대로 손해배상청구를 하였다. 이 사안에 관한 설명 중 옳지 않은 것은?

① 원고가 피고를 상대로 수임계약상의 채무불이행으로 인한 손해배상책임을 청구하는 경우에 피고 법무법인 A와 대표변호사이자 담당변호사인 피고 2에 대하여 연대책임을 물을 수 있다.

② 피고 법무법인 A에 채용되어 매월 급여를 받고 공증업무만 담당하였을 뿐 피고 법인의 운영에는 전혀 관여하지 않은 경우라도 법인등기부상 구성원 변호사로 기재되어 있는 변호사는 위 손해배상채무에 대하여 책임이 있다.

③ 변호사법 제58조 제1항에 의하여 준용되는 상법 제210조는 법인의 불법행위 능력에 관한 민법 제35조 제1항의 특칙에 해당된다.

④ 피고 법무법인 A에 소속된 구성원 변호사 X는 위 법무법인이 채무를 부담하면 법률의 규정에 의하여 당연히 그 책임이 발생하며, 위 법무법인을 퇴사하였더라도 퇴사등기를 하기 전에 생긴 법무법인의 채무에 대하여는 등기 후 2년 내에는 다른 구성원 변호사와 동일한 책임이 있다.

《해설》 ① 피고 법무법인 ○○이 원고에 대하여 불법행위로 인한 손해배상책임이 아니라 **소송위임계약상의 채무불이행으로 인한 손해배상책임을 부담할 뿐이라면**, 그 대표변호사이자 담당변호사인 피고 2에 대하여 변호사법 제58조 제1항, 상법 제210조에 기한 연대책임을 물을 수는 없다(대법원 2013. 2. 14. 2012다77969).
② 피고 D는 실제로는 피고 법인으로부터 채용되어 매월 급여를 받고 공증업무만 담당하였을 뿐 피고 법인의 운영에는 전혀 관여하지 않았으므로 법인등기부상 기재에도 불구하고 피고 법인의 구성원 변호사라고 볼 수 없어 피고 법인과 연대책임을 지우는 것은 부당하다는 주장에 대하여, 변호사법 제58조 제1항에 의하여 준용되는 상법 제212조는 회사 채권자를 보호하기 위한 강행규정으로서 정관의 규정 또는 총사원의 동의로도 이를 배제할 수 없고, 피고 D가 실질적으로 피고 법인의 운영에 관여하지 아니하였다는 것은 피고 법인의 내부적인 사정에 불과하여 위 사정만으로 채권자인 원고에게 대항할 수 없다는 등의 이유로 이를 배척하였다. 관련 법리와 기록에 비추어 살펴보면, 원심의 위와 같은 판단은 정당하고, 거기에 변호사법 제58조 제1항, 상법 제212조

의 해석에 관한 법리를 오해하는 등의 위법이 없다(대법원 2013. 11. 28. 2013다55812 손해배상).

③ 변호사법 제58조 제1항에 의하여 준용되는 상법 제210조는 "회사를 대표하는 사원이 그 업무집행으로 인하여 타인에게 손해를 가한 때에는 회사는 그 사원과 연대하여 배상할 책임이 있다"고 규정하고 있는바, 상법 제210조는 법인의 불법행위능력에 관한 민법 제35조 제1항의 특칙이므로, 법무법인의 대표변호사나 담당변호사가 법무법인과 연대하여 제3자에 대해 손해배상책임을 부담하는 것은 대표변호사 등이 그 업무집행 중 불법행위를 한 경우에 한정된다(대법원 2013. 2. 14. 2012다77969).

④ 법무법인의 채무가 성립함과 동시에 구성원 변호사의 책임이 성립한다는 점에서 법정담보책임에 해당된다. 합명회사는 실질적으로 조합적 공동기업체여서 회사의 채무는 실질적으로 각 사원의 공동채무이므로 합명회사의 사원의 책임은 회사가 채무를 부담하면 법률의 규정에 의하여 당연히 발생한다(대법원 2009. 5. 28. 2006다65903).

상법 제225조 (퇴사원의 책임) ① 퇴사한 사원은 본점소재지에서 퇴사등기를 하기 전에 생긴 회사채무에 대하여는 등기 후 2년 내에는 다른 사원과 동일한 책임이 있다.

[정답] ①

---

17. 법무법인(유한)과 법무조합에 관련된 설명 중 옳은 것은?

① 법무법인(유한)에는 변호사인 감사를 한 명 이상 두어야 한다.

② 법무법인(유한)의 담당변호사는 지정된 업무를 수행할 때에 공동으로 그 법무법인(유한)을 대표한다.

③ 법무부장관은 법무조합이 업무 집행에 관하여 법령을 위반한 경우에는 설립인가를 취소할 수 있다.

④ 법무조합은 그 주사무소의 소재지에서 설립등기를 함으로써 성립한다.

《해설》 ③ 법무부장관은 법무조합이 ㉠ 3개월 이내에 구성원을 보충하지 아니한 경우, ㉡ 손해배상 준비금을 적립하지 아니하거나 보험 또는 공제기금에 가입하지 아니한 경우, ㉢ 업무 집행에 관하여 법령을 위반한 경우 중 어느 하나에 해당하면 그 설립인가를 취소할 수 있다(변호사법 58의27).

① 법무법인(유한)에는 한 명 이상의 감사를 둘 수 있다. 이 경우 감사는 변호사이어야 한다(변호사법 58의6⑤). ② 담당변호사는 지정된 업무를 수행할 때에 각자가 그 법무법인(유한)을 대표한다(변호사법 58의16, 50⑥). ④ 법무조합을 설립하려면 구성원이 될 변호사가 규약을 작성하여 주사무소 소재지의 지방변호사회와 대한변호사협회를 거쳐 법무부장관의 인가를 받아야 한다. 규약을 변경하려는 경우에도 또한 같다(변호사법 58의19①). 법무부장관은 제1항에 따라 법무조합의 설립을 인가한 경우에는 관보에 고시하여야 한다(변호사법 58의19②). 법무조합은 제2항에 따른 고시가 있을 때에 성립한다(변호사법 58의19③). 반면, 법무법인(유한)은 그 주사무소의 소재지에서

설립등기를 함으로써 성립한다(변호사법 58의5③).

[정답] ③

18. 법무법인과 관련된 설명 중 옳지 않은 것은(다툼이 있는 경우 판례에 따름)?

① 구성원 변호사로 등기된 자라도 이익배당을 받은 바 없고 법무법인에 대하여 임금을 목적으로 종속적인 관계에서 근로를 제공하였다면, 법무법인에 대한 관계에서 근로자의 지위에 있다고 볼 수 있다.

② 법무법인의 구성원이 변호사법에 따라 정직 6개월의 징계처분을 받은 경우 구성원에서 당연히 탈퇴한다.

③ 법무법인의 담당변호사로 지정된 자의 과실로 의뢰인에게 손해가 발생한 경우, 구성원 변호사 전원과 법무법인은 연대하여 변제할 책임이 있다.

④ 법무법인이 다른 법무법인과 합병하거나 법무법인(유한) 또는 법무조합으로 조직변경을 하기 위해서는 구성원 전원의 동의가 필요하다.

《해설》 ③ 구성원 변호사 상호간의 연대를 의미한다(변호사법 51, 상법 212①).
① 대법원 2012. 12. 13. 2012다77006 퇴직금청구.
② (법무법인의) 구성원은 ㉠ 사망한 경우, ㉡ 제18조에 따라 등록이 취소된 경우, ㉢ 제102조 제 2 항에 따라 업무정지명령을 받은 경우, ㉣ 이 법이나 「공증인법」에 따라 정직(停職) 이상의 징계처분을 받은 경우, ㉤ 정관에 정한 사유가 발생한 경우에 해당하는 사유가 있으면 당연히 탈퇴한다(변호사법 46②).
④ 변호사법 제55조의2 제 1 항.

[정답] ③

1. 품위유지의무에 대하여 옳지 않은 내용을 고르시오.

> ㈎ 변호사가 피고인으로 하여금 허위진술을 하도록 유도하는 것은 품위손상행위에 해당될 수 있다.
> ㈏ 변호인이 신체를 구속당한 자에게 법률적 조언을 하는 것은 의무이자 권리이다.
> ㈐ 의뢰인의 민사사건을 담당하면서 근저당권 채권을 직접 양수하여 배당요구를 하는 것은 변호사법에 위반되지 아니한다(판례).
> ㈑ 의뢰인의 분쟁에 지나치게 개입한 경우에는 품위손상행위에 해당될 수 있다.
> ㈒ 변호사가 의뢰인으로부터 허위의 채권양도를 받는 것의 적법여부에 대한 질문을 받고 이를 제지하지 않아서 채권양도가 이루어지게 하였다면 품위손상행위에 해당된다.
> ㈓ 변호사가 성공보수를 받기 위하여 친척 명의로 의뢰인의 부동산에 근저당권설정등기를 경료한 것은 품위손상행위에 해당되지 아니한다.

① ㈎ - ㈏   ② ㈏ - ㈐

③ ㈑ - ㈒   ④ ㈐ - ㈓

《해설》 ④ ㈐ 의뢰인의 민사사건을 담당하면서 근저당권 채권을 직접 양수하여 배당요구를 하는 것은 변호사법에 위반된다(대법원 2008. 2. 28. 2007두25886 징계처분취소). ㈓ 변호사가 성공보수를 받기 위하여 친척 명의로 의뢰인의 부동산에 근저당권설정등기를 경료하여 부동산실권리자명의 등기에 관한 법률을 위반하여 품위손상행위를 한 것이다(대한변협 1999. 1. 25. 결정, 징계 제98-151호).

[**정답**] ④

2. 변호사의 품위유지의무에 대하여 옳지 않은 것은?

> (ㄱ) 변호사가 사건을 수임한 후 소송제기를 지연시켜 손해배상소멸청구권의 시효가 완성되어 패소판결로 의뢰인이 손해를 보게 되어 그 손해보전을 위하여 일정금액을 분할지급하기로 약정한 후 이행하지 않은 것은 품위손상행위에 해당되지 아니한다.
> (ㄴ) 변호사의 품위유지의무는 가장 도덕적인 윤리규범에 해당된다.
> (ㄷ) 변호사가 사건을 수임한 후 제대로 소득신고를 하였다면 수임에 관한 장부비치 의무는 면제된다.
> (ㄹ) 불가피하게 세금을 장기간 체납하여 형사고발을 당하였으나 사후에 세금을 납부하여 고발이 취소되었다면 품위손상행위에 해당되지 아니한다.
> (ㅁ) 변호사가 사건 수임을 하면서 승소조건부 성공보수를 약정하는 것은 무방하다.
> (ㅂ) 변호사가 법률자문에 잘못된 의견을 낸 결과 의뢰인에게 손해를 끼쳤더라도 품위유지의무 위반은 아니다.

① (ㄱ) - (ㄷ) - (ㅁ)   ② (ㄴ) - (ㄹ) - (ㅂ)
③ (ㄱ) - (ㄷ) - (ㄹ)   ④ (ㄷ) - (ㄹ) - (ㅁ)

《해설》 ③ (ㄱ) 불성실한 직무수행으로 인한 손실보전 합의를 미이행한 경우는 품위손상행위에 해당된다(법무부 2007. 11. 21. 결정). (ㄷ) 변호사법 제28조(장부의 작성·보관) ① 변호사는 수임에 관한 장부를 작성하고 보관하여야 한다. ② 제1항의 장부에는 수임받은 순서에 따라 수임일, 수임액, 위임인 등의 인적사항, 수임한 법률사건이나 법률사무의 내용, 그 밖에 대통령령으로 정하는 사항을 기재하여야 한다. (ㄹ) 고의적으로 세금을 체납한 것은 아닐지라도 고액의 세금을 장기간에 걸쳐 체납하고 형사고발까지 되었다면 비록 사후에 세금을 납부하여 세무서장의 고발은 취소되었을지라도 품위유지의무위반으로 견책에 처한 징계처분은 정당하다는 사례(법무부 변호사징계위원회 2004. 9. 6. 결정). (ㅂ) 변호사가 잘못된 법률자문으로 손해를 야기한 경우는 직무상의 법률과오책임 여부가 문제될 뿐이다.

[정답] ③

3. A 변호사는 외모는 변호사의 직무와는 무관한 것이라고 생각하고 머리는 금발로 염색을 하고 길게 땋아 내리고, 양복 대신에 반팔 티셔츠에 청바지를 입고, 신발은 스포츠화를 신고 법정에 출입한다. 점심식사 때는 몇 잔의 술을 마시고 얼굴

이 붉게 상기된 상태로 법정에서 증인신문을 하기도 한다. 그리고 부동산 투기와 주식으로 재산을 불리는 법에 관한 서적을 출판하며 강의를 하러 다니기도 한다. 이에 관한 설명 중 틀린 것은?

① 변호사의 지위와 사명에 일치되지 않는 처신이다.
② 법정의 존엄을 해치는 행위로 퇴정당할 수 있다.
③ 호화롭고 사치스러운 생활은 변호사의 명예를 해치게 된다.
④ 변호사의 품위유지는 개인의 개성신장을 억압하는 기능을 한다.

《해설》 ④ 변호사가 품위를 손상하는 행위를 하여서는 아니 된다. 개인의 개성신장의 자유를 누리기 이전에 변호사로서의 지위와 사명에 부합하는 자세가 먼저 요청된다. ② 재판장은 법정의 존엄과 질서를 해할 우려가 있는 자의 입정금지 또는 퇴정을 명하거나 기타 법정의 질서유지에 필요한 명령을 발할 수 있다(법원조직법 58②).

[정답] ④

4. 다음 중 변호사의 성실의무 등에 관한 우리 판례(하급심판례도 포함한다)의 태도와 다른 것은?

① 의뢰인으로부터 본안소송을 수임한 변호사는 의뢰인을 위하여 보전처분이나 강제집행에 관한 소송행위를 할 수 있는 소송대리권을 갖게 되므로, 의뢰인에 대한 관계에서 그 권한에 상응한 위임계약상의 의무를 부담한다.
② 변호사가 그 재량적 판단에 기초하여 성실하게 수임사무를 처리한 것으로 인정될 경우에는 의뢰자의 지시에 반하거나 재량권의 범위를 일탈한 것으로 인정되지 않는 한 수임계약상의 채무불이행책임을 물을 수 없다.
③ 변호사와 의뢰인 간의 구체적인 위임사무의 범위는 그 위임계약에 의하여 정하여지는 것이므로 변호사는 이와 같은 위임의 범위를 넘어서서 의뢰인의 재산 및 권리의 옹호에 필요한 조치를 취하여야 할 일반적인 의무를 언제나 부담하는 것은 아니다.
④ 의뢰인으로부터 사건을 수임한 변호사는 전문적인 법률지식과 경험에 기초하여 성실하게 의뢰인의 권리를 옹호할 의무가 있음과 아울러 의뢰인과의 신뢰관계를 깨뜨리는 행위를 하여서는 안 될 의무도 있다

《해설》 ① 본안소송을 수임한 변호사가 그 소송을 수행함에 있어 강제집행이나 보전처분에 관한 소송행위를 할 수 있는 소송대리권을 가진다고 하여 의뢰인에 대한 관계에서 당연히 그 권한에 상응한 위임계약상의 의무를 부담한다고 할 수는 없고, 변호사가 처리의무를 부담하는 사무의 범위는 변호사와 의뢰인 사이의 위임계약의 내용에 의

하여 정하여진다(대법원 1997. 12. 12. 95다20775 손해배상(기)).

[**정답**] ①

5. 변호사의 품위유지의무에 관한 설명 중 옳은 것은?

① 의뢰인의 민사사건을 담당하면서 근저당채권을 직접 양수하여 배당요구를 한 경우는 품위유지의무 위반이 아니다.

② 변호사가 교도소 접견실에서 형사피고인을 접견 중에 공범인 불구속 피고인과 핸드폰 통화를 하도록 한 것은 품위손상행위에 해당되지 아니한다.

③ 변호사가 외국환관리법을 위반하고 간첩수사사건과 소송기록을 주한외국공관원에게 건네 준 것은 변호인의 권한에 속하는 것으로 품위손상행위에 해당되지 아니한다.

④ 변호사의 의뢰인에 대한 손해배상 약정의 불이행은 비록 민사관계일지라도 품위손상행위에 해당된다.

《**해설**》 ④ 변호사가 의뢰인과의 약정금 반환지체와 관련한 여러 사례에서 직무상 품위손상행위로 인정되어 징계처분을 받은 경우가 많다.

[**정답**] ④

6. 형사 변호인의 성실의무에 대한 설명으로 옳지 않은 것은?

① 변호인은 피고인 등을 위하여 헌신적으로 최선을 다하여야 하므로 피의자, 피고인이 갖고 있는 묵비권, 진술거부권 등의 행사를 권고하여야 한다.

② 피의자 등에 대하여 부당한 국가권력이 행사되는지, 적정절차가 이행되고 있는지 감시하여야 한다.

③ 범인이 아닌 피고인 등이 죄를 다투지 않는 경우에 그것에 따르지 않고 무죄를 향한 변호활동을 하는 것은 금지된다.

④ 피고인이 유죄를 인정 또는 양형에 불복해서 항소, 상고할 때는 상소의 이유 구성에 충실해야 한다.

《**해설**》 ③ 변호인은 피고인의 공소사실에 대한 증거가 없거나 부족한 경우에는 무죄변론을 할 수 있다.

[**정답**] ③

1. 변호사의 진실의무에 반하는 행위가 아닌 것은?
   ① 진실의 은폐　　　　　　　　② 위법행위에 협조
   ③ 위증의 교사　　　　　　　　④ 진술거부의 유도

《해설》 ④ 대법원(2007. 1. 31. 2006모656 접견신청불허처분취소결정에대한재항고)은
"변호사인 변호인에게는 변호사법이 정하는 바에 따라서 이른바 진실의무가 인정되는
것이지만, 변호인이 신체구속을 당한 사람에게 법률적 조언을 하는 것은 그 권리이자
의무이므로 변호인이 적극적으로 피고인 또는 피의자로 하여금 허위진술을 하도록 하
는 것이 아니라 단순히 헌법상 권리인 진술거부권이 있음을 알려 주고 그 행사를 권고
하는 것을 가리켜 변호사로서의 진실의무에 위배되는 것이라고는 할 수 없다"고 판시
한 바 있다.

[정답]　④

2. A 변호사는 X로부터 X의 전 남편 Y를 피고로 제기된 주택명도청구소송의 소장
   을 건네받고 상담을 하게 되었는데, 사실은 X는 Y와 2년 전에 이혼을 하였고, Y
   명의로 임차한 집에 X 혼자 거주하여 오던 중에 최근 몇 달 동안 월세를 지급하
   지 못하여 소송을 제기당하게 되었다. X는 임의로 Y 명의로 서명날인을 한 소송
   위임장을 변호사에게 교부하고 수임료도 지급하였다. 이에 대하여 옳은 것은?
   ① 주택명도청구소송이 실질적인 피고는 X이므로 X로부터 수임해도 된다.
   ② 소송수임료를 받을 수만 있으면 소송위임장의 작성자는 문제되지 아니한다.
   ③ X는 Y를 대리할 수 있는 지위에 있으므로 수임하는 것은 가능하다.
   ④ X가 Y로부터 정당한 대리권을 수여받았는지 여부를 확인해야 한다.

《해설》 ④ 변호사는 X로부터 피고 Y와 이혼하였으며, 소송의 목적물인 주택에 X 혼
자 거주하고 있다는 점도 알았으므로 Y 명의의 소송위임장이 X가 임의로 작성한 것인

지, Y의 정당한 수권에 의하여 작성된 것인지 여부를 확인할 의무가 있다.

③ X가 임의로 서명날인을 한 것이므로 대리권이 발생하였다는 자료가 없다.

[정답] ④

3. 변호사 甲은 폭행관련 손해배상사건에서 피고인 A를 대리(변론)하고 있다. A는 문제가 된 사건에서 이용된 각목을 사전에 준비한 것이 아니라고 주장하고 있으며, 甲은 A가 증인으로 세우기를 원하는 B와 면담하는 과정에서 A가 B를 매수하여 B로 하여금 위증하게 한 사실을 확인하였다. 그 후 甲이 아무런 조치를 취하지 아니하여 B가 위증을 하였다. 이 경우 甲은 징계를 받을 수 있는가?

(2010년 법무부 모의고사)

① 있다. 변호사는 자신의 의뢰인이 법정에서 증인을 매수하는 것을 묵인해서는 안 되기 때문이다.

② 있다. 변호사가 B의 위증사실을 인지하고도 고발하지 않았기 때문이다.

③ 없다. 변호사가 직접 매수를 지시한 것이 아니기 때문이다.

④ 없다. 위증사실에 대해서 침묵하는 것만으로는 위증에 가담했다고 보기 어렵기 때문이다.

《해설》 ① 변호사는 그 직무를 수행할 때에 진실을 은폐하거나 거짓 진술을 하여서는 아니 된다(변호사법 24②). 변호사는 그 직무를 행함에 있어서 진실을 왜곡하거나 허위 진술을 하지 아니한다(변호사윤리장전 2②). 변호사는 의뢰인의 범죄행위, 기타 위법행위에 협조하지 아니한다. 직무수행 중 의뢰인의 행위가 범죄행위, 기타 위법행위에 해당된다고 판단된 때에는 즉시 그에 대한 협조를 중단한다. 변호사는 위증을 교사하거나 허위의 증거를 제출하게 하거나 이러한 의심을 받을 행위를 하지 아니한다(변호사윤리장전 11①③). 변호사는 증인에게 허위의 진술을 교사하거나 유도하지 아니한다(변호사윤리장전 36②). 설문에서 변호사 甲은 증인 B가 위증을 할 것이라는 점을 알면서 적극적으로 증인신청을 하고, 실제로 법정에서 위증을 하도록 하였기 때문에 변호사법과 변호사윤리장전을 위반하고 있다. 피고인 A는 자기의 형사사건에 관하여 타인을 교사하여 위증하게 한 경우에 해당되어 위증죄의 교사범이 될 수 있는지 여부에 관하여 학설의 대립이 있지만, 판례는 위증죄의 교사범의 죄책을 부담케 함이 상당하다고 한다(대법원 2004. 1. 27. 2003도5114).

[정답] ①

4. A 변호사는 K로부터 약속어음 배서인 Y를 피고로 하는 약속어음금청구사건을 수임한 후 K로부터 발행일이 백지로 되어 있는 약속어음을 건네받아 Y에 대한 배서책임을 묻기 위하여 발행일을 스스로 기재하였다. Y는 답변서에서 적법한 지급제시가 없어 배서인에 대한 책임이 없다고 하였으나 A 변호사는 이를 부인하였다. 이에 관하여 틀린 것은?

① 변호사는 진실을 은폐하고 있다고 볼 수 있다.
② 변호사는 허위진술의 금지의무를 위반하고 있다.
③ 변호사는 Y의 주장을 부인하여서는 아니 된다.
④ 변호사가 어음보충사실을 알려야 한다.

《해설》 ④ 진실의무는 진실을 적극적으로 진술해야 하는 의미의 적극적 의무가 아니고, 허위의 사실이라는 점을 알면서도 주장을 하거나 부인을 하여서는 아니 된다는 의미의 소극적 의무를 말한다. 그러므로 진실의무가 있다고 하더라도 상대방 당사자를 위하여 소송자료를 제공하거나 적극적으로 어음보충사실을 고지할 의무는 없다.

① 변호사는 그 직무를 수행할 때에 진실을 은폐하거나 거짓 진술을 하여서는 아니 된다(변호사법 24②).
② 변호사는 재판절차에서 의도적으로 허위사실에 관한 주장을 하거나 허위증거를 제출하지 아니한다(변호사윤리장전 36①).
③ Y의 주장을 부인하는 것은 진실을 은폐하거나 거짓 진술을 하는 경우에 해당된다.

[정답] ④

5. 변호사의 진실의무에 관한 설명 중 옳지 않은 것은?

① 민사소송법과 형사소송법에는 변호사의 진실의무에 관한 명시적인 규정은 없다.
② 변호사는 피고인에 대하여 성실의무와 비밀유지의무를 부담하고 있기 때문에, 이 의무에 반하여 적극적으로 진실발견에 협력하는 것은 허용될 수 없다.
③ 변호사는 피고인이 구속상태에서 무죄판결을 받으려는 경우 구금의 고통과 유죄로 인정될 경우 양형의 불이익을 고려하여 공소사실을 자백하도록 조언할 수 있느냐 여부에 관하여 다툼이 있지만, 허위로 자백하도록 권고해서는 아니 될 것이라는 의견이 유력하다.
④ 변호사가 피고인이 대신자처범인임을 알지 못한 상태에서 유죄변론을 한 결과 피고인이 원하는 대로 유죄판결이 선고되었다면, 그 변호사는 범인도피방조죄에 해당한다는 것이 대법원의 입장이다.

《**해설**》 ④ 판례는 형사변호인이 대신자처범인의 요청에 따라 수사기관이나 법원에 대하여 적극적으로 허위진술을 하거나 피고인 또는 피의자로 하여금 허위진술을 하도록 하는 것은 허용되지 않는다는 입장이다. 이는 변호인이 **피고인이 진범이 아니라 대신자처범인임을 알면서** 유죄판결을 받도록 변론한 행위는 범인도피방죄죄에 해당된다고 판시하였다(대법원 2012. 8. 30. 2012도6027). 그러므로 변호인이 의뢰인의 요청에 따른 변론행위라는 명목으로 수사기관이나 법원에 대하여 적극적으로 허위의 진술을 하거나 피고인 또는 피의자로 하여금 허위진술을 하도록 하는 것은 허용되지 않는다.

① 변호사의 진실의무를 정의하고 있는 법령은 없다. 다만, 변호사법 제24조는 '품위유지의무 등'이라는 제목으로 제2항에서 "변호사는 그 직무를 수행할 때 진실을 은폐하거나 거짓 진술을 하여서는 아니 된다"라고 규정하고 있다. 민사소송법에도 진실의무 자체에 관한 명문 규정은 없다. 그러나 당사자와 소송관계인은 신의에 따라 성실하게 소송을 수행하여야 한다(민사소송법 1②)는 신의성실의 원칙에서 진실의무를 법률상 의무로 도출할 수 있다. 그리고 민사소송법 제363조(문서성립부인에 대한 제재), 제370조(거짓진술에 대한 제재) 등의 규정 역시 진실의무를 전제로 한 것으로 이해된다. 형사소송에서 변호사는 형사소송의 일익을 담당하는 법조기관의 지위에 있고, 공정한 재판의 이념을 실현해야 한다는 측면에서 진실의무가 인정되고 있다.

② 따라서 변호사는 피고인이 무고한 경우에 그 무죄임을 밝히는 데 전력을 다해야 할 소극적 진실의무를 부담한다고 할 것이다.

③ 피고인이 이를 원하는 경우에 변호인은 자백을 기초로 유죄변론을 할 수도 있다. 구금으로 인한 고통은 불구속재판 등과 같은 사법절차의 개선을 통하여 개선해야 하고, 자백하였더라도 피고인에게 유리한 재판이 있다는 확실한 보장도 없는 점 등을 고려하면, 허위로 자백하도록 권고해서는 아니 될 것이다. 다만, 피고인이 변호인의 만류에도 이를 적극 희망하고, 자백이 수사와 구속의 장기화를 끝내는 현실적으로 유효적절한 수단이라고 판단되는 경우라면 변호인이 이에 따르는 것이 진실의무의 위반이라고 할 수 없다는 견해도 있다.

[**정답**] ④

1. 변호사의 비밀유지의무의 내용이 아닌 것은?

> (ㄱ) 법정에서 무죄를 주장하는 피고인이 변호인에게 범죄사실을 고백하면 그 비밀을 지킬 의무는 없다.
> (ㄴ) 피고인의 비밀을 침묵하였다는 이유로 변호인은 원칙적으로 처벌받지 않는다.
> (ㄷ) 변호사가 지켜야 할 비밀은 의뢰인의 개인적인 비밀이어야 한다.
> (ㄹ) 의뢰인을 상대방으로 제소한 제3자를 유리하게 하는 행위를 하여서는 아니 된다.
> (ㅁ) 의뢰인의 비밀은 알려지기를 원치 않는 객관적인 사항이어야 한다.
> (ㅂ) 수임사건과 관련이 없는 사실도 포함한다.

① (ㄱ) - (ㄷ) - (ㅁ)   ② (ㄴ) - (ㄹ) - (ㅂ)

③ (ㄷ) - (ㅁ) - (ㅂ)   ④ (ㄱ) - (ㅁ) - (ㅂ)

《해설》 ④ (ㄱ) 법정에서 무죄를 주장하고 있는 피고인이 변호사에게 유죄를 고백한 경우에 변호인은 그 비밀을 지켜야 할 의무가 있다. (ㅁ) 의뢰인의 반윤리적인 행위, 질병, 신분, 친족관계, 재산관계, 유언장의 존부, 주소 기타 의뢰인에게 불이익이 되는 주관적 사항 등을 포함한다. (ㅂ) 수임사건과 내적인 관련이 없는 경우에는 비밀유지의무가 없다. 그러나 의뢰인이 아닌 자의 비밀을 우연히 알게 된 경우에, 나중에 그 사람이 의뢰인이 된 경우에는 그 때부터 비밀유지의무가 발생한다.

[정답] ④

2. 변호사의 비밀유지의무의 내용에 관하여 옳지 않은 것은?

> (ㄱ) 변호사는 의뢰인과 상담이 개시되는 순간부터 비밀유지의무를 진다.
> (ㄴ) 변호사가 의뢰인과 상담을 하였으나 사건을 수임하지 않은 경우에는 비밀유지의무가 없다.

> ㈃ 변호사가 의뢰인으로부터 사건을 선임하여 직무 수행중 해임당한 경우에도 비밀유지의무를 진다.
> ㈄ 변호사가 자신의 신념에 반하는 사건의 선임을 거부한 경우에는 비밀유지의무가 발생하지 않는다.
> ㈆ 변호사의 비밀유지의무는 선임한 사건의 직무를 종료할 때까지이다.
> ㈇ 변호사는 의뢰인이 사망하더라도 비밀을 유지할 의무가 있다.

① ㈀ - ㈄ - ㈇   ② ㈁ - ㈄ - ㈆
③ ㈂ - ㈆ - ㈇   ④ ㈀ - ㈂ - ㈆

《해설》 ② ㈁ 변호사는 의뢰인과 상담을 개시하여 알게 된 비밀은 수임하지 않게 되었더라도 비밀을 공개하지 않을 의무를 가진다. ㈄ 변호사가 사건의 선임을 거부하였더라도 비밀유지의무를 진다. ㈆ 변호사의 비밀유지의무의 시적한계는 선임한 사건의 종료시에 국한되지 않는다.

[정답] ②

3. 변호사의 비밀유지의무와 증언거부권과의 관계에 대하여 옳지 않은 것은?
   ① 변호사는 민사사건에서 직무상 비밀에 속하는 사항에 대하여 증언을 거부할 수 있다.
   ② 변호사는 직업의 비밀에 속하는 사항에 대하여 신문을 받을 때 증언을 거부할 수 있다.
   ③ 변호사는 비밀을 지킬 의무가 법률상 면제된 경우에도 의뢰인의 이익을 위하여 증언을 거부할 수 있다.
   ④ 변호사는 형사사건에서 본인의 승낙이 있을 때는 증인으로 진술할 수 있다.

《해설》 ③ 변호사는 비밀을 지킬 의무가 면제된 경우에는 증언거부권이 없다(민사소송법 315②).

[정답] ③

4. A 변호사는 사회적으로 유명한 재벌가의 며느리가 제기한 이혼소송을 수임하였다. 그 사실이 알려지자 여러 언론사 기자들로부터 그 사건의 이혼원인이 무엇인지, 위자료는 얼마를 청구하는지를 묻는 질문을 수없이 받게 되었다. 변호사는

기자들에게 고객의 비밀유지의무가 있기 때문에 알려 줄 수 없다고 하면서도, 고등학교 후배인 모 일간지 기자에게 그 사건의 이혼원인과 위자료 액수등을 비보도를 전제로 알려 주었다. 다음 설명 중 옳은 것은?

① 기자가 그 사실을 보도하지 않았다면 비밀유지의무를 위반한 것은 아니다.

② 의뢰인이 공인에 해당되므로 공공의 이익을 위하여 알려주는 것은 허용된다.

③ 의뢰인의 남편의 승낙이 있으면 공개하는 것은 가능하다.

④ 수많은 방청객이 있는 법정에서 의뢰인의 이혼원인을 말하는 것은 가능하다.

《해설》 ④ 법정에서 청구원인에 해당되는 이혼사유를 말하는 것은 변호사의 정당한 변론행위에 해당된다.

① 누설한 의뢰인의 비밀이 보도되었느냐 여부는 비밀유지의무위반에 영향을 미치지 아니한다.

② 기자가 공공의 이익을 위하여 보도하는 것과 변호사가 의뢰인의 비밀을 알리는 것은 차원을 달리한다.

③ 의뢰인의 남편이 비밀을 공개하도록 승낙할 지위에 있지 아니하다.

[정답] ④

5. 2008. 1. 말경 변호사 甲은 A를 만나 민사사건에 관하여 면담 후 여건이 되지 않는다는 이유로 사건수임을 거절하였다. A는 사건기록을 놓고 간 후, 3개월 후 사건기록을 찾아갔고, 이후 변호사 甲은 2009. 8. 24. B로부터 형사사건을 수임하였는데, A는 같은 달 31. 변호사 甲에게 자신은 위 민사사건과 관련된 위 형사사건의 피해자라고 하면서 사임을 요구하여 위 형사사건이 민사사건과 관련이 있다는 사실을 알게 되었다. 변호사 甲이 B의 형사사건을 수임하는 것이 허용되는가?   (2010년 법무부 모의고사)

① 사건수임의 자유에 따라 변호사 甲의 사건수임은 허용된다.

② 변호사 甲이 A로부터 민사사건을 수임한 사실이 없고 위임계약이 성립하였을 정도의 신뢰관계가 형성되어 있지 않았으므로 B로부터 형사사건을 수임한 것은 허용된다.

③ A의 민사사건과 B의 형사사건은 별개의 사건이므로 변호사 甲의 형사사건 수임은 허용된다.

④ 변호사 甲은 A의 사건에 대해 내용 설명 및 3개월간의 기록보관 과정에서 업무상 알게 된 비밀에 대하여 공개가 불가피하므로 형사사건의 수임은 허용되지 않는다.

《해설》 ④ 2010년에 시행된 모의고사에서는 ④번을 정답으로 발표하였다. 그러나 현행 변호사윤리장전 제22조 제3항은 "변호사는 의뢰인과 대립되는 상대방으로부터 사건의 수임을 위해 상담하였으나 수임에 이르지 아니하였거나 기타 그에 준하는 경우로서, 상대방의 이익이 침해되지 않는다고 합리적으로 여겨지는 경우에는, 상담 등의 이유로 수임이 제한되지 아니한다"라는 규정을 신설하였다. 이 규정에 의할 때 설문의 경우는 상담인 A가 놓고 간 사건기록이 그 법률사무소에 보관 중이었다는 이유로 나중에 수임한 사건의 상대방이 된 A의 이익이 침해되었다고 볼 수 없기 때문에 수임이 허용된다고 볼 수 있는 사안이다.

[정답] ④

6. 변호사의 비밀유지의무에 대한 설명으로 옳은 것은?

① 증권회사의 사내변호사가 우연히 회사의 대표이사 지시로 회사의 매출이익을 과대포장하는 분식회계를 하고 있음을 알았더라도 다른 이사들이나 외부에 알려서는 안 된다.

② 변호사가 제3자에게서 얻은 의뢰인에 관한 정보는 비밀에 포함되지 않는다.

③ 변호사는 의뢰인과의 상담과정에서 알게 된 비밀인 경우 나중에 증인으로 출석하여 법정에서 판사의 질문에 답할 때라도 비밀을 공개하면 안 된다.

④ 변호사는 의뢰인과의 수임관계에서 발생한 분쟁에 있어서 의뢰인의 청구에 대응하여 자신을 방어하기 위해서 의뢰인의 비밀을 공개할 수 있다.

《해설》 ④ 변호사는 직무상 알게 된 의뢰인의 비밀을 누설하거나 부당하게 이용하지 아니한다. 변호사는 직무와 관련하여 의뢰인과 의사교환을 한 내용이나 의뢰인으로부터 제출받은 문서 또는 물건을 외부에 공개하지 아니한다. 변호사는 직무를 수행하면서 작성한 서류, 메모, 기타 유사한 자료를 외부에 공개하지 아니한다. 제1항 내지 제3항의 경우에 중대한 공익상의 이유가 있거나, 의뢰인의 동의가 있는 경우 또는 변호사 자신의 권리를 방어하기 위하여 필요한 경우에는, 최소한의 범위에서 이를 공개 또는 이용할 수 있다(변호사윤리장전 18).
③ 형사사건에서 의뢰인 본인의 승낙이 있거나 중대한 공익상 필요가 있는 때에는 증인으로 진술할 수 있다(형사소송법 149단서).

[정답] ④

7. 변호사 甲은 운전 중 교통사고로 사람을 사망하게 한 혐의로 형사재판을 받고 있
   는 A의 사건을 처리하여 줄 것을 A의 지인인 B로부터 의뢰받았다. 甲은 구속된
   A와의 접견 중 A는 사고 차량의 동승자에 불과하며 사고 당시 실제 운전은 B가
   하였는데 B가 징역형의 집행유예기간 중이어서 B로부터 상당한 금전적 대가를
   받기로 하고 A가 수사기관에서 자신이 운전자라고 허위 자백한 사실을 알게 되
   었다. A는 최대한 관대하게 유죄판결을 받기를 원한다. 변호사 甲이 취할 수 있
   는 행동에 관한 설명 중 옳은 것은?   (제 1 회 기출문제)
   ① 甲의 의뢰인은 B이므로 의뢰인에 대하여 성실의무가 있는 甲은 A가 사건 당시
      실제 운전자라는 것이 재판상 인정되도록 적극적으로 노력한다.
   ② 甲에게는 사회정의를 실현하여야 할 의무가 있으므로 사건 당시 실제 운전자가
      A가 아니라 B라는 것을 법정에서 밝힌다.
   ③ 甲은 진실을 밝히자고 A를 설득해 보고 A가 이를 듣지 않는 경우 사임한다.
   ④ 甲은 법정에서는 A가 운전자라고 주장하고 따로 법관을 만나 사실은 B가 운전
      자라고 밝혀서 A에게 관대한 판결이 선고되도록 노력한다.

   《해설》 ③ 변호사는 그 직무를 수행할 때에 진실을 은폐하거나 거짓 진술을 하여서는
   아니 된다(변호사법 24②). 변호사는 의뢰인의 범죄행위, 기타 위법행위에 협조하지 아
   니한다. 직무수행 중 의뢰인의 행위가 범죄행위, 기타 위법행위에 해당된다고 판단된
   때에는 즉시 그에 대한 협조를 중단한다(변호사윤리장전 11①). 범인 아닌 자가 수사기
   관에서 범인임을 자처하고 허위사실을 진술하여 진범의 체포와 발견에 지장을 초래하
   게 한 행위는 범인은닉죄에 해당한다(대법원 1996. 6. 14. 96도1016 범인은닉·도주).
   설문은 타인의 처벌을 면하게 할 목적으로 자기 스스로 범인임을 자처하고 있는 대신
   자처범인 또는 대신범에 관한 사례이다. 무죄변론을 해야 한다는 견해, 유죄변론을 해
   야 한다는 견해도 있지만, 변호인은 피고인이 진범이 아니라는 사실을 알게 된 이상 계
   속 유죄판결을 받기를 원하는 피고인의 요청에 부응하는 변론은 피고인의 위법행위에
   협조하는 것에 해당된다. 따라서 변호인은 피고인에게 실체적 진실에 부합되는 진술을
   요청하고, 이를 거부할 경우에는 사임하는 것이 옳을 것이다.

   [정답] ③

8. 변호사 甲은 X회사와 1년간 법률고문계약을 체결한 후 회사의 지배구조 및 기밀에 대하여 자주 접할 기회가 있었다. 전임 대표이사 A와 X회사 사이에 경영권 분쟁이 발생하자 변호사 甲은 X회사와의 고문계약 해지를 통보하고 A로부터 X회사를 상대로 하는 주주총회결의무효확인소송을 수임하여 소송을 제기하려고 한다. 위 사안에 관한 설명 중 옳은 것을 모두 고른 것은? (제 2 회 기출문제)

> 가. 변호사 甲은 X회사와의 법률고문계약이 해지되었더라도 X회사의 비밀을 유지할 의무가 있다.
> 나. 변호사 甲이 X회사에 대한 위 소송에서 승소하기 위해 위 회사 자문과정에서 알게 된 비밀을 이용하더라도 이는 비밀을 공개하는 것은 아니므로 비밀유지의무 위반은 아니다.
> 다. 변호사 甲이 X회사의 비밀을 알게 된 시기가 A가 X회사의 대표이사로 재직하던 중이었다면 그 사항을 A의 소송을 위해 사용하는 한 비밀유지의무 위반은 아니다.
> 라. 변호사 甲은 X회사로부터 A의 소송을 수임하는데 동의를 받았다 하더라도 비밀유지의무가 있다.

① 가, 나, 다, 라　　　　　② 가, 나, 다
③ 가, 나　　　　　　　　　④ 가, 라

《해설》 ④ 비밀유지의무는 수임계약(고문계약)이 종결된 후에도 계속되는 영속성을 갖는다. 그리고 변호사는 종전 의뢰인이었던 X회사의 비밀을 지켜야 할 뿐만 아니라 그 비밀을 이용하여서도 아니 될 의무가 있다.

[정답] ④

9. 다음 중 변호사의 비밀유지의무에 위반된 행위에 해당되는 것은?
① 변호사 甲이 변호사를 그만둔 후 법정에서 공익상 필요가 있다는 이유로 의뢰인의 비밀에 관한 내용을 증언하였다.
② 변호사 乙이 의뢰인의 동의를 얻어 의뢰인의 비밀을 공개하였다.
③ 변호사 丙이 자신의 권리 옹호를 위해 필요하여 최소한의 범위에서 의뢰인의 비밀을 공개하였다.
④ 변호사 丁은 직무상 알게 된 비밀이 아닌 내용을 공개하였다.

《해설》 ① 변호사 또는 변호사이었던 자는 그 직무상 알게 된 비밀을 누설하여서는 아니 된다(변호사법 26). 변호사는 본인의 승낙이 있거나 <u>중대한 공익상 필요</u>있는 때에는 증언할 수 있다(형사소송법 149 단서).

② 변호사는 비밀의 주체인 의뢰인의 동의를 얻어 비밀을 공개할 수 있다.

③ 변호사윤리장전 제18조 제 4 항은 "제 1 항 내지 제 3 항의 경우에 중대한 공익상의 이유가 있거나, 의뢰인의 동의가 있는 경우 또는 변호사 자신의 권리를 방어하기 위하여 필요한 경우에는, 최소한의 범위에서 이를 공개 또는 이용할 수 있다"고 한다. ④ 비밀이 아닌 내용이므로 비밀유지의무 위반이 아니다.

[정답]   ①

1. 다음 중 변호사의 수임제한에 관련된 설명 중 옳지 않은 것은?

> 가. 동일한 사건에 관하여 상대방을 대리하고 있는 경우는 의뢰인의 양해가 있
> 더라도 수임할 수 없다.
> 나. 법무법인에 소속한 변호사가 상대방 또는 상대방 대리인과 친족관계에 있는
> 경우에는 의뢰인의 양해를 얻어야 수임할 수 있다.
> 다. 동일 사건에서 둘 이상의 의뢰인의 이익이 서로 충돌하는 경우에는 관계되
> 는 의뢰인들이 모두 동의하고 의뢰인의 이익이 침해되지 않는다는 합리적인
> 사유가 있는 경우에는 수임할 수 있다.
> 라. 변호사는 의뢰인과 대립되는 상대방으로부터 사건의 수임을 위해 상담하였
> 으면 상대방의 이익침해와 상관없이 상담사건의 수임이 제한된다.
> 마. 법무법인 등에 소속된 변호사는 공정을 해할 우려가 있을 때에는, 겸직하고
> 있는 당해 정부기관의 사건을 수임하지 아니한다.
> 바. 변호사가 수임하여 대리하는 둘 이상의 의뢰인 사이에 이해관계의 대립이
> 발생한 경우에 변호사는 나중에 수임한 사건은 사임하여야 한다.

① 가, 나, 마   ② 나, 라, 바

③ 가, 나, 라   ④ 라, 마, 바

《해설》 ② 나. 법무법인 등의 특정 변호사에게만 제22조 제1항 제4호 또는 제42조
에 해당하는 사유가 있는 경우, 당해 변호사가 사건의 수임 및 업무수행에 관여하지 않
고 그러한 사유가 법무법인 등의 사건처리에 영향을 주지 아니할 것이라고 볼 수 있는
합리적 사유가 있는 때에는 사건의 수임이 제한되지 아니한다(변호사윤리장전 48②).
따라서 의뢰인의 양해를 얻어야 하는 것은 아니다.
라. 변호사는 의뢰인과 대립되는 상대방으로부터 사건의 수임을 위해 상담하였으나 수
임에 이르지 아니하였거나 기타 그에 준하는 경우로서, 상대방의 이익이 침해되지 않
는다고 합리적으로 여겨지는 경우에는, 상담 등의 이유로 수임이 제한되지 아니한다

(변호사윤리장전 22③).

바. 수임 이후에 변호사가 대리하는 둘 이상의 의뢰인 사이에 이해의 대립이 발생한 경우에는, 변호사는 의뢰인들에게 이를 알리고 적절한 방법을 강구한다(변호사윤리장전 27).

가. 변호사는 다음 각 호의 어느 하나에 해당하는 사건을 수임하지 아니한다(변호사윤리장전 22①).

1. 과거 공무원·중재인·조정위원 등으로 직무를 수행하면서 취급 또는 취급하게 된 사건이거나, 공정증서 작성사무에 관여한 사건
2. 동일한 사건에 관하여 상대방을 대리하고 있는 경우

다. 변호사는 다음 각 호의 어느 하나에 해당하는 사건을 수임하지 아니한다(변호사윤리장전 22①). 다만, 제5호 및 제6호의 경우 관계되는 의뢰인들이 모두 동의하고 의뢰인의 이익이 침해되지 않는다는 합리적인 사유가 있는 경우에는 그러하지 아니하다.

5. 동일 사건에서 둘 이상의 의뢰인의 이익이 서로 충돌하는 경우
6. 현재 수임하고 있는 사건과 이해가 충돌하는 사건

마. 변호사는 공정을 해할 우려가 있을 때에는, 겸직하고 있는 당해 정부기관의 사건을 수임하지 아니한다(변호사윤리장전 42). 여기서 변호사는 단독 개업 중인 변호사는 물론 법무법인 등에 소속되어 정부기관에 겸직중인 변호사(특정 변호사)를 포함한다. 그러므로 개정 변호사윤리장전 제48조 제2항에 의하여 법무법인 등에게 수임제한이 허용되는 경우와는 구별된다.

[정답] ②

2. 다음 사실관계를 기초로 한 설명 중 옳은 것은?

(1) 원고 화재해상보험주식회사는 2001. 9. 14. 이 사건 채무부존재확인의 소를 제기하면서 그 소송대리인으로 소외 1 법무법인(업무담당변호사 소외 2, 소외 3)을 선임하여, 소외 2 변호사로 하여금 소송행위를 대리하게 하였다.

(2) 위 법무법인이 해산된 이후 원고는 위 소외 2 변호사 개인을 소송대리인으로 선임하여 위 변호사로 하여금 원고를 위한 소송행위를 하였다.

(3) 한편 피고 1은 원고의 이 사건 면책주장과 동일한 쟁점인, '이 사건 화재에 터잡아 관련 증빙을 조작하여 원고에 대하여 과다한 보험금을 청구하려고 한 행위'에 관하여 보험사기미수죄로 수사기관에서 구속될 무렵 형사변호인으로 이 사건의 제1심 원고 소송대리인과 같은 소외 1 법무법인(업무담당변호사 소외 2, 소외 3)을 선임한 바 있었고, 그 이후 같은 죄명으로 기소되어 진행된 제1심 형사사건의 공판과정에서 업무담당변호사 소외 3으로 하여금 그 제1심 판결이 선고될 때인 2000. 11. 29.까지 위 피고를 위한 변론을 하

는 등 직무를 수행하도록 하였다.

① 법무법인의 구성원 변호사들이 피고 1에 대하여 보험사기미수 형사사건의 변호인으로 선임된 위 법무법인의 업무담당변호사로 지정되어 그 중 변호사 소외 3이 직무를 수행하면서 다시 위 법무법인이 위 형사사건의 피해자측에 해당하는 원고 보험회사를 위한 소송대리인으로 선임되어 제1심에 관여하여 직무를 수행한 것은 변호사법 제31조 제1항 제1호의 수임제한 규정을 위반한 것은 아니다.
② 위 법무법인이 해산된 이후 변호사 소외 2가 원고로부터 같은 민사사건을 수임하여 그 변론과정에 관여한 것은, 위 법무법인 해산 후에 변호사 개인의 지위에서 수임한 것이므로 변호사법 제31조 제1항 제1호의 수임제한규정을 위반한 것은 아니다.
③ 이 사건에서 직접적으로 소송업무를 담당한 변호사 소외 2가 위 형사사건에서 피고인을 위한 직접적인 변론에 관여하지 않았으므로 수임제한 사유에 해당되지 아니한다.
④ 원고가 변호사 소외 2의 소송행위가 변호사의 수임제한규정에 위반되는 사실을 알 수 있는 상태였다면, 소송진행 중 대법원에서 이의를 제기할지라도 그 소송행위는 유효하다.

《해설》 ④ "변호사법 제31조 제1항 제1호의 수임제한규정을 위반한 변호사의 소송행위에 대하여는 상대방 당사자가 법원에 대하여 이의를 제기하는 경우 그 소송행위는 무효이고 그러한 이의를 받은 법원으로서는 그러한 변호사의 소송관여를 더 이상 허용하여서는 아니 될 것이지만, 다만 상대방 당사자가 그와 같은 사실을 알았거나 알 수 있었음에도 불구하고 사실심 변론종결시까지 아무런 이의를 제기하지 아니하였다면 그 소송행위는 소송법상 완전한 효력이 생긴다고 보아야 할 것이다"(대법원 2003. 5. 30. 2003다15556 채무부존재확인). 그러므로 사실심 변론종결시가 아닌 대법원에서 이의를 제기하였다면 그 소송행위는 유효로 볼 수 있다.

[사실관계]
① 소외 1 법무법인 구성원 변호사들은 2000. 11. 29.까지 원고를 상대로 하는 보험금 사기 미수죄로 기소된 피고 1의 형사변호인으로 변론하였다. ② 그 후 위 법무법인은 2001. 9. 14.(위 사기미수 형사사건의 판결 선고된 후에) 원고가 피고 1을 상대로 제소한 채무부존재확인의 소를 수임하여 대리행위를 하였다. ③ 위 사건의 업무담당변호사는 위 법인의 해산 후에 원고로부터 위 민사사건을 수임하여 소송행위를 하였다.
[판결요지]
"변호사법 제31조 제1항 제1호에서는 변호사는 당사자 일방으로부터 상의를 받아 그 수임을 승낙한 사건의 상대방이 위임하는 사건에 관하여는 그 직무를 행할 수 없다

고 규정하고 있고, 위 규정의 입법 취지 등에 비추어 볼 때 동일한 변호사가 형사사건에서 피고인을 위한 변호인으로 선임되어 변호활동을 하는 등 직무를 수행하였다가 나중에 실질적으로 동일한 쟁점을 포함하고 있는 민사사건에서 위 형사사건의 피해자에 해당하는 상대방 당사자를 위한 소송대리인으로서 소송행위를 하는 등 직무를 수행하는 것 역시 마찬가지로 금지되는 것으로 볼 것이며, 이러한 규정은 같은 법 제57조의 규정에 의하여 법무법인에 관하여도 준용된다고 할 것이므로, 법무법인의 구성원 변호사가 형사사건의 변호인으로 선임된 그 법무법인의 업무담당변호사로 지정되어 그 직무를 수행한 바 있었음에도, 그 이후 제기된 같은 쟁점의 민사사건에서 이번에는 위 형사사건의 피해자측에 해당하는 상대방 당사자를 위한 소송대리인으로서 직무를 수행하는 것도 금지되는 것임은 물론이고, 위 법무법인이 해산된 이후라도 변호사 개인의 지위에서 그와 같은 민사사건을 수임하는 것 역시 마찬가지로 금지되는 것이라고 풀이할 것이며, 비록 민사사건에서 직접적으로 업무를 담당한 변호사가 먼저 진행된 형사사건에서 피고인을 위한 직접적인 변론에 관여를 한 바 없었다고 하더라도 달리 볼 것은 아니라고 할 것이니, 이러한 행위들은 모두 변호사법 제31조 제 1 항 제 1 호의 수임제한규정을 위반한 것이라고 할 것이다. 그리고 이 규정에 위반한 변호사의 소송행위에 대하여는 상대방 당사자가 법원에 대하여 이의를 제기하는 경우 그 소송행위는 무효이고 그러한 이의를 받은 법원으로서는 그러한 변호사의 소송관여를 더 이상 허용하여서는 아니 될 것이지만, 다만 상대방 당사자가 그와 같은 사실을 알았거나 알 수 있었음에도 불구하고 사실심 변론 종결시까지 아무런 이의를 제기하지 아니하였다면 그 소송행위는 소송법상 완전한 효력이 생긴다고 보아야 할 것이다"(대법원 2003. 5. 30. 2003다15556 채무부존재확인).

[**정답**] ④

3. A 변호사의 사무실에 K가 찾아와서 가옥인도청구 소송을 의뢰하였다. 변호사는 상담을 하면서 K가 지참하여 온 서류를 검토하던 중에 그 사건의 채무자 C가 3년 전에 자신이 교통사고처리특례법위반 형사사건에서 변론하였던 피고인이었던 사실을 알게 되었다. 다음 설명 중 옳지 않은 것은?

① K가 수임을 의뢰하는 사건과 종전의 형사사건과의 관계는 본질적으로 동일하거나 관련된 사건으로 보이지 않는다.

② K로부터 수임하는 것은 C의 변호사에 대한 신뢰를 훼손시킬 수 있다.

③ 변호사는 C의 이익에 반하는 이 사건을 수임할 수 없다.

④ 변호사가 K가 의뢰하는 사건을 수임하면 C의 비밀정보를 이용할 가능성이 있다.

《**해설**》 변호사는 위임사무가 종료된 경우에도 종전 사건과 기초가 된 분쟁의 실체가 동일한 사건에서 대립되는 당사자로부터 사건을 수임하지 아니한다(변호사윤리장전 22 ②). 따라서 이미 종결된 교통사고처리특례법위반 형사사건과 가옥인도청구 사건은 실질적으로 동일하지 않기 때문에 종전 의뢰인 C의 양해 없이 수임할 수 있다.

[정답] ③

4. 변호사 甲, 乙, 丙은 사무실 유지비용을 절약하기 위해서 20평(66평방미터)의 비교적 작은 동일한 사무실 공간을 공동으로 사용하고 있으며 복사기와 팩스도 공동으로 사용하고 있다. 이들은 법률사무원을 공동으로 고용하고 있으나 회계는 별도로 하고 있다. 甲은 이혼소송 전문변호사로서 활동하고 있으며, 乙과 丙은 주로 상해소송을 대리하고 있다. 甲은 A와 B 사이의 이혼 및 재산분할소송에서 원고 A를 대리하고 있다. 한편 A는 이혼으로 인한 스트레스로 정신이 편안하지 못한 상황에서 C에게 중상을 입히는 음주교통사고를 내었다. C는 이 사건을 乙에게 의뢰하고자 하는데 乙은 이 사건을 수임할 수 있는가?

(2010년 법무부 모의고사)

① A와 C의 동의를 얻는다는 조건하에서 이 사건을 수임할 수 있다.
② 이혼 및 재산분할사건과 교통사고 상해사건은 완전히 별개의 사건이므로 사건을 수임하는 데 아무런 문제가 없다.
③ 甲과 乙은 완전히 별개의 변호사이기 때문에 乙이 이 사건을 수임하는 데 전혀 문제가 없다.
④ 甲과 乙 사이에는 비밀이 유지된다고 볼 수 있기 때문에 乙은 이 사건을 수임할 수 있다.

《해설》 ① 설문은 변호사 갑, 을, 병의 법률사무소를 공동법률사무소로 전제하고 있다. 법무법인·법무법인(유한)·법무조합이 아니면서도 변호사 2명 이상이 사건의 수임·처리나 그 밖의 변호사 업무 수행시 통일된 형태를 갖추고 수익을 분배하거나 비용을 분담하는 형태로 운영되는 법률사무소는 하나의 변호사로 본다(변호사법 31②). 이처럼 2명 이상의 변호사가 공동법률사무소를 운영하면서 수익을 분배하거나 비용을 분담하는 형태로 운영되는 경우에도 하나의 변호사로 간주하여 수임제한을 받게 된다. 2010년 이 문제를 출제할 당시의 구 변호사윤리장전 제18조 제 3 항은 공동법률사무소가 쌍방 당사자의 사건을 수임하려는 경우 양 당사자의 동의를 얻도록 하고, 수임제한에 위반한 경우 나중에 수임한 사건을 사임하도록 하는 규정을 둔 바 있다. 즉, 수인의 변호사가 공동으로 사무소를 개설하고 있는 경우에 그 사무소 구성원들은 당사자 쌍방의 양해 없이는 쌍방 당사자의 사건을 수임할 수 없다. 사건을 수임한 후에 이에 위반된 것이 발견된 때에는 뒤에 수임한 사건을 사임하고 그 취지를 의뢰인에게 알려야 한다. 그러므로 당사자 쌍방인 A와 C의 양해(동의)를 얻으면 쌍방 당사자 사건을 수임할 수 있었다.

그러나 현행 변호사윤리장전 역시 제48조에서 공동법률사무소는 수임제한에 관한 제22조 및 제42조의 규정이 준용된다고 하면서도 구 변호사윤리장전 제18조 제 3 항은 삭제하고 있다. 그러므로 현행 변호사윤리장전에서는 A와 C의 사건을 '현재 수임하고 있는 사건과 이해가 충돌하는 사건'(22①(6))으로 보아 '관계되는 의뢰인들이 모두 동의하고 의뢰인의 이익이 침해되지 않는다는 합리적인 사유가 있는 경우에는 그러하지 아니하다'(22①단서)는 규정을 적용할 수 있을 것으로 보인다.

[정답]   ①

5. 변호사 甲은 A 대학의 고문변호사로서 해직교원관련 소송에서 A 대학을 대리하고 있다. 그러던 중 하루는 A 대학의 교무처장인 B가 가족 성묘를 가던 중 C를 사망케 하는 교통사고를 일으켰다. C의 상속인인 D가 B를 상대로 소송을 제기하려고 하는데, 甲은 D로부터 사건을 수임할 수 있는가? (2010년 법무부 모의고사)

① 있다. A대학과 B는 별도의 법률상 주체이므로 甲은 D사건을 수임할 수 있다.
② 있다. 甲이 대리하는 업무와 교통사고는 동일한 사건이 아니므로 수임할 수 있다.
③ 없다. 甲이 주로 대리하는 A와 B는 밀접한 관계에 있으므로 수임할 수 없다.
④ 없다. B는 A를 대표한다고 볼 수 있으므로 수임할 수 없다.

《해설》 ① 변호사 甲이 A 대학의 고문변호사라고 할지라도 A 대학 교무처장 B의 불법행위로 인하여 손해를 입은 D의 손해배상청구 사건을 수임할 수 있다.

[정답]   ①

6. 법무법인의 소속 변호사 A는 재직기간 중에 담당하였던 사건에 관하여 법무법인을 탈퇴하고 난 후에 의뢰인이 기존 법무법인과의 위임계약을 해지하고 탈퇴한 변호사 A 또는 A가 새로 소속한 법무법인에 사건을 의뢰하는 경우에 이를 수임할 수 있는가?

① 없다. 법무법인이 의뢰인의 상의를 받아 수임을 승낙하였기 때문이다.
② 없다. 기존의 법무법인의 이익을 해치기 때문이다.
③ 있다. 의뢰인의 변호사 선임의 자유가 있기 때문이다.
④ 있다. 의뢰인의 종전의 업무담당변호사와의 신뢰관계를 보호해줄 필요가 있기 때문이다.

《해설》 ① 법무법인의 구성원이었거나 구성원 아닌 소속 변호사이었던 자는 법무법인의 소속 기간 중 그 법인이 상의를 받아 수임을 승낙한 사건에 관하여는 변호사의 업무를 수행할 수 없다(변호사법 52②). 이 규정이 종전의 법무법인이 "수임했던" 사건을 수임제한 대상으로 삼지 않고 "수임을 승낙한" 사건을 수임제한 대상으로 삼고 있다는 점은 변호사에게 보다 높은 수준의 직업윤리를 요구하는 취지로 이해된다. 종전의 법무법인이 수임을 승낙한 사건의 수임제한 시기는 수임 승낙 당시의 심급에 계속 중일 때까지로 제한되고, 당해 심급에서 사건이 종결된 이후에는 수임에 제한을 받지 않는다고 해석하여야 한다. 이는 소송대리인 선임행위의 효력은 당해 심급까지만 미친다는 소송법의 입장과 같은 맥락이다. 따라서 법무법인의 구성원이었거나 구성원 아닌 소속변호사이었던 자는 법무법인의 소속 기간 중 그 법인이 상의를 받아 수임을 승낙한 사건이 승낙 당시의 심급에 계속 중일 때에는 수임할 수 없지만, 그 사건의 상소심을 수임하는 것은 무방하다(대한변협신문 제313호, 2010. 7. 17.자).

[정답] ①

7. 변호사 甲은 A 건설회사가 건축주 B 및 건축주의 연대보증인 C를 공동피고로 하여 제기한 공사대금청구 사건에서 피고들의 대리인이 되어 소송을 수행하여 그 처리를 종결하였다. 그 며칠 후 甲의 고등학교 동창생으로서 甲을 잘 알고 지내는 D는 위 공사와는 무관하게 B에게 1억 원을 대여한 사실이 있어 B를 상대로 소를 제기하고 싶다며 甲에게 사건을 맡아 달라고 부탁하였다. 甲은 직전에 위 공사대금청구 사건에서 B를 대리한 적이 있다고 하면서 거절하였으나, D는 거듭 부탁하고 있다. 변호사 甲은 D로부터 대여금청구 소송사건을 수임할 수 있는가?

(제1회 기출문제)

① 甲은 B의 동의를 받더라도 사건을 수임할 수 없다.
② 甲은 B와 C의 동의를 받는 경우에만 사건을 수임할 수 있다.
③ 甲은 B와 D의 동의를 받는 경우에만 사건을 수임할 수 있다.
④ 甲은 B의 동의를 받지 않더라도 사건을 수임할 수 있다.

《해설》 ④ 설문은 수임제한 사유에 해당되지 아니한다. 변호사 甲은 B의 소송대리인으로 공사대금청구사건을 수임하여 그 사건이 종결된 바 있지만, 현재 수임을 의뢰하는 D는 앞서 종결하였던 사건의 대립 당사자도 아니기 때문에 B의 동의 없이도 사건을 수임할 수 있다. 종전 당사자의 동의를 받아야 하는 경우는 「수임하고 있는 사건의 상대방이 위임하는 다른 사건」(변호사법 31①(2))이다.

[정답] ④

8. A, B 변호사는 각 개인변호사로 업무를 수행하면서 동일한 민사사건의 원고(A 변호사)와 피고(B 변호사)를 대리하여 제 1 심이 종결되고 그 후 새로 설립된 甲 법무법인에 소속하게 되었다. 甲 법무법인은 C 변호사를 원고의 항소심 소송대리 담당변호사로 지정하는 위임장을 제출하였다가 사임한 후, 다시 甲 법무법인이 A 변호사를 피고의 항소심 소송대리 담당변호사로 지정하는 위임장을 제출한 경우에 관한 설명 중 틀린 것은?

① 변호사법 제31조 제 1 항 제 1 호의 시적 적용범위는 수임사무의 종결 전후를 불문한다.

② 수임 이후에 변호사가 대리하는 의뢰인들 사이에 이해의 대립이 발생한 경우에는, 변호사는 나중에 수임한 사건을 사임하여야 되는 것은 아니다.

③ 원고의 항소심 사건을 수임하였다가 사임한 후 동일한 항소심 사건의 피고를 수임하는 것은 당사자의 동의가 있으면 가능하다.

④ 법무법인은 구성원 각자가 독립적으로 소송대리인이 되는 것이 아니라 법무법인이라는 단체가 하나의 소송대리인이 되므로, 담당변호사가 C에서 A로 변경된 것은 수임여부에 영향을 미치지 않는다.

《해설》 ③ 甲 법무법인이 원고의 항소심 사건을 수임하였다가 사임한 후 동일한 항소심 사건의 피고를 수임하는 것은 변호사법 제31조 제 1 항 제 1 호에 위반되어 당사자의 동의 여부와 관계없이 수임할 수 없다.

① 변호사법 제31조 제 1 항 제 1 호의 시적 적용범위는 수임사무의 종결 전·후를 불문한다. 따라서 甲 법무법인이 민사사건의 항소심 원고소송대리인으로 되어 위임장을 제출한 후에 사임한 다음에, 다시 피고소송대리인으로 된 것은 제 1 호의 위반이 된다. 이와 유사한 사례로, 甲 변호사는 乙 법무법인에 속하기 전에 피고의 소송대리인으로 1심에서 사건을 대리한 후, 甲 변호사가 乙 법무법인에 가입하여 소속 변호사가 되어 乙 법무법인이 위 사건의 항소심에서 원고의 소송대리인이 되어 甲 변호사를 담당변호사로 지정하였다가 피고측에서 이의를 하자 담당변호사를 甲 변호사가 아닌 乙 법무법인 소속의 다른 변호사로 변경한 경우에 수임제한 사유에 해당하는지 문제된다. 변호사법 제31조 제 1 항 제 1 호는 수임사건의 종결 여부와 무관하게 적용되므로 甲 변호사가 1심에서 피고를 수임하였던 사건의 항소심에서 원고를 수임하는 것은 변호사법 제31조 제 1 항 제 1 호에 위반된다. 위 법조는 법무법인에도 준용되므로 甲 변호사가 개인변호사로 사건을 수임하였다가 후에 乙 법무법인에 속하게 되고, 그 법무법인이 항소심에서 상대방을 수임하게 되는 경우에도 마찬가지로 적용된다. 또 법무법인은 법무법인의 명의로 변호사 업무를 수행하는 것이지 법무법인에 속한 변호사가 독자적 명의로 변호사 업무를 수행하는 것이 아니므로, 乙 법무법인이 담당변호사를 甲 변호사에서 다른 변호사로 교체하더라도 위 법조에 위반되는 결과는 마찬가지라 할 수 있다.

② 수임 이후에 변호사가 대리하는 둘 이상의 의뢰인 사이에 이해의 대립이 발생한 경우

에는, 변호사는 의뢰인들에게 이를 알리고 적절한 방법을 강구한다(변호사윤리장전 27).

[정답] ③

9. A 변호사는 2008. 9.경 B, C로부터 민사사건을 수임하여 B, C가 원고가 되어 D를 피고로 하는 소송을 진행하던 중에 B는 2008. 11.경 진행 중인 민사소송을 취하하였다. A 변호사는 C의 민사소송을 계속 진행하고 있던 중에 C가 그 민사 사건과 관련하여 B를 사기죄로 고소하는 사건을 선임하여 2009. 8.경 종전 의뢰 인 관계에 있었던 B를 사기죄로 고소한 바 있다. 이에 관한 설명 중 틀린 것은?

① 변호사법 제31조 제 1 항 제 1 호의 수임제한 사유는 수임한 사건의 상대방이 위 임하는 사건을 수임하는 경우를 금하는 것이므로, A 변호사는 종전 의뢰인 B 의 상대방 지위에 있는 C로부터 고소사건을 선임할 수는 없다.

② 변호사는 위임사무가 종료된 후에도 종전 사건과 본질적으로 관련된 사건에서 대립되는 당사자로부터 사건을 수임하는 경우도 금하고 있는데, 여기서 대립되 는 당사자는 이해관계가 대립되는 경우를 포함하는 것으로 볼 수 있다.

③ A 변호사는 의뢰인 B, C로부터 수임하려는 민사소송이 장차 B, C 사이의 이 해관계 대립으로 이익이 서로 충돌될 것으로 예상되는 경우라도 B, C가 수임 에 동의하고 그들의 이익이 침해되지 않는다는 이유가 있을 때에는 수임할 수 있다.

④ A 변호사는 의뢰인 C로부터 수임한 B에 대한 형사고소 사건에서 종전 민사소 송을 진행 중에 알게 된 B의 비밀을 유지하여야 할 의무가 있다.

《해설》 ① 변호사법 제31조 제 1 항 제 1 호의 수임제한 사유는 수임한 사건의 「상대 방」이 위임하는 사건을 수임하는 경우를 금하는 것이지, 수임한 사건의 의뢰인 중 일 부가 다른 의뢰인을 상대로 제기하는 사건을 수임하는 경우까지 금하는 것은 아니므 로, 설문은 변호사법상 수임제한 사유에 해당하지는 않는다.
③ 변호사는 '동일 사건에서 둘 이상의 의뢰인의 이익이 서로 충돌하는 경우' 관계되 는 의뢰인들이 모두 동의하고 의뢰인의 이익이 침해되지 않는다는 합리적인 사유가 있 는 경우에는 그러하지 아니하다(변호사윤리장전 22⑴⑸).
만약 **수임 이후**에 변호사가 대리하는 둘 이상의 의뢰인 사이에 이해의 대립이 발생한 경우에는, 변호사는 의뢰인들에게 이를 알리고 적절한 방법을 강구한다(변호사윤리장 전 27).

[정답] ①

10. 변호사 甲은 토지매매에 관하여 A로부터 사기피해를 입었다고 주장하는 B를 대리하여 A를 상대로 하는 손해배상청구소송을 수행하고 있다. 그러던 중 A가 변호사 甲을 찾아와 위 사기 관련 형사사건 및 위 사기와는 전혀 관련이 없는 C에 대한 대여금청구소송을 의뢰하고자 한다. 변호사 甲은 A가 자신에게 의뢰하고자 한 사건들을 수임할 수 있는가?   (제 2 회 기출문제)

① A가 변호사 甲에게 의뢰하고자 한 사건은 모두 수임하고 있는 사건의 상대방이 위임하는 다른 사건이므로 변호사 甲은 B의 동의가 있으면 두 사건 모두 수임할 수 있다.

② 변호사 甲은 B의 동의가 있더라도 A의 위 형사사건을 수임할 수 없다.

③ 변호사 甲은 A의 위 형사사건에 관하여는 B의 동의가 있어야 수임할 수 있으나 A의 C에 대한 대여금청구소송은 B와 무관하여 B의 동의가 없어도 사건을 수임할 수 있다.

④ 변호사 甲은 B의 동의가 있더라도 A의 위 대여금청구소송을 수임할 수 없다.

《해설》 ② 변호사는 당사자 한쪽으로부터 상의(相議)를 받아 그 수임을 승낙한 사건의 상대방이 위임하는 사건에 관하여는 그 직무를 수행할 수 없다(변호사법 31①(1)). 변호사가 B를 대리하여 A를 상대로 사기로 인한 손해배상청구의 소를 제기하였는데, A가 위 사기 형사사건의 선임을 의뢰하였을지라도 변호사는 의뢰인 B의 동의가 있더라도 선임할 수 없다. 그리고 사기사건과 관련이 없는 대여금청구소송은 B의 동의가 있으면 수임할 수 있다.

[정답] ②

11. 변호사의 수임제한 사유에 관한 설명 중 옳지 않은 것은?

① 변호사는 친척이 담당 공무원으로서 처리하는 사건을 수임할 수도 있다.

② 단순히 보복이나 상대방을 괴롭히는 방법으로 하는 사건이라도 수임이 금지되는 것은 아니다.

③ 변호사는 법원, 수사기관 등의 공무원으로부터 해당기관의 사건을 소개받을 수 없다.

④ 변호사는 당사자 쌍방의 동의를 얻으면 과거 중재인으로 취급하였던 사건을 수임하여 처리할 수 있다.

《해설》 ④ 변호사는 공무원 · 조정위원 또는 중재인으로서 직무상 취급하거나 취급하게 된 사건에 관하여는 그 직무를 수행할 수 없다(변호사법 31①(3)). 변호사는 **과거 공무원 · 중재인 · 조정위원 등**으로 직무를 수행하면서 취급 또는 취급하게 된 사건이

거나, 공정증서 작성사무에 관여한 사건을 수임하지 아니한다(변호사윤리장전 22①
(1)).

2014년 개정된 변호사윤리장전은 "공무원·중재인·조정위원 등"이라고 하여 "등"이
라는 문구를 추가했다. 그러나 이 문구는 변호사법 제31조 제 1 항 제 3 호 수임제한
규정에도 위반된 것으로 변호사의 수임의 자유를 과도하게 제한하여 헌법과 변호사법
을 위반한 내용이라고 할 수 있다. 따라서 위 변호사윤리장전의 "공무원·중재인·조
정위원 등"은 공무원 또는 공무원 의제규정이 있는 법령이 정하는 위원과 같이 공무
원의 지위에서 직무상 취급 또는 취급하게 된 사건의 수임을 제한하는 것으로 해석하
여야 한다. 그렇지 않고 직무상 취급 또는 취급하게 된 모든 사건의 수임을 제한하는
것으로 해석한다면, 공무원이 아닌 사적 단체에서 임원으로 직무상 취급한 사건까지
도 수임제한을 받는다고 해석해야 하기 때문이다. 향후 변호사윤리장전 개정시에 위
"등"은 삭제해야 한다. 2014년 개정되기 전의 변호사윤리장전에는 위 "등"이라는 문
구는 없었다.

① 구 변호사윤리장전 제17조 제 1 항에서 이를 수임금지 사유로 하였지만, 현행 변호
사윤리장전에서는 이 부분이 삭제되었다. 변호사는 상대방 또는 상대방 대리인과 친족
관계에 있는 경우에는 의뢰인의 양해가 있으면 수임할 수 있다(변호사윤리장전 22①
(4)). 변호사는 상대방 또는 상대방 대리인과 친족관계 등 특수한 관계가 있을 때에는,
이를 미리 의뢰인에게 알린다(변호사윤리장전 20③).

② 구 변호사윤리장전 제17조 제 1 항에서 이를 수임금지 사유로 하였지만, 현행 변호
사윤리장전에서는 이 부분이 삭제되었다.

③ 변호사는 법원, 수사기관 등의 공무원으로부터 해당기관의 사건을 소개받지 아니한
다(변호사윤리장전 40).

[정답]　④

---

12. 변호사 甲은 A와 B 사이의 교통사고로 인한 손해배상소송에서 A의 대리를 맡고
　　있다. B는 변호사 甲이 성실하고 전문성이 있다고 판단하여 자신이 피고인으로 되
　　어 있는 횡령죄의 형사사건에서 甲을 자신의 변호인으로 선임하고자 한다. 변호사
　　甲의 수임이 허용되는가?　　　　　　　　　　　　　　　　　(제 2 회 기출문제)

　① 허용된다. 손해배상소송과 형사사건은 별개의 사건이기 때문이다.

　② 허용되지 않는다. 현재 수임하고 있는 사건의 상대방 B가 위임하는 사건이기
　　때문이다.

　③ 원칙적으로 허용되지만, A가 반대할 경우에는 허용되지 않는다.

　④ 원칙적으로 허용되지 않지만, A가 동의한 경우에는 허용된다.

《해설》　④ 변호사는 '수임하고 있는 사건의 상대방이 위임하는 다른 사건'에 관하여
는 그 직무를 수행할 수 없다. 다만, 수임하고 있는 사건의 위임인이 동의한 경우에는

그러하지 아니하다(변호사법 31①단서).

[정답] ④

13. 변호사법상 공직퇴임변호사의 수임제한에 관한 설명으로 옳지 않은 것은?

(제 2 회 기출문제)

① 병역의무 이행만을 목적으로 군복무를 한 군법무관은 변호사법상 수임제한을 받는 공직퇴임변호사에 해당하지 않는다.

② 공직퇴임변호사는 퇴직 전 1년부터 퇴직한 때까지 근무한 법원, 검찰청, 군사법원, 금융위원회, 공정거래위원회, 경찰관서 등 국가기관이 처리하는 사건을 퇴직한 날부터 1년 동안 수임할 수 없다.

③ 공직퇴임변호사가 변호사법상 수임제한을 받는 사건을 다른 변호사, 법무법인 등의 명의를 빌려 실질적으로 처리하는 등 사실상 수임을 하더라도 변호사법이 이를 명시적으로 금지하고 있지 않으므로 현재로서는 규제할 방법이 없다.

④ 공직퇴임변호사의 수임제한은 국선변호 등 공익목적의 수임과 사건당사자가 민법 제767조에 따른 친족인 경우에는 해당되지 않는다.

《해설》 ③ 법관, 검사, 군법무관(병역의무 이행만을 목적으로 한 군복무는 제외한다), 그 밖의 공무원직에 재직한 변호사(이하 이 조에서 "공직퇴임변호사"라 한다)는 퇴직 전 1년부터 퇴직한 때까지 근무한 법원, 검찰청, 군사법원, 금융위원회, 공정거래위원회, 경찰관서 등 국가기관(대법원, 고등법원, 지방법원 및 지방법원 지원과 그에 대응하여 설치된 「검찰청법」 제 3 조 제 1 항 및 제 2 항의 대검찰청, 고등검찰청, 지방검찰청, 지방검찰청 지청은 각각 동일한 국가기관으로 본다)이 처리하는 사건을 퇴직한 날부터 1년 동안 수임할 수 없다. 다만, 국선변호 등 공익목적의 수임과 사건당사자가 「민법」 제767조에 따른 친족인 경우의 수임은 그러하지 아니하다(변호사법 31③). 제 3 항의 수임할 수 없는 경우는 다음 각 호를 포함한다(변호사법 31④).

2. 공직퇴임변호사가 다른 변호사, 법무법인등으로부터 명의를 빌려 사건을 실질적으로 처리하는 등 사실상 수임하는 경우

공직퇴임변호사의 퇴직 전의 국가기관에서 처리한 사건을 수임한 경우에는 '변호사법 위반'으로 징계사유가 된다(변호사법 91②(1)). 그 외에 형사처벌이나 과태료 부과에 관한 규정은 없다.

변호사법 제31조 제 3 항은 [법률 제11825호, 2013. 5. 28, 일부개정]으로 **장기복무 군법무관, 그 밖의 공무원 직에 있다가 퇴직**(재판연구원, 사법연수생과 병역의무를 이행하기 위하여 **군인·공익법무관** 등으로 근무한 자는 제외한다)**하여 변호사 개업을 한 자**로 개정되었다.

[정답] ③

14. 다음 중 의뢰인의 양해나 동의를 받지 않고 수임할 수 있는 것은?

① 수임하고 있는 사건의 상대방이 위임하는 다른 사건

② 법관인 동생이 재판하고 있는 사건

③ 특수절도 사건에서 피고인들 상호간의 이익이 충돌하는 경우

④ 위임사무가 종료된 경우에 종전 사건과 실질적으로 동일하지 않은 사건을 대립되는 당사자로부터 사건을 수임하는 경우

《해설》 ① 변호사윤리장전 제22조 제1항 제3호.
② 구 변호사윤리장전 제17조 제1항 "친척이 담당 공무원으로 처리하는 사건"은 '수임금지'사유로 규정하였지만, 현행 변호사윤리장전에서는 이를 삭제하였다.
③ 변호사는 "동일 사건에서 둘 이상의 의뢰인의 이익이 서로 충돌하는 경우" 관계되는 의뢰인들이 모두 동의하고 의뢰인의 이익이 침해되지 않는다는 합리적인 사유가 있는 경우에는 그러하지 아니하다(변호사윤리장전 22①(5)).
④ 변호사는 위임사무가 종료된 경우에도 종전 사건과 기초가 된 분쟁의 실체가 동일한 사건에서 대립되는 당사자로부터 사건을 수임하지 아니한다(변호사윤리장전 22②). 동일사건은 위임사건의 종료 후에도 수임할 수 없다. 다만, 변호사윤리장전 제22조 제2항은 "종전 사건과 실질적으로 동일하지 않고 종전 의뢰인이 양해한 경우에는 그러하지 아니하다"라는 단서를 규정한 바 있었지만, 다른 사건의 수임은 현재 진행 중인 사건에 국한되는데, 위 단서는 종료된 다른 사건도 종전 의뢰인의 동의를 얻어야 한다고 규정한 것은 잘못이라는 지적에 따라 삭제되었다.

[정답] ②

15. A는 그의 배우자 B, B의 아들 C를 상대로 혼인취소 및 친생자부인의 소를 제기하였다. 변호사 甲은 A를 대리하고 있는데, 이 사건은 거의 변론종결 단계로 접어들고 있었다. B는 甲에게 C의 친부를 상대로 인지청구 및 양육비청구소송의 제소를 의뢰하려고 한다. 이 사안에 관련된 설명 중 옳은 것은?

① 수임하고자 하는 인지청구 및 양육비청구소송은 이미 진행 중인 혼인취소 및 친생자부인의 소와 실질적으로 동일하거나 본질적으로 관련된 사건에 해당된다.

② 동일한 사건에 관하여 상대방을 대리하고 있는 경우에 해당되므로 인지청구 및 양육비청구소송은 수임할 수 없다.

③ 혼인취소 및 친생자부인의 소가 변론종결 단계에 있기 때문에 제한 없이 인지청구 및 양육비청구소송을 수임할 수 있다.

④ 혼인취소 및 친생자부인사건이 종료된 이후라면 수임제한 규정이 적용되지 않는다.

《해설》 ① 변호사는 위임사무가 종료된 경우에도 종전 사건과 기초가 된 분쟁의 실체가 동일한 사건에서 대립되는 당사자로부터 사건을 수임하지 아니한다(변호사윤리장전 22②). 인지청구 및 양육비청구소송은 이미 진행 중인 혼인취소 및 친생자부인사건과 동일하거나 종전 사건과 기초가 된 분쟁의 실체가 동일한 사건이라고 할 수 없고, 두 사건 사이에 이해관계가 저촉된다고 보기도 어렵다.

② 인지청구 및 양육비청구소송은 혼인취소 및 친생자부인사건과 동일한 사건에 해당되지 않는다. 만약 동일한 사건이라면 변호사법 제31조 제1항 제1호 "당사자 한쪽으로부터 상의(相議)를 받아 그 수임을 승낙한 사건의 상대방이 위임하는 사건"에 해당되어 수임할 수 없다.

③ 수임하고 있는 사건(혼인취소 및 친생자부인의 소)의 상대방이 위임하는 다른 사건(인지청구 및 양육비청구소송)의 경우 수임하고 있는 사건의 위임인이 동의한 경우에는 수임할 수 있다(변호사법 31① 단서 (2)). 따라서 종전 사건의 수임사무가 종료되기 전에는 A의 동의를 얻어 수임할 수 있다.

④ 변호사는 "수임하고 있는 사건의 상대방이 위임하는 다른 사건"의 경우 수임하고 있는 사건의 위임인이 동의한 경우에는 수임할 수 있다(변호사법 31① 단서 (2)). 여기서 '수임하고 있는 사건'은 현재 수임하고 있는 사건을 말하고, 종료한 사건은 수임제한 사유에 해당되지 않는다.

[정답] ④

16. A의 소송대리인을 맡은 변호사 甲은 B를 상대로 부담부증여에 기한 부담이행청구의 소송(종전 사건)을 제기하였다. 법무법인 乙은 위 소송의 1, 2심에서 B를 대리하였다. 변호사 甲은 위 사건의 항소심 판결 선고 이후 법무법인 乙의 구성원이 되었으며, 위 사건의 상고심을 진행하였다. 위 사건의 판결이 확정된 후 A는 B를 상대로 위 사건의 부담을 이행하지 않음을 원인으로 증여계약을 해제하고 가등기이전등기말소청구소송(이번 사건)을 제기하였다. 법무법인 乙은 A의 사건을 수임하여 대리할 수 있는지 여부에 관한 다음 설명 중 옳지 않은 것은?

① 종전 사건인 부담부증여에 기한 부담이행을 청구하는 소송과 증여계약을 해제하고 가등기이전등기말소청구사건과는 소송물과 청구원인 자체가 동일한 사건이라 할 수 없다.

② 이번 사건의 쟁점은 부담의 이행 여부이고, 종전 사건은 부담의 존재여부나 범위가 쟁점이 되었으므로, 종전 사건과 기초가 된 분쟁의 실체가 동일한 사건이라고 볼 수 있다.

③ 법무법인 乙은 종전 의뢰인인 B의 양해를 얻으면 A가 위임하는 사건을 수임하여 대리할 수 있다.

④ 법무법인 乙의 구성원 변호사 甲은 법무법인의 수임제한이 해제되는 특정 변호

사에 해당되지 않는다.

《해설》 ① 종전 사건은 A가 B를 상대로 부담부증여에 기한 부담이행을 청구하는 소송이고, 이번 사건은 종전 사건 판결 확정 이후 A가 B를 상대로 위 부담부증여의 부담을 이행하지 않음을 원인으로 증여계약을 해제하고 가등기이전등기말소청구를 하는 것이므로, 양자는 소송물과 청구원인이 달라서 동일한 사건으로 보기는 어렵다.

② 두 사건이 동일한 사건은 아니지만, 이번 사건의 쟁점은 결국 부담의 이행 여부이고, 종전 사건에서는 부담의 존재여부나 범위가 쟁점이 되었으므로, 종전 사건과 이번 사건은 본질적 관련성이 있다고 봄이 상당하다.

③ 구 변호사윤리장전 제22조 제 2 항은 "변호사는 위임사무가 종료된 경우에도 종전 사건과 실질적으로 동일하거나 본질적으로 관련된 사건에서 대립되는 당사자로부터 사건을 수임하지 아니한다. 다만, 종전 사건과 실질적으로 동일하지 않고 종전 의뢰인이 양해한 경우에는 그러하지 아니하다"라고 규정하고 있으므로, 법무법인 乙이 종전에 수임한 사건과 본질적으로 관련성이 있는 사건인 대상사건에서 A의 소송대리를 하기 위해서는 종전 의뢰인인 B의 양해가 필요하다고 했다(대한변협 2014. 4. 14. 질의회신). 그러나 현재는 "변호사는 위임사무가 종료된 경우에도 종전 사건과 기초가 된 분쟁의 실체가 동일한 사건에서 대립되는 당사자로부터 사건을 수임하지 아니한다"(변호사윤리장전 22②)로 개정되었다. 그리고 위 단서 역시 삭제되었으므로, 종전 사건의 의뢰인으로부터 양해를 얻어 수임할 수 없다.

④ 법무법인 등의 특정 변호사에게만 제22조 제 1 항 제 4 호 또는 제42조에 해당하는 사유가 있는 경우, 당해 변호사가 사건의 수임 및 업무수행에 관여하지 않고 그러한 사유가 법무법인 등의 사건처리에 영향을 주지 아니할 것이라고 볼 수 있는 합리적 사유가 있는 때에는 사건의 수임이 제한되지 아니한다(변호사윤리장전 48②).

[정답] ③

17. 변호사는 상대방 또는 상대방 대리인과 친족관계에 있는 경우에 해당하는 사건을 수임하지 아니한다. 이에 관련된 설명 중 옳지 않은 것은?

① 법조윤리협의회에 수임자료 제출의무를 지는 '특정변호사'가 상대방 또는 상대방 대리인과 친족관계가 있을 때에는 사건의 수임 및 업무수행에 관여하지 않고 그러한 사유가 법무법인 등의 사건처리에 영향을 주지 아니할 것이라고 볼 수 있는 합리적 사유가 있는 때에는 사건의 수임이 제한되지 아니한다.

② 변호사는 상대방 또는 상대방 대리인과 친족관계 등 특수한 관계가 있을 때에는 반드시 미리 의뢰인에게 알려야 한다.

③ 법무법인은 당해 사건을 처리하는 변호사와 수임이 제한되는 '특정 변호사' 사이에 당해 사건의 변론과 관련하여 의논하거나 조언을 구할 수 없도록 해야 한다.

④ 의뢰인이 양해한 경우에는 수임할 수 있다.

《해설》 ① 법무법인 등의 '특정 변호사'에게만 제22조 제 1 항 제 4 호(상대방 또는 상대방 대리인과 친족관계에 있는 경우) 또는 제42조(겸직하고 있는 당해 정부기관의 사건을 수임)에 해당하는 사유가 있는 경우, 당해 변호사가 사건의 수임 및 업무수행에 관여하지 않고 그러한 사유가 법무법인 등의 사건처리에 영향을 주지 아니할 것이라고 볼 수 있는 합리적 사유가 있는 때에는 사건의 수임이 제한되지 아니한다(변호사윤리장전 48②). 따라서 법조윤리협의회에 수임자료 등의 제출의무를 지는 변호사법 제89조의5 소정의 '특정변호사'와 구별된다.
② 변호사는 상대방 또는 상대방 대리인과 친족관계 등 특수한 관계가 있을 때에는, 이를 미리 의뢰인에게 알린다(변호사윤리장전 20③).
③ 법무법인 등은 제 2 항의 경우에 당해 사건을 처리하는 변호사와 수임이 제한되는 변호사들 사이에 당해 사건과 관련하여 비밀을 공유하는 일이 없도록 합리적인 조치를 취한다(변호사윤리장전 48③).
④ 변호사는 '상대방 또는 상대방 대리인과 친족관계에 있는 경우'에 해당하는 사건을 수임하지 아니한다. 다만, 의뢰인이 양해한 경우에는 그러하지 아니하다(변호사윤리장전 22①(4)).

[정답] ①

18. 법무법인·법무법인(유한)·법무조합이 아니면서 변호사 2명 이상이 사건을 수임·처리하는 공동법률사무소에 관련된 설명 중 옳은 것은?
① 수익의 분배와 비용의 분담이 함께 이뤄지는 형태로 운영되어야 하나의 변호사로 본다.
② 수인의 변호사가 공동으로 사무소를 개설하고 있는 경우에 그 사무소 구성원들은 당사자 쌍방의 양해 없이는 쌍방 당사자의 사건을 수임할 수 없다. 사건을 수임한 후에 이에 위반된 것이 발견된 때에는 뒤에 수임한 사건을 사임하고 그 취지를 의뢰인에게 알려야 한다.
③ 법관으로 근무하다 퇴직한 변호사 A와 공동법률사무소를 운영하는 변호사 B는 변호사 A가 법관으로 재직 중에 직무상 취급하였던 사건을 수임할 수 있다.
④ 공동법률사무소에 소속되어 있는 어느 변호사가 겸직하고 있는 당해 정부기관의 사건을 수임하는 것이 공정을 해할 우려가 있을 때에는 수임할 수 없다.

《해설》 ① 법무법인·법무법인(유한)·법무조합이 아니면서도 변호사 2명 이상이 사건의 수임·처리나 그 밖의 변호사 업무 수행 시 통일된 형태를 갖추고 수익을 분배하거나, 비용을 분담하는 형태로 운영되는 법률사무소는 하나의 변호사로 본다(변호사법 31②). 수익분배 또는 비용분담의 형태로 운영되는 법률사무소는 하나의 변호사로 본다.
② 수임 이후에 둘 이상의 의뢰인 사이에 이해의 대립이 발생한 경우에는 변호사는 적

절한 방법을 강구한다(변호사윤리장전 27). 지문은 구 변호사윤리장전 제18조 제 3 항
의 내용으로 현재는 옳지 않다.

③ 공동법률사무소는 변호사법 제 1 항 제 1 호 및 제 2 호를 적용할 때만 수임제한을
받게 되고, 같은 조 제 3 항 '공무원·조정위원 또는 중재인으로서 직무상 취급하거나
취급하게 된 사건'에 대하여는 수임제한을 받지 않는다(변호사법 31①(3)). 그래서 공
동법률사무소에 대한 특혜가 아니냐 하는 지적도 있다.

④ '법무법인 등'(법무법인, 법무법인(유한), 법무조합 및 대한변호사협회 회칙에서 정
한 공증인가합동법률사무소 및 공동법률사무소)의 특정 변호사에게만 제22조 제 1 항
제 4 호(상대방 또는 상대방 대리인과 친족관계에 있는 경우) 또는 제42조(겸직하고 있
는 당해 정부기관의 사건을 수임)에 해당하는 사유가 있는 경우, 당해 변호사가 사건의
수임 및 업무수행에 관여하지 않고 그러한 사유가 법무법인 등의 사건처리에 영향을
주지 아니할 것이라고 볼 수 있는 합리적 사유가 있는 때에는 사건의 수임이 제한되지
아니한다(변호사윤리장전 48②).

[정답]　③

19. 변호사는 스스로 증인이 되어야 할 사건을 수임하지 아니한다. 그러나 변호사윤리장
전상 예외적으로 수임할 수 있는 사유에 해당되지 않은 것은?
① 중재자, 조정자로서 행하는 사무에 관련된 증언을 하는 경우
② 사건을 수임하지 아니함으로써 오히려 의뢰인에게 불리한 영향을 미치는 경우
③ 사건과 관련하여 본인이 제공한 법률사무의 내용에 관한 증언을 하는 경우
④ 명백한 사항들과 관련된 증언을 하는 경우

《해설》 ① 변호사윤리장전 제53조[중립자로서의 변호사] ① 변호사는 자신의 의뢰인
이 아닌 당사자들 사이의 분쟁 등의 해결에 관여하는 경우에 중립자로서의 역할을 수
행한다. 중립자로서 변호사가 행하는 사무에는 중재자, 조정자로서 행하는 사무 등을
포함한다. ② 중립자로서 역할을 수행하는 변호사는 당사자들에게 자신이 그들을 대리
하는 것이아님을 적절히 설명한다.
②, ③, ④ 변호사윤리장전 제54조[증인으로서의 변호사] ① 변호사는 스스로 증인이
되어야 할 사건을 수임하지 아니한다. 다만, 다음 각 호의 1에 해당하는 경우에는 그러
하지 아니한다.
1. 명백한 사항들과 관련된 증언을 하는 경우
2. 사건과 관련하여 본인이 제공한 법률사무의 내용에 관한 증언을 하는 경우
3. 사건을 수임하지 아니함으로써 오히려 의뢰인에게 불리한 영향을 미치는 경우
② 변호사는 그가 속한 법무법인 등의 다른 변호사가 증언함으로써 의뢰인의 이익이
침해되거나 침해될 우려가 있을 경우에는 당해 사건에서 변호사로서의 직무를 수행하
지 아니한다.

[정답]　①

20. 검사로 퇴직하여 개업한 변호사 甲은 최근에 설립한 "승소 법무법인"의 구성원 변호사가 되었다. 이에 관한 다음 설명 중 옳지 않은 것은?

① 변호사 甲은 승소 법무법인과 별도로 법률사무소를 둘 수 없다.

② 승소 법무법인이 수임한 형사사건을 변호사 甲을 담당변호사로 지정할 때는 지체 없이 서면으로 위임인에게 통지해야 한다.

③ 변호사 甲은 법무법인의 구성원 등기를 말소하지 않은 상태로 다른 법률사무소에 취업하여 직무를 수행하면서 급여를 받을 수 없다.

④ 변호사 甲이 검사로 재직 중 직무상 취급하거나 취급하게 된 사건은 변호사 甲은 수임할 수 없지만, 승소 법무법인은 수임할 수 있다.

《해설》 ① 법무법인은 분사무소를 둘 수 있다. 분사무소의 설치기준에 대하여는 대통령령으로 정한다. 법무법인이 사무소를 개업 또는 이전하거나 분사무소를 둔 경우에는 지체 없이 주사무소 소재지의 지방변호사회와 대한변호사협회를 거쳐 법무부장관에게 신고하여야 한다. 법무법인의 구성원과 구성원 아닌 소속 변호사는 법무법인 외에 따로 법률사무소를 둘 수 없다(제48조).

② 법무법인은 제1항부터 제4항까지의 규정에 따라 담당변호사를 지정한 경우에는 지체 없이 이를 수임사건의 위임인에게 서면으로 통지하여야 한다. 담당변호사를 변경한 경우에도 또한 같다(변호사법 50⑤).

③ 법무법인의 구성원 및 구성원 아닌 소속 변호사는 자기나 제3자의 계산으로 변호사의 업무를 수행할 수 없다(변호사법 52①). 법무법인의 구성원인 상태(구성원 등기가 존속)에서 다른 법률사무소에 취업하여 변호사 활동을 하고 급여를 받는 행위는 자기의 계산으로 직무를 수행한 것에 해당되어 금지된다.

④ 법무법인에 관하여는 제22조, 제27조, 제28조, 제28조의2, 제29조, 제29조의2, 제30조, 제31조 제1항, 제32조부터 제37조까지, 제39조 및 제10장을 준용한다(변호사법 제57조). 따라서 변호사의 수임제한에 관한 변호사법 제31조 제1항은 법무법인에게도 준용하므로, 제1항 제3호 "공무원·조정위원 또는 중재인으로서 직무상 취급하거나 취급하게 된 사건"에 대해서는 변호사 甲은 물론 그가 속한 승소 법무법인도 수임할 수 없다. 이와 달리 변호사법 제31조 제2항 공동법률사무소는 이 경우도 수임할 수 있다는 점에서 법무법인·법무법인(유한)·법무조합과 구별된다.

[정답] ④

21. A 변호사가 甲과 乙이 공동으로 투자하여 매입하면서 甲 명의로 소유권이전등기를 경료한 부동산에 관하여 매도인이 제기한 매매잔대금청구소송에서 피고 甲을 수임하여 소송을 수행한 결과 甲의 승소로 종결되었다. 그 후에 甲과 乙 사이에 투자이익의 분배에 관하여 분쟁이 발생하여 乙이 甲을 상대로 제기하는 투자금 반환청구소송에서 A 변호사는 乙의 사건을 수임할 수 있는지에 관하여 옳지 않은 것은?

① 종전에 수임하여 수행한 사건과 현재 수임하고자 하는 사건은 당사자와 청구원인이 모두 다르므로 동일성이 인정되는 사건이라고 할 수 없다.

② 현재 수임하고자 하는 사건인 투자이익의 분배기준을 둘러싼 분쟁은 종전에 수임한 사건과 기초가 된 분쟁의 실체가 동일한 사건이라고 할 수 없다.

③ A 변호사는 종전 소송사건을 수행과정에서 지득하게 된 甲의 비밀을 현재 수임하고자 하는 소송사건에서 이용할 수 없다.

④ 현재 수임하고자 하는 사건의 의뢰인은 종전 사건의 상대방이므로 甲의 양해 없이는 乙의 사건을 수임할 수 없다.

《해설》 ① 종전 사건인 매매잔대금청구소송과 투자금반환청구소송은 동일한 소송이 아니라서 수임제한사유에 해당하지 않는다.

② 변호사는 위임사무가 종료된 경우에도 종전 사건과 기초가 된 분쟁의 실체가 동일한 사건에서 대립되는 당사자로부터 사건을 수임하지 아니한다(변호사윤리장전 22②). 사안이 변호사윤리장전 제22조 제2항의 수임제한요건에 해당하는지 여부가 문제되는데, 공동으로 투자하여 매입한 부동산에 대한 매매잔대금 지급책임의 존재 여부는 투자이익의 범위를 결정하는 데 있어서 중요한 요소가 되는 것은 사실이지만 매매잔대금 지급책임의 존부가 투자이익의 분배기준을 좌우하는 요소가 되는 것은 아니라고 할 것이므로 현재 수임하고자 하는 사건, 즉 투자이익의 분배기준을 둘러싼 분쟁은 종전에 수임한 사건과 기초가 된 분쟁의 실체가 동일한 사건이라고 할 수 없다. 그리고 본질적 관련성이 인정되지 않는 경우라면 더 나아가 乙이 甲과 이해관계가 대립하는 당사자인가 여부를 살펴볼 필요는 없다.

③ 변호사는 직무상 알게 된 의뢰인의 비밀을 누설하거나 부당하게 이용하지 아니한다(개정 변호사윤리장전 18①). 따라서 변호사는 종전 소송사건을 수행과정에서 지득하게 된 甲의 비밀을 현재 수임하고자 하는 소송사건에서 이용하는 행위는 비밀준수의무를 위반하는 것에 해당된다.

④ 설문에서 현재 수임하고자 하는 사건의 의뢰인 乙은 종전 사건의 상대방이 아니므로 수임제한 사유에 해당되지 않는다.

[정답] ④

22. 다음 중 변호사의 수임제한과 관련된 설명 중 옳지 않은 것은?

① 소유권이전등기말소 청구사건의 공동피고 甲과 乙을 대리하여 소송을 수행 중인 변호사가 甲이 乙을 상대로 제기하는 공유물분할 청구소송사건을 수임하는 것은 수임제한사유에 해당되지 않는다.

② 임대차계약에 기한 명도 관련 제소전화해 신청사건을 수임함에 있어 실질적으로는 임대인으로부터 사건을 수임하면서 형식적으로는 임차인의 대리인이 되어

제소전화해를 처리한 변호사가 임대차기간 만료를 이유로 명도소송(명도단행가처분)을 제기함에 있어서 임대인의 소송대리인이 될 수 있다.

③ 변호사가 현재 A로부터 사기사건을 수임하여 변론하고 있는데, 그 사기사건과 동일성이나 이해관계가 저촉되는 등의 관련성이 없는 의뢰인 A가 피해자로 되어 있는 무고 형사사건에서 가해자 B를 수임할 수 있다.

④ 법무법인에 소속된 변호사 1인이 상대방 대리인과 친족관계에 있는 경우에도 그 사건을 전혀 수임할 수 없는 것은 아니지만, 만약 수임하였을 때는 그 변호사는 사건진행에 관여해서는 아니 된다.

《해설》 ① 종전 소송은 甲과 乙이 공동소유자로서 피고가 되어 다투고 있는 사건이고, 현재 수임하고자 하는 소송을 그와 같은 공유자 사이에서 공유물을 분할하고자 하는 사건이다. 종전에 수임하여 수행하고 있는 사건과 현재 수임하고자 하는 사건은 소송의 당사자가 동일하지 않고 그 법률적 쟁점도 동일하다고 할 수 없으므로 별개의 사건이라 할 수 있다. 종전에 수임하여 진행하고 있는 사건의 쟁점은 공동소유권의 존재 여부이고, 현재 수임하려고 하는 사건은 공동소유권자 상호간에 지분범위를 둘러싼 다툼이 아니라 각자의 지분에 따른 공동소유물의 분할에 관한 문제로서 종전 사건과 현재 사건 사이에 "본질적 관련성"이 인정되는 경우라고 보기는 힘들다. 따라서, 현재 甲이 위임하고자 하는 사건을 수임하는 데에 별다른 제약은 없다고 할 수 있다(대한변협 2012. 10. 8. 질의회신). 이 회신 후 개정된 변호사윤리장전은 "변호사는 위임사무가 종료된 경우에도 종전 사건과 기초가 된 분쟁의 실체가 동일한 사건에서 대립되는 당사자로부터 사건을 수임하지 아니한다"(제22조 제2항)고 규정하고 있는데, 이 규정에 비춰 봐도 동일한 결론을 낼 수 있다.

② 실질적으로는 임대인으로부터 제소전화해 신청사건을 수임하고 변호사 보수도 임대인으로부터 수령한다고 하더라도 당해 제소전화해 신청사건에 있어서 법률상 위임인은 임차인이지 임대인이 아니다. 따라서 제소전화해 신청사건의 내용이 임대차계약의 계약조건 불이행이나 기간만료 등을 이유로 하는 임대차목적물의 명도(인도)의무 이행에 관한 것이라면, 현재 수임하고자 하는 명도청구소송과 제소전화해 신청사건은 법률적으로 동일한 쟁점을 다루는 사건이고 당사자도 동일하여 실질적으로 동일한 사건이라고 할 것인 바, 제소전화해 신청사건에서 임차인의 소송대리인이 되었다가 동일한 사건인 명도청구사건에서는 임대인의 소송대리인이 되는 것은 변호사법 제31조 제1항 제1호가 금지하는 쌍방수임에 해당하므로 수임이 불가하다고 할 것이다(대한변협 2012. 12. 4. 질의회신).

③ 현재 수임하여 진행하고 있는 사기사건과 새로 수임하는 무고사건 사이에 동일성이나 본질적 관련성 혹은 이해관계가 저촉되는 등의 관련성이 없는 한 무고사건을 수임할 수 있다고 할 것이고, 사기사건이나 무고사건 어느 쪽 의뢰인의 동의나 양해도 필요하지 않다(대한변협 2013. 2. 20. 질의회신).

④ 법무법인 등의 특정 변호사에게만 (변호사윤리장전) 제22조 제1항 제4호 또는 제42조에 해당하는 사유가 있는 경우, 당해 변호사가 사건의 수임 및 업무수행에 관여하

지 않고 그러한 사유가 법무법인 등의 사건처리에 영향을 주지 아니할 것이라고 볼 수 있는 합리적 사유가 있는 때에는 사건의 수임이 제한되지 아니한다(변호사윤리장전 48②). 법무법인 등은 제2항의 경우에 당해 사건을 처리하는 변호사와 수임이 제한되는 변호사들 사이에 당해 사건과 관련하여 비밀을 공유하는 일이 없도록 합리적인 조치를 취한다(변호사윤리장전 48③).

[정답] ②

23. 변호사 甲은 공사대금청구 사건의 원고 소송대리인의 복대리인이 되었다. 그 후 변호사 甲은 위 사건의 항소심에서 피고의 소송대리인으로 선임되어 소송수행을 하던 중 항소심 변론종결 후에 사임하였다. 피고 패소판결 후, 피고는 새로운 변호사를 선임하여 상고하였다. 피고는 상고이유서에서 비로소 변호사 甲이 항소심에서 변호사법상 수임제한 규정을 위반하였으므로 그 소송행위가 무효라고 주장하였다. 이와 관련된 설명 중 옳은 것은(다툼이 있는 경우 판례에 따름)?

① 변호사 甲은 제1심에서 원고로부터 사건을 수임한 바 없이 단지 소송복대리인으로만 관여하였기에 수임제한 규정을 위반한 것은 아니다.

② 변호사 甲이 항소심에서 피고 소송대리인으로 소송수행을 한 행위는 설령 원고가 항소심 도중 이의를 제기하였더라도 유효하다.

③ 변호사 甲이 항소심의 변론종결 후에 사임하였기에 수임제한 규정을 위반한 것은 아니다.

④ 피고가 상고이유서에서 변호사 甲의 항소심에서의 소송행위가 무효라는 주장을 하였을지라도 변호사 甲의 항소심에서의 소송행위는 유효하다.

《해설》 ④ 원심에서의 피고들의 소송대리인 변호사 이○○가 (변론종결 후 사임) 제1심에서 원고들 소송대리인 변호사 정○○의 소송복대리인으로서 관여하였던 사실이 분명하여, 위 변호사 이○○의 소위는 변호사법 제16조 제1호(현행 변호사법 31①(1))에 위반되는 소송행위를 하였다고 하여도 원심에서 원고가 아무런 이의도 하지 아니한 이상, 그 소송경위는 소송법상 완전한 효력이 생긴다고 할 것이다(대법원 1969. 12. 30. 69다1899).

[정답] ④

24. 형사사건 전문변호사로 명성이 높은 변호사 甲은 A를 만나 그의 횡령 피의사건에 관해서 상담을 하였다. 변호사 甲은 A로부터 위 사건을 수임하되, 수임료는 일주일 뒤에 받기로 하였다. 그런데 며칠 뒤 B와 우연한 기회에 법률상담을 하던 도중 B가 A를 고소한 당사자라는 것을 알게 되었다. 이 경우 변호사 甲의 행동에 대한 설명

으로 옳은 것은?

① 변호사 甲은 이미 A와 수임계약을 체결하였으므로 B와의 상담을 중지해야 한다.

② 변호사 甲은 B와 법률상담을 시작한 이상, B와 상담을 계속하여야 한다.

③ 변호사 甲은 A로부터 수임료를 받지 않은 이상, 다시 B와 상담하는 데 아무런 문제가 없다.

④ 변호사 甲은 B에게 A와의 상담 사실을 알려주고 그래도 상담을 계속 원하는지 확인해야 하고, 만약 B가 동의한다면 그때 비로소 상담을 계속할 수 있다.

《해설》 ① 사안은 변호사가 당사자 한쪽으로부터 상의(相議)를 받아 그 수임을 승낙한 사건(A의 사실혼 파혼사건)의 상대방(B)이 위임하는 사건에 해당되므로 B의 사건을 수임할 수 없을 뿐만 아니라 상담 역시 중지하여야 한다. 수임약정이 체결된 후 수임료를 실제로 받았느냐 여부는 문제되지 아니한다.

[정답] ①

1. 변호사의 보수에 관한 설명 중 틀린 것은?

① 변호사의 보수는 의뢰인과의 위임계약으로 정한다.

② 수임인은 위임인에 대하여 보수를 청구할 수 없는 것이 원칙이다.

③ 변호사의 보수에 관하여 명시적인 약정이 없었다면 무상이라고 보아야 한다.

④ 변호사의 보수청구권은 수임계약시에 반드시 명시해야 하는 것은 아니다.

《해설》 ③ 변호사는 의뢰인과 명시적으로 보수약정을 하지 않았더라도 보수지불에 관한 묵시의 합의가 있는 것으로 본다.

① 변호사·법무법인·법무법인(유한)·법무조합의 보수는 위임인과의 계약으로 정한다(대한변호사협회 회칙 44③).

② 수임인은 특별한 약정이 없으면 위임인에 대하여 보수를 청구하지 못한다(민법 686①).

④ 변호사에게 계쟁 사건의 처리를 위임함에 있어서 그 보수 지급 및 수액에 관하여 명시적인 약정을 아니하였다 하여도, 무보수로 한다는 등 특별한 사정이 없는 한 응분의 보수를 지급할 묵시의 약정이 있는 것으로 봄이 상당하다(대법원 1995. 12. 5. 94다50229 보수금). 따라서 변호사의 보수청구권의 유무는 수임계약시에 명시하지 않았더라도 유상으로 보는 것이 판례의 입장이다.

[정답] ③

2. 변호사의 보수약정과 관련하어 틀린 것은?

① 변호사는 위임사무의 대한 보수청구권을 당연히 갖는다.

② 위임사무를 완료한 후에만 보수를 청구하여야 한다.

③ 약정된 보수액이 과다하여 신의성실의 원칙에 반하는 경우에 감액할 수 있다.

④ 소송이 특별히 복잡하여 장기간 소요된 경우에는 추가로 보수를 청구할 수 있다.

《해설》 ② 수임인이 보수를 받을 경우에는 위임사무를 완료한 후가 아니면 이를 청구하지 못한다(민법 686②). 변호사의 소송위임사무처리에 대한 보수의 액에 관하여 의뢰인과 사이에 약정이 있는 경우에 위임사무를 완료한 변호사는 특별한 사정이 없는 한 약정된 보수액을 전부 청구할 수 있는 것이 원칙이다(대법원 1992. 3. 31. 91다29804 보수금). 그러나 변호사는 의뢰인과의 특약으로 위임사무의 착수시점에 일정액의 보수의 지급을 약정할 수 있으므로, 반드시 위임사무의 종료 후에 보수를 청구할 수 있는 것은 아니다.

① 변호사는 사회통념에 비추어 현저히 부당한 보수를 받을 수 없을 뿐이므로, 변호사에게 계쟁사건의 처리를 위임함에 있어서 그 보수지급 및 수액에 관하여 명시적인 약정을 아니하였다 하여도, 무보수로 한다는 등 특별한 사정이 없는 한 응분의 보수를 지급할 묵시의 약정이 있는 것으로 봄이 상당하다(대법원 1993. 11. 12. 93다36882 약정금).

③ 약정된 보수액이 부당하게 과다하여 신의성실의 원칙이나 형평의 원칙에 반한다고 볼 만한 특별한 사정이 있는 경우에는, 예외적으로 위와 같은 제반 사정을 고려하여 상당하다고 인정되는 범위 내의 보수액만을 청구할 수 있다고 보아야 할 것이다(대법원 1992. 3. 31. 91다29804 보수금).

④ 변호사는 정당한 사유 없이 추가보수를 요구하지 아니한다. 변호사는 명백한 서면약정 없이 공탁금, 보증금, 기타 보관금 등을 보수로 전환하지 아니한다. 다만, 의뢰인에게 반환할 공탁금 등을 미수령 채권과 상계할 수 있다. 변호사는 담당 공무원에 대한 접대 등의 명목으로 보수를 정해서는 아니 되며, 그와 연관된 명목의 금품을 요구하지 아니한다(개정 변호사윤리장전 33). 그러므로 소송이 특별히 복잡·중대하여 장기간 소요되었다거나 변호사가 유난히 많은 정성을 들였다고 볼 만한 사정이 있는 경우에는 「추가보수를 요구할 수 있는 정당한 사유」에 해당될 수 있다.

[정답] ②

3. 변호사의 성공보수에 관한 설명 중 틀린 것은?

① 민사사건에서 성공보수에 관한 약정은 원칙적으로 인정된다.
② 성공보수액도 일반적인 보수산정의 기준이 적용된다.
③ 성공보수액이 지나치게 과다한 약정은 무효가 된다.
④ 성공보수는 명시적인 약정이 있어야 하는 것은 아니다.

《해설》 ③ 변호사의 약정 성공보수금 총액이 부당히 과다한 경우에는 제반사정을 참작하여 그 금액을 감액하게 되므로, 성공보수금 약정 자체가 무효로 되는 것은 아니다. 그러므로 적정한 성공보수금을 초과하는 부분은 신의성실의 원칙에 반하여 무효라고 할 수 있다(대법원 1992. 3. 31. 91다29804 보수금).

② 성공보수 역시 변호사의 보수의 일종이므로 보수 산정의 기준인 「사안의 난이, 소요되는 노력의 정도와 시간, 당사자의 이해관계 등 제반사정」이 고려된다(변호사윤리장전 31②).

④ 변호사에게 계쟁사건의 처리를 위임함에 있어서 그 보수 및 액에 관하여 명시의 약정을 아니하였다 하여도 무보수로 한다는 등의 특별한 사정이 없는 한 응분의 보수를 지급할 묵시의 약정이 있는 것으로 봄이 상당하며, 변호사는 그 수임사건이 승소로 확정된 때와 이와 동일시할 사건귀결이 된 경우에는 무보수로 한다는 특약이 없는 한 민법 제686조에 의하여 승소사례금을 청구할 수 있다(대법원 1975. 5. 25. 75다1637 보수금).

[정답] ③

4. 변호사의 보수에 관련된 설명 중 옳지 않은 것은?

① 변호사는 직무의 공공성과 전문성 때문에 부당하게 과다한 보수를 받아서는 아니 된다.

② 변호사는 외국법자문사법에서 달리 정하는 경우에는 외국법자문사와 공동의 사업으로 사건을 수임하거나 보수를 분배할 수 있다.

③ 변호사는 명백한 서면 약정 없이 의뢰인에게 반환할 공탁금 등을 미수령 채권과 상계하여서는 아니 된다.

④ 변호사는 단순한 법률자문이나 서류의 준비, 기타 합리적인 이유가 있는 경우에는 보수약정을 서면으로 하여야 한다.

《해설》 ④ 변호사는 사건을 수임할 경우에는 수임할 사건의 범위, 보수, 보수 지급방법, 보수에 포함되지 않는 비용 등을 명확히 정하여 약정하고, 가급적 서면으로 수임계약을 체결한다. 다만, 단순한 법률자문이나 서류의 준비, 기타 합리적인 이유가 있는 경우에는 그러하지 아니하다(변호사윤리장전 32).

① 변호사는 직무의 공공성과 전문성에 비추어 부당하게 과다한 보수를 약정하지 아니한다(변호사윤리장전 31①).

② 변호사는 변호사 아닌 자와 공동의 사업으로 사건을 수임하거나 보수를 분배하지 아니한다. 다만, 외국법자문사법에서 달리 정하는 경우에는 그러하지 아니하다(변호사윤리장전 34①).

③ 변호사는 명백한 서면 약정 없이 공탁금, 보증금, 기타 보관금 등을 보수로 전환하지 아니한다. 다만, 의뢰인에게 반환할 공탁금 등을 미수령 채권과 상계할 수 있다(변호사윤리장전 33②)

[정답] ④

5. 변호사가 보수규정에 위반한 행위를 한 경우 그 책임에 관하여 틀린 것은?

① 변호사법에는 변호사의 보수에 관한 명문의 규정을 두고 있지 않다.

② 변호사는 보수규정에 위반하였을지라도 변호사법상의 책임은 없다.

③ 변호사는 법관과의 교제비 명목으로 의뢰인으로부터 돈을 받아서는 아니 된다.

④ 변호사는 세금신고를 줄이기 위하여 허위의 영수증을 발행한 경우 징계책임을 진다.

《해설》 ② 변호사법 제91조 제2항 제3호는 「직무의 내외를 막론하고 변호사로서의 품위를 손상하는 행위를 한 경우」를 징계사유로 규정하고 있는데, 변호사의 보수규정 위반으로 인한 경우에는 위 규정에 의하여 징계책임을 물을 수 있다. 또한, 변호사나 그 사무직원이 다음 각 호의 어느 하나에 해당하는 행위를 한 경우에는 5년 이하의 징역 또는 3천만원 이하의 벌금에 처한다. 이 경우 벌금과 징역은 병과할 수 있다.

1. 판사·검사, 그 밖에 재판·수사기관의 공무원에게 제공하거나 그 공무원과 교제한 다는 명목으로 금품이나 그 밖의 이익을 받거나 받기로 한 행위

2. 제1호에 규정된 공무원에게 제공하거나 그 공무원과 교제한다는 명목의 비용을 변 호사 선임료·성공사례금에 명시적으로 포함시키는 행위

③ 변호사는 담당 공무원에 대한 접대등의 명목으로 보수를 정해서는 아니 되며, 그와 연관된 명목의 금품을 요구하지 아니한다(변호사윤리장전 33③).

④ 변호사는 조세포탈 기타 어떠한 명목으로도 의뢰인 또는 관계인과 수수한 보수 의 액을 숨기기로 밀약하거나 영수증 등 증거를 조작하여서는 아니 된다(구 변호사윤 리장전 36). 현행 변호사윤리장전에서는 '너무나 당연한 내용으로서 더 이상 명시할 필 요가 없다'는 이유로 삭제하였지만, 여전히 유효한 것으로 보아야 한다.

[**정답**] ②

6. A 변호사는 의뢰인 X가 그의 사업동업자와의 동업관계 정산금 문제로 분쟁중인 정산금청구소송을 수임하기로 하고 소송위임계약서를 작성하려고 하였다. 그 때 X는 변호사에게 "변호사님! 저를 못 믿겠습니까? 저에게 말씀만 하시면 제 때 제 때 돈도 보내고, 시키는 서류도 가져다 드리겠습니다"라고 하여 위임계약서를 작성하지 않았다. 이에 관하여 다음 설명 중 틀린 것은?

① 변호사는 사건을 수임할 때 변호사 보수와 대리행위의 범위에 관하여 서면으로 계약서를 작성할 필요가 있다.

② 위임계약서를 작성할 수 없는 긴급한 필요가 있을 때는 그 사유가 소멸된 후에 즉시 작성하여야 한다.

③ 변호사는 X가 위임계약서의 작성을 거부한 경우에는 수임을 사실상 거부한 것 으로 보고 법률상담료를 받을 수 있다.

④ 의뢰인과의 위임계약서를 작성해야 할 필요성은 변호사의 직무의 공공성 때문이다.

《해설》 ④ 위임계약서에는 변호사의 법률행위의 종류와 범위를 특정하고, 변호사의 보수를 특정해 두어야 사후 분쟁방지와 법률관계의 명확화를 기할 수 있다.

① 변호사는 사건을 수임할 경우에는 수임할 사건의 범위, 보수, 보수 지급방법, 보수에 포함되지 않는 비용 등을 명확히 정하여 약정하고, 가급적 서면으로 수임계약을 체결한다. 다만 단순한 법률상담을 하거나, 간단한 서류를 작성해 주는 경우에는 위임계약서의 작성이 필요하지 않다(변호사윤리장전 32).

② 법률사무소 외에서 수임하는 경우에 위임계약서를 지참하지 않는 등의 사정으로 긴급한 사정이 있을 때에는 수임 후에 위임계약서를 작성하여야 한다.

③ 의뢰인이 위임계약서의 작성을 거부하는 경우에는 사실상 수임을 거절한 것으로 볼 수도 있다.

[정답] ④

7. 변호사의 보수와 관련된 설명 중 옳지 않은 것은?

① 변호사는 당해 사건의 승소판결이 나면 성공보수금 중의 일부를 그 사건을 소개해 준 친구에게 감사의 표시로 일부 지급하기로 하는 약속은 할 수 있다.

② 변호사는 사건 또는 사무를 수임할 때에 반드시 보수에 관한 약정을 하여야 하는 것은 아니고, 구두로 약정하는 것이 금지되는 것은 아니다.

③ 변호사는 의뢰인이 위임하는 민사사건에서 피고가 공탁해 두었던 공탁금을 나중에 성공보수로 전환하기로 서면으로 약정하였다.

④ 독일에서는 성공보수를 일체 금지하는 규정이 위헌결정이 있어 현재는 제한된 범위에서 성공보수의 약정이 허용된다.

《해설》 ① 변호사나 그 사무직원은 법률사건이나 법률사무의 수임에 관하여 소개·알선 또는 유인의 대가로 금품·향응 또는 그 밖의 이익을 제공하거나 제공하기로 약속하여서는 아니 된다(변호사법 34②). 변호사는 변호사 아닌 자와 공동의 사업으로 사건을 수임하거나 보수를 분배하지 아니한다. 다만, 외국법자문사법에서 달리 정하는 경우에는 그러하지 아니하다. 변호사는 소송의 목적을 양수하거나, 정당한 보수 이외의 이익분배를 약정하지 아니한다(변호사윤리장전 34①②).

② 변호사는 사건을 수임할 경우에는 수임할 사건의 범위, 보수, 보수 지급방법, 보수에 포함되지 않는 비용 등을 명확히 정하여 약정하고, 가급적 서면으로 수임계약을 체결한다. 다만, 단순한 법률자문이나 서류의 준비, 기타 합리적인 이유가 있는 경우에는 그러하지 아니하다(변호사윤리장전 32).

③ 변호사는 명백한 서면 약정 없이 공탁금, 보증금, 기타 보관금 등을 보수로 전환하지 아니한다. 다만, 의뢰인에게 반환할 공탁금 등을 미수령 채권과 상계할 수 있다(변호사윤리장전 33②).

④ 독일 연방헌법재판소는 2006. 12. 12. 변호사의 성공보수약정을 금지시키고 있는 연방변호사법 규정은 직업의 자유를 침해하는 것이므로, 입법자는 성공보수약정의 일반적인 금지에 대한 예외를 명시하거나 또는 금지 자체를 완전히 폐지하는 새로운 규정을 만들어야 한다고 판시하였다. 연방헌법재판소는 연방변호사법이 성공보수약정을 전면적으로 금지하고 있으면서도 법 자체에 아무런 예외를 인정하지 않고 있는 것이 직업활동의 자유를 침해하는 것이라고 판단하였다. 그로 인하여 연방변호사법은 원칙적으로 성공보수약정의 금지는 그대로 유지하되, 예외적으로 변호사보수법에서 성공보수약정을 인정하고 있다.

[**정답**] ①

8. 국선변호인에 관한 설명 중 옳지 않은 것은?　　　(제1회 기출문제)

① 국선변호인이 사임하기 위해서는 반드시 법원 또는 지방법원 판사의 허가를 받아야 한다.

② 변호사는 국선변호인으로 지정을 받더라도 이미 수임하고 있는 사건과 이해관계가 상반되는 경우에는 그 취지를 알리고 이를 거절하여야 한다.

③ 국선변호인이 변호 활동을 위해 지출한 비용은 실비의 범위 내에서만 피고인 또는 피의자로부터 지급받을 수 있다.

④ 국선변호인은 사선변호인으로 전환하기 위하여 피고인 또는 피의자와 교섭하여서는 아니 된다.

《해설》 ③ 변호사는 국선변호인 또는 국선대리인으로 선임된 때에는 그 사건을 사선으로 전환하기 위하여 교섭하여서는 아니 되며, 따로 보수를 받아서는 아니 된다(구 변호사윤리장전 19④). 국선변호인은 피고인이나 피의자로부터 보수를 따로 받을 수 없으므로 실비를 요구할 수 없다. 개정 변호사윤리장전 제17조 제1항은 "국선변호인 등 관련 법령에 따라 국가기관에 의하여 선임된 변호사는 그 사건을 사선으로 전환하기 위하여 부당하게 교섭하지 아니한다"고 하여 '부당한 교섭'만을 금지하고 있기 때문에 이 문제 출제 당시와 달리 현재는 ④번도 틀린 답이 된다.

[**정답**] ③

9. 의뢰인 A는 변호사 甲에게 민사소송을 위임하면서 위임계약서를 작성하였는데, 그 위임계약서에는 의뢰인이 임의로 화해하거나 소를 취하하는 경우 전부 승소한 것으로 보고 성공보수금을 지급하기로 하는 승소간주조항이 부동문자로 인쇄되어 있었다. 또한 변호사 甲과 의뢰인 A는 위 위임계약서의 특약조항란에 의뢰인이 위임계약을 위반하거나 중도 해지, 해제 등을 한 경우 전체에 대하여 승소한 것으로 간주하고 소송비용, 성공보수금을 지급하기로 하는 내용을 추가로 기재하였다. 그 후 의뢰인 A는 변호사 甲과 상의 없이 상대방과 소송 외에서 화해하고 소를 임의로 취하하였고, 변호사 甲과의 위임계약을 임의로 해지하였다. 이에 변호사 甲은 위 위임계약서에 근거하여 의뢰인 A에게 소송비용 및 성공보수금의 지급을 청구하였다. 위 사안에 관한 설명 중 옳지 않은 것은(다툼이 있는 경우에는 판례에 의함)? (제2회 기출문제)

① 이 사건 승소간주조항은 위임계약의 일방당사자인 변호사가 다수의 상대방과 계약을 체결하기 위하여 일정한 형식에 의하여 미리 마련한 계약의 내용으로서 약관의 규제에 관한 법률 소정의 약관에 해당한다.

② 이 사건 특약조항은 의뢰인에게 부당하게 과중한 손해배상액의 예정으로서 약관의 규제에 관한 법률 소정의 약관에 해당한다.

③ 이 사건 승소간주조항은 의뢰인에게 부당하게 불리한 조항으로서 신의성실의 원칙에 반하여 공정을 잃은 것이어서 무효이다.

④ 의뢰인은 위 특약조항에 따라 소송비용, 성공보수금을 지급할 책임이 있다.

《해설》 ②, 이 문제가 출제된 이후 ④번도 정답에 해당된다는 수험생들의 이의신청이 많았으므로 ④번이 정답이 될 수 있는지를 살펴보기로 한다.
1. 해석의 전제로서의 "다툼이 있는 경우에는 판례에 의함"의 의미
위 문제에서 판단기준으로 삼아야 하는 판례는 서울고등법원 2004나69934 판결과 대법원 2007. 9. 21. 2005다43067 판결을 기초로 하고 있지만, 설문의 사안을 해석하는 법리를 제시하는 모든 판례가 해당된다고 보아야 한다.
2. 승소간주조항과 특약조항의 법적 효력(대법원 2007. 9. 21. 2005다43067 참조)
가. 승소간주조항 – 무효
승소간주조항은 고객에 대하여 부당하게 불리한 조항으로서 신의성실의 원칙에 반하여 공정을 잃은 약관에 해당한다고 보아 이를 무효로 판단하였다. 따라서 변호사 甲은 승소간주조항을 근거로 성공보수금을 청구할 수 없다.
나. 특약조항 – 일부무효
(1) 특약사항은 위임인인 피고(설문의 의뢰인 A) 등이 위 계약을 위반할 경우에 부담할 손해배상액을 예정한 것이므로, 위 계약을 위반한 피고 등은 위 특약사항에 따른 위약금을 지급할 의무가 있다고 한 다음, 위 특약사항에 의하여 산정되는 위약금 291,398,700원을 그 판시와 같은 제반 사정을 고려하여 145,000,000원으로 감액하였다.

(2) 판례는 특약조항의 성공보수금의 약정에 관한 법적 성질을 민법 제398조 "손해배상액의 예정"으로 보면서, 그 예정액이 부당히 과다하다고 하여 감액하였다.

(3) 손해배상액의 예정으로서의 법적 성질을 갖는 성공보수금 역시 부당하게 과다한 경우에는 상당하다고 인정되는 범위에서 감액하는 것이 판례이다(대법원 1992. 3. 31. 91다29804 보수금).

다. 소   결

따라서 변호사 甲은 위 특약조항에 기재한 내용처럼 성공보수금과 소송비용을 청구할 수 있다. 그러므로 의뢰인 A는 법원에서 특약조항으로 약정한 성공보수금을 민법상의 '손해배상액의 예정'으로 판단하였을지라도, 법원에서 감액한 범위에서 상호간에 약정한 손해배상액의 예정으로서의 위약금의 성질을 갖는 성공보수금을 변호사 甲에게 지급할 의무가 있다.

3. 설문의 특약조항에 기재된 "성공보수금"과 지문 ④번의 "성공보수금"의 검토

가. 설문에 기재된 성공보수금은 전부 승소를 전제로 하거나, 당초 약정한 전체 성공보수금으로 이해하고, ④번의 성공보수금은 그 금액이 과대하므로 법원에서 유효한 것으로 인정한 감액된 범위의 금액인 성공보수금으로 이해하여 양자를 다른 개념으로 이해할 수도 있다.

나. 설문의 특약조항은 일정한 사유가 발생한 경우에는 성공보수금을 청구할 수 있다는 일반적·추상적인 기재만 있을 뿐이다. ④번 역시 의뢰인은 성공보수금을 지급할 책임이 있다고만 기재되어 있어 그 액수에 관하여는 어디에서도 구체적으로 특정하고 있지 않기 때문에 ④번에서의 성공보수금과 설문상의 특약조항상의 성공보수금을 달리 해석할 여지는 없다. 변호사와 의뢰인간의 특약으로 성공보수금을 약정하였을지라도 그 청구권의 발생과 구체적인 액수는 최종적으로 법원에서 결정하기 때문에 설문의 특약조항에서 기재하고 있는 성공보수금과 ④번의 성공보수금을 달리 볼 수도 없다.

다. 만약 변호사 甲이 특약조항에 성공보수금 약정내용을 기재하지 않았다면, 승소간주 조항에서 정하는 성공보수금은 무효인 약관에 해당되기 때문에 성공보수금청구권은 발생하지 않는다. 따라서 변호사 甲은 위 특약조항에 의하여 비록 일부 감액된 금액이기는 하지만 성공보수금을 청구할 수 있는 것이고, 의뢰인 A는 성공보수금을 지급할 책임이 있다.

[정답] ②

10. 다음 사례 중 변호사 윤리상 허용되는 것은?   (제2회 기출문제)

① 부동산 관련 소송을 수행하던 중, 그 부동산 이외에는 아무런 재산이 없는 의뢰인의 제안으로 성공보수금 확보를 위하여 위 부동산에 변호사 명의의 근저당권을 설정하는 경우

② 교통사고 손해배상 사건을 수임함에 있어 1심, 2심, 3심을 전부 수임하고 보수는 승소액의 일정 비율로 약정하는 경우

③ 사무직원이 사건을 소개하는 경우 수임료의 일정 비율을 상여금 명목으로 지급
하기로 약정하는 경우

④ 유료 전화 법률 상담을 하면서 상담을 연결해주는 통신업체에 상담 수수료의
25%를 통신망 사용료 명목으로 지급하는 경우

《해설》 ② 소송대리권의 범위는 특별한 사정이 없는 한 당해 심급에 한정되어, 소송
대리인의 소송대리권의 범위는 수임한 소송사무가 종료하는 시기인 당해 심급의 판결
을 송달받은 때까지라고 할 것이다(대법원 2000. 1. 31. 99마6205 소송비용액확정). 그
러나 변호사는 의뢰인과의 수임계약으로 1심, 2심, 3심을 전부 수임하기로 하고 보수는
승소액의 일정 비율로 약정할 수 있다.
① 성공보수의 확보를 위하여 소송 수행 중에 의뢰인의 부동산에 근저당권을 설정하는
행위는 사실상의 성공보수금의 선수령에 준하는 행위로 허용될 수 없다.
④ 변호사는 변호사 아닌 자와 보수를 분배하여서는 아니 된다(구 변호사윤리장전 38).
변호사는 변호사 아닌 자와 공동의 사업으로 사건을 수임하거나 보수를 분배하지 아니
한다. 다만, 외국법자문사법에서 달리 정하는 경우에는 그러하지 아니하다. 변호사는
소송의 목적을 양수하거나, 정당한 보수 이외의 이익분배를 약정하지 아니한다(변호사
윤리장전 34①②).

[**정답**] ②

11. 변호사의 보수에 관한 설명 중 옳지 않은 것은?
① 변호사는 직무의 공공성과 전문성 때문에 부당하게 과다한 보수를 받아서는 아
니 된다.
② 변호사는 외국법자문사법에서 달리 정하는 경우에는 변호사 아닌 자와 공동의
사업으로 사건을 수임하거나 보수를 분배할 수 있다.
③ 변호사는 명백한 서면 약정 없이 의뢰인에게 반환할 공탁금 등을 미수령 채권
과 상계할 수 없다.
④ 변호사는 단순한 법률자문이나 서류의 준비, 기타 합리적인 이유가 있는 경우
에는 보수약정을 구두로 약정할 수도 있다.

《해설》 ① 변호사는 직무의 공공성과 전문성에 비추어 부당하게 과다한 보수를 약정
하지 아니한다(변호사윤리장전 31①).
② 변호사는 변호사 아닌 자와 공동의 사업으로 사건을 수임하거나 보수를 분배하지
아니한다. 다만, 외국법자문사법에서 달리 정하는 경우에는 그러하지 아니하다(변호사
윤리장전 34①).
③ 변호사는 명백한 서면 약정 없이 공탁금, 보증금, 기타 보관금 등을 보수로 전환하

지 아니한다. 다만, 의뢰인에게 반환할 공탁금 등을 미수령 채권과 상계할 수 있다(개정 변호사윤리장전 31②).

④ 변호사는 사건을 수임할 경우에는 수임할 사건의 범위, 보수, 보수 지급방법, 보수에 포함되지 않는 비용 등을 명확히 정하여 약정하고, 가급적 서면으로 수임계약을 체결한다. 다만, 단순한 법률자문이나 서류의 준비, 기타 합리적인 이유가 있는 경우에는 그러하지 아니하다(변호사윤리장전 32).

[정답] ③

12. 변호사의 보수에 관한 설명 중 옳지 않은 것은(다툼이 있는 경우 판례에 의함)?

① 약정된 보수액이 부당하게 과다하여 신의성실의 원칙이나 형평의 원칙에 반한다고 볼 만한 특별한 사정이 있는 경우라도 보수계약의 전체가 무효로 되는 것은 아니다.

② 변호사가 의뢰인과 성공보수 약정을 하면서 전 심급을 통하여 최종적으로 승소한 금액의 일정 비율을 성공보수금으로 지급하기로 한 경우, 각 심급별 소송비용에 산입될 성공보수는 패소한 심급의 소송비용에도 산입할 수 있다.

③ 변호사가 의뢰인의 부탁으로 매매계약 체결을 위한 계약금과 중도금을 자신의 계좌로 입금하여 보관 중 보수지급 약정시기 보다 일찍 성공보수금 명목으로 돈을 인출한 행위는 횡령죄를 구성한다.

④ 변호사의 소송위임 사무처리에 대한 보수에 관하여 의뢰인과의 사이에 약정이 있는 경우에 위임사무를 완료한 변호사는 특별한 사정이 없는 한 약정된 보수액을 전부 청구할 수 있는 것이 원칙이다.

《해설》 ① 약정된 보수액이 부당하게 과다하여 신의성실의 원칙이나 형평의 원칙에 반한다고 볼 만한 특별한 사정이 있는 경우에는 예외적으로 상당하다고 인정되는 범위 내의 보수액만을 청구할 수 있고, 위와 같은 특별한 사정의 존재에 대한 증명책임은 약정된 보수액이 부당하게 과다하다고 주장하는 측에 있다(대법원 2012. 8. 17. 2010다 60172 약정금).

② 당사자들 사이에 이른바 성공보수의 약정을 하면서 전 심급을 통하여 최종적으로 승소한 금액의 일정 비율을 성공보수금으로 지급하기로 한 경우, 각 심급별 소송비용에 산입될 성공보수는 최종 소송 결과에 따라 확정된 성공보수금을 승소한 심급들 사이에서 각 심급별 승소금액에 따라 안분하는 방법으로 산정함이 타당하고, 패소한 심급의 소송비용에 산입할 수는 없다(대법원 2012. 1. 27. 2011마1941 소송비용액확정).

③ 대법원 2012. 3. 29. 2012도1550 횡령.

④ 대법원 2012. 8. 17. 2010다60172 약정금.

[정답] ②

13. 변호사보수청구권에 관한 다음 설명 중 옳지 않은 것은(다툼이 있는 경우 판례에 따름)?

① 변호사의 보수는 수임계약시에 약정한 금액을 초과한 금액을 나중에 더 청구할 수도 있다.

② 변호사에게 공동당사자로서 소송대리를 위임한 소송사건의 결과에 따라 경제적 이익을 불가분적으로 향유하게 되거나 패소할 경우 소송 상대방에 대하여 부진정연대관계의 채무를 부담하게 되는 때에는 공동당사자들의 변호사에 대한 소송대리위임에 따른 보수금지급채무는 당연히 연대채무 또는 불가분채무에 해당한다.

③ 성공보수 약정이 제1심에 대한 것으로 인정되는 이상, 보수금의 지급시기에 관하여 당사자 사이에 특약이 없는 한, 심급대리의 원칙에 따라 수임한 소송사무가 종료하는 시기인 제1심 판결을 송달받은 때부터 그 소멸시효 기간이 진행된다.

④ 변호사가 소송사건을 수임하면서 지급받는 착수금은 일반적으로 위임사무의 처리비용 외에 보수금 중 일부를 선급금으로 지급받는 성질의 금원이다.

《해설》 ① 변호사는 정당한 사유 없이 추가보수를 요구하지 아니한다(변호사윤리장전 33①).

② 변호사에게 공동당사자로서 소송대리를 위임한 소송사건의 결과에 따라 경제적 이익을 불가분적으로 향유하게 되거나 패소할 경우 소송 상대방에 대하여 부진정연대관계의 채무를 부담하게 된다 하더라도, 이러한 사정만으로 곧바로 공동당사자들의 변호사에 대한 소송대리위임에 따른 보수금지급채무가 연대 또는 불가분채무에 해당하는 것으로 단정할 수 없다(대법원 1993. 2. 12. 92다42941).

③ 대법원 1995. 12. 26. 95다24609.

④ 대법원 1982. 9. 14. 82다125 사례금.

[정답] ②

14. 다음 중 형사사건의 성공보수와 관련된 설명 중 옳지 않은 것은(다툼이 있는 경우 판례에 따름)?

① 형사사건에 관한 성공보수약정이 선량한 풍속 기타 사회질서에 위배되는 것으로 평가할 수는 없다.

② 종래 이루어진 보수약정의 경우에는 보수약정이 성공보수라는 명목으로 되어 있다는 이유만으로 민법 제103조에 의하여 무효라고 단정하기는 어렵다.

③ 형사사건에서 성공보수를 약정하지 않고 수임료를 착수금과 잔금으로 구분하여 수임한 형사사건이 원하는 바대로 잘 되면 잔금을 지급하는 형식의 약정은 허용

되지 않는다.

④ 형사사건의 성공보수 약정이 유효한 경우라도 그 액수가 부당하게 과다하여 신의 성실의 원칙이나 형평의 원칙에 반한다고 볼 만한 특별한 사정이 있는 경우에는 예외적으로 상당하다고 인정되는 범위 내의 보수액만을 청구할 수 있다고 보아야 한다.

《해설》 ① 형사사건에 관하여 체결된 성공보수약정이 가져오는 여러 가지 사회적 폐단과 부작용 등을 고려하면, 구속영장청구 기각, 보석 석방, 집행유예나 무죄 판결 등과 같이 의뢰인에게 유리한 결과를 얻어내기 위한 변호사의 변론활동이나 직무수행 그 자체는 정당하다 하더라도, 형사사건에서의 성공보수약정은 수사·재판의 결과를 금전적인 대가와 결부시킴으로써, 기본적 인권의 옹호와 사회정의의 실현을 사명으로 하는 변호사 직무의 공공성을 저해하고, 의뢰인과 일반 국민의 사법제도에 대한 신뢰를 현저히 떨어뜨릴 위험이 있으므로, 선량한 풍속 기타 사회질서에 위배되는 것으로 평가할 수 있다(대법원 2015. 7. 23. 2015다200111 전원합의체 판결[부당이득금]).

② 그동안 대법원은 수임한 사건의 종류나 특성에 관한 구별 없이 성공보수약정이 원칙적으로 유효하다는 입장을 취해 왔고, 대한변호사협회도 1983년에 제정한 '변호사보수기준에 관한 규칙'에서 형사사건의 수임료를 착수금과 성공보수금으로 나누어 규정하였으며, 위 규칙이 폐지된 후에 권고양식으로 만들어 제공한 형사사건의 수임약정서에도 성과보수에 관한 규정을 마련하여 놓고 있었다. 이에 따라 변호사나 의뢰인은 형사사건에서의 성공보수약정이 안고 있는 문제점 내지 그 문제점이 약정의 효력에 미칠 수 있는 영향을 제대로 인식하지 못한 것이 현실이고, 그 결과 당사자 사이에 당연히 지급되어야 할 정상적인 보수까지도 성공보수의 방식으로 약정하는 경우가 많았던 것으로 보인다.

이러한 사정들을 종합하여 보면, 종래 이루어진 보수약정의 경우에는 보수약정이 성공보수라는 명목으로 되어 있다는 이유만으로 민법 제103조에 의하여 무효라고 단정하기는 어렵다. 그러나 대법원이 이 판결을 통하여 형사사건에 관한 성공보수약정이 선량한 풍속 기타 사회질서에 위배되는 것으로 평가할 수 있음을 명확히 밝혔음에도 불구하고 향후에도 성공보수약정이 체결된다면 이는 민법 제103조에 의하여 무효로 보아야 한다(대법원 2015. 7. 23. 2015다200111 전원합의체 판결[부당이득금]).

③ 형사사건의 수임료를 약정함에 있어 착수금과 잔금을 지급하는 형식으로 하면서 잔금은 수임한 사건이 잘 해결되면 지급하는 조건이라면, 이는 성공보수의 약정이라 할 것이라서 허용되지 않는다.

④ 대법원 1995. 4. 25. 선고 94다57626 판결 등. 형사사건의 성공보수를 금지하는 판결이 나오기 전의 성공보수 약정은 유효하다.

[정답] ①

제11장

사내변호사

1. 사내변호사가 회사의 대표이사가 회사조직을 이용하여 회사에 손해를 끼치고 자신에게 유리하게 하는 행위를 한 사실을 알게 된 경우에 대하여 옳지 않은 설명은?

① 사내변호사는 회사에게 최선의 이익이 되는 방향으로 필요한 조치를 취해야 한다.

② 사내변호사가 취해야 할 조치의 내용은 위반의 정도와 그 결과, 관련자들의 회사에 대한 책임과 동기를 고려하여야 한다.

③ 사내변호사는 회사정보의 외부누출을 최소화하도록 노력하여야 한다.

④ 사내변호사는 불법행위를 하는 임원이나 피용자 등에 대하여 그 행위의 중지를 요청할 수 있다.

⑤ 사내변호사는 자신의 상관인 대표이사가 행하는 행위에 대하여 관여할 수 없는 조직의 구성원으로서의 한계를 갖는다.

《해설》 ⑤ 변호사는 조직의 구성원일지라도 불법행위에 동조하거나 소극적인 태도로 행동해서는 안 된다.

①, ②, ③, ④ 미국 변호사협회의 「변호사 직무에 관한 모범규칙」 Rule 1.13. 「의뢰인이 조직인 경우」에 변호사의 직무규칙을 정하고 있다.

「회사의 임원이나 피용자 등이 회사에 대하여 법적인 의무위반 등 회사에 책임이 돌아가고, 그로 인하여 회사에 실질적인 손해가 초래될 행위를 한 경우, 사내변호사는 회사에게 최선의 이익이 되는 방향으로 필요한 조치를 취하여야 한다. 어떠한 조치를 취할지 결정함에 있어서 사내변호사는 위반의 정도와 그 결과, 관련자의 회사에 대한 책임과 동기를 고려하여야 하고, 사안의 성격에 따른 회사의 혼란과 정보의 외부누출을 최소화하도록 노력하여야 한다. 이때 사내변호사가 취할 수 있는 조치로서는, ㉠ 임원이나 피용자 등에 대하여 해당 행위의 재고를 요청하는 것, ㉡ 상급관계자에게 사내변호사가 아닌 독립적인 사외변호사의 법률의견서가 필요하다고 조언하는 것, ㉢ 회사의 최고경영자에게 해당 사실을 통지하는 것 등이 포함된다.」

[정답] ⑤

2. A 변호사는 S 생명보험주식회사에 취업하여 법무실에서 송무 및 법률자문업무를 담당하고 있다. 그는 회사의 세무관련 법률문제를 검토하던 중에 엄청난 액수의 탈세를 해 오고 있는 사실을 알게 되었다. 회사에서는 국세청의 세무조사가 예상되었으므로 그 변호사로 하여금 탈세관련 서류를 신속히 소각하라는 명령을 내렸다. 그 변호사는 조세관련 법령에 따라 수정신고를 하여 가산세 등을 납부하는 적법한 절차에 따라 해결하는 것이 좋을 것이라는 의견을 제시하였으나 거절당하였다. 다음 설명 중 옳은 것은?

① 변호사의 사명과 변호사의 자유로운 직무수행과 독립의 유지라는 요청은 단독 개업중인 변호사에게만 적용된다.

② 회사에 고용된 변호사는 회사의 이익을 위하여 탈세서류를 소각해야 한다.

③ 변호사는 수정신고를 하자는 법률의견을 제시하여 그 역할을 다하였으므로, 상사의 명령에 따라 탈세관련 자료를 소각하는 것은 허용된다.

④ 변호사는 회사의 탈세관련 사실을 국세청에 신고할 의무가 있는 것은 아니다.

《해설》 ④ 변호사의 비밀유지의무는 「법률에 특별한 규정이 있는 경우」(변호사법 26 단서)와 「중대한 공익상의 이유가 있거나, 의뢰인의 동의가 있는 경우 또는 변호사 자신의 권리를 방어하기 위하여 필요한 경우에는, 최소한의 범위에서 이를 공개 또는 이용할 수 있다」(변호사윤리장전 18④)고 한다.

① 변호사의 사명과 자유와 독립적인 직무수행은 모든 변호사에게 요청된다.

② 변호사는 그 직무를 행함에 있어서 진실을 왜곡하거나 허위진술을 하지 아니한다(변호사윤리장전 2②). 사내변호사는 그 직무를 수행함에 있어 독립성의 유지가 변호사로서 준수해야 하는 기본 윤리임을 명심하고, 자신의 직업적 양심과 전문적 판단에 따라 업무를 성실히 수행한다(변호사윤리장전 51).

③ 수정신고를 하는 것이 좋겠다는 법률의견을 제시한 것은 변호사로서의 정당한 행위이지만, 탈세자료를 소각하는 것은 위법행위에 가담하는 것으로 허용되지 아니한다.

[정답] ④

3. A 변호사는 P 자동차회사의 법무팀에 근무하면서 P회사가 생산한 자동차의 급발진 사고로 인한 제조물책임을 묻는 손해배상청구 소송의 담당변호사로 지정되었다. 재판을 진행하면서 A는 원고가 제출된 증거자료를 검토한 결과 P 회사가 패소할 가능성이 큰 것을 알고 회사의 대표이사에게 "아무래도 진행중인 사건의 재판에서 패소할 가능성이 크므로, 가능하면 원고와 적절한 금액으로 화해를 하고 끝내는 것이 좋겠습니다"라는 의견을 제시하였다. 그러나 그 대표이사는 "문제된 제품의 하자여부가 명확히 밝혀진 것도 아니고, 그 사고는 운전자가 액셀러

레이터 페달을 잘못 밟아 발생한 것이다. 만약 우리 회사가 하자를 인정하면 회사의 신용도 추락하게 되고 유사 소송에 휘말리게 되어 낭패를 보게 된다. 회사의 사활이 걸린 재판이니 수단과 방법을 가리지 말고 승소하도록 하라"는 말을 듣게 되었다. 다음 설명 중 옳은 것은?

① 사내변호사가 된 이상 변호사로서의 지위와 회사 직원으로서의 지위는 병존할 수 없으므로 대표이사의 말을 따르는 것이 옳다.

② 변호사로서의 직무의 독립성은 회사에서 인정하는 범위에서 유지된다.

③ 변호사는 그 회사를 사직할 각오로 송무업무의 수행을 거부해야 한다.

④ 변호사는 예상되는 재판결과에 상관없이 송무업무에 전념하여야 한다.

《해설》 ④ 변호사의 의견이 회사의 의견과 다를지라도 회사의 이익을 위하여 제품의 하자로 인한 손해배상사건의 대리인으로 활동하는 것은 변호사의 정당한 직무에 속한다.
① 사내변호사일지라도 변호사의 사명과 법적 지위에 맞게 직무를 수행하여야 한다.
② 변호사로서의 직무의 독립성은 사내변호사에게도 여전히 인정되는데, 이 점이 사내변호사와 회사 직원으로서의 지위의 충돌문제이다.
③ 패소할 사건일지라도 담당변호사로 송무업무에 전념해야 한다.

[정답] ④

4. 증권회사인 주식회사 X가 고객과 포괄적 일임매매 약정을 하였음을 기화로, 주식회사 X의 ○○지점 직원 A가 충실의무를 위반하여 고객의 이익을 무시하고 주식회사 X의 영업 실적만을 증대시키기 위하여 무리하게 빈번한 회전매매를 함으로써 고객에게 손해를 입혔고, 주식회사 X의 ○○지점 지점장과 본사 임직원들은 직원 A의 회전매매 사실을 몰랐다. 손해를 입은 고객은 주식회사 X 및 그 직원 A를 공동피고로 하여 불법행위로 인한 손해배상청구소송을 제기하였다. 한편, 주식회사 X는 위 소송에서 손해배상책임이 인정되어 고객에게 배상을 하게 될 경우에는 직원 A에 대하여 구상권을 행사할 계획을 갖고, 개업신고를 한 사내변호사 甲에게 직원 A에 대한 구상권 행사 여부의 검토를 지시하였다. 주식회사 X의 사내변호사 甲이 취할 수 있는 행동에 관한 설명 중 옳은 것은?

(제2회 기출문제)

① 변호사 甲은 주식회사 X의 사내변호사에 불과하므로, 주식회사 X와 직원 A 어느 누구로부터도 위 손해배상청구소송 사건을 수임하여 소송대리 업무를 수행할 수 없다.

② 변호사 甲은 주식회사 X의 사내변호사이므로, 주식회사 X 및 직원 A로부터 사

건을 수임하여 소송대리 업무를 수행하려고 하는 경우 소속 지방변호사회에 위임장을 경유하지 않아도 된다.

③ 주식회사 X와 직원 A 사이에서 이해관계의 충돌이 발생될 우려가 농후하므로 변호사 甲이 주식회사 X와 직원 A를 동시에 대리하는 것은 수임제한 규정에 위배된다.

④ 변호사 甲이 직원 A에 대한 구상권 행사 여부에 대해 검토한 후 위 손해배상소송에서 직원 A보다 주식회사 X의 책임이 더 크다고 판단하여 직원 A에 대해서만 소송대리를 하더라도 주식회사 X의 사내변호사로서 이익충돌회피의무 또는 비밀유지의무에 위반되지 아니한다.

《해설》 ③ 고객이 주식회사 X와 직원 A를 공동피고로 하여 불법행위로 인한 손해배상청구소송을 제기하였다. 주식회사 X는 위 소송에서 패소하여 손해배상책임이 인정되는 경우에는 불법행위를 한 직원 A에 대하여 구상권을 행사하려고 사내변호사 甲에게 직원 A에 대한 구상권 행사 여부의 검토를 지시하였다. 사내변호사 甲은 당사자 한쪽(주식회사 X)으로부터 구체적인 사건에 관한 상의를 받은 상태이고, 그 상대방에 해당하는 직원 A가 위임하는 사건을 수임할 수 없다.

[정답] ③

5. 사내변호사에 관련된 설명 중 옳지 않은 것은?

① 개업변호사가 사내변호사가 되어 회사의 사용인이 되려는 경우 반드시 겸직허가를 받아야 한다.

② 변호사법은 사내변호사에게도 변호사의 권리와 의무를 동일하게 인정하고 있다.

③ 사내변호사는 회사의 주주나 대표이사 등 회사의 구성원에게 충실의무를 진다고 할 수는 없다.

④ 사내변호사는 회사의 대표이사가 법률에 위반하여 비자금을 조성한 행위에 대하여 곧바로 언론기관에 공개하는 것은 허용되지 않는다.

《해설》 ② 변호사법에는 사내변호사의 개념과 그 권리의무의 내용에 관한 명시적인 언급이 전혀 없다. 다만, 변호사윤리장전은 제51조 '사내변호사의 독립성' 제52조 '사내변호사의 충실의무'를 신설하고 있다. 정부, 공공기관, 비영리단체, 기업, 기타 각종의 조직 또는 단체 등(단, 법무법인 등은 제외한다. 이하 '단체 등'이라 한다)에서 임원 또는 직원으로서 법률사무 등에 종사하는 변호사(이하 '사내변호사'라 한다)는 그 직무를 수행함에 있어 독립성의 유지가 변호사로서 준수해야 하는 기본 윤리임을 명심하고, 자신의 직업적 양심과 전문적 판단에 따라 업무를 성실히 수행한다(변호사윤리장전 51). 사내변호사는 변호사윤리의 범위 안에서 그가 속한 단체 등의 이익을 위하여 성실히 업무를 수행한다(변호사윤리장전 52).

① 변호사는 소속 지방변호사회의 허가 없이 다음 각 호의 행위를 할 수 없다. 다만, 법무법인·법무법인(유한) 또는 법무조합의 구성원이 되거나 소속 변호사가 되는 경우에는 그러하지 아니하다(변호사법 38②).

1. 상업이나 그 밖에 영리를 목적으로 하는 업무를 경영하거나 이를 경영하는 자의 사용인이 되는 것
2. 영리를 목적으로 하는 법인의 업무집행사원·이사 또는 사용인이 되는 것

③ 사내변호사는 변호사윤리의 범위 안에서 그가 속한 단체 등의 이익을 위하여 성실히 업무를 수행한다(변호사윤리장전 52). 그러므로 회사의 주주나 이사, 임직원 등의 회사 구성원들에게 충실의무를 지는 것은 아니다.

④ 사내변호사는 회사에서 행하여진 위법행위를 알게 된 경우 적법행위를 하도록 권고하거나 조언하는 등의 적절한 조치를 취하여야 하고, 곧바로 언론기관에 제보하는 등으로 공개하는 행위는 허용되지 않는다.

[**정답**] ②

1. 외국법자문사에 관한 설명 중 틀린 것은?

① 외국법자문사가 되려는 외국변호사는 법무부장관에게 외국법자문사의 자격승인을 신청하여야 한다.

② 변호사가 외국변호사 자격이 있는 경우에는 외국자문사법률사무소를 함께 운영할 수 있다.

③ 외국법자문사의 자격승인을 받기 위하여는 외국변호사의 자격을 취득한 후 원자격국에서 3년 이상 법률 사무를 수행한 경력이 있어야 한다.

④ 외국법자문사로서 업무 수행을 개시하려는 사람은 자격승인을 받은 후 대한변호사협회에 외국법자문사로 등록하여야 한다.

《해설》 ② 외국변호사의 자격을 갖춘 변호사가 법무부장관에게 외국자문사 자격승인을 신청하는 경우에는 변호사업을 휴업하거나 폐업하여야 한다. 그러므로 (국내)변호사가 외국자문사 자격승인을 받아 외국자문사법률사무소를 운영하려는 경우에는 휴업하거나 폐업하여야 한다.

①은 외국법자문사법 제 3 조 제 1 항, ③은 외국법자문사법 제 4 조 제 1 항, ④는 외국법자문사법 제10조 제 1 항의 내용이다.

[정답] ②

2. 외국법자문사에 관한 설명 중 옳은 것은?　　　　　(2010년 법무부 모의고사)

① 원자격국이 우리나라와 자유무역협정 등을 체결하였느냐와 관계없이 외국변호사는 우리나라의 외국법자문사로 등록할 수 있다.

② 외국법자문사는 일정기간 반드시 우리나라에 거주해야 하는 것은 아니고, 자유롭게 외국에서 활동하여도 무방하다.

③ 변호사는 외국법자문사법에 따라 등록한 외국법자문사와 동업할 수 없으나, 특

정 사건에 관하여 업무제휴를 하고 이익을 분배할 수 있다.

④ 외국법자문사는 대한변호사협회가 정하는 윤리장전을 준수하여야 한다.

《해설》 ④ 외국법자문사는 대한변호사협회가 정하는 윤리장전을 준수하여야 한다(외국법자문사법 28③). 이 규정에 의하여 현재 「외국법자문사윤리장전」이 제정·시행되고 있다.
① 법무부장관은 신청인이 다음 각 호의 요건을 모두 갖춘 경우에 외국법자문사의 자격승인을 할 수 있다(외국법자문사법 6①).

㉠ 원자격국이 자유무역협정등의 당사국일 것, ㉡ 원자격국 내에서 외국변호사의 자격이 유효할 것, ㉢ 제4조에 따른 직무 경력이 있을 것, ㉣ 제5조에 따른 결격사유가 없을 것, ㉤ 대한민국 내에 서류 등을 송달받을 장소를 가지고 있을 것, ㉥ 제3조 제2항의 경우 변호사업을 휴업하거나 폐업하였을 것

따라서 외국법자문사의 자격승인을 위해서는 원자격국이 자유무역협정 등의 당사국이어야 한다.
② 외국법자문사는 최초의 업무개시일부터 1년에 180일 이상 대한민국에 체류하여야 한다(외국법자문사법 29①). 외국법자문사가 본인의 부상이나 질병, 친족의 부상이나 질병으로 인한 간호·문병, 그 밖의 부득이한 사정으로 외국에 체류한 경우 그 기간은 대한민국에 체류한 것으로 본다(외국법자문사법 29②).
③ 외국법자문사법은 외국법자문사나 외국법자문법률사무소는 변호사·법무사·변리사·공인회계사·세무사 및 관세사와 동업, 업무제휴, 포괄적 협력관계의 설정, 사건의 공동 수임, 그 밖의 어떠한 방식으로든 사건을 공동으로 처리하고 그로 인한 보수나 수익을 분배할 수 없다(외국법자문사법 34②)고 한다.
그러나 지난 2011. 4. 5. 외국법자문사법의 개정으로 제한된 범위에서 외국법자문법률사무소의 공동 사건 처리와 그 수익의 분배를 허용하는 규정을 신설한 바 있다. 자유무역협정등에 따라 법무부장관이 고시하는 자유무역협정등의 당사국에 본점사무소가 설립·운영되고 있는 외국법자문법률사무소는 사전에 대한변호사협회에 제34조의3에 따른 공동 사건 처리 등을 위한 등록(이하 "공동사건처리등을 위한 등록"이라 한다)을 한 경우 제34조 제2항에도 불구하고 법률사무소, 법무법인, 법무법인(유한) 또는 법무조합과 국내법사무와 외국법사무가 혼재된 법률사건을 사안별 개별 계약에 따라 공동으로 처리하고 그로부터 얻게 되는 수익을 분배할 수 있다(외국법자문사법 34의2①).

[정답] ④

3. 외국법자문사에 대한 설명 중 옳지 않은 것은?   (제1회 기출문제)

① 외국법자문사는 원자격국의 법령에 관한 자문, 원자격국이 당사국인 조약에 관한 자문 등의 업무를 할 수 있다.

② 외국법자문사는 변호사와 업무제휴를 통하여 원자격국 관련 국내 소송사건을

공동으로 수임할 수 있다.

③ 외국법자문사는 대한변호사협회가 정하는 윤리장전을 준수하여야 한다.

④ 외국법자문사는 최초의 업무개시일부터 1년에 180일 이상 대한민국에 체류하여야 한다.

《해설》 ② 외국법자문사나 외국법자문법률사무소는 변호사·법무사·변리사·공인회계사·세무사 및 관세사를 고용할 수 없으며(외국법자문사법 34①), 변호사·법무사·변리사·공인회계사·세무사 및 관세사와 동업, 업무제휴, 포괄적 협력관계의 설정, 사건의 공동 수임, 그 밖의 어떠한 방식으로든 사건을 공동으로 처리하고 그로 인한 보수나 수익을 분배할 수 없다(외국법자문사법 34②). 또한 변호사·법무법인·법무법인(유한)·법무조합·법무사·법무사합동법인·변리사·특허법인·공인회계사·회계법인·세무사·세무법인·관세사 및 관세사법인과 조합계약, 법인설립, 지분참여, 경영권 위임을 할 수 없으며, 그 밖의 어떠한 방식으로든 법률사무소·법무법인·법무법인(유한)·법무조합·법무사사무소·법무사합동법인·변리사사무소·특허법인·공인회계사사무소·회계법인·세무사사무소·세무법인·관세사사무소 및 관세사법인을 공동으로 설립·운영하거나 동업할 수 없다(외국법자문사법 34③).

대한변호사협회에 제34조의3에 따른 공동사건처리등을 위한 등록을 한 경우에는 법 제34조 제 2 항에도 불구하고 법률사무소, 법무법인, 법무법인(유한) 또는 법무조합과 국내법사무와 외국법사무가 혼재된 법률사건을 사안별 개별 계약에 따라 공동으로 처리하고 그로부터 얻게 되는 수익을 분배할 수 있다(외국법자문사법 34의2①).

③ 외국법자문사는 대한변호사협회가 정하는 윤리장전을 준수하여야 한다(외국법자문사법 28③).

④ 외국법자문사는 1년에 180일 이상 국내에 체류하여야 한다(외국법자문사법 29①).

[정답] ②

4. 외국법자문사에 관련된 설명 중 옳지 않은 것은?

① 외국법자문사는 원자격국의 법령에 관한 자문 등 외국법자문사법이 정하는 업무만을 할 수 있고, 국내의 일반 민사소송 대리는 할 수 없다.

② 외국법자문사에 대한 징계는 법무부와 대한변호사협회의 외국법자문사징계위원회에서 행한다.

③ 한국인이 미국에서 변호사 자격을 취득한 후 국내 법무법인에 취업하기 위해서는 외국법자문사 등록을 하여야 한다.

④ 외국법자문사나 외국법자문법률사무소는 변호사·법무사·변리사·공인회계사·세무사 및 관세사와 동업, 업무제휴, 포괄적 협력관계의 설정, 사건의 공동 수임, 그 밖의 어떠한 방식으로든 사건을 공동으로 처리하고 그로 인한 보수나 수

익을 분배할 수 없다.

《해설》 ③ '외국변호사'란 외국에서 변호사에 해당하는 법률 전문직의 자격을 취득하여 보유한 사람을 말한다(외국법자문사법 2(2)). 그러므로 미국에서 변호사 자격을 취득한 자는 외국변호사에 해당된다. '외국법자문사'란 외국변호사의 자격을 취득한 후 제 6 조에 따라 법무부장관으로부터 자격승인을 받고 제10조 제 1 항에 따라 대한변호사협회에 등록한 사람을 말한다(외국법자문사법 2(3)). 외국법자문사가 되려는 외국변호사는 법무부장관에게 외국법자문사의 자격승인을 신청하여야 한다(외국법자문사법 3①). 그러므로 외국변호사라도 국내로펌에 취업하기 위하여 반드시 외국법자문사 등록을 하여야 하는 것은 아니다.

① 외국법자문사는 다음 각 호의 사무를 처리할 수 있다(외국법자문사법 24).

1. 원자격국의 법령에 관한 자문
2. 원자격국이 당사국인 조약 및 일반적으로 승인된 국제관습법에 관한 자문
3. 국제중재사건의 대리. 다만, 중재에서 제 1 호 및 제 2 호에 따른 법령이나 조약 등이 적용되지 아니하기로 확정된 경우에는 그때부터 그 사건을 대리할 수 없다.

② 외국법자문사의 징계는 외국법자문사징계위원회가 행한다. 법무부와 대한변호사협회에 각각 외국법자문사징계위원회를 둔다(외국법자문사법 38①②).

④ 외국법자문사법 제34조 제 2 항. 다만, 자유무역협정등에 따라 법무부장관이 고시하는 자유무역협정등의 당사국에 본점사무소가 설립·운영되고 있는 외국법자문법률사무소는 사전에 대한변호사협회에 제34조의3에 따른 **공동사건처리등을 위한 등록(이하 '공동사건처리등을 위한 등록'이라 한다)을** 한 경우 제34조 제 2 항에도 불구하고 법률사무소·법무법인·법무법인(유한) 또는 법무조합과 국내법사무와 외국법사무가 혼재된 법률사건을 사안별 개별 계약에 따라 공동으로 처리하고 그로부터 얻게 되는 수익을 분배할 수 있다(외국법자문사법 34의2①).

[정답] ③

5. 외국법자문사와 외국법자문법률사무소에 관한 설명 중 옳지 않은 것은?

(제 2 회 기출문제)

① 외국변호사가 외국법자문사의 자격승인을 받기 위해서는 외국변호사의 자격을 취득한 후 원자격국에서 3년 이상 법률사무를 수행한 경력이 있어야 한다.
② 외국변호사의 자격을 갖춘 변호사가 외국법자문사가 되려면 변호사업을 휴업하거나 폐업하여야 한다.
③ 외국변호사가 외국법자문사로서 업무수행을 개시하려면 자격승인을 받은 후 법무부에 외국법자문사 등록신청을 하여야 한다.
④ 외국법자문법률사무소는 사전에 공동사건처리 등을 위한 등록을 하지 아니하고

는 변호사 등과 동업, 사건의 공동수임 그 밖의 어떠한 방식으로든 사건을 공동으로 처리하고 그로 인한 보수나 수익을 분배할 수 없다.

《해설》 ③ 외국법자문사로서 업무 수행을 개시하려는 사람은 제 6 조의 자격승인을 받은 후 대한변호사협회에 외국법자문사로 등록하여야 한다(외국법자문사법 10①). 제 1 항의 등록을 하려는 사람은 서면으로 대한변호사협회에 등록신청을 하여야 한다. 이 경우 신청인은 제 6 조 제 2 항에 따라 지정된 원자격국을 대한변호사협회에 신고하여야 한다(외국법자문사법 10②).

④ 자유무역협정등에 따라 법무부장관이 고시하는 자유무역협정등의 당사국에 본점사무소가 설립·운영되고 있는 외국법자문법률사무소는 사전에 대한변호사협회에 제34조의3에 따른 공동 사건 처리 등을 위한 등록(이하 "공동사건처리등을 위한 등록"이라 한다)을 한 경우 제34조 제 2 항에도 불구하고 법률사무소, 법무법인, 법무법인(유한) 또는 법무조합과 국내법사무와 외국법사무가 혼재된 법률사건을 사안별 개별 계약에 따라 공동으로 처리하고 그로부터 얻게 되는 수익을 분배할 수 있다(외국법자문사법 34의2①). 외국법자문법률사무소의 구성원 또는 구성원이 아닌 소속 외국법자문사는 제 1 항에 따른 업무를 처리하는 경우 법률사무소, 법무법인, 법무법인(유한) 또는 법무조합 소속 변호사가 처리하는 법률사무에 대하여 제24조 각 호에 규정된 업무 범위를 넘어 부당하게 관여하여서는 아니 된다(외국법자문사법 34의2②). 공동사건처리등을 위한 등록은 공동사건처리등의 업무를 수행하려는 외국법자문법률사무소의 대표자가 서면으로 신청하여야 한다(외국법자문사법 34의3①). 법무부장관은 공동사건처리등을 위한 등록을 마친 외국법자문법률사무소의 본점사무소가 법무부장관이 고시하는 자유무역협정등의 당사국에서 설립·운영되고 있지 아니한 경우에는 대한변호사협회에 그 등록의 취소를 명할 수 있다(외국법자문사법 34의4①). 대한변호사협회는 제 1 항에 따른 등록취소명령이 있거나 등록취소명령 사유가 있는 경우에는 공동사건처리등을 위한 등록을 취소하여야 한다(외국법자문사법 34의4②). 공동사건처리등을 위한 등록을 마친 외국법자문법률사무소의 대표자는 매년 1월 31일까지 전년도에 그 외국법자문법률사무소가 제34조의2 제 1 항에 따라 체결한 계약과 관련하여 그 상대방인 법률사무소, 법무법인, 법무법인(유한) 또는 법무조합의 명칭 및 그 사무소의 소재지, 계약체결일, 그 밖에 대한변호사협회가 정하는 사항을 대한변호사협회에 신고하여야 한다(외국법자문사법 34의5①).

[정답] ③

6. 외국법자문사법상의 합작법무법인에 관한 설명 중 옳은 것은?

① 모든 외국의 로펌과 합작하여 설립할 수 있다.
② 합작법무법인은 법무부장관의 인가를 받으면 기간의 제한 없이 활동할 수 있다.
③ 합작참여자는 2개 이상의 합작법무법인을 설립할 수 없다.

④ 합작법무법인을 대표하는 자가 그 업무집행으로 인하여 타인에게 손해를 가한 때에는 합작법무법인의 선임변호사들이 연대하여 배상할 책임이 있다

《해설》 ③ 합작법무법인은 1개 이상의 국내 합작참여자와 1개 이상의 외국 합작참여자로 구성한다(외국법자문사법 35의7①). 합작참여자는 2개 이상의 합작법무법인을 설립할 수 없다(외국법자문사법 35의7②).

① 법무법인, 법무법인(유한) 또는 법무조합은 법무부장관이 고시하는 자유무역협정등 당사국에서 그 법적 형태를 불문하고 법률사무의 수행을 주된 목적으로 설립된 자와 합작하여 법무법인을 설립할 수 있다(외국법자문사법 35의2①).

② 합작법무법인을 설립하려면 합작참여자가 정관을 작성하여 주사무소 소재지의 지방변호사회와 대한변호사협회를 거쳐 법무부장관의 인가를 받아야 한다. 정관을 변경할 때에도 또한 같다(외국법자문사법 35의3①). 제1항에 따른 인가의 유효기간은 법무부장관의 설립인가일부터 5년으로 한다(외국법자문사법 35의3③).

④ 합작법무법인을 대표하는 자(담당변호사 및 담당외국법자문사를 포함한다)가 그 업무집행으로 인하여 타인에게 손해를 가한 때에는 합작법무법인은 그 대표와 연대하여 배상할 책임이 있다(외국법자문사법 35의28①).

[정답] ③

7. 합작법무법인에 관련된 설명 중 틀린 것은?

① 합작법무법인은 법무사·변리사·공인회계사·세무사 및 관세사를 고용할 수 없다.

② 국내 합작참여자는 합작법무법인과 별도로 「변호사법」 제3조의 직무를 수행할 수 있다.

③ 합작법무법인 내 외국법자문사는 제24조 각 호에 규정된 업무 외의 법률사무를 취급할 때 합작법무법인 내 변호사에게 업무상 명령을 내리거나 부당한 관여를 하여서는 아니 된다.

④ 합작법무법인은 국가·지방자치단체와 그 밖의 공공기관에서의 사법절차 또는 법적 절차를 위한 대리 및 그러한 절차를 위한 법률 문서의 작성업무를 할 수 있다.

《해설》 ④ 합작법무법인은 이 법 및 다른 법률에 저촉되지 아니하는 범위에서 다음 각 호의 사항을 제외한 사무를 수행할 수 있다(외국법자문사법 35의19).
1. 국가·지방자치단체와 그 밖의 공공기관에서의 사법절차 또는 법적 절차를 위한 대리 및 그러한 절차를 위한 법률 문서의 작성
2. 「공증인법」 제2조 각 호에 따른 증서 작성의 촉탁 대리

3. 노동 분야 자문

4. 대한민국에 있는 부동산에 관한 권리, 지식재산권, 광업권, 그 밖에 행정기관에 등기 또는 등록함을 성립요건이나 대항요건으로 하는 권리의 득실변경(得失變更)을 주된 목적으로 하는 사무의 대리 및 이를 목적으로 한 문서의 작성

5. 대한민국 국민이 당사자이거나, 관련된 재산이 대한민국에 소재하고 있는 경우의 친족·상속 관계 사무의 대리 및 이를 목적으로 한 문서의 작성

① 합작법무법인은 법무사·변리사·공인회계사·세무사 및 관세사를 고용할 수 없다 (외국법자문사법 35의26①). 합작법무법인은 법무사·변리사·공인회계사·세무사 및 관세사와 동업, 업무제휴, 포괄적 협력관계의 설정, 사건의 공동 수임, 그 밖의 어떠한 방식으로든 사건을 공동으로 처리하고 그로 인한 보수나 수익을 분배할 수 없다(외국법자문사법 35의26②).

② 국내 합작참여자는 합작법무법인과 별도로「변호사법」제3조의 직무를 수행할 수 있다(외국법자문사법 35의23).

③ 합작법무법인 내 외국법자문사는 제24조 각 호에 규정된 업무 외의 법률사무를 취급할 때 합작법무법인 내 변호사에게 업무상 명령을 내리거나 부당한 관여를 하여서는 아니 된다(외국법자문사법 35의21).

[정답] ④

1. 변호사에 대한 징계신청권자에 관하여 옳지 않은 것은?

　① 서울지방검찰청검사장은 변호사가 변호사법을 위반한 범죄사실을 발견하였을 때에는 징계를 신청할 수 있다.

　② 법무법인을 대리인으로 위임한 의뢰인의 배우자는 징계신청을 청원할 수 있다.

　③ 수원지방변호사회장은 소속 회원에 대한 징계를 신청할 수 있다.

　④ 지방변호사협회장에게 징계청원을 한 의뢰인의 친구는 대한변호사협회장에게 재청원을 할 수 없다.

　　《해설》　① 지방검찰청검사장은 범죄수사 등 검찰 업무의 수행 중 변호사에게 제91조에 따른 징계사유가 있는 것을 발견하였을 때에는 대한변호사협회의 장에게 그 변호사에 대한 징계개시를 신청하여야 한다(변호사법 97의2①). 검사장은 의무적으로 징계신청을 하여야 한다. 그러나 검사장의 징계개시신청권을 규정한 것이라는 견해도 있을 수 있다.

　　④ 의뢰인이나 의뢰인의 법정대리인·배우자·직계친족 또는 형제자매는 수임변호사나 법무법인[제58조의2에 따른 법무법인(유한)과 제58조의18에 따른 법무조합을 포함한다]의 담당변호사에게 제91조에 따른 징계사유가 있으면 소속 지방변호사회의 장에게 그 변호사에 대한 징계개시의 신청을 청원할 수 있다(변호사법 97의3①). 의뢰인의 친구는 징계청원권자에 해당되지 않아 징계신청을 청원할 수 없다.

　　　　　　　　　　　　　　　　　　　　　　　　　　　　　　　[정답]　①

2. 변호사 징계조사위원회에 대하여 옳지 않은 것은?

　① 변호사의 징계혐의사실에 대한 조사를 위하여 대한변호사협회에 조사위원회를 둔다.

　② 징계조사위원회는 당사자나 관계인을 면담하여 사실에 관한 의견을 들을 수 있다.

③ 범죄혐의가 있는 피조사자가 조사에 불응하는 경우에는 수사기관에 고발할 수 있다.

④ 위원장은 징계혐의가 있다고 인정될 때는 조사위원회를 소집하여 징계혐의사실에 대한 조사를 하여야 한다.

《해설》 ③ 변호사법위반 등 범죄혐의가 있는 피조사자가 조사에 불응하거나 허위의 자료를 제출하는 때에는 위원장은 위원회의 의결을 거쳐 수사기관에 고발하거나 수사 의뢰할 것을 **협회장에게 요청할 수 있다**(변호사징계규칙 41①).

[**정답**] ③

3. 변호사에 대한 징계청구절차에 관하여 옳지 않은 것은?

① 협회장은 징계청구를 할 때에는 소속 지방변호사회장에게도 그 사실을 통지할 수 있다.

② 징계의 청구는 징계사유가 있는 날부터 3년이 지나면 하지 못한다.

③ 협회장은 징계청구를 한 때에는 이를 법무부장관에게 보고하여야 한다.

④ 지방변호사회장은 소속 변호사에게 징계사유가 있을 때에는 징계절차를 개시할 수 있다.

《해설》 ④ 지방변호사회의 장이 소속 변호사에게 변호사법 제91조 징계사유가 있는 것을 발견한 경우에는 대한변호사협회의 장에게 그 변호사에 대한 징계개시를 신청하여야 한다(변호사법 97의2②).

① 협회장은 징계개시 신청인의 신청이 있거나 징계개시의 재청원이 있는 경우에는 지체 없이 징계청구 여부를 결정하여야 한다(변호사법 97의4①, 변호사징계규칙 14①). 협회장이 이 결정을 한 때에는 지체 없이 그 결과와 이유를 징계개시 신청인(징계개시를 신청한 법조윤리협의회 위원장 또는 지방검찰청검사장을 말한다) 또는 재청원인에게 통지하여야 한다(변호사법 97의4③, 변호사징계규칙 14③). 협회장이 지방변호사회의 장의 징계개시 신청에 대한 결정을 내렸을 경우에 그 사실을 통지하도록 하는 규정은 없지만, 그러한 사실을 통지할 수 있는 것은 당연하다. 그리고 협회장은 징계처분의 결과를 법무부장관에게 보고하고, 소속 지방변호사회에 통지하여야 한다(변호사징계규칙 44①). 소속 지방변호사회의 장이 아니라「소속 지방변호사회」에 통지하는 것을 유의하여야 한다.

[**정답**] ④

4. 변호사 징계절차에 관한 설명 중 옳지 않은 것은?

① 변협징계위원회는 징계개시의 청구를 받은 날로부터 6개월 이내에 징계결정을 하여야 한다.

② 징계개시신청을 하였던 지방검찰청검사장은 변협징계위원회의 결정에 불복할 때는 법무부징계위원회에 이의신청을 할 수 있다.

③ 징계위원회의 결정에 불복이 있는 징계혐의자는 30일 이내에 이의신청을 하여야 한다.

④ 법무부징계위원회의 징계결정이 있었던 날부터 90일이 지나면 소를 제기할 수 없다.

《해설》 ④ 법무부징계위원회의 결정에 불복하는 징계혐의자는 행정소송법이 정하는 바에 따라 그 통지를 받은 날부터 90일 이내에 행정법원에 소를 제기할 수 있다(변호사법 100④). 제4항의 경우 징계결정이 있었던 날부터 1년이 지나면 소를 제기할 수 없다. 다만, 정당한 사유가 있는 경우에는 그러하지 아니하다(변호사법 100⑤).

① 변협징계위원회는 징계개시의 청구를 받거나 제97조의5 제2항에 따라 징계절차를 개시한 날부터 6개월 이내에 징계에 관한 결정을 하여야 한다. 다만, 부득이한 사유가 있을 때에는 그 의결로 6개월의 범위에서 기간을 연장할 수 있다(변호사법 98①).

② 변협징계위원회의 결정에 불복하는 징계혐의자 및 징계개시신청인은 그 통지를 받은 날부터 30일 이내에 법무부징계위원회에 이의신청을 할 수 있다(변호사법 100①).

③ 징계위원회의 결정에 불복이 있는 징계혐의자나 징계개시신청을 한 지방검찰청검사장은 징계결정서의 송달을 받은 날부터 30일 이내에 이 회를 경유하여 법무부 변호사징계위원회에 이의신청을 할 수 있다(변호사징계규칙 34①). 이의신청인은 징계심의기록과 증거물을 열람·등사할 수 있다(변호사징계규칙 34②).

[정답] ④

5. 변호사에 대한 업무정지명령에 대하여 옳지 않은 것은?

(ㄱ) 대한변호사협회장은 변호사가 공소제기된 경우에 업무정지에 관한 결정을 청구할 수 있다.

(ㄴ) 변호사가 과실범으로 기소된 경우에는 업무정지명령을 청구할 수 없다.

(ㄷ) 업무정지명령은 징계결정과 형사판결이 확정되면 그 효력을 상실한다.

(ㄹ) 업무정지기간은 6개월로 한다.

(ㅁ) 변호사에 대한 징계절차가 개시되어 그 징계결정의 결과 영구제명 기타 제명 또는 정직에 이르게 될 가능성이 매우 커야 한다.

(ㅂ) 업무정지명령은 임시적·일시적이므로 가처분적 성격을 가진다.

(ㅅ) 법무부장관은 법무부징계위원회에서 업무정지의 해제를 결정하면 지체 없이 해제하여야 한다.

---

① (ㄱ) - (ㄷ) - (ㅁ)　　　　　　　② (ㄷ) - (ㅁ) - (ㅂ)

③ (ㄴ) - (ㄷ) - (ㅁ)　　　　　　　④ (ㄹ) - (ㅂ) - (ㅅ)

《해설》　① (ㄱ) 법무부장관이 업무정지에 관한 결정을 청구할 수 있다. (ㄴ) 약식명령이 청구된 경우와 과실범으로 공소제기된 경우에는 업무정지명령을 청구할 수 없다(변호사법 102①). (ㄷ) 업무정지명령은 그 업무정지명령을 받은 변호사에 대한 해당 형사 판결이나 징계결정이 확정되면 그 효력을 잃는다(변호사법 106). (ㅁ) 징계결정의 결과 등록취소, 영구제명 또는 제명에 이르게 될 가능성이 매우 커야 된다.

[정답]　①

6. 변호사의 징계의결에 대하여 옳지 않은 것은?

① 변협징계위원회는 징계절차를 개시한 날로부터 6개월 이내에 징계결정을 하여야 한다.

② 법무부징계위원회는 변협징계위원회의 결정에 대한 이의신청을 받은 날부터 3개월 이내에 징계에 관한 결정을 하여야 한다.

③ 지방변호사회의 장은 징계혐의사건에 대한 의견을 진술할 수 있다.

④ 징계혐의자가 징계위원회에 출석하거나 또는 그 대리인이 출석한 상태에서 심의하여야 한다.

《해설》　④ 변협징계위원회는 징계혐의자가 위원장의 출석명령을 받고 징계심의기일에 출석하지 아니하면 서면으로 심의할 수 있다. 그러므로 징계혐의자가 반드시 출석하여야 하는 것은 아니다.

① 변협징계위원회는 징계개시의 청구를 받거나 제97조의5 제2항에 따라 징계절차를 개시한 날부터 6개월 이내에 징계에 관한 결정을 하여야 한다. 다만, 부득이한 사유가 있을 때에는 그 의결로 6개월의 범위에서 기간을 연장할 수 있다(변호사법 98①).

② 법무부징계위원회는 변협징계위원회의 결정에 대한 이의신청을 받은 날부터 3개월 이내에 징계에 관한 결정을 하여야 한다. 다만, 부득이한 사유가 있는 때에는 그 의결로 3개월의 범위에서 기간을 연장할 수 있다(변호사법 98②).

③ 징계개시신청인은 징계사건에 관하여 의견을 제시할 수 있다(변호사법 98의2⑦).

[정답]　④

7. 지방검찰청검사장과 지방변호사회장이 대한변호사협회장에게 징계개시를 신청한 경우에 관하여 틀린 것은?

① 징계의 단서를 제공하여 징계개시를 촉구하는 신청으로서의 의미를 갖는다.

② 대한변협회장이 징계개시신청을 기각한 경우에는 변협징계위원회에 이의신청을 할 수 있다.

③ 변협징계위원회는 징계개시신청인의 이의신청이 이유 있으면 대한변호사협회장에게 징계개시청구를 하도록 한다.

④ 대한변호사협회장은 징계개시신청인의 신청을 받은 날로부터 3개월 이내에 징계개시 여부를 결정하여야 한다.

《해설》 ③ 변협징계위원회는 이의신청이 이유 있다고 인정하면 징계절차를 개시하여야 하며, 이유 없다고 인정하면 이의신청을 기각하도록 하였다(변호사법 97의5②).
② 징계개시 신청인이 대한변호사협회의 장이 징계개시의 신청을 기각하거나 징계개시의 신청이 접수된 날부터 3개월이 지나도 징계개시의 청구 여부를 결정하지 아니하면 변협징계위원회에 이의신청을 할 수 있다(변호사법 97의5①).

[정답] ③

8. 징계혐의 변호사에 대한 업무정지에 관한 결정에 대하여 틀린 설명은?

① 당해 변호사가 범죄행위로 공소제기되었어야 한다.

② 당해 변호사에 대한 징계절차가 개시되었어야 한다.

③ 당해 변호사에 대한 등록취소, 영구제명, 정직에 이르게 될 가능성이 있어야 한다.

④ 법무부 변호사징계위원회에서 업무정지 결정을 내리게 된다.

《해설》 ③ 재판이나 징계 결정의 결과 「등록취소, 영구제명 또는 제명」에 이르게 될 가능성이 매우 클 것을 요건으로 한다.
④ 업무정지결정을 「법무부 변호사징계위원회」에서 하도록 하였다(변호사법 103①). 징계가 개시되어 변협징계위원회에 그 징계사건이 계류 중인 때에도 「법무부 변호사징계위원회」에서 업무정지결정을 내리는 것이 특징이다.

[정답] ③

9. 수원지방변호사회장은 2014. 3. 2. 수원지방변호사회 소속 변호사 A가 브로커를 고용하여 사건수임을 하면서 수임료의 일부를 알선료라는 명목으로 브로커에

게 지급하여 온 것을 알게 되었다. 수원지방변호사회장의 역할에 관한 다음 설명 중 틀린 것은?

① 대한변호사협회의 장에게 징계개시신청을 하여야 한다.

② 대한변호사협회의 장이 2014. 3. 2. 징계개시신청을 접수한 후 같은 해 6. 4.까지 징계개시여부를 결정하지 아니한 때에는 변협징계위원회에 이의신청을 할 수 있다.

③ A 변호사에 대한 징계처분이 가볍다고 판단된 때에는 징계결정이 있은 날로부터 90일 이내에 법무부징계위원회에 이의신청하여야 한다.

④ A 변호사에 대한 법무부징계위원회의 징계결정에 불복하더라도 행정소송을 제기할 수는 없다.

《해설》 ③ 변협징계위원회의 결정에 불복하는 징계혐의자 및 징계개시신청인은 그 통지를 받은 날부터 30일 이내에 법무부징계위원회에 이의신청을 할 수 있다(변호사법 100).

① 지방변호사회의 장이 소속 변호사에게 징계사유가 있는 것을 발견한 경우에도 대한변호사협회의 장에게 그 변호사에 대한 징계개시를 신청하여야 한다(변호사법 97의2②).

② 징계개시 신청인은 대한변호사협회의 장이 징계개시의 신청을 기각하거나 징계개시의 신청이 접수된 날부터 3개월이 지나도 징계개시의 청구 여부를 결정하지 아니하면 변협징계위원회에 이의신청을 할 수 있다. 이 경우 이의신청은 제97조의4 제 3 항에 따른 통지를 받은 날 또는 징계개시의 신청이 접수되어 3개월이 지난 날부터 14일 이내에 하여야 한다(변호사법 97의5①).

④ 법무부징계위원회의 징계결정에 대하여 행정소송을 제기할 수 있는 자는 징계혐의 변호사에 한정된다.

[정답] ③

10. 변호사 甲은 고소인 A가 피고소인 B를 사기, 배임 등으로 검찰청에 고소한 사건과 관련하여 '사건 진행비와 교제비를 내면 그 돈을 사용하여 ○○지방검찰청의 주임 검사 P를 자주 만나 술을 사주고 위 사건에 대하여 부탁하여 위 피고소인 B를 구속되도록 하여 주겠다'고 고소인 A에게 말하여 진행비 및 교제비 명목으로 1,000만원을 교부받았다. 변호사 甲의 징계와 관련된 설명 중 틀린 것은?

(2010년 법무부 모의고사)

① 변호사 甲에 대하여 공소가 제기될 경우 이를 결재한 지방검찰청의 검사장은 대한변호사협회장에 대하여 위 변호사 甲에 대한 징계개시를 신청하여야 한다.

② 변호사 甲이 소속한 지방변호사회의 장은 고소인 A의 진정이 없는 한 변호사

甲에 대한 징계개시를 신청할 권한이 없다.

③ 변호사 甲은 담당 공무원과의 교제비 등 명목의 금품을 받아서는 안 되는 의무를 위반하였다.

④ 변호사 甲이 실제로 교제를 하지는 않았고 충실한 변론을 통하여 피고소인 B가 구속되어 고소인 A가 변호사 甲의 징계를 원하지 않더라도 변호사 甲을 징계할 수 있다.

《해설》 ② 지방검찰청검사장은 범죄수사 등 검찰 업무의 수행 중 변호사에게 제91조에 따른 징계사유가 있는 것을 발견하였을 때에는 대한변호사협회의 장에게 그 변호사에 대한 「징계개시를 신청하여야 한다」. 지방변호사회의 장이 소속 변호사에게 제91조에 따른 징계사유가 있는 것을 발견한 경우에도 제1항과 같다(변호사법 97의2①②). 그러므로 지방검찰청검사장과 지방변호사회장은 징계사유가 있는 변호사에 대하여 징계개시를 신청하여야 한다.

[정답] ②

---

11. 법무부장관이 공소가 제기된 변호사에 대한 업무정지명령을 한 경우에 그 불복절차에 관한 설명 중 옳지 않은 것은?

① 업무정지명령을 받은 변호사만이 불복을 할 수 있다.

② 행정소송법이 정하는 바에 따라 업무정지명령 통지를 받은 날부터 90일 이내에 행정법원에 소를 제기하여야 한다.

③ 업무정지명령이 있었던 날부터 1년이 지나면 원칙적으로 행정소송을 제기할 수 없다.

④ 업무정지기간의 갱신결정에 대하여는 불복할 수 없다.

《해설》 ④ 업무정지명령과 업무정지기간 갱신에 관하여는 변호사법 제100조 제4항에서 제6항까지 준용하므로, 업무정지기간의 갱신결정에 대하여도 행정법원에 소를 제기할 수 있다. 그리고 ①, ②, ③은 변호사법 제108조에 의하여 준용되는 변호사법 제100조 제4항에서 제6항까지의 내용으로 옳은 설명이다.

[정답] ④

---

12. 변호사의 징계처분에 관한 정보제공과 관련된 설명 중 옳은 것은?

(제1회 기출문제)

① 정보제공을 신청하는 자는 신청의 취지를 기재한 서면을 대한변호사협회에 제

출하여야 한다.

② 동일인이 징계정보 제공을 1회에 신청할 수 있는 범위는 3인 이하의 변호사에 대한 정보로 한정된다.

③ 징계처분의 내용이 정직인 경우, 정직기간이 만료한 날부터 3년이 경과한 이후에는 정보제공 대상에서 제외된다.

④ 정보를 제공받은 자가 그 내용을 제3자와 공유하려면 별도의 신청을 통해 대한변호사협회의 허가를 얻어야 한다.

《해설》 ① 대한변호사협회의 장은 징계처분을 하면 이를 지체 없이 대한변호사협회가 운영하는 인터넷 홈페이지에 3개월 이상 게재하는 등 공개하여야 한다(변호사법 98의5 ③). **대한변호사협회의 장은 변호사를 선임하려는 자가 해당 변호사의 징계처분 사실을 알기 위하여 징계정보의 열람·등사를 신청하는 경우 이를 제공하여야 한다**(변호사법 98 의5④).

신청권자는 신청서 및 그 첨부서류를 대한변호사협회의 장에게 직접 제출하거나 우편, 모사전송 또는 이메일 등 정보통신망을 이용하여 징계정보의 열람·등사를 신청할 수 있다(변호사법시행령 23의4①). **대한변호사협회의 장은 제1항의 신청을 받으면 신청일부터 1주일 이내에 직접 수령, 우편, 모사전송 또는 이메일 등 정보통신망을 이용한 방법 중 신청인이 선택한 방법으로 해당 변호사에 관한 징계정보 확인서를 제공하여야 한다**(변호사법시행령 23의4②). 대한변호사협회의 장은 제2항에 따라 정보통신망을 이용하여 정보를 제공하는 경우에는 위조방지를 위한 조치를 하여야 한다(변호사법시행령 23의4③). 제1항 및 제2항에 따른 정보의 열람·등사 및 우송 등에 드는 비용은 대한변호사협회의 장이 정하는 바에 따라 실비의 범위에서 신청인이 부담하여야 한다(변호사법시행령 23의4④). 제2항에 따라 징계정보를 제공받은 자는 해당 정보를 변호사 선임 목적 외의 용도로 사용하여서는 아니 된다(변호사법 시행령 23의4⑤). 변호사징계규칙 제6장은 징계정보의 제공에 관하여 규정하고 있다.

[정답] ①

13. 변호사윤리에 관한 설명 중 옳은 것은?   (제1회 기출문제)

① 변호사윤리장전상의 제반 준수의무는 변호사의 직무수행에 관한 의무이므로 변호사의 사적 생활에까지 적용되지는 않는다.

② 변호사의 직무와 관련하여 고의범으로 2회 이상 금고 이상의 형을 선고받아 그 형이 확정된 경우 영구제명 사유에 해당한다.

③ 변호사에 대한 징계처분 중 영구제명은 어떠한 경우에도 다시 변호사등록을 할 수 없지만 제명은 3년이 경과하면 다시 변호사등록을 할 수 있다.

④ 변호사에 대한 징계 사건의 조사는 대한변호사협회가 담당하지만 징계처분의

집행권한은 법무부장관에게 속한다.

《해설》 ② 영구제명에 해당하는 징계사유는 다음 각 호와 같다(변호사법 91①).
1. 변호사의 직무와 관련하여 2회 이상 금고 이상의 형을 선고받아(집행유예를 선고받은 경우를 포함한다) 그 형이 확정된 경우(과실범의 경우는 제외한다)
2. 이 법에 따라 2회 이상 정직 이상의 징계처분을 받은 후 다시 제2항에 따른 징계사유가 있는 자로서 변호사의 직무를 수행하는 것이 현저히 부적당하다고 인정되는 경우
① 직무의 내외를 막론하고 변호사로서의 품위를 손상하는 행위를 한 경우에도 징계사유가 된다(변호사법 91②(3)). 직무외의 행위도 품위손상행위로 징계사유가 된다.
③ 변호사의 결격사유로서 다음 각 호의 어느 하나에 해당하는 자는 변호사가 될 수 없다(변호사법 5).
1. 금고 이상의 형을 선고받고 그 집행이 끝나거나 그 집행을 받지 아니하기로 확정된 후 5년이 지나지 아니한 자
2. 금고 이상의 형의 집행유예를 선고받고 그 유예기간이 지난 후 2년이 지나지 아니한 자
3. 금고 이상의 형의 선고유예를 받고 그 유예기간 중에 있는 자
4. 탄핵이나 징계처분에 의하여 파면되거나 이 법에 따라 제명된 후 5년이 지나지 아니하거나 징계처분에 의하여 해임된 후 3년이 지나지 아니한 자
5. 금치산자 또는 한정치산자
6. 파산선고를 받고 복권되지 아니한 자
7. 이 법에 따라 영구제명된 자
④ 변호사에 대한 징계는 대한변호사협회의 장이 집행한다(변호사법 98의5①).

[**정답**] ②

14. 변호사 甲은 L 법무법인의 대표변호사로서 법무법인의 업무를 총괄하고 있다. 甲은 의뢰인으로부터 채무불이행을 원인으로 하는 손해배상청구소송을 의뢰받았다. 甲은 손해배상채권의 소멸시효가 2010. 9. 30. 완성되는 것으로 판단하고 소장을 준비하던 중, 다른 시급한 사건 처리 관계로 2010. 9. 28. 변호사 乙에게 소장을 작성하여 2010. 9. 30.까지 접수하라고 지시하였다. 乙은 2010. 9. 29. 소장을 담당 직원 A에게 넘기면서 "오늘 안으로 소장을 접수하라"라고 지시하였다. 그러나 담당 직원 A는 그 다음날인 2010. 9. 30. 소장을 관할법원에 접수하였다. 그런데 재판과정에서 손해배상채권은 이미 2010. 9. 29. 소멸시효가 완성된 것으로 밝혀져서 결국 청구가 기각되었다. 이와 관련한 설명 중 옳지 않은 것은?　　　　　　　　　　　　　　　　　　　　　　(제1회 기출문제)

① 甲은 소멸시효완성일을 잘못 판단하여 직무 지시를 내림으로써 패소판결을 받았으므로 성실의무 위반에 따른 징계를 받을 수 있다.

② 乙이 대표변호사인 甲의 직무 지시에 따라 행동하였다는 것은 변호사의 성실의무 위반에 대한 면책의 근거가 되지 않는다.

③ 담당 직원 A는 乙의 지시를 어겼지만 변호사윤리장전 위반에 따른 징계를 받지는 않는다.

④ 甲 또는 乙이 징계를 받는 경우에 의뢰인의 피해가 중대하다면 L 법무법인도 징계로서 법무부장관으로부터 업무정지명령을 받을 수 있다.

《해설》 ④ 변호사에 대한 업무정지명령의 요건으로 ㉠ 법무부장관은, ㉡ 변호사가 공소제기되거나, ㉢ 제97조에 따라 징계절차가 개시되어, ㉣ 그 재판이나 징계결정의 결과 등록취소, 영구제명 또는 제명에 이르게 될 가능성이 매우 크고, ㉤ 그대로 두면 장차 의뢰인이나 공공의 이익을 해칠 구체적인 위험성이 있는 경우에는, ㉥ 법무부징계위원회에 그 변호사의 업무정지에 관한 결정을 청구할 수 있다. ㉦ 다만, 약식명령이 청구된 경우와 과실범으로 공소제기된 경우에는 그러하지 아니하다(변호사법 102①). 법무부장관은 법무부징계위원회의 결정에 따라 **해당 변호사에 대하여** 업무정지를 명할 수 있다(변호사법 102②).

[정답] ④

---

15. 변호사법상 변호사에 대한 징계와 관련된 다음 설명 중 옳은 것은?

(제 2 회 기출문제)

① 대한변호사협회 변호사징계위원회의 결정에 따라 대한변호사협회의 장은 해당 변호사에 대하여 업무정지를 명할 수 있다.

② 수임변호사나 법무법인의 담당변호사에 대한 징계개시의 신청을 청원할 수 있는 자는 의뢰인이나 의뢰인의 법정대리인, 배우자, 직계친족 또는 동거인이다.

③ 대한변호사협회 변호사징계위원회의 결정에 불복하는 징계혐의자 및 징계개시 신청인이 그 통지를 받은 날부터 30일 이내에 법무부 변호사징계위원회에 이의신청을 하지 아니하면 위 통지를 받은 날부터 대한변호사협회 변호사징계위원회의 징계의 효력이 발생한 것으로 본다.

④ 대한변호사협회의 장, 검찰총장 또는 업무정지명령을 받은 변호사는 법무부장관에게 업무정지명령의 해제를 신청할 수 있고, 법무부장관은 위 신청을 받으면 직권으로 업무정지명령을 해제하거나 법무부 변호사징계위원회에 이를 심의하도록 요청하여야 하며, 법무부 변호사징계위원회에서 해제를 결정하면 지체없이 해제하여야 한다.

《해설》 ④ 법무부장관은 업무정지 기간 중인 변호사에 대한 공판 절차나 징계 절차의 진행 상황에 비추어 등록취소·영구제명 또는 제명에 이르게 될 가능성이 크지 아니하고, 의뢰인이나 공공의 이익을 침해할 구체적인 위험이 없어졌다고 인정할 만한 상당한 이유가 있으면 직권으로 그 명령을 해제할 수 있다(변호사법 105①). 대한변호사협회의 장, 검찰총장 또는 업무정지명령을 받은 변호사는 법무부장관에게 업무정지명령의 해제를 신청할 수 있다(변호사법 105②). 법무부장관은 제 2 항에 따른 신청을 받으면 직권으로 업무정지명령을 해제하거나 법무부징계위원회에 이를 심의하도록 요청하여야 하며, 법무부징계위원회에서 해제를 결정하면 지체 없이 해제하여야 한다(변호사법 105③).

② 의뢰인이나 의뢰인의 법정대리인·배우자·직계친족 또는 형제자매는 수임변호사나 법무법인[제58조의2에 따른 법무법인(유한)과 제58조의18에 따른 법무조합을 포함한다]의 담당변호사에게 제91조에 따른 징계 사유가 있으면 소속 지방변호사회의 장에게 그 변호사에 대한 징계개시의 신청을 청원할 수 있다(변호사법 97의3①).

[정답] ④

16. 변호사 甲은 2001. 4. 8. 운전 부주의로 교통사고를 일으켜 A를 사망하게 하여 교통사고처리특례법위반죄로 금고 1년에 집행유예 2년의 형을 선고받고 2002. 3. 6. 그 형이 확정되었다. 그 후 변호사 甲은 적법한 업무수행으로서 2007. 10. 5. 교통사고로 인한 손해배상사건을 수임한 후 의뢰인 B를 대신하여 수령한 합의금을 B에게 지급하지 아니하여 횡령죄로 징역 1년에 집행유예 2년의 형을 선고받고 2008. 10. 20. 그 형이 확정되었다. 변호사 甲에 대한 위 2건의 형사사건과 관련하여 2011. 8. 20. 현재 변호사법상의 징계 또는 등록에 관한 설명으로 옳은 것은?

(제 2 회 기출문제)

① 변호사 甲에 대한 징계는 범죄와 관련된 것이므로 지방검찰청 검사장이 징계청구권자가 된다.
② 변호사 甲의 행위는 2회 이상 금고 이상의 형을 선고받고 확정된 경우이므로 영구제명사유에 해당된다.
③ 변호사 甲은 위 횡령사건으로 징계처분을 받는 것과 상관없이 변호사등록이 취소된다.
④ 변호사 甲이 제명의 징계처분을 받는다면 다시 변호사등록을 하는 것은 불가능하다.

《해설》 ③ 변호사 甲은 직무와 관련한 횡령죄로 징역 1년, 집행유예 2년의 형을 선고받고 2008. 10. 20. 그 형이 확정되었다. 위 변호사는 집행유예 기간 2년을 경과한 후

(2010. 10. 19) 다시 2년이 경과한 2012. 10. 19.에서야 변호사로 등록할 수 있다. 그런데 2011. 8. 20. 현재 변호사는 변호사 결격사유에 해당된다. 그러므로 대한변호사협회는 위 변호사의 등록을 취소하여야 한다. 대한변호사협회가 등록심사위원회의 의결을 거쳐야 하는 사유는 변호사법 제8조 제1항 제3호(심신장애로 인하여 변호사의 직무를 수행하는 것이 현저히 곤란한 자)·제4호(공무원 재직 중의 직무에 관한 위법행위로 인하여 형사소추 또는 징계처분(파면 및 해임은 제외한다)을 받거나 퇴직한 자로서 변호사의 직무를 수행하는 것이 현저히 부적당하다고 인정되는 자)에 한정된다(변호사법 18②). 그러므로 변호사 甲이 현실적으로 징계를 받는 것과 상관없이 변호사등록은 취소된다.

[정답] ③

17. 변호사의 징계에 관련된 설명 중 옳지 않은 것은?

① 영구제명을 당한 후 변호사 업무를 하면 형사처벌을 받게 된다.

② 징계혐의자는 변협징계위원회의 징계 결정에 대하여 90일 이내에 법원에 불복하지 않으면 징계 효력이 발생한다.

③ 과태료 결정은 민사집행법에 따른 집행력 있는 집행권원과 같은 효력이 있다.

④ 징계의 청구는 징계 사유가 발생한 날부터 3년이 지나면 하지 못한다.

《해설》 ① 다음 각 호의 어느 하나에 해당하는 자는 7년 이하의 징역 또는 5천만원 이하의 벌금에 처한다. 이 경우 벌금과 징역은 병과(倂科)할 수 있(변호사법 109(1)).
1. <u>변호사가 아니면서</u> 금품·향응 또는 그 밖의 이익을 받거나 받을 것을 약속하고 또는 제3자에게 이를 공여하게 하거나 공여하게 할 것을 약속하고 다음 각 목의 사건에 관하여 감정·대리·중재·화해·청탁·법률상담 또는 법률 관계 문서 작성, 그 밖의 법률사무를 취급하거나 이러한 행위를 알선한 자
가. 소송 사건, 비송 사건, 가사 조정 또는 심판 사건
나. 행정심판 또는 심사의 청구나 이의신청, 그 밖에 행정기관에 대한 불복신청 사건
다. 수사기관에서 취급 중인 수사 사건
라. 법령에 따라 설치된 조사기관에서 취급 중인 조사 사건
마. 그 밖에 일반의 법률사건
② 징계혐의자가 징계 결정의 통지를 받은 후 제100조 제1항에 따른 이의신청을 하지 아니하면 이의신청 기간이 끝난 날부터 변협징계위원회의 징계의 효력이 발생한다(변호사법 98의4③). 변협징계위원회의 결정에 불복하는 징계혐의자 및 징계개시 신청인은 그 통지를 받은 날부터 30일 이내에 법무부징계위원회에 이의신청을 할 수 있다(변호사법 100①).
③ 과태료 결정은 「민사집행법」에 따른 집행력 있는 집행권원과 같은 효력이 있으며, 검사의 지휘로 집행한다(변호사법 98의5②).

④ 징계의 청구는 징계 사유가 발생한 날부터 3년이 지나면 하지 못한다(변호사법 98의6).

[**정답**] ②

---

18. 변호사에 대한 업무정지명령과 관련된 설명 중 옳지 않은 것은?

① 법무부장관은 변호사에 대하여 약식명령이 청구된 경우와 과실범으로 공소제기된 경우에는 업무정지에 관한 결정을 청구할 수 없다.

② 업무정지결정이 청구된 변호사는 변호사 또는 학식과 경험이 있는 자를 특별변호인으로 선임하여 업무정지명령 청구사건에 대한 보충 진술과 증거 제출을 하게 할 수 있다.

③ 대한변호사협회의 장, 검찰총장 또는 업무정지명령을 받은 변호사는 법무부 변호사징계위원회에 업무정지명령의 해제를 신청할 수 있다.

④ 업무정지명령에 불복하려는 변호사는 그 통지를 받은 날부터 90일 이내에 행정법원에 소를 제기할 수 있다.

《**해설**》 ① 법무부장관은 변호사가 공소제기되거나 제97조에 따라 징계 절차가 개시되어 그 재판이나 징계 결정의 결과 등록취소, 영구제명 또는 제명에 이르게 될 가능성이 매우 크고, 그대로 두면 장차 의뢰인이나 공공의 이익을 해칠 구체적인 위험성이 있는 경우에는 법무부징계위원회에 그 변호사의 업무정지에 관한 결정을 청구할 수 있다. 다만, 약식명령이 청구된 경우와 과실범으로 공소제기된 경우에는 그러하지 아니하다 (변호사법 102①).
② 변호사법 제103조, 제98조의2 제4항.
③ 대한변호사협회의 장, 검찰총장 또는 업무정지명령을 받은 변호사는 법무부장관에게 업무정지명령의 해제를 신청할 수 있다(변호사법 105②).
④ 변호사법 제108조, 제100조 제4항.

[**정답**] ③

---

19. 변호사 甲은 항소 기간의 도과와 불성실 변론, 의뢰인의 공탁금 횡령 및 국세체납 등의 혐의로 대한변호사협회 변호사징계위원회로부터 정직 2년의 징계를 받게 되었다. 아울러 공탁금 횡령 혐의로 기소되어 징역 1년을 선고받아 그 형이 확정되었다. 이와 관련된 설명 중 옳지 않은 것은?

① 변호사 甲은 정직 2년의 기간이 지나면 대한변호사협회에 재등록하여 변호사 직무를 수행할 수 있다.

② 법무부장관은 변호사 甲에 대하여 대한변호사협회에 그 변호사의 등록취소를 명하여야 한다.

③ 변호사 甲은 정직 2년의 징계처분을 다투기 위하여 이의신청을 거쳐 행정소송을 제기할 수 있다.

④ 대한변호사협회의 장은 변호사 甲에 대한 정직처분 사실을 지체 없이 대한변호사협회가 운영하는 인터넷 홈페이지에 3개월 이상 게재하는 등 공개하여야 한다.

《해설》 ① 금고 이상의 형(刑)을 선고받고 그 집행이 끝나거나 그 집행을 받지 아니하기로 확정된 후 5년이 지나지 아니한 자는 변호사가 될 수 없다(변호사법 5(1)). 변호사 甲은 정직 2년 징계처분과 함께 징역 1년을 선고받은 바 있어 형의 집행을 종료하거나 집행을 받지 아니하기로 확정된 후 5년이 경과하여야 변호사로 재등록할 수 있다.

② 법무부장관은 변호사 명부에 등록된 자가 제4조에 따른 변호사의 자격이 없거나 제5조에 따른 결격사유에 해당한다고 인정하는 경우 대한변호사협회에 그 변호사의 등록취소를 명하여야 한다(변호사법 19).

③ 변협징계위원회의 결정에 불복하는 징계혐의자 및 징계개시 신청인은 그 통지를 받은 날부터 30일 이내에 법무부징계위원회에 이의신청을 할 수 있다(변호사법 100①). 법무부징계위원회의 결정에 불복하는 징계혐의자는 「행정소송법」으로 정하는 바에 따라 그 통지를 받은 날부터 90일 이내에 행정법원에 소(訴)를 제기할 수 있다(변호사법 100④).

④ 대한변호사협회의 장은 징계처분을 하면 이를 지체 없이 대한변호사협회가 운영하는 인터넷 홈페이지에 3개월 이상 게재하는 등 공개하여야 한다(변호사법 99의5③).

[정답] ①

제14장

법관의
직업윤리

1. 법관은 모든 외부의 영향으로부터 사법권의 독립을 지켜나간다(법관윤리강령 제1조). 이에 해당되지 않는 내용은?

① 법관이 판결을 할 때 행정부나 입법부의 통제를 받아서는 아니 된다.

② 법관은 소송관계인이 부자라는 이유로 우대하는 판단을 하여서는 아니 된다.

③ 법관은 시민단체의 비판이나 사건관계인의 불만에 흔들려서는 아니 된다.

④ 법관은 소속 상사의 지침에 따라 보석허가를 판단하여서는 아니 된다.

《해설》 ② 법관윤리강령 제3조 제2항 '법관의 공정성'에 관한 내용이다.

[정답] ②

2. 법원장인 A는 그 법원에 계류중인 정치적으로 민감한 사건의 재판을 담당하고 있는 재판장에게 전화를 하여 "그 사건은 정부와 언론의 관심이 집중되어 있으므로 신속하게 잘 처리하는 것이 좋을 것입니다"라고 하였다. A 법원장의 행위에 대하여 가장 옳은 것은?

① 법원장이 행사할 수 있는 정당한 사법행정권의 발동이다.

② 재판의 독립과 공정성을 해치는 행위로 평가될 수 있다.

③ 신속하게 재판하는 것은 재판의 이념에 해당되므로 간섭으로 보기 어렵다.

④ 재판장에게 심리적인 압력으로 소신있는 판결을 어렵게 할 정도는 아니다.

《해설》 ② 사법권의 독립은 법관의 재판에 대한 독립이다. 법원장이 특정 사건을 재판중에 있는 법관에게 전화를 걸어 신속하게 재판을 진행하도록 말한 것은, 재판진행을 지체하지 말고 신속하게 정부의 입장을 고려하여 처리하도록 지시한 것으로 볼 수 있어 정당한 사법행정권의 범위와 한계를 일탈하였다고 볼 수 있다. 또한 재판의 독립과 공정성을 해치는 행위로 평가될 수 있다.

[정답] ②

3. 법관 A는 대학시절 도서관에서 책을 전부 도난당한 피해를 입었기에 절도죄를 저지른 피고인에 대하여는 엄한 처벌을 하여야 한다는 소신을 가지고 있었다. 그는 같은 죄명으로 재판을 받게 된 초범의 피고인에 대하여 범죄사실이 비교적 경미하여 집행유예판결이 적당하다고 인정됨에도 징역 1년을 선고하였다. A 법관에 대한 설명 중 틀린 것은?

① 법관으로서의 양심에 따라 재판한 것이라고 볼 수 없다.
② 주관적인 소신에 따른 재판이라고 볼 수 있다.
③ 법관으로서 법과 양심에 따른 재판이다.
④ 법관의 직업윤리에 기초한 양심이 요청된다.

《해설》 ③ 설문은 법관이 개인적인 소신에 따른 판결로 법관으로서의 객관적 양심 내지 직업윤리에 부합하는 양심에 따른 판결이라고 볼 수 없다.

[정답] ③

4. 법관 A는 토지소유권이전등기청구 소송의 현장검증을 가게 되었는데, 현장검증 장소를 잘 모르던 A는 원고의 소송대리인 변호사 X의 차량을 타고 가게 되었다. 검증을 마친 후에는 X와 함께 근처 커피숍에 들르게 되었다. 법관 A의 행동에 대한 설명 중 틀린 것은?

① 법관의 청렴성을 의심받을 수 있다.
② 공정한 직무수행에 대한 비난이 가해질 수 있다.
③ 직무수행 후에 커피숍에 들른 것이므로 비난받을 수 없다.
④ 당사자의 차량에 동승한 것은 재판의 신뢰를 훼손시킬 수 있다.

《해설》 ③ 재판의 당사자인 원고의 소송대리인 변호사와 함께 커피숍에 들어간 것은 지켜보는 피고 입장에서는 그 재판의 공정성을 의심할 수 있다.
① 법관은 공평무사하고 청렴하여야 하며, 공정성과 청렴성을 의심받을 행동을 하지 아니한다(법관윤리강령 3①). 법관의 공평은 재판의 당사자 중 어느 쪽에도 치우치지 아니하는 것이다. 법관이 원고 대리인의 차에 동승하고, 커피숍에 들른 것은 재판의 공평성을 해치는 행위이다.
④ 법관은 재판업무상 필요한 경우를 제외하고는 당사자와 대리인 등 소송 관계인을 법정 이외의 장소에서 면담하거나 접촉하지 아니한다(법관윤리강령 4④).
⑤ 법관은 국가가 지급하는 급여 외의 금전적 이득이나 편리, 우선적인 대우를 추구하지 않아야 하는 청렴의무가 있다. 직무와 관련되거나 관련성을 가질 수 있는 어떤 명목의 선물이나 향응을 제공받아서도 아니 된다. 또한 청렴성을 손상시킬 수 있는 사적인

교제도 자제하여야 한다.

[정답] ③

5. 법관 A는 그의 부친으로부터 10층 건물을 상속받아 그의 처 명의로 임대업을 위한 회사를 설립하고, 그의 처와 함께 임대업을 행하고 있다. 다음 중 틀린 설명은?

① 직무에 전념하여야 할 의무에 위반될 수 있다.

② 재산상의 이득을 목적으로 그의 처 명의로 회사를 설립할 수 있다.

③ 임대업회사 명의를 처로 하였을지라도 탈법행위에 해당되는 것은 아니다.

④ 처와 함께 임대업을 하는 것이므로 영리행위에 해당되지 않는다.

《해설》 ④ 법관은 금전상의 이익을 목적으로 하는 업무에 종사할 수 없다(법원조직법 49(5)). 법관은 재판의 공정성에 관한 의심을 초래하거나 직무수행에 지장을 줄 염려가 있는 경우에는, 금전대차 등 경제적 거래행위를 하지 아니하며 증여 기타 경제적 이익을 받지 아니한다(법관윤리강령 6).
① 법관은 맡은 바 직무를 성실하게 수행하며, 직무수행 능력을 향상시키기 위하여 꾸준히 노력한다(법관윤리강령 4①).
④ 법관의 청렴의무는 직무와 관련하여 금전적 이득이나 특혜나 편리를 추구하는 것이며, 설문은 공무원인 법관이 영리행위에 종사하는 것에 해당된다.

[정답] ④

6. 법관이 직무를 성실히 수행하기 위하여 지켜야 할 윤리가 아닌 것은?

① 법관은 교육이나 학술적인 목적을 위해서라도 구체적 사건에 관하여 공개적으로 논평하거나 의견을 표명하지 아니한다.

② 법관은 재판업무상 필요한 경우를 제외하고는 당사자와 대리인 등 소송 관계인을 법정 이외의 장소에서 면담하거나 접촉하지 아니한다.

③ 법관은 당사자와 대리인등 소송 관계인을 친절하고 정중하게 대한다.

④ 법관은 신속하고 능률적으로 재판을 진행하며, 신중하고 충실하게 심리하여 재판의 적정성이 보장되도록 한다.

《해설》 ① 법관은 품위유지와 직무수행에 지장이 없는 경우에 한하여 학술활동에 참여하거나 종교·문화단체에 가입하는 등 직무외 활동을 할 수 있다(법관윤리강령 5①).
② 설문은 법관윤리강령 제 4 조 제 4 항에 해당하는 내용이다. 그리고 법관은 재판에 영향을 미치거나 공정성을 의심받을 염려가 있는 경우에는 법률적 조언을 하거나, 변

호사등 법조인에 대한 정보를 제공하지 아니한다(법관윤리강령 5③). 설문과 같이 법관
이 소송 관계인을 법정 이외의 장소에서 면담하거나 접촉하는 것은 공정성을 의심받을
염려가 있는 경우에도 해당된다.

[정답] ①

7. 법관의 정치적 중립에 관한 태도로 옳지 않은 것은?

① 법관은 직무를 수행함에 있어 정치적 중립을 지켜야 한다.

② 법관도 표현의 자유가 있으므로 개인적으로 정치활동을 목적으로 하는 단체의
임원이나 구성원이 되는 것은 문제되지 않는다.

③ 법관은 선거운동 등 정치적 중립성을 해치는 활동을 해서는 안 된다.

④ 법관은 정치적 사건을 처리함에 있어서 법과 양심에 따라 판단하여야 한다.

《해설》 ② 법관은 정치활동을 목적으로 하는 단체의 임원이나 구성원이 되지 아니하며,
선거운동 등 정치적 중립성을 해치는 활동을 하여서는 아니 된다(법관윤리강령 7②).
①은 법관윤리강령 제7조 제1항에 해당되는 내용이다.

[정답] ②

8. 법관의 직업윤리에 관한 설명 중 틀린 것은?

① 법관은 직무 수행에 지장이 없는 경우에 한하여 학술단체에 가입하여 활동할
수 있다.

② 법관은 방송에 출연하여 개인적인 소견으로 양심적인 병역기피 문제에 동의한
다는 의견을 발표할 수 있다.

③ 법관은 민법상 친족에 해당하지 않으면 어떤 경우에도 사건관계인을 특정한 변
호사에게 소개하여서는 아니 된다.

④ 법관은 정부기관이 주최하는 공청회, 토론회에 신고를 하지 않고 참석할 수
있다.

《해설》 ② 법관이 방송에 출연하여 일반인들에게 민감한 문제에 해당되는 양심적 병
역기피 문제나 사형제도의 존폐 여부 등에 대하여 의견을 발표하는 것은 직무의 공정
성과 객관성에 반할 우려가 있다.
① 법관윤리강령 제5조 제1항에서 허용하고 있다.
③ 재판기관이나 수사기관의 소속 공무원은 대통령령으로 정하는 자기가 근무하는 기
관에서 취급 중인 법률사건이나 법률사무의 수임에 관하여 당사자 또는 그 밖의 관계

인을 특정한 변호사나 그 사무직원에게 소개·알선 또는 유인하여서는 아니 된다. 다만, 사건 당사자나 사무 당사자가 「민법」 제767조에 따른 친족인 경우에는 그러하지 아니하다(변호사법 36단서).

④ 법관은 대가를 받고 세미나, 공청회, 토론회, 발표회, 심포지엄, 교육과정, 회의 등에서 강의, 강연, 발표, 토론, 심사, 평가, 자문, 의결 등(이하 '외부강의·회의 등'이라 함)을 할 때에는 소속기관의 장에게 신고하여야 한다.

[정답] ②

9. 다음 중 법관윤리강령에 위배되는 행위를 모두 고른 것은?(제2회 기출문제)

> 가. 법관 A는 평소 국회의원 B와 두터운 친분이 있어 매년 소액의 후원금을 국회의원 B가 소속된 정당에 기부하였다.
> 나. 법관 C는 현재 본인이 담당한 사건과 관계가 없는 대학동기인 변호사 D로부터 "저녁이나 하자"는 연락을 받고 이에 응하여 오랜만에 저녁식사를 같이 하였다.
> 다. 법관 E는 과거에 담당하였던 소유권이전등기 사건의 소송대리인 변호사 F로부터 위 사건 관련 토지 2필지를 매수하였다.
> 라. 법관 G는 자신이 담당한 공무원의 뇌물죄 사건에서 무죄를 선고하였는데, 기자 H가 정확한 보도를 위하여 무죄 이유에 대한 설명을 요청하여 이에 응하였다.
> 마. 법관 I는 국회의원 J에 관한 정치자금법위반죄 사건의 수사가 진행되는 상황에서 평소 알고 지내는 기자 K로부터 "이 사건이 기소된다면 법원에서 유죄로 인정되겠느냐"는 질문을 받고, "법리적인 측면에서 무죄라고 볼 수 있지 않겠느냐"는 취지로 답변해 주었다.

① 가, 마   ② 나, 다, 라
③ 가, 다, 마   ④ 나, 라, 마

《해설》 ③ ㉮ 법관의 정당에 대한 후원금 기부는 정치자금법상 정치자금부정수수죄에 해당된다(정치자금법 45). ㉰ 법관은 공평무사고 청렴하여야 하며, 공정성과 청렴성을 의심받을 행동을 하지 아니한다(법관윤리강령 3①). 법관은 재판의 공정성에 관한 의심을 초래하거나 직무수행에 지장을 줄 염려가 있는 경우에는, 금선대차 등 경제적 거래행위를 하지 아니하며 증여 기타 경제적 이익을 받지 아니한다(법관윤리강령 6). ㉲ 법관은 교육이나 학술 또는 정확한 보도를 위한 경우를 제외하고는 구체적 사건에 관하여 공개적으로 논평하거나 의견을 표명하지 아니한다(법관윤리강령 4⑤).

[정답] ③

10. 법관이 직무외의 활동에 관한 설명 중 옳지 않은 것은?

① 서울고등법원 법관이 법과대학에서 민사소송법을 한 학기 동안 강의하는 경우에는 서울고등법원장에게 신고하여야 한다.

② 법관은 TV에 출연하여 양심적 병역특례 문제나 사형제도의 존폐에 관한 의견을 발표하는 것은 자제하여야 한다.

③ 법관은 직무상 취급중인 사건의 당사자를 위하여 특정 변호사를 소개해 주어서는 아니 된다.

④ 법관은 품위유지와 직무수행에 지장이 없는 경우에 한하여 문화단체에 가입하여 활동할 수 있다.

《해설》 ① 법관은 재직중 ㉠ 대법원장의 허가 없이 보수있는 직무에 종사하는 일, ㉡ 대법원장의 허가 없이 보수의 유무를 불문하고 국가기관 외의 법인·단체 등의 고문·임원·직원 등의 직위에 취임하는 일, ㉢ 기타 대법원규칙으로 정하는 일을 할 수 없다(법원조직법 49(4)(6)(7)). 법관이 위 규정에 의하여 관여할 수 있는 직무에 종사하거나 직위에 취임하고자 할 경우에는 사전에 대법원장의 허가를 받아야 한다(법관이 관여할 수 없는 직무 등에 관한 규칙 3①). 강의기간이 2개월 이상인 계속적 강의나 동일 기관을 상대로 월 3회 또는 월 6시간 이상의 출강이라면 대법원장의 겸직허가를 받아야 한다. 따라서 소속 기관의 장에게 신고하여야 하는 것이 아니라 대법원장의 겸직허가를 받아야 한다.

② 법관이 방송에서 사회적으로 민감한 사안에 관하여 의견을 발표하게 되면 법원의 공식적인 입장을 대변한 것으로 오인될 수 있어 직무의 공정성과 객관성에 반할 우려가 있다.

③ 재판이나 수사 업무에 종사하는 공무원은 직무상 관련(재판이나 수사 업무에 종사하는 공무원이 직무상 취급하고 있거나 취급한 경우)이 있는 법률사건 또는 법률사무의 수임에 관하여 당사자 또는 그 밖의 관계인을 특정 변호사나 그 사무직원에게 소개·알선 또는 유인하여서는 아니 된다(변호사법 37①).

④ 법관은 품위유지와 직무수행에 지장이 없는 경우에 한하여, 학술 활동에 참여하거나 종교·문화 단체에 가입하는 등 직무외 활동을 할 수 있다(법관윤리강령 5①).

[정답] ①

11. 법관은 모든 외부의 영향으로부터 사법권의 독립을 지켜 나가야 하는 사법권의 독립에 관한 설명 중 옳지 않은 것은?

① 재판의 공정성을 보장하기 위한 가장 기본적인 토대는 사법권의 독립이라고 할 수 있다.

② 사법권의 행사는 국민의 신뢰를 바탕으로 하여야 하므로 국민의 다수 의사에

따라 판결을 하여야 한다.

③ 사법권 독립의 전통적인 의미는 행정부나 입법부의 통제 또는 기타 정치권력으로부터 독립하여 공정하게 재판하여야 한다.

④ 법원장이 회의에서의 발언과 전자우편 등을 통해서 형사사건을 담당하는 소속 법관들에게 특정 사건의 보석에 신중을 기하라거나 재판 진행을 독촉하는 취지로 수차례 반복하여 언급한 행위는 재판의 독립을 해치는 행위라 할 수 있다.

《해설》 ② 사법권을 독립시킨 근본취지, 경우에 따라서는 국민의 다수 의사에도 구애됨이 없이 판결을 하여야 한다.
① 사법권의 독립은 법관이 그 사명을 다하기 위한 불가결한 요소이다. 재판을 비롯한 법관 직무수행의 으뜸가는 요소는 공정성이며, 공정성을 보장하기 위한 가장 기본적인 토대는 사법권의 독립이다.
③ 사법권의 독립에 관한 전통적인 개념에 해당된다.
④ 지문과 같은 행위를 한 법원장에 대하여 엄중 경고가 내려진 바 있는 사례이다 (2009. 5. 13).

[정답] ②

12. 법관윤리강령의 전문에 포함된 내용이 아닌 것은?

① 국민으로부터 부여받은 사법권을 법과 양심에 따라 엄정하게 행사하여야 한다.
② 사법권의 독립과 법관의 명예를 굳게 지켜야 한다.
③ 국법질서를 확립하고 국민의 인권을 보호하며 정의를 실현함을 그 사명으로 한다.
④ 공정하고 청렴하게 직무를 수행하며, 법관에게 요구되는 높은 수준의 직업윤리를 갖추어야 한다.

《해설》 ① 법관은 국민의 기본적 인권과 정당한 권리행사를 보장함으로써 자유·평등·정의를 실현하고, 국민으로부터 부여받은 사법권을 법과 양심에 따라 엄정하게 행사하여 민주적 기본질서와 법치주의를 확립하여야 한다.
② 법관은 이 같은 사명을 다하기 위하여 사법권의 독립과 법관의 명예를 굳게 지켜야 하며 국민으로부터 신뢰와 존경을 받아야 한다.
③ 검사윤리강령 제1조의 내용이다.
④ 법관윤리강령 전문의 내용에 해당된다.

[정답] ③

13. 법관 甲은 서울중앙지방법원에서 진행 중인 손해배상청구 사건의 원고에게 평소 잘 알고 지내던 고교 후배인 변호사 A를 소개시켜 주어 소송대리에 관한 수임계약을 체결하도록 하였다. 이 사안에 관련된 설명 중 옳지 않은 것은?

① 법관 甲이 손해배상청구 사건의 재판장으로서 직무상 취급중인 손해배상청구 사건에 관하여 변호사 A를 소개하였다면 형사처벌의 대상이 된다.

② 법관 甲은 다른 재판부에 계속 중인 손해배상청구 사건의 원고가 그의 동생인 경우에는 그 사건의 소송대리인 선임을 위하여 변호사 A를 소개하는 행위가 허용된다.

③ 법관 甲이 손해배상청구 사건의 재판장인 경우 원활한 소송 진행을 위하여 원고에게 소송대리인을 선임할 수 있도록 변호사 A에 대한 정보를 제공하는 행위는 허용된다.

④ 법관 甲이 다른 재판부에 계속 중인 손해배상청구 사건에 관하여 변론 종결한 후에 재판장에게 전화를 하여 원고가 제출한 준비서면을 잘 읽어봐 달라고 부탁하였다면, 다른 법관의 재판에 영향을 미치는 행위에 해당되어 허용되지 아니한다.

《해설》 ① 변호사법 제113조 제6호, 변호사법 제37조.
② 재판기관이나 수사기관의 소속 공무원은 대통령령으로 정하는 자기가 근무하는 기관에서 취급 중인 법률사건이나 법률사무의 수임에 관하여 당사자 또는 그 밖의 관계인을 특정한 변호사나 그 사무직원에게 소개·알선 또는 유인하여서는 아니 된다. 다만, 사건 당사자나 사무 당사자가 「민법」 제767조에 따른 친족인 경우에는 그러하지 아니하다(변호사법 36 단서).
③ 법관은 재판에 영향을 미치거나 공정성을 의심받을 염려가 있는 경우에는 법률적 조언을 하거나 변호사 등 법조인에 대한 정보를 제공하지 아니한다(법관윤리강령 5③).
④ 법관은 다른 법관의 재판에 영향을 미치는 행동을 하지 아니한다(법관윤리강령 5②).

[정답] ③

1. 검사의 윤리에 대한 설명 중 틀린 것은?

① 검사는 피고인에 대하여서도 유리한 법적용을 구하게 된다.

② 검사는 객관의무를 갖기 때문에 공익과 법질서수호에 전념하게 된다.

③ 검사는 행정공무원이므로 일반 공무원에게 부과된 의무를 준수해야 한다.

④ 검사는 준사법기관으로서의 공정성을 유지해야 한다.

《해설》 ② 검사는 피고인에게 이익되는 사실도 조사하여 제출하고, 피고인의 이익을 위하여 집행유예판결 선고를 구형하며, 상소와 비상상고를 해야 하는 객관적인 관청의 지위에 있다. 이를 검사의 객관의무라고 하며, 검사의 공익적인 지위에서 도출되는 의무내용이다.

① 검사는 피고인의 권리옹호에도 노력하여야 한다.

③ 검사는 법무부에 소속된 행정기관이다. 단독제 행정관청으로서의 검사는 행정공무원으로서의 지위를 가지므로 국가공무원법이 규정하는 의무를 준수하여야 한다.

④ 검사는 법무부에 소속된 행정기관으로서 국가의 행정목적을 위하여 활동하게 되고, 검사는 행정기관이면서도 동시에 사법기관인 이중성격을 가진 기관이다.

[정답] ②

2. 검사의 직업윤리에 관한 설명 중 옳지 않은 것은?

① 검사는 정치운동에 관여하지 아니한다.

② 검사는 피해자나 사건관계인에 대하여 정당한 이유가 있을 때는 차별대우를 할 수 있다.

③ 검사는 법관처럼 법과 양심에 따라서 직무를 수행하는 것은 아니다.

④ 검사에게는 공소권을 남용하여서는 아니 되는 의무가 있다.

《해설》 ③ 검사는 오로지 법과 양심에 따라 엄정하고 공평하게 직무를 수행한다(검사윤리강령 3②).
① 검사는 정치운동에 관여하지 아니하며, 직무 수행을 할 때 정치적 중립을 지킨다 (검사윤리강령 3①).
② 검사는 피의자나 피해자, 기타 사건 관계인에 대하여 **정당한 이유 없이** 차별대우를 하지 아니하며 어떠한 압력이나 유혹, 정실에도 영향을 받지 아니하고 오로지 법과 양심에 따라 엄정하고 공평하게 직무를 수행한다(검사윤리강령 3②).
④ 검사는 적법한 절차에 의하여 증거를 수집하고 법령의 정당한 적용을 통하여 공소권이 남용되지 않도록 한다(검사윤리강령 7).

[**정답**] ③

3. 검사의 윤리에 대한 설명 중 옳지 않은 것은?

① 검사는 정치적인 성격을 갖는 단체에 가입하여서는 아니 된다.
② 검찰권 행사에 대한 신뢰를 훼손시키는 행위를 하여서는 아니 된다.
③ 검사는 사건 관계인에 대하여 차별대우를 하여서는 아니 된다.
④ 검사는 함정수사에 의하여 마약사범을 체포·기소할 수 있다.

《해설》 ④ 검사는 적법한 절차에 의하여 증거를 수집하고 법령의 정당한 적용을 통하여 공소권이 남용되지 않도록 한다(검사윤리강령 7). 따라서 함정수사에 의한 범인의 체포는 적법한 형사절차에 반하는 것이다.
① 검사는 정치 운동에 관여하지 아니하며, 직무수행을 할 때 정치적 중립을 지킨다 (검사윤리강령 3①).
② 검찰권 행사에 대한 일반인의 신뢰를 손상시키지 않도록 언동이나 태도를 삼가야 한다.
③ 검사는 피의자나 피해자, 기타 사건 관계인에 대하여 정당한 이유 없이 차별 대우를 하지 아니하며 어떠한 압력이나 유혹, 정실에도 영향을 받지 아니하고 오로지 법과 양심에 따라 엄정하고 공평하게 직무를 수행한다(검사윤리강령 3②).

[**정답**] ④

4. A 검사는 지방검찰청 특수부에 근무하면서 뇌물수수 사건을 수사하게 되었는데, 그 지역의 자치단체장에게 뇌물을 전달하였던 피의자가 초등학교 동창생인 것을 알게 되었다. 이에 관하여 옳은 것은?

① 수사결과 피의자를 불기소하였더라도 공정성을 의심받을 수 없다.
② 동창생인 것을 수사 중에 비로소 알게 되었으므로 공정성과는 무관하다.
③ 검사가 동창생을 기소하였을 경우 직무의 중립성을 훼손한 것이다.

④ 상사에게 요청하여 다른 검사로 하여금 수사하도록 하여야 한다.

《해설》 ④ 검사는 취급 중인 사건의 피의자, 피해자 기타 사건 관계인(당사자가 법인인 경우 대표이사 또는 지배주주)과 민법 제777조의 친족관계에 있거나 그들의 변호인으로 활동한 전력이 있을 때 또는 당해 사건과 자신의 이해가 관련되었을 때에는 그 사건을 회피한다(검사윤리강령 9①). 검사는 취급 중인 사건의 사건 관계인과 제1항 이외의 친분 관계 기타 특별한 관계가 있는 경우에도 수사의 공정성을 의심받을 우려가 있다고 판단했을 때에는 그 사건을 회피할 수 있다(검사윤리강령 9②).

[정답] ④

5. 검사의 직무수행에 관한 설명 중 틀린 것은?
① 검사는 양심과 법령에 따라서 사무를 처리하는 자세를 가져야 한다.
② 검사의 사회적 지위를 보장하기 위하여 엄격한 신분보장을 하고 있다.
③ 검사는 소속 상급자의 지휘감독을 받는 지위에 있다.
④ 검사는 부적법한 감독권을 행사하는 상급자에게 이의를 제기할 수 있다.

《해설》 ② 검사가 검찰권 행사를 법과 양심에 따라 공정하게 처리하도록 신분보장을 하고 있다.
① 검사에게는 법관의 독립(헌법 103)과 같은 규정은 없지만, 검찰권 행사에 있어서 자기의 양심과 법령에 따라서 사무를 처리한다고 하는 자세를 가져야 하며, 그것을 뒷받침하기 위하여 신분을 보장하고 있다.
③ 검사는 검찰사무에 관하여 소속 상급자의 지휘·감독에 따른다(검찰청법 7①)
④ 검사는 구체적 사건과 관련된 제1항의 지휘·감독의 적법성 또는 정당성 여부에 대하여 이견이 있는 때에는 이의를 제기할 수 있다(검찰청법 7②).

[정답] ②

6. 검사의 직업윤리와 관련된 설명 중 틀린 것은?
① 검사는 수사과정에서 취득한 비밀을 엄수하여야 한다.
② 검사는 수사 중인 피의사실을 기자에게 공표하는 것은 허용된다.
③ 검사는 퇴직 후에도 직무상 알게 된 비밀을 누설하여서는 아니 된다.
④ 검사는 자신의 직무에 관여된 공무원을 인격적으로 존중하여야 한다.

《해설》 ② 검찰, 경찰 기타 범죄수사에 관한 직무를 행하는 자 또는 이를 감독하거나 보조하는 자가 그 직무를 행함에 당하여 지득한 피의사실을 공판청구 전에 공표한 때에는 3년 이하의 징역 또는 5년 이하의 자격정지에 처한다(형법 126).

① 검사·사법경찰관리와 그 밖에 직무상 수사에 관계있는 자는 피의자 또는 다른 사람의 인권을 존중하고 수사과정에서 취득한 비밀을 엄수하며 수사에 방해되는 일이 없도록 하여야 한다(형사소송법 198).

③ 공무원은 재직 중은 물론 퇴직 후에도 직무상 알게 된 비밀을 엄수하여야 한다(국가공무원법 60). 검사는 수사사항, 사건 관계인의 개인 정보 기타 직무상 파악한 사실에 대하여 비밀을 유지하여야 하며, 전화, 팩스 또는 전자우편 그리고 기타 통신수단을 이용할 때에는 직무상 비밀이 누설되지 않도록 유의한다(검사윤리강령 22).

④ 검사는 그 사무실의 검찰공무원, 사법연수생, 기타 자신의 직무에 관여된 공무원을 인격적으로 존중하며, 그들이 직무에 관하여 위법 또는 부당한 행위를 하거나 업무상 지득한 비밀을 누설하거나 부당하게 이용하지 못하도록 지도·감독한다(검사윤리강령 23).

[정답] ②

---

7. A 검사는 D 제과(주) 종업원이 1억원 상당의 과자를 절취하여 온 점을 수사한 후 피해자의 진술조서를 받기 위하여 그 회사의 영업소장을 소환하였다. 그 영업소장은 검사에게 감사의 인사를 하면서 약간의 현금을 넣은 D 제과에서 생산한 과자상자를 검사실에 놓고 갔다. 이에 관하여 옳지 않은 것은?

① 감사의 인사로 전한 과자상자를 받은 것은 선량한 풍속에 해당된다.

② 검사는 영업소장으로부터 과자상자를 받아서는 아니 된다.

③ 과자상자 속에 든 현금액수는 윤리강령위반 여부에 영향을 미치지 않는다.

④ 영업소장은 절취피의사건의 사건관계인에 해당되므로 금품을 제공받을 수 없다.

《해설》 ① 검사는 제14조에서 규정한 직무수행의 공정성을 의심받을 우려가 있는 자나 제15조에서 규정한 사건관계인 등으로부터 정당한 이유 없이 금품, 금전상 이익, 향응이나 기타 경제적 편의를 제공받지 아니한다(검사윤리강령 19). 검사는 공·사생활에서 높은 도덕성과 청렴성을 유지하고, 명예롭고 품위 있게 행동한다(검사윤리강령 4). 현금이 든 과자상자를 받은 것은 금품수수금지 위반윤리에 반하는 것이고, 도덕성과 청렴성에 반하는 행위로 보아야 한다.

[정답] ①

---

8. 다음 설명 중 옳은 것은?　　　　　　　　　　　　　　　(제1회 기출문제)

① 검사는 구체적인 사건 청탁이 없을 경우라면 직무 수행의 공정성을 의심받을 우려가 있는 자라 하더라도 교류할 수 있다.

② 검사는 자신이 직접 수사하여 기소한 사건의 내용에 관하여 검사의 직함을 이용하여 대외적으로 그 내용을 공표할 경우 소속 기관장의 승인을 받아야 한다.

③ 검사는 취급 중인 사건의 피의자, 피해자의 변호인으로 활동한 전력이 있을 때에는 소속 기관장의 승인을 받아 사건을 취급한다.

④ 검사는 수사 및 공판과정에서 피고인에게 유리한 증거를 발견하였더라도 법원에 이를 제출할 의무는 없다.

《해설》 ② 검사는 수사 등 직무와 관련된 사항에 관하여 검사의 직함을 사용하여 대외적으로 의견을 기고·발표하는 등 공표할 때에는 소속 기관장의 승인을 받는다(검사윤리강령 21).

[정답] ②

9. A 지방검찰청 B 검사는 특정범죄가중처벌법위반(도주차량) 사건으로 수사를 받고 구속기소된 피고인의 가족등에게 고교동창이 변호사로 근무중인 법무법인에 찾아가 향후 진행될 재판에 관련된 대책 등을 상의하고 필요하면 변호인 선임을 하는 것이 좋을 것이라고 조언하였다. 다음 설명 중 옳은 것은?

① B 검사는 A 검찰청에서 자신의 인척이 동료 검사로부터 수사를 받고 있을 경우에 어떤 법무법인을 소개해 주어서는 아니 된다.

② B 검사는 A 검찰청에서 다른 검사가 수사중인 사건의 수임을 소개하면 형사처벌을 받을 수 있다.

③ B 검사는 자신이 구속기소한 사건을 변호사에게 알선하면 과태료에 처해질 수 있다.

④ B 검사는 무죄가능성이 큰 피고인의 적법한 방어권 보장을 위하여 피고인의 친구로 하여금 어떤 법무법인을 찾아가 보도록 한 것도 위법하다.

《해설》 ④ 재판이나 수사업무에 종사하는 공무원은 직무상 관련이 있는 법률사건 또는 법률사무의 수임에 관하여 당사자 또는 그 밖의 관계인을 특정한 변호사나 그 사무직원에게 소개·알선 또는 유인하여서는 아니 된다(변호사법 37①). B 검사가 피고인의 방어권 보장을 위한 명목이라도 법무법인을 찾아가도록 하는 것은 사건의 알선 또는 유인에 해당될 수 있다.

① 재판기관이나 수사기관의 소속 공무원은 대통령령으로 정하는 **자기가 근무하는 기관에서 취급 중인 법률사건**이나 법률사무의 수임에 관하여 당사자 또는 그 밖의 관계인을 특정한 변호사나 그 사무직원에게 소개·알선 또는 유인하여서는 아니 된다. 다만, 사건 당사자나 사무 당사자가 **민법 제767조에 따른 친족인 경우에는 그러하지 아니하다**

(변호사법 36단서).

② 과태료에 처해질 수 있다(변호사법 36, 117①(1)).

③ 1년 이하의 징역 또는 1천만원 이하의 벌금에 처한다(변호사법 37, 113(3)).

[정답] ④

10. 검사의 직무수행의 자세에 관한 설명 중 틀린 것은?

① 검사는 소속 상관의 지휘 감독에 정당한 이의사유가 있을 때에는 이의를 제기한 후에 따르지 않을 수 있다.

② 검사는 사건 관계인의 주관적인 주장이라도 경청하여 중립적인 입장에서 친절하게 대하여야 한다.

③ 취급중인 사건의 변호사 사무실 직원과 정당한 사유 없이 사적으로 접촉하지 아니한다.

④ 검사는 대외적으로 의견을 발표하는 행위를 할 때에는 소속 기관장의 승인을 받는다.

《해설》 ① 검사는 검찰사무에 관하여 소속 상급자의 지휘 감독에 따른다(검찰청법 7①). 검사는 구체적 사건과 관련하여 지휘 감독의 적법성 또는 정당성 여부에 대하여 이견이 있는 때에는 이의를 제기할 수 있다(검찰청법 7②). 검사윤리강령은 "구체적 사건과 관련된 상급자의 지휘・감독의 적법성이나 정당성에 이견이 있을 때에는 절차에 따라서 이의를 제기할 수 있다"(12①)고 한다.

② 검사는 인권보호 수사준칙을 준수하고 피의자, 피해자 등 사건관계인의 주장을 진지하게 경청하며, 객관적이고 중립적인 입장에서 사건관계인을 친절하게 대하도록 노력한다(검사윤리강령 10).

③ 검사는 변호인의 변호권 행사를 보장하되 취급 중인 사건의 변호인 또는 그 직원과 정당한 이유 없이 사적으로 접촉하지 아니한다(검사윤리강령 11).

④ 검사윤리강령 제21조.

[정답] ①

11. 다음 중 검사 상호간의 자세에 관한 설명 중 옳지 않은 것은?

① 검사는 상급자에게 예의를 갖추어 정중하게 대하며, 직무에 관한 상급자의 지휘・감독에 따라야 한다.

② 검사는 하급자에 대하여 업무와 관련 여부를 묻지 않고 지시를 할 수 있다.

③ 상급자와 하급자는 공정한 직무수행을 위해 노력한다.

④ 검사는 하급자의 인격과 명예를 존중하여야 한다.

《**해설**》 ① 검사는 상급자에게 예의를 갖추어 정중하게 대하며, 직무에 관한 상급자의 지휘·감독에 따라야 한다. 다만, 구체적 사건과 관련된 상급자의 지휘·감독의 적법성이나 정당성에 이견이 있을 때에는 절차에 따라서 이의를 제기할 수 있다(검사윤리강령 12①).

② 검사는 하급자의 인격과 명예를 존중하고, 하급자에 대하여 업무와 관련 없는 지시를 하지 아니한다(검사윤리강령 12②). 법무부는 2018. 2. 19. 검사윤리강령 제12조 제2항과 제3항을 신설하였다.

③ 상급자와 하급자는 상호 소통하며 공정한 직무수행을 위해 노력한다(검사윤리강령 12③).

④ 검사는 하급자의 인격과 명예를 존중하고, 하급자에 대하여 업무와 관련 없는 지시를 하지 아니한다(검사윤리강령 12②).

[**정답**] ②

부 록

제3 · 4 · 5 · 6 · 7 · 8회
법조윤리
기출문제

[제 3 회 법조윤리 기출문제]

법 조 윤 리

문 1.
변호사와 의뢰인의 관계 등에 관한 설명 중 옳지 않은 것은?
 ① 변호사는 의뢰인이나 사건의 내용이 사회 일반으로부터 비난을 받는다는 이유만으로 수임을 거절하여서는 안 된다.
 ② 변호사가 국선변호인으로 선임된 때에는 피고인으로부터 따로 보수를 받아서는 안 된다.
 ③ 변호사가 소송대리를 위임받은 사건에서 패소판결을 받았으나 상소에 관한 위임을 받지 못한 경우에는, 그 패소판결의 내용과 상소하는 때의 승소가능성에 대하여 의뢰인에게 구체적으로 설명하고 조언하여야 할 의무가 없다.
 ④ 원고를 대리하여 손해배상청구소송을 진행하고 있는 변호사는 화해에 관하여 원고의 승낙을 얻어, 변호사 없이 본인 소송을 진행하고 있는 피고에게 직접 전화를 걸어 화해를 권유할 수 있다.

[정답] ③ 위임사무의 종료단계에서 패소판결이 있었던 경우에는 의뢰인으로부터 상소에 관하여 특별한 수권이 없는 때에도 그 판결을 점검하여 의뢰인에게 불이익한 계산상의 잘못이 있다면 의뢰인에게 그 판결의 내용과 상소하는 때의 승소가능성 등에 대하여 구체적으로 설명하고 조언하여야 할 의무가 있다(대법원 2004. 5. 14. 2004다7354 손해배상(기)).

문 2.
A는 B로부터 X토지를 매수하였는데 B는 등기를 미루고 있었다. 이에 A는 변호사인 甲을 찾아가 이러한 사정을 말한 후 소유권이전등기청구소송을 위임하였다. 甲이 위임의 취지에 따라 소송을 진행하던 중 B는 다시 C에게 이중으로 X토지를 매도한 다음 소유권이전등기를 마쳐주었고, 이로 인하여 A는 그 소송에서 패소하였다. 이에 A는 甲에게 소의 제기뿐만 아니라 가처분도 함께 위임하였는데 甲이 그 의무를 다하지 아니하여 손해가 발생하였다고 주장하고 있다. 위임계약시 A는 가처분을 요청하지 않았고 위임계약서에도 그에 관한 기재가 없으나, 소송위임장에는 위임의 범위로 '집행보전을 위한 가압류 및 가처분 신청 등에 필요한 모든 사항'이 포함되어 있다. 다음 설명 중 옳은 것을 모두 고른 것은? (다툼이 있는 경우에는 판례에 의함)

 가. 甲은 민사소송법 규정에 따라 A로부터 가처분신청을 위임받은 것이 되므로 가처분신청을 하여야 할 의무를 부담한다.
 나. 甲은 소송위임장의 내용에 따라 A에 대하여 가처분신청을 하여야 할 의무를 부담한다.

다. 甲은 A가 가처분을 요청하지 않았을 뿐만 아니라 위임계약서에도 가처분에 관한 기재
   가 없었으므로 A에 대하여 가처분신청을 하여야 할 의무를 부담하지 않는다.
※ 민사소송법 제90조 제1항: 소송대리인은 위임을 받은 사건에 대하여 반소·참가·강제집행·가압
   류·가처분에 관한 소송행위 등 일체의 소송행위와 변제의 영수를 할 수 있다.
※ 민사소송법 제91조: 소송대리권은 제한하지 못한다. 다만, 변호사가 아닌 소송대리인에 대하여는
   그러하지 아니하다.

① 가   ② 나
③ 다   ④ 가, 나

[정답] ③ 통상 소송위임장이라는 것은 민사소송법 제81조(현행 제90조) 제1항에 따른 소송
대리인의 권한을 증명하는 전형적인 서면이라고 할 것인데, 여기에서의 소송위임(수권행위)은
소송대리권의 발생이라는 소송법상의 효과를 목적으로 하는 단독 소송행위로서 그 기초관계
인 의뢰인과 변호사 사이의 사법상의 위임계약과는 성격을 달리하는 것이고, 의뢰인과 변호사
사이의 권리의무는 수권행위가 아닌 위임계약에 의하여 발생하는 것이다. 민사소송법 제82조
(현행 제91조) 제1항이 "소송대리인은 위임받은 사건에 관하여 반소, 참가, 강제집행, 가압
류, 가처분에 관한 소송행위와 변제의 영수를 할 수 있다."고 규정하고, 제3항이 "변호사의
소송대리권은 제한하지 못한다."고 규정하고 있으나, 위 각 규정은 소송절차의 원활·확실을
도모하기 위하여 소송법상 소송대리권을 정형적·포괄적으로 법정한 것에 불과하고 변호사와
의뢰인 사이의 사법상의 위임계약의 내용까지 법정한 것은 아니므로, 본안소송을 수임한 변호
사가 그 소송을 수행함에 있어 강제집행이나 보전처분에 관한 소송행위를 할 수 있는 소송대
리권을 가진다고 하여 의뢰인에 대한 관계에서 당연히 그 권한에 상응한 위임계약상의 의무
를 부담한다고 할 수는 없고, 변호사가 처리의무를 부담하는 사무의 범위는 변호사와 의뢰인
사이의 위임계약의 내용에 의하여 정하여진다고 할 것이다(대법원 1997. 12. 12. 95다20775
손해배상(기)).

문 3.
변호사 甲은 교통사고를 일으킨 A에 대한 교통사고처리특례법위반 사건을 상담하고 수
임하기로 하여 A와 위임계약을 체결하였다. 그런데 A가 약정된 착수금을 지급하지 않자,
甲은 A에 대한 변론 준비를 하기도 전에 위 위임계약을 해지하였다. 그후 위 교통사고의
피해자인 B는, 교통사고로 인한 손해배상책임을 인수하는 내용의 보험계약을 A와 체결
한 C보험회사를 상대로 위 교통사고로 인한 손해배상을 직접 청구하는 내용의 소를 제기
하였다. B가 甲에게 위 손해배상청구 사건을 위임하려고 할 경우, 甲이 위 사건을 수임
할 수 있는지 여부에 관한 설명으로 옳은 것은? (다툼이 있는 경우에는 판례에 의함)
 ① B는 교통사고처리특례법위반 사건의 피해자로서 A와 이해관계가 상반된 자이고, A의
    보험자인 C를 상대로 제기한 손해배상청구 사건은 그 분쟁의 기초적 사실관계가 교통
    사고처리특례법위반 사건과 같아 실질적으로 동일한 사건이라고 할 것이므로, 甲은 A

의 동의 유무와 관계없이 위 손해배상사건을 수임할 수 없다.
② C는 교통사고처리특례법위반 사건에서 A와 이해가 상반되는 상대방이 아니므로 甲은 누구의 동의 없이도 위 손해배상청구 사건을 수임할 수 있다.
③ 위 교통사고처리특례법위반 사건과 손해배상청구 사건은 재판 절차가 달라 본질적으로 관련된 사건이라고 할 수 없으므로 甲은 누구의 동의 없이도 위 손해배상청구 사건을 수임할 수 있다.
④ 위 교통사고처리특례법위반 사건과 손해배상청구 사건은 실질적으로 동일한 사건이라고 할 것이나, 이 사안에서는 甲이 A에 대한 변론 준비를 하기도 전에 A와의 위임계약을 해지하였으므로, 甲은 A의 동의 없이도 위 손해배상청구 사건을 수임할 수 있다.

[정답] ① 변호사법 제31조 제1호에서 당사자의 일방으로부터 상의를 받아 그 수임을 승낙한 사건의 상대방이 위임하는 사건의 경우에 변호사의 직무행위를 금지하는 이유는, 변호사가 그와 같은 사건에 관하여 직무를 행하는 것은 먼저 그 변호사를 신뢰하여 상의를 하고 사건을 위임한 당사자 일방의 신뢰를 배반하게 되고, 변호사의 품위를 실추시키게 되는 것이므로 그와 같은 사건에 있어서는 변호사가 직무를 집행할 수 없도록 금지한 것이므로, 변호사법 제31조 제1호가 적용되기 위해서는 그 변호사가 관여한 사건이 일방 당사자와 그 상대방 사이에 있어서 동일하여야 하는데, 여기서 사건이 동일한지의 여부는 그 기초가 된 분쟁의 실체가 동일한지의 여부에 의하여 결정되어야 하는 것이므로 상반되는 이익의 범위에 따라서 개별적으로 판단되어야 하는 것이고, 소송물이 동일한지 여부나 민사사건과 형사사건 사이와 같이 그 절차가 같은 성질의 것인지 여부는 관계가 없다고 할 것이다(대법원 2003. 11. 28. 2003다41791 부당이득금반환).

문 4.
변호사와 의뢰인의 관계에 대한 설명 중 옳지 않은 것은?
① 변호사가 수임한 법률사무를 성실하게 처리하지 않으면 민사상 채무불이행책임을 부담할 수 있다.
② 사무직원의 과실로 항소기간을 도과한 경우 변호사는 사무직원에 대한 지휘·감독의무를 소홀히 하지 않았음을 증명한 이상 법적 책임을 부담하지 않는다.
③ 변호사가 개인적인 일정으로 민사사건 변론기일에 출서하지 못할 사정이 있어 복대리인을 선임하는 경우 미리 의뢰인의 동의를 얻어야 한다.
④ 변호사는 의뢰인과 상담함에 있어서 공정한 입장에서 가능한 한 조속히 의뢰인이 결정을 내릴 수 있도록 필요한 설명을 하여야 한다.

[정답] ② 수임자인 변호사는 위임의 본지에 따라 선량한 관리자의 주의로써 위임사무를 처리할 의무가 있다. 따라서 사무직원의 과실로 항소기간을 도과한 경우 사무직원에 대한 지휘·

감독의무를 다하였을지라도 의뢰인이 입은 손해를 배상할 책임이 있다. 변호사 사무실 직원이 소송의뢰인에게 상고제기기간을 잘못 고지하는 바람에 소송의뢰인이 상고제기기간을 도과하여 상고의 기회를 잃게 한 경우, 수임변호사는 이로 인하여 소송의뢰인이 입은 손해를 배상할 책임이 있다(대법원 1997. 5. 28. 97다1822 손해배상(기)).

문 5.
변호사의 의뢰인에 대한 의무와 책임에 관한 설명 중 옳지 않은 것은? (다툼이 있는 경우에는 판례에 의함)

① 변호사가 위임의 본지에 따라 법률사무를 처리하였더라면 지출하지 아니하여도 될 비용을 위임의 본지에 따라 법률사무를 처리하지 않았기 때문에 의뢰인이 지출한 경우에는 변호사가 이를 배상하여야 한다.

② 변호사가 의뢰인에게 인도할 금전 또는 의뢰인의 이익을 위하여 사용할 금전을 자기를 위하여 소비한 때에는 소비한 날 이후의 이자를 지급하여야 하며 그 외의 손해가 있으면 배상하여야 한다.

③ 항소심에서 패소한 상고사건을 수임한 변호사가 과실로 기간 내에 상고이유서를 제출하지 아니하여 상고가 기각됨으로 인한 재산상 손해배상을 청구받는 경우, 그 책임을 면하기 위하여는 자신의 과실이 없었더라도 상고인이 승소할 수 없었을 것임을 주장·입증하여야 한다.

④ 의뢰인의 지시가 의뢰인에게 불리한 경우에 변호사는 그런 사실을 의뢰인에게 알려 주어야 할 뿐 아니라, 나아가 의뢰인이 한 지시의 변경을 요구 또는 권고하여야 할 의무도 있다.

[정답] ③ 전소송의 항소심에서 패소한 상고인으로부터 상고사건을 수임한 변호사가 수임사건을 태만히 하여 상고이유서 제출기간 내에 상고이유서를 제출하지 아니하여 상고가 기각됨으로 인한 재산상 손해배상을 청구하는 경우, 그 변호사가 전소송의 상고이유서 제출기간 내에 상고이유서를 제출하였더라면 그 원심판결이 취소되고 상고인이 승소하였을 것이라는 점에 관한 입증이 없다고 하여 손해배상청구를 기각한 원심판결이 정당하다고 본 사례(대법원 1995. 5. 12. 93다62508 손해배상(기)).

문 6.
변호사의 비밀유지의무에 관한 설명 중 옳은 것은?

① 변호사는 업무수행에 필요한 경우 자신이 운영하는 법률사무소의 직원에게 의뢰인의 비밀을 공개할 수 있으나 그 직원으로 하여금 비밀을 유지하게 하여야 한다.

② 변호사는 의뢰인이 소송사건을 의뢰하면서 그 사건에 관련된 자신의 비밀을 다른 변호사에게 공개하지 말 것을 명시적으로 요구한 경우에도 같은 법무법인의 변호사에게는

이를 공개할 수 있다.

③ 변호사에게 부과된 비밀유지의무는 공적인 성질을 가지므로 의뢰인이 허락한다고 하더라도 비밀을 공개할 수 없다.

④ 변호사는 직무상 알게 된 의뢰인의 비밀이라고 하더라도 공익상의 이유가 있는 때에는 제한 없이 이를 공개할 수 있다.

[정답] ① 변호사의 비밀유지의무는 업무상 그 비밀을 알게 된 사무직원이나 같은 법인 내의 변호사들에게도 비밀을 유지시킬 의무가 있다. ② 비밀유지의 이익은 의뢰인이므로 그 의사에 반하여 같은 법무법인의 변호사에게 공개하는 것은 허용되지 아니한다. ③ 의뢰인의 허락(승낙)이 있으면 그 비밀에 관련된 사항을 증언할 수 있으며, 대외적으로 공개할 수 있다. ④ 공익상 이유로 의뢰인의 비밀을 공개하는 경우에도 최소한의 범위에서 공개하여야 한다(구 변호사윤리장전 23). 현행 변호사윤리장전 제18조 제4항은 "제1항 내지 제3항의 경우에 중대한 공익상의 이유가 있거나, 의뢰인의 동의가 있는 경우 또는 변호사 자신의 권리를 방어하기 위하여 필요한 경우에는, 최소한의 범위에서 이를 공개 또는 이용할 수 있다"라고 한다.

문 7.
변호사의 징계처분의 공개 및 정보제공 등에 관한 설명 중 옳지 않은 것은?

① 대한변호사협회의 장은 변호사에 대한 징계처분을 하면 이를 지체 없이 대한변호사협회가 운영하는 인터넷 홈페이지에 3개월 이상 게재하는 등 공개하여야 한다.

② 징계처분의 공개 범위, 징계정보의 열람·등사 절차에 관하여 필요한 사항은 변호사법 시행령에서 규정하고 있다.

③ 변호사를 선임하기 위하여 면담만 한 사람은 그 변호사에 대한 징계정보의 열람·등사를 신청할 수 없다.

④ 변호사와 사건수임 계약을 체결한 자의 직계존비속, 동거친족 또는 대리인도 그 변호사에 대한 징계정보의 열람·등사를 신청할 수 있다.

[정답] ③ 대한변호사협회의 장은 변호사를 선임하려는 자가 해당 변호사의 징계처분 사실을 알기 위하여 징계정보의 열람·등사를 신청하는 경우 이를 제공하여야 한다(변호사법 98의5④). ① 대한변호사협회의 장은 징계처분을 하면 이를 지체 없이 대한변호사협회가 운영하는 인터넷 홈페이지에 3개월 이상 게재하는 등 공개하여야 한다(변호사법 98의5②). ③ 징계처분의 공개 범위와 시행 방법, 제4항에 따른 변호사를 선임하려는 자의 해당 여부, 열람·등사의 방법 및 절차, 이에 소요되는 비용에 관하여 필요한 사항은 대통령령으로 정한다(변호사법 98의5⑤). ④ 징계정보의 열람·등사를 신청할 수 있는 자(신청권자)는 다음 각 호의 어느 하나에 해당하는 자로 한다(변호사법시행령 23의3①).

1. 해당 변호사와 면담하였거나 사건수임 계약을 체결하는 등 변호사를 선임하였거나 선임하려는 자

2. 제 1 호에 규정된 자의 직계존비속, 동거친족 또는 대리인

문 8.

A는 비상장 주식회사인 X사의 주식 100%를 소유하고 있었는데, 이를 B에게 전부 매도하면서 주식매매거래에 관한 일체의 자문과 협상을 변호사 甲에게 의뢰하였다. A는 X사의 부채에 관한 일부 자료를 은폐하여 위 주식을 고가로 매도할 수 있었고, 당시 甲은 이에 관해 알지 못했다. X사를 인수한 이후에 위 은폐사실을 알게 된 B는, A와 甲이 공모하여 불법행위를 저질렀다면서 이들을 상대로 손해배상청구의 소를 제기하였다. 한편, 甲은 소송과정에서 위 주식매매거래 당시 A로부터 제공받은 비밀정보가 A가 단독으로 위 은폐행위를 한 것이라는 점을 입증할 수 있는 유일한 증거임을 알게 되어 이를 위 손해배상소송에서 증거로 제출하였다. 甲의 행위가 징계의 대상이 되는지에 관한 설명 중 옳은 것은?

① 甲이 A가 부채 자료를 은폐하였다는 증거를 제출하였으므로, 甲의 행위는 징계의 대상이 된다.

② A의 은폐행위는 과거의 위법행위이나, 변호사의 비밀유지의무의 대상이 되므로 甲의 행위는 징계의 대상이 된다.

③ 손해배상소송이 비공개로 진행된 경우에 한하여 甲의 행위는 징계의 대상이 되지 않는다.

④ 甲의 행위로 A가 형사처벌을 받게 되더라도, 甲의 행위는 징계의 대상이 되지 않는다.

[정답] ④ 변호사는 자신의 권리를 옹호하기 위하여 필요한 경우에는 최소한의 범위에서 이를 공개할 수 있다(구 변호사윤리장전 23단서). 변호사 甲은 변호사법이 정한 징계사유에 해당되지 않는다. 현행 변호사윤리장전 제18조 제 4 항은 "제 1 항 내지 제 3 항의 경우에 중대한 공익상의 이유가 있거나, 의뢰인의 동의가 있는 경우 또는 변호사 자신의 권리를 방어하기 위하여 필요한 경우에는, 최소한의 범위에서 이를 공개 또는 이용할 수 있다"라고 한다.

문 9.

변호사 甲은 A로부터 X토지에 대한 B 명의의 소유권보존등기말소청구 사건을 수임하면서 성공보수로 X토지의 20% 지분을 넘겨받기로 약정하고 미리 소유권이전등기에 필요한 서류를 받아두었다. 甲은 위 소송에서 승소확정 판결을 받아 A 명의로 소유권보존등기를 마치고 X토지의 20% 지분을 甲 명의로 이전등기하였다.

그후 甲은 다시 A로부터 B를 상대로 한 X토지에 관한 차임 상당의 부당이득반환청구 사건을 수임하면서 수임료를 승소금액의 20%로 약정하고, 부당이득반환청구의 소를 제기하여 전부 승소판결을 받고 위 판결은 확정되었다. A의 요청으로 甲은 수임료 대신 위 부당이득반환채권 중 20%를 양수하였다. 아래 설명 중 옳은 것은? (다툼이 있는 경우에는 판례에 의함)

① 甲이 X토지의 20% 지분을 넘겨받은 것은 변호사법에서 금지하는 계쟁권리의 양수에 해당된다.

② 甲이 X토지의 20% 지분을 넘겨받기로 약정한 것이 계쟁권리의 양수에 해당되면 위 약정은 무효가 된다.

③ 甲이 위 부당이득반환청구채권 중 20%를 양수한 행위는 계쟁권리의 양수가 아니다.

④ 甲이 위 부당이득반환청구채권 중 20%를 양수하기로 한 약정이 과다하다고 인정되더라도, 이는 당사자 간의 적법한 의사에 기한 계약이므로 A가 그 의사표시에 하자가 있음을 주장·입증하지 못하는 한 감액될 수 없다.

[정답] ③ 변호사법상의 '계쟁권리'는 강학상 소송물과 동일한 개념이라 할 것이고, 변호사윤리장전의 '소송의 목적' 역시 계쟁권리와 동일한 개념으로 볼 수 있다. 설문에서 부당이득반환청구권이 계쟁권리이고, 부당이득반환채권 20%는 계쟁목적물이라고 할 수 있다.

문 10.

변호사 甲은 A와 B 사이의 사해행위취소소송에서 원고 A의 대리인으로서 소송을 진행하였다. 제 1 회 변론기일에서 甲의 패기 넘치는 변론에 감동받은 상대방 B가 다음날 자신의 C에 대한 대여금 사건을 맡아 소송을 진행하여 줄 것을 부탁하자, 甲은 A에게 즉시 이를 통보한 후 B와 수임을 약정하여 대여금반환청구소송을 진행하고 있다. 이러한 甲의 수임행위에 대한 설명 중 옳은 것은?

① 사해행위취소소송과 대여금반환청구소송은 다른 사건이므로 甲의 수임행위는 적법하다.

② 현재 수임하고 있는 사건의 상대방이 위임하는 다른 사건에 해당하여 어떠한 경우에도 수임할 수 없다.

③ 甲이 A에게 위 대여금반환청구소송을 수임한다는 것을 즉시 통보하였으므로 적법하다.

④ 다른 사건이라고 하더라도 A의 동의 없이 상대방 B의 사건을 수임하는 것은 위법하다.

[정답] ④ 변호사는 수임하고 있는 사건의 상대방이 위임하는 다른 사건에 관하여는 그 직무를 수행할 수 없다. 다만, 수임하고 있는 사건의 위임인이 동의한 경우에는 그러하지 아니하다(변호사법 31①(2)). 변호사 甲은 수임하고 있는 사건 의뢰인 A의 동의를 얻어야 하고, 동의를 얻지 않고 B의 사건을 수임하는 것은 위 규정을 위반한 것이 된다.

문 11.

A는 법무법인 L의 구성원 변호사인 甲에게 이혼청구소송을 의뢰하여 법무법인 L이 A의 소송대리인이 되어 B를 상대로 이혼청구의 소를 제기하였는데, 제 1 심 소송 진행 중 甲은 법무법인 L을 퇴사하여 개인법률사무소를 운영하게 되었다. 이와 관련한 설명 중 옳은 것은?

① 甲이 법무법인 L을 퇴사한 후에는 진행 중인 제 1 심 재판에서 甲은 B의 소송대리인이 될 수 있다.

② A가 법무법인 L과의 위임계약을 해지한 경우에는, 법무법인 L은 A에 대한 사임계를

제출하고 B로부터 위 사건을 수임하여 B의 소송대리인이 될 수 있다.

③ 제 1 심 판결 선고 후 항소심에서는 법무법인 L이 B의 소송대리인이 될 수 있다.

④ 甲이 법무법인 L을 퇴사한 후 A가 법무법인 L과의 위임계약을 해지한 경우라도 甲은 제 1 심 진행 중에는 A로부터 사건을 수임할 수 없다.

[정답] ④ 법무법인의 구성원이었거나 구성원 아닌 소속 변호사이었던 자는 법무법인의 소속 기간 중 그 법인이 상의를 받아 <u>수임을 승낙한 사건</u>에 관하여는 변호사의 업무를 수행할 수 없다(변호사법 52②). 변호사 甲은 법무법인 L이 이미 수임하여 소송진행 중에 있었기 때문에 의뢰인 A의 이혼사건을 수임할 수 없다. 다만, 수임제한 시기는 수임 승낙 당시의 심급에 계속 중일 때까지로 제한되므로, 당해 심급에서 사건이 종결된 이후에는 수임에 제한을 받지 않는다고 볼 수 있다. 위임받은 소송대리권의 범위는 특별한 사정이 없는 한 당해 심급에 한정된다(대법원 1994. 3. 8. 93다52105 청구이의).

문 12.

다음 중 수임제한 사유에 해당하지 않는 것은?

① 법원의 조정위원으로 취급한 손해배상청구사건의 원고를 대리하는 행위

② A가 B를 상대로 제기한 소송에서 A의 소송대리인으로부터 복대리인으로 선임되었는데, 복대리인을 사임한 후 동일 소송에서 B를 대리하는 행위

③ 폭행사건으로 기소된 공동피고인 C, D가 서로 상대방이 주범이고 자신은 종범일 뿐이라고 다투고 있는 경우에 C, D 모두를 위한 변호인으로 선임되는 행위

④ 매도인과 매수인 사이에 토지 매매계약이 체결됨에 따라 매매계약 쌍방으로부터 소유권 이전등기신청의 대리행위를 의뢰받아 하는 등기신청행위

[정답] ④ 변호사법 제31조 제 1 항 제 1 호의 "사건"은 <u>원칙적으로 소송사건에 적용되는 것</u>이나, 자문사건 중에서도 대립하는 당사자가 구체적으로 특정되고 구체적인 법률관계에 대하여 일방 당사자에 대해 조력하겠다고 하는 의사가 표시된 경우는 이를 포함한다.

변호사는 동일 사건에 관하여 당사자 쌍방을 대리할 수 없다. 다만, 법률상 금지되지 아니한 경우에는 그러하지 아니하다(구 변호사윤리장전 17②, 현행 변호사윤리장전 22①(1)). 등기는 법률에 다른 규정이 없는 경우에는 등기권리자와 등기의무자가 공동으로 신청한다(부동산등기법 23①). 민법 124조의 해석상 본인의 허락이 있는 경우에는 특정한 법률행위에 관한 대리인은 그 법률행위를 위하여 당사자 쌍방을 유효하게 대리할 수 있다(대법원 1973. 10. 23. 73다437 소유권이전등기). 토지 매매계약의 체결로 매도인과 매수인이 공동으로 소유권이전등기를 신청함에 있어 그 대리행위를 의뢰받아 등기신청행위를 하는 것은 본인의 허락이 있고, 이해관계가 대립하거나 이익이 충돌되는 경우가 아니므로 수임제한 사유에 해당되지 않는다.

문 13.

변호사와 의뢰인의 관계에 관한 설명 중 옳지 않은 것은? (다툼이 있는 경우 판례에 의함)

① 변호사와 의뢰인의 수임계약은 원칙적으로 약정한 위임사무의 처리가 완료되었을 때 종료되므로 당해 심급의 판결이 선고된 때에 수임받은 소송사무가 종료된다.

② 민법상 위임사무는 당사자의 사망으로 종료되지만, 변호사의 소송대리권은 의뢰인이 사망하더라도 소멸되지 아니한다.

③ 변호사는 수임한 민사사건에서 패소할 것으로 확신하고 의뢰인에게 법원의 조정에 응할 것을 제안하였지만, 의뢰인이 다른 변호사와 상담한 결과를 이유로 조정에 반대하는 경우에는 특별한 사정이 없는 한 사임할 수 있다.

④ 변호사는 사취당한 수표와 관련된 본안소송을 위임받은 경우에 사고신고담보금에 대한 보전조치의 위임을 별도로 받은 바가 없다면 적극적으로 사고신고담보금에 대한 권리보전조치로서 지급은행에 소송계속 중임을 증명하는 서면을 제출하여야 할 의무는 없다.

[정답] ① 소송대리권의 범위는 특별한 사정이 없는 한 당해 심급에 한정되어, 소송대리인의 소송대리권의 범위는 수임한 소송사무가 종료하는 시기인 당해 심급의 판결을 송달받은 때까지라고 할 것이다(대법원 2000. 1. 31. 99마6205). ④ 피사취수표와 관련된 본안소송을 위임받은 변호사가 사고신고담보금에 대한 권리 보전조치의 위임을 별도로 받은 바 없다면, 적극적으로 사고신고담보금에 대한 권리 보전조치로서 지급은행에 소송계속중임을 증명하는 서면을 제출하여야 할 의무가 있다고 볼 수는 없다(대법원 2002. 11. 22. 2002다9479).

문 14.

수임제한에 관한 다음 설명 중 옳은 것을 모두 고른 것은?

> 가. 변호사가 공무원으로서 직무상 취급하거나 취급하게 된 사건을 수임하는 경우 징계의 대상이 되는 것과는 별개로 형사 처벌을 받을 수 있다.
> 나. 위임사무가 종료된 이후에는 변호사는 종전 의뢰인의 양해 없이도 종전 사건과 동일한 사건에서 대립되는 당사자로부터 사건을 수임하는 데 문제가 없다.
> 다. 수익을 분배하거나 비용을 분담하지 않는 형태로 운영되는 공동법률사무소의 구성원들은 당사자 쌍방의 양해 없이는 쌍방 당사자로부터 사건을 수임할 수 없다.
> 라. 변호사는 자신과 친족관계에 있는 다른 변호사가 수임하고 있는 사건에서 의뢰인의 양해 없이도 대립되는 당사자로부터 사건을 수임할 수 있다.

① 가, 다   ② 가, 라
③ 나, 다   ④ 다, 라

[정답] ① 가. 변호사법 제31조 제 1 항 제 3 호(제57조, 제58조의16 또는 제58조의30에 따라

준용되는 경우를 포함한다)에 따른 사건을 수임한 변호사는 1년 이하의 징역 또는 1천만원 이하의 벌금에 처한다(변호사법 113(4)). 다. 수인의 변호사가 공동으로 사무소를 개설하고 있는 경우에 그 사무소 구성원들은 당사자 쌍방의 양해 없이는 쌍방 당사자의 사건을 수임할 수 없다. 사건을 수임한 후에 이에 위반된 것이 발견된 때에는 뒤에 수임한 사건을 사임하고 그 취지를 의뢰인에게 알려야 한다(구 변호사윤리장전 18③, 그러나 현행 변호사윤리장전은 이 규정을 삭제하면서 제27조를 신설하여 "수임 이후에 변호사가 대리하는 둘 이상의 의뢰인 사이에 이해의 대립이 발생한 경우에는, 변호사는 의뢰인들에게 이를 알리고 적절한 방법을 강구한다"로 하였다). 반면, 법무법인·법무법인(유한)·법무조합이 아니면서도 변호사 2명 이상이 사건의 수임·처리나 그 밖의 변호사 업무 수행 시 통일된 형태를 갖추고 수익을 분배하거나 비용을 분담하는 형태로 운영되는 법률사무소는 하나의 변호사로 본다(변호사법 31 ②). 나. 변호사는 위임사무가 종료된 후에도 종전 사건과 동일하거나 본질적으로 관련된 사건에서 대립되는 당사자로부터 사건을 수임할 수 없다. 다만, 종전 의뢰인이 양해한 경우에는 그러하지 아니하다(구 변호사윤리장전 18②). 라. 변호사는 자신과 친족 관계가 있는 다른 변호사가 수임하고 있는 사건에서 대립되는 당사자로부터 사건을 수임할 수 없다. 다만, 의뢰인이 양해한 경우에는 그러하지 아니하다(구 변호사윤리장전 18①, 개정 변호사윤리장전은 제22조 제1항 제4호에 "상대방 또는 상대방 대리인과 친족관계에 있는 경우"로 확대하고 있다).

문 15.
다음 변호사의 광고 중 변호사법위반으로 형사처벌을 받지 않는 것은?
① 변호사의 업무에 관하여 거짓된 내용을 표시하는 광고
② 국제변호사를 표방하거나 그 밖에 법적 근거가 없는 자격이나 명칭을 표방하는 내용의 광고
③ 소비자에게 업무수행 결과에 대하여 부당한 기대를 가지도록 하는 내용의 광고
④ 법무법인이 아니면서 법무법인 또는 이와 유사한 명칭을 사용하는 광고

[정답] ③ 변호사법 제23조 제2항 제1호(변호사의 업무에 관하여 거짓된 내용을 표시하는 광고) 및 제2호(국제변호사를 표방하거나 그 밖에 법적 근거가 없는 자격이나 명칭을 표방하는 내용의 광고)를 위반하여 광고를 한 자는 1년 이하의 징역 또는 1천만원 이하의 벌금에 처한다(변호사법 113(3)). ①, ②, ④는 형사처벌되지만, ③은 형사처벌 규정이 없다.

문 16.
징계절차의 개시에 관한 설명 중 옳은 것은?
① 의뢰인이나 의뢰인의 법정대리인·배우자·직계친족 또는 형제자매는, 수임변호사에게 변호사법에 규정된 징계 사유가 있으면 소속 지방변호사회의 장에게 징계개시의 신청을 청원할 수 있다.
② 지방검찰청 검사장은, 검찰 업무의 수행 중 변호사에게 변호사법에 규정된 징계 사유가

있는 것을 발견하였을 때에는 소속 지방변호사회의 장에게 징계개시를 청구할 수 있다.

③ 법조윤리협의회 위원장은, 공직퇴임변호사에게 변호사법에 규정된 징계 사유가 있는 것을 발견하였을 때에는 소속 지방변호사회의 장에게 징계개시를 청구할 수 있다.

④ 대한변호사협회의 장은, 변호사에게 변호사법에 규정된 징계 사유가 있는 것을 발견하였을 때에는 소속 지방변호사회에 설치된 변호사징계위원회의 위원장에게 징계개시를 신청할 수 있다.

[정답] ① 의뢰인이나 의뢰인의 법정대리인·배우자·직계친족 또는 형제자매는 수임변호사나 법무법인[제58조의2에 따른 법무법인(유한)과 제58조의18에 따른 법무조합을 포함한다]의 담당변호사에게 제91조에 따른 징계 사유가 있으면 소속 지방변호사회의 장에게 그 변호사에 대한 징계개시의 신청을 청원할 수 있다(변호사법 97의3①). ② 지방검찰청검사장은 범죄수사 등 검찰 업무의 수행 중 변호사에게 제91조에 따른 징계 사유가 있는 것을 발견하였을 때에는 대한변호사협회의 장에게 그 변호사에 대한 징계개시를 신청하여야 한다(변호사법 97의2 ①). ③ 윤리협의회의 위원장은 제출받은 자료를 검토하여 관련자들에 대한 징계사유나 위법의 혐의가 있는 것을 발견하였을 때에는 대한변호사협회의 장에게 징계개시를 신청하거나 지방검찰청 검사장에게 수사를 의뢰할 수 있다(변호사법 89의6⑤). ④ 대한변호사협회의 장은 변호사가 제91조에 따른 징계 사유에 해당하면 변협징계위원회에 징계개시를 청구하여야 한다(변호사법 97).

문 17.
변호사 甲은 A의 국선변호인이다. A는 현재 살인 혐의로 기소되어 형사재판이 진행 중이다. 甲이 A를 접견하여 살인의 동기나 현재 밝혀진 증거들의 진실성 등에 대해서 질문을 하였지만, A는 甲의 질문에 빈정대기나 할 뿐 甲의 변호활동에 전혀 협조적이지 않다. 심지어 변호사는 모두 잘난 사람들이어서 자신과 같은 사람에게는 해가 될 뿐이라고 하면서 욕을 해대기도 한다. 이제 甲도 A를 위해서 변호를 할 생각이 들지 않는다. 이 경우 甲이 취할 행동으로 옳은 것은?
① 성실한 변호를 포기하고 형식적으로만 변론행위를 한다.
② 국선변호인은 사임의 자유가 제한되므로, 법원에 사임의 허가를 요청한다.
③ 피고인과 변호인 사이의 신뢰가 무너진 경우, 국선변호인도 사선변호인과 마찬가지로 피고인에게 사임의 의사를 표시함으로써 사임한다. 다만 피고인이 새로운 변호사를 선임할 시간적 여유를 주어야 한다.
④ 국선변호인의 사임은 허용되지 않으므로 당해 심급이 끝날 때까지는 A를 위해 최선을 다하여 변론해야 한다.

[정답] ② 국선변호인은 다음 각호의 어느 하나에 해당하는 경우에는 법원 또는 지방법원 판사의 허가를 얻어 사임할 수 있다(형사소송규칙 20).

1. 질병 또는 장기여행으로 인하여 국선변호인의 직무를 수행하기 곤란할 때
2. 피고인 또는 피의자로부터 폭행, 협박 또는 모욕을 당하여 신뢰관계를 지속할 수 없을 때
3. 피고인 또는 피의자로부터 부정한 행위를 할 것을 종용받았을 때
4. 그 밖에 국선변호인으로서의 직무를 수행하는 것이 어렵다고 인정할 만한 상당한 사유가 있을 때

문 18.

변호사윤리에 관한 설명 중 옳지 않은 것은?

① 변호사는 성공보수를 조건부로 미리 받을 수 있다.

② 변호사는 증인에게 위증을 교사하거나 허위의 증거를 제출하려는 의뢰인의 위법행위에 가담하여서는 안 된다.

③ 변호사는 소송진행과정에서 출정시간과 서류의 제출 기타의 기한을 준수하고 소송지연을 목적으로 하는 행위를 하여서는 안 된다.

④ 변호사는 변론 또는 준비서면 등에 상대방을 모욕하는 언사를 사용하여서는 안 된다.

[정답] ① 변호사는 성공보수를 조건부로 미리 받아서는 아니 된다(구 변호사윤리장전 33, 그러나 현행 변호사윤리장전에서는 이 규정을 삭제한 바 있다).

문 19.

변호사의 지위에 관한 다음 설명 중 옳은 것을 모두 고른 것은? (다툼이 있는 경우에는 판례에 의함)

> 가. 변호사의 직무수행으로 발생한 소득은 사업소득으로 인정되어 종합소득세가 부과되므로 변호사는 의제상인에 해당한다.
> 나. 변호사의 활동은 상인의 영업활동과는 본질적으로 차이가 있고, 변호사의 직무관련 활동과 그로 인하여 형성된 법률관계에 대하여 상인의 영업활동 및 그로 인해 형성된 법률관계와 동일하게 상법을 적용해야 할 특별한 사회경제적 필요 내지 요청이 없다.
> 다. 변호사가 상인이 아닌 이상 상호등기에 의하여 그 명칭을 보호할 필요가 없다.
> 라. 법무법인에 대하여 상호등기를 허용하면서 변호사에게는 상호등기를 허용하지 아니하는 것은 헌법상 평등의 원칙에 위반된다.

① 가, 나   ② 가, 다
③ 나, 다   ④ 나, 라

[정답] ③ 나. 변호사의 직무 관련 활동과 그로 인하여 형성된 법률관계에 대하여 상인의 영업활동 및 그로 인한 형성된 법률관계와 동일하게 상법을 적용하지 않으면 아니 될 특별한 사회경제적 필요 내지 요청이 있다고 볼 수도 없으므로, 변호사는 상법 제 5 조 제 1 항이 규정하는 '상인적 방법에 의하여 영업을 하는 자'라고 볼 수 없다(대법원 2011. 4. 22. 2011마110).

가. 소득세법이 변호사의 직무수행으로 인하여 발생한 수익을 같은 법 제19조 제1 항 제11호가 규정하는 '사업서비스업에서 발생하는 소득'으로 보아 과세대상으로 삼고 있는 사정 등을 감안한다 하더라도, 위에서 본 변호사법의 여러 규정과 제반 사정을 참작하여 볼 때, 변호사를 상법 제5조 제1 항이 규정하는 '상인적 방법에 의하여 영업을 하는 자'라고 볼 수는 없다 할 것이므로, 변호사는 의제상인에 해당하지 아니한다(대법원 2007. 7. 26. 2006마334). 다. 변호사가 상인이 아닌 이상 상호등기에 의하여 그 명칭을 보호할 필요가 있다고 볼 수 없으므로, 등기관이 변호사의 상호등기신청을 각하한 처분이 적법하다고 한 사례(대법원 2007. 7. 26. 2006마334). 라. 변호사가 변호사법 제40조에 의하여 그 직무를 조직적·전문적으로 행하기 위하여 설립한 법무법인은, 같은 법 제42조 제1 호에 의하여 그 정관에 '상호'가 아닌 '명칭'을 기재하고, 같은 법 제43조 제2 항 제1 호에 의하여 그 설립등기시 '상호'가 아닌 '명칭'을 등기하도록 되어 있으므로, 이러한 법무법인의 설립등기를 '상호' 등을 등기사항으로 하는 상법상 회사의 설립등기나 개인 상인의 상호등기와 동일시할 수 없다. 따라서 법무법인에 대하여 상호등기를 허용하면서 변호사에게는 상호등기를 허용하지 아니하는 것이 헌법상 평등의 원칙에 위반된다는 재항고 이유의 주장은 그 전제가 잘못된 것이다(대법원 2007. 7. 26. 2006마334 등기관처분에대한이의).

문 20.

변호사윤리장전에 따른 변호사의 직업윤리에 관한 설명 중 옳지 않은 것은?

① 변호사는 기본적 인권의 옹호와 사회정의의 실현을 사명으로 한다.

② 변호사는 외국(혹은 외국인)과 관련된 사무를 처리함에 있어서 해당국의 변호사윤리까지 존중할 의무는 없다.

③ 변호사는 직무의 성과에 구애되어 진실규명을 소홀히 하여서는 안 된다.

④ 변호사는 사생활에 있어서도 호화와 사치를 피하고 검소한 생활로 타의 모범이 되어야 한다.

[정답] ② 변호사는 섭외사건이나 국제적 사무를 처리함에 있어서는 관계 외국의 변호사 윤리도 존중하여야 한다(구 변호사윤리장전 3, 현행 변호사윤리장전에서는 이 규정을 삭제하였다).

문 21.

외국법자문사에 관한 설명 중 옳은 것은?

① 외국법자문사는 원자격국의 법령에 관한 자문 및 원자격국과 같은 언어를 사용하는 국가의 법령에 관한 자문을 할 수 있다.

② 외국법자문사 신청인이 둘 이상의 국가에서 외국법자문사 자격승인 요건을 모두 갖춘 경우라도 법무부장관은 그중 하나의 국가만 원자격국으로 지정하여야 한다.

③ 외국법자문사가 변호사·법무사·변리사·공인회계사·세무사 및 관세사를 고용한 경우 외국법자문사뿐만 아니라 고용된 변호사·법무사·변리사도 형사처벌을 받게 되나, 공

인회계사·세무사 및 관세사는 형사처벌을 받지 않는다.

④ 외국법자문사가 업무능력이나 재산상황이 현저히 악화되어 의뢰인이나 제3자에게 손해를 입힐 우려가 있고 그 손해를 방지하기 위하여 부득이하다고 판단되는 경우 법무부장관은 외국법자문사의 자격승인을 취소할 수 있으며, 이 경우 청문을 하여야 한다.

[정답] ④ 법무부장관은 외국법자문사가 다음 각 호의 어느 하나에 해당하는 경우에는 자격승인을 취소할 수 있다(외국법자문사법 7②).

1. 자격승인신청서 또는 그 증빙서류의 중요 부분이 누락되었거나 그 내용이 거짓으로 보이는 상당한 사정이 있는 경우
2. 업무능력이나 재산상황이 현저히 악화되어 의뢰인이나 제3자에게 손해를 입힐 우려가 있고, 그 손해를 방지하기 위하여 부득이하다고 판단되는 경우
3. 제9조 제1항에 따른 보고 또는 자료 제출을 하지 아니하거나 거짓의 보고 또는 자료 제출을 한 경우
4. 자격승인을 받고 정당한 사유 없이 1년 이내에 대한변호사협회에 제10조에 따른 등록신청을 하지 아니한 경우
5. 제11조 제2항에 따른 등록의 유효기간이 지난 후 3년 이내에 제10조에 따른 등록을 하지 아니한 경우

법무부장관은 제2항 제1호부터 제3호까지의 규정에 따라 외국법자문사의 자격승인을 취소하려는 경우에는 청문을 하여야 한다(외국법자문사법 7③).

① 외국법자문사는 다음 각 호의 사무를 처리할 수 있다(외국법자문사법 24).
1. 원자격국의 법령에 관한 자문
2. 원자격국이 당사국인 조약 및 일반적으로 승인된 국제관습법에 관한 자문
3. 국제중재사건의 대리. 다만, 중재에서 제1호 및 제2호에 따른 법령이나 조약 등이 적용되지 아니하기로 확정된 경우에는 그때부터 그 사건을 대리할 수 없다.

② 법무부장관은 자격승인을 하면서 신청인이 외국법사무를 수행할 수 있는 원자격국을 지정하여야 한다. 이 경우 둘 이상의 국가에서 제1항의 요건을 모두 갖춘 경우 그 전부를 원자격국으로 지정할 수 있다(외국법자문사법 6②).
③ 외국법자문사법 제34조 제1항을 위반하여 법무사·변리사·공인회계사·세무사 및 관세사를 고용한 사람 및 이에 고용된 법무사·변리사·공인회계사·세무사 및 관세사에 해당하는 사람은 3년 이하의 징역 또는 2천만원 이하의 벌금에 처한다. 이 경우 벌금과 징역은 병과할 수 있다(외국법자문사법 48).

문 22.

변호사시험에 합격한 변호사의 지위에 대한 설명 중 옳지 않은 것은?

① 변호사시험에 합격한 변호사는 6개월 이상 변호사법이 정한 법률사무종사기관에서 법률

사무에 종사하거나 대한변호사협회 연수를 마치지 아니하면 단독으로 법률사무소를 개
설하거나 법무법인, 법무법인(유한) 및 법무조합의 구성원이 될 수 없다.

② 변호사시험에 합격한 변호사는 법률사무종사기관에서 6개월 이상 법률사무에 종사하거
나 연수를 마치지 아니하면 사건을 단독 또는 공동으로 수임할 수 없다.

③ 위 ①, ②의 법률사무 종사기간이나 연수기간을 충족하려면 변호사시험 합격 후 1년 이
내에 연속하여 6개월 이상 법률사무에 종사하거나 연수를 마쳐야 한다.

④ 변호사시험에 합격한 변호사는 단독이나 공동수임이 아닌 법무법인, 법무법인(유한) 또
는 법무조합의 담당변호사로 지정되기 위하여도 6개월 이상 법률사무에 종사하거나 연
수를 마쳐야 한다.

[정답] ③ 변호사시험에 합격한 변호사는 통산하여 6개월 이상 다음 각 호의 어느 하나에 해
당하는 기관 등(이하 "법률사무종사기관"이라 한다)에서 법률사무에 종사하거나 연수(제 6 호
에 한정한다)를 마치지 아니하면 단독으로 법률사무소를 개설하거나 법무법인, 법무법인(유
한) 및 법무조합의 구성원이 될 수 없다(변호사법 21의2①). 법률사무 종사 또는 연수 기간을
계산할 때 둘 이상의 법률사무종사기관에서 종사 또는 연수한 자에 대하여는 법률사무 종사
또는 연수 기간이 중첩되지 아니하는 범위에서 그 기간을 합산하여 계산한다(변호사법시행령
5의2). 의무연수를 언제부터 언제까지 받아야 된다는 규정은 없다.

문 23.
甲이 2011. 8. 9. 서울중앙지방법원 민사합의부에 재직할 당시 배석판사로 취급한 손해배
상청구 사건이 이송되어 2012. 6. 9. 현재 대구지방법원에 계속 중이다. 한편, 甲은 서울
중앙지방법원에서 계속 근무하다 2012. 5. 31. 퇴직하여 개업하였다. 다음 중 甲이 수임
할 수 있는 사건은?

① 대구지방법원으로 이송되어 계속 중인 위 손해배상청구 사건

② 위 손해배상청구 사건의 원고가 피고를 사기죄로 고소한, 사건의 쟁점이 동일한 형사사
건으로 현재 서울중앙지방검찰청에서 수사 중인 사건

③ 자신이 판사로 재직 중인 기간에 전혀 관여한 바가 없는 사건으로 현재 서울중앙지방
법원에 계속 중인 다른 민사소송사건

④ 자신이 서울중앙지방법원에 근무할 당시 대구지방법원에 소 제기되어 담당판사의 요청
으로 조언을 했던 사건

[정답] ④ 변호사는 공무원 · 조정위원 또는 중재인으로서 직무상 취급하거나 취급하게 된 사
건에 관하여는 그 직무를 수행할 수 없다(변호사법 31①(3)). 지문은 공무원으로 직무상 취급
한 사건이 아니며, 공직퇴임변호사의 수임제한에도 해당되지 않는다. ① 공무원으로서 직무상
취급한 사건이다. ②, ③ 법관, 검사, 군법무관(병역의무 이행만을 목적으로 한 군복무는 제외

한다), 그 밖의 공무원직에 재직한 변호사(공직퇴임변호사)는 퇴직 전 1년부터 퇴직한 때까지 근무한 법원, 검찰청, 군사법원, 금융위원회, 공정거래위원회, 경찰관서 등 국가기관(대법원, 고등법원, 지방법원 및 지방법원 지원과 그에 대응하여 설치된 「검찰청법」 제 3 조 제 1 항 및 제 2 항의 대검찰청, 고등검찰청, 지방검찰청, 지방검찰청 지청은 각각 동일한 국가기관으로 본다)이 처리하는 사건을 퇴직한 날부터 1년 동안 수임할 수 없다(변호사법 31③).

문 24.

기업의 고문변호사에 관한 설명 중 옳지 않은 것은?

① 고문변호사는 고문회사에 대해 사용종속관계에 있는 것은 아니다.

② 고문변호사가 고문을 맡고 있는 고문회사의 감사로 취임하기 위해서는 지방변호사회의 겸직허가를 받아야 한다.

③ 고문변호사도 법률자문 과정에서 알게 된 고문회사의 비밀에 대하여는 비밀유지의무가 있다.

④ 고문회사와 A 사이에 발생한 분쟁에 대하여 고문변호사가 고문회사에게 구체적인 법률 자문을 해주었는데, 그 후 A가 그 분쟁 사안에 관하여 고문회사를 상대로 소를 제기한 경우에 고문변호사는 A로부터 그 사건을 수임할 수 없다.

[정답] ② 변호사는 소속 지방변호사회의 허가 없이 다음 각 호의 행위를 할 수 없다. 다만, 법무법인·법무법인(유한) 또는 법무조합의 구성원이 되거나 소속 변호사가 되는 경우에는 그러하지 아니하다(변호사법 38②).

1. 상업이나 그 밖에 영리를 목적으로 하는 업무를 경영하거나 이를 경영하는 자의 사용인이 되는 것
2. 영리를 목적으로 하는 법인의 업무집행사원·이사 또는 사용인이 되는 것

문 25.

변호사의 수임제한에 관한 설명 중 옳지 않은 것은? (다툼이 있는 경우에는 판례에 의함)

① 기업회생 사건의 업무를 담당한 판사는 변호사 개업 후 그 회사의 회생절차 기간 중에 있었던 그 회사의 모든 사건에 대하여 업무를 수행할 수 없다.

② 판사가 사건을 배당받은 후 기일이 지정되지 않은 상태에서 퇴직한 경우 그 사건을 변호사로 수임하는 것은 허용되지 않는다.

③ 경매사건을 담당한 판사는 변호사 개업 후 그 경매사건의 경매물건 하자를 이유로 채권자, 채무자, 감정인을 상대로 한 손해배상 사건의 대리인이 되어서는 안 된다.

④ 특허등록 무효사건을 취급한 대법원 재판연구관은 변호사 개업 후 그 특허등록 무효사건의 일방 당사자가 제기한 특허침해를 원인으로 한 손해배상청구소송의 피고를 대리하여서는 안 된다.

[정답] ① 법관으로 재직중 직무상 취급하였던 특정 회사의 회생절차와 관련된 사건은 수임할수 없지만, 그 회사와 제 3 자 사이에 발생한 소송사건 등은 수임할 수 있다. 판사로서 회사정리 사건의 업무에 관여하였다면 그 회사의 회사정리 절차 진행 중에 있었던 모든 사건에 대하여 변호사로서의 업무를 수행할 수 없다는 것으로 무한히 확장하여 해석할 수는 없다(서울고법 2008. 10. 29. 2008누7573 징계처분취소). ③ 대한변협 2006. 4. 26. 법제 제1428호 질의회신.

문 26.

공직퇴임변호사에 관한 설명 중 옳지 않은 것은?

① 법관 또는 검사로 재직하였던 변호사는 수임이 제한되는 공직퇴임변호사에 속한다.

② 공직퇴임변호사는 퇴직 전 1년부터 퇴직한 때까지 자신이 근무한 국가기관이 처리하는 사건을 퇴직한 날부터 1년 동안 수임할 수 없다.

③ 공직퇴임변호사는 퇴직일부터 1년간 수임자료와 처리결과를 소속 지방변호사회에 제출하고, 각 지방변호사회는 이를 법조윤리협의회에 제출하여야 한다.

④ 공직퇴임변호사가 수임자료와 처리결과를 소속 지방변호사회에 제출하지 않거나 거짓 자료를 제출하면 1,000만 원 이하의 과태료가 부과된다.

[정답] ③ 법관, 검사, 장기복무 군법무관, 그 밖의 공무원 직에 있다가 퇴직(사법연수생과 병역의무를 이행하기 위하여 군인·공익법무관 등으로 근무한 자는 제외한다)하여 변호사 개업을 한 자(이하 "공직퇴임변호사"라 한다)는 퇴직일부터 2년 동안 수임한 사건에 관한 수임 자료와 처리 결과를 대통령령으로 정하는 기간마다 소속 지방변호사회에 제출하여야 한다(변호사법 89의4①). 지방변호사회는 제 1 항에 따라 제출받은 자료를 윤리협의회에 제출하여야 한다(변호사법 89의4③). ④ 제89조의4 제 1 항·제 2 항 및 제89조의5 제 2 항을 위반하여 수임자료와 처리 결과를 제출하지 아니하거나 거짓 자료를 제출한 자에게는 1천만원 이하의 과태료를 부과한다(변호사법 117①(8)).

문 27. 다음 중 변호사 광고로서 허용되지 않는 행위를 모두 고른 것은?

가. 하자보수분쟁 중에 있는 아파트 입주자대표회의의 요청이나 동의 또는 소속 지방변호사회의 허가 없이 입주자대표회의를 방문하여 소송의뢰를 권유하는 행위

나. 서울 시내 지하철 승객에게 배포되는 무가지에 대한변호사협회에 등록된 전문분야에 대한 광고를 게재하는 행위

다. 사회적 논란이 된 불량건강식품을 구매하여 피해를 입은 피해자의 명단을 파악하여, 사건을 유상으로 유치할 목적으로, 피해자들이 입원하고 있는 병원으로 직접 찾아가 사건의 의뢰를 권유하는 행위

라. 인터넷 홈페이지 또는 블로그를 개설하여 "공군기지 소음피해자 소송에 관심있는 분,

> 변호사 甲 법률사무소로 문의하세요."라는 내용의 광고를 게재하는 행위

① 가, 나   ② 가, 다
③ 나, 라   ④ 다, 라

[정답] ② 가. 다. 변호사는 현재 및 과거의 의뢰인, 친구, 친족 및 이에 준하는 사람 이외의 사람을 방문하거나 전화를 거는 방법으로 광고를 하여서는 안 된다. 다만, 상대방의 동의나 요청이 있는 경우에는 예외로 한다(변호사업무광고규정 5①).

문 28.

다음 설명 중 옳지 않은 것은?

① 변호사는 소송에 관한 행위 및 행정처분의 청구에 관한 대리행위와 일반 법률사무를 하는 것을 그 직무로 한다.

② 변호사가 해외이주법에 의한 해외이주신고를 대리하는 행위는 변호사법상 변호사의 직무에 당연히 포함되는 것이므로 겸직허가를 받을 필요가 없다.

③ 변호사가 변리사 업무를 하고자 할 때 겸직허가를 받을 필요가 없다.

④ 변호사가 일반 법률사무에 당연히 포함되어 있는 세무사 업무를 변호사 명의로 수행하는 것이 아니라, 세무사법에 따라 세무사등록을 하여 세무사 업무를 하고자 하는 경우에는 겸직허가를 받을 필요가 있다.

[정답] ④ 변호사는 소송행위의 대리뿐만 아니라 일반 법률사무를 행할 수 있으므로 세무사의 업무도 일반 법률사무에 속하는 것으로서 변호사는 당연히 세무사 업무를 행할 수 있으며, 비록 세무사법에 의하여 세무사등록을 하여 세무사 업무를 행한다 하더라도 변호사법 제38조 제 2 항의 규정에 의한 겸직허가를 받을 필요가 없다(대한변협 2001. 9. 19. 질의회신). ③ 특허(실용신안, 의장, 상표 포함)에 관한 대리업무는 법률사무로서(세무사법이나 일본 변호사법과 같은 명문의 규정이 없더라도 변호사법에 정한 당연한 법률사무이다) 원칙적으로 변호사의 고유의 직무에 속한다. 그러므로 변호사가 변리사의 직무로서 특허대리를 하는 데는 아무런 제한도 없다. 다만, 이 경우 변리사라는 자격을 표시하여서는 아니 된다. 변호사라 하더라도 변리사의 자격으로 특허대리를 하려면 변리사명부에 등록하고 변리사회에 가입하여야 한다(대한변협 1997. 5. 20. 질의회신).

문 29.

변호사법상 사건의 수임에 관한 설명 중 옳지 않은 것은? (다툼이 있는 경우에는 판례에 의함)

① 사전에 대가를 받기로 약속하지 않고 법률사건의 당사자를 변호사에게 알선한 후 그

대가로 금품을 받거나 요구하는 것은 형사처벌의 대상이 된다.
② 변호사법상 형사처벌의 대상이 되는 알선행위가 성립하기 위하여 당사자와 변호사 사이
에 현실적으로 위임계약이 체결될 필요는 없다.
③ 변호사가 변호사법상 형사처벌의 대상이 되는 알선에 의하여 법률사건을 수임한 경우
그 수임계약은 사법상 무효이고, 수임료는 형사상 범죄에 기하여 얻은 부정한 이익으로
추징의 대상이다.
④ 변호사 아닌 자가 변호사에게 법률사건의 당사자를 알선하는 것은 물론, 변호사가 변호
사에게 이를 알선하고 그 대가를 받는 것도 형사처벌의 대상이다.

[정답] ③ 변호사가 같은 법 제27조 제2항에 위반하여 법률사건을 수임하더라도 그 수임계
약과 이에 따른 소송행위는 유효한데, 피고인이 법률사건을 수임하고 받은 수임료는 법률사건
의 알선을 받은 대가가 아니고 사법상 유효한 위임계약과 그에 따른 대리행위의 대가이므로,
같은 법 제27조 제2항 위반행위로 인하여 얻은 부정한 이익으로 볼 수 없고, 따라서 추징의
대상이 아니다(대법원 2001. 7. 24. 2000도5069 변호사법위반·상해). ② 현실적으로 위임계
약 등이 성립하지 않아도 무방하며, 비변호사가 법률사건의 대리를 다른 비변호사에게 알선하
는 경우는 물론 변호사에게 알선하는 경우도 이에 해당하고, 그 대가로서의 보수(이익)를 알
선을 의뢰하는 자뿐만 아니라 그 상대방 또는 쌍방으로부터 받거나 받을 것을 약속한 경우도
포함하며, 이러한 보수의 지급에 관한 약속은 그 방법에 아무런 제한이 없고 반드시 명시적임
을 요하는 것도 아니다(대법원 2002. 3. 15. 2001도970 변호사법위반·뇌물공여·공갈미수·
횡령).

문 30.
변호사법 및 외국법자문사법상 보수분배 금지규정에 위반되지 않는 경우는?
① 변호사가 인터넷 포털 사이트와 업무제휴를 하고 그 사이트를 통하여 법률사무를 위임
받고 수임료 중 일부를 그 대가로 지급하는 경우
② 변호사가 에이알에스(ARS)와 연계된 인터넷 유료법률상담 사이트를 운영하면서 유료전
화 상담에 참여한 세무사와 전화상담에 따른 상담료를 분배하는 경우
③ 변호사가 변리사 또는 세무사를 고용하여 특허 또는 세무업무를 처리하고 이들에게 임
금을 지급하는 경우
④ 자유무역협정 등의 당사국에 본점사무소가 설립·운영되고 있는 외국법자문법률사무소
가 사전에 공동사건 처리 등을 위한 등록을 하고 대한민국의 법률사무소, 법무법인, 법
무법인(유한) 또는 법무조합과 사안별 개별 계약에 따라 모든 법률사건을 공동으로 처
리하고, 그로부터 얻게 되는 수익을 분배하는 경우

[정답] ③ 변호사나 법무법인이 비변호사인 공인회계사, 공인노무사, 변리사, 세무사, 관세사,

법무사 등 전문직 종사자를 고용하는 경우는 변호사법 및 기타 법령에 위반되지 아니 한다. ④ 자유무역협정등에 따라 법무부장관이 고시하는 자유무역협정등의 당사국에 본점사무소가 설립·운영되고 있는 외국법자문법률사무소는 사전에 대한변호사협회에 제34조의3에 따른 공동 사건 처리 등을 위한 등록을 한 경우 제34조 제 2 항에도 불구하고 법률사무소, 법무법인, 법무법인(유한) 또는 법무조합과 <u>국내법사무와 외국법사무가 혼재된 법률사건</u>을 사안별 개별 계약에 따라 공동으로 처리하고 그로부터 얻게 되는 수익을 분배할 수 있다(외국법자문사법 34의2①).

문 31.

'법무법인'과 '법무법인(유한)'의 구성 및 책임에 관한 설명 중 옳지 않은 것은?

① 구성원 변호사 3명으로 운영되던 '법무법인'에서 구성원 변호사 1명이 탈퇴한 경우 탈퇴일로부터 3개월 이내에 구성원 변호사 1명을 보충하면 설립인가 취소처분을 면할 수 있다.

② 5명의 변호사로 구성하며 그 중 2명이 통산하여 10년 이상 판사직에 있었던 자인 경우 '법무법인(유한)'을 설립할 수 있다.

③ '법무법인'의 업무수행 잘못으로 인하여 의뢰인에게 손해배상책임을 지는 경우 '법무법인'의 재산으로 그 채무를 완제할 수 없는 때에는 구성원 변호사 전원이 연대하여 변제할 책임이 있다.

④ '법무법인(유한)'의 담당변호사가 고의나 과실로 인하여 수임사건의 위임인에게 손해배상책임을 지는 경우 그 담당변호사를 직접 지휘·감독한 구성원도 그 손해를 배상할 책임이 있으나, 다만 지휘·감독을 할 때에 주의를 게을리하지 아니하였음을 증명한 경우에는 책임을 지지 않는다.

[정답] ② 법무법인(유한)은 <u>7명 이상</u>의 변호사로 구성하며, 그중 2명 이상이 통산하여 10년 이상 「법원조직법」 제42조 제 1 항 각 호의 어느 하나에 해당하는 직에 있었던 자이어야 한다 (변호사법 58의6①). ① 법무법인은 제 1 항에 따른 구성원의 요건을 충족하지 못하게 된 경우에는 3개월 이내에 보충하여야 한다(변호사법 45①). ③ 회사의 재산으로 회사의 채무를 완제할 수 없는 때에는 각 사원은 연대하여 변제할 책임이 있다(상법 212①, 변호사법 58①). 그러므로 법무법인의 재산으로 채무를 완제할 수 없는 때에는 각 구성원 변호사는 연대하여 변제할 책임이 있다

문 32.

변호사 甲은 2011. 7. 다음과 같은 광고를 X시 Y동 소재 아파트 단지의 각 아파트 건물 입구 게시판에 게시하고 같은 내용의 우편물을 각 아파트 소유자의 요청이나 동의없이 발송하였다.

「광고문안: "본 변호사는 2011. 7. 부과된 아파트 재산세부과처분을 취소하고 과다하게

부과된 재산세액을 환급받기 위한 소송을 준비하고 있습니다. 참고로 본 변호사는 지난 3년간 수임한 30건의 행정소송 중 24건을 승소하여 80%의 승소율을 기록한 X시내 최고의 행정소송 변호사입니다. 24건의 승소 사건 목록은 첨부와 같습니다. 재산세액 환급에 관심이 있으신 분들은 연락주시면 성의껏 답변드리겠습니다."」

광고에 첨부된 목록에는 현재 수임중인 사건은 제외하고 과거에 취급한 사건의 당사자명, 사건번호와 판결일자 및 승소금액을 명시하였다. 甲은 위 광고에 대하여 소속 지방변호사회의 허가를 받지 않았고, 목록작성을 하면서 의뢰인들의 동의도 받지 않았다. X시에서 개업한 변호사 중 지난 3년간 30건 이상의 행정소송 사건을 수임하여 80% 이상의 승소율을 기록한 변호사는 甲 이외에는 없다. 위 광고와 관련한 다음 설명 중 옳은 것은?

① 승소율이 사실에 부합하는 이상 광고문안에 승소율을 표시하여도 무방하다.

② 甲의 승소율이 X시에서 최고인 이상 광고문안에 최고의 행정소송 변호사라는 표현을 사용하여도 무방하다.

③ 각 아파트 소유자에게 우편물을 보낸 것은 허용되지 않는 행위이다.

④ 광고에 과거에 취급한 사건의 목록을 첨부한 것은 허용된다.

[정답] ③ 변호사는 특정사건과 관련하여 이해관계인에 대하여 그 요청이나 동의 없이 방문, 전화, 팩스, 우편, 전자우편, 문자 메시지 송부, 기타 이에 준하는 방식으로 접촉하여 당해 사건의 의뢰를 권유하는 내용의 광고를 할 수 없다. 다만, 소속 지방변호사회의 허가를 받은 경우에는 그러하지 아니하다(변호사업무광고규정 4(5)). ① 변호사는 승소율, 석방률 기타 고객으로 하여금 업무수행결과에 대하여 부당한 기대를 가지도록 하는 내용의 광고를 할 수 없다(변호사업무광고규정 4(3)). ② 변호사는 자신이나 자신의 업무에 대하여 "최고," "유일," 기타 이와 유사한 용어를 사용하여 광고할 수 없다(변호사업무광고규정 7③). ④ 변호사는 과거에 취급하였거나 관여한 사건이나 현재 수임중인 사건 또는 의뢰인을 표시하는 내용의 광고를 할 수 없다. 다만, 의뢰인이 동의하거나, 당해 사건이 널리 일반에 알려져 있거나 의뢰인이 특정되지 않는 경우 등 의뢰인의 이익을 해칠 우려가 없는 경우에는 그러하지 아니하다(변호사업무광고규정 4(8)).

문 33.

사내변호사에 관한 설명 중 옳지 않은 것은?

① 사내변호사가 자신을 고용한 회사의 사업에 대하여 법률 자문 업무를 수행하던 중 그 사업이 범죄행위에 해당한다고 판단된 때에는 즉시 그 협조를 중단하여야 한다.

② 사내변호사가 자신을 고용한 회사의 범죄행위를 대외적으로 공개하는 것을 허용할지 여부에 관하여 변호사의 비밀유지의무를 근거로 불허해야 한다는 견해도 있다.

③ 주식회사에 고용된 사내변호사의 의뢰인은 주식회사 그 자체가 아니라 주식회사의 대주주이다.

④ 법무법인에 재직 중인 변호사는 주식회사의 사내변호사로서 변호사 업무를 수행할 수

없다.

[정답] ③ 사내변호사는 회사라는 조직체에 대하여 충실의무를 진다. 충실의무는 주식회사의 대주주 등 회사 구성원인 사람들에 대하여 충실의무를 지는 것은 아니다.

문 34.
변호사의 공익활동에 관한 설명 중 옳은 것은?
① 부득이한 사정이 있어서 공익활동의 시간을 완수하지 못한 개인회원에게는 당해 연도에 채우지 못한 시간만큼 다음 해의 공익활동 의무시간이 추가된다.
② 변호사의 공익활동은 어디까지나 변호사 개인의 자율적인 의지에 의해 수행되는 활동이므로, 공익활동 시간을 완수하지 못했더라도 변호사 징계 사유에 해당되지 않는다.
③ 법조경력이 2년 미만이거나 60세 이상인 개인회원은 공익활동이 면제되기 때문에 법무법인 등의 공익활동수행변호사로 지정될 수 없다.
④ 개인회원을 고용하고 있는 법인회원 또는 개인회원은 고용된 회원이 공익활동 등에 참여할 수 있도록 협력할 의무가 있다.

[정답] ④ 개인회원을 고용하고 있는 법인회원 또는 개인회원은 고용된 회원이 공익활동 등에 참여할 수 있도록 노력하여야 한다(공익활동등에 관한 규정 7). ① 부득이한 사정으로 공익활동 시간을 완수하지 못한 개인회원은 1시간당 금 2만원 내지 3만원에 해당하는 금액을 소속 지방변호사회에 납부하여야 한다(공익활동등에 관한 규정 3①). ② 지방변호사회 회장은 공익활동을 정당한 이유 없이 수행하지 아니하거나 제3조 제2항의 규정에 의한 돈을 납부하지 아니한 개인회원에 대하여 협회장에게 징계개시신청을 할 수 있다(공익활동등에 관한 규정 9). ③ 법무법인·법무법인(유한)·법무조합, 공증인가합동법률사무소 또는 조합형 합동법률사무소는 법조경력이 2년 미만이거나 60세 이상인 개인회원을 공익활동 수행변호사로 지정할 수 있다(공익활동등에 관한 규정 4⑤).

문 35.
사기죄로 구속기소된 피고인 A는 변호사 甲을 선임하여 담당재판부에 보석허가청구를 하였으나 기각되었다. 실의에 빠진 A는 우연히 변호사 乙이 담당재판장과 고등학교 동기 동창이라는 사실을 알게 되었고, A는 乙을 선임하여 보석허가청구를 다시 하기 위하여 乙에게 접견을 요청하였다.
乙이 A를 접견하여 상담하고 사건을 수임하는 과정에 관한 설명 중 옳지 않은 것은?
① 乙은 A로부터 사건을 수임하면서 보석보증금을 성공보수로 전환하기로 하는 약정을 서면으로 체결할 수 있다.
② 乙은 甲이 보석허가청구를 하였다가 기각된 사실에 대해 경솔한 비판을 삼가야 한다.
③ 乙은 A에게 "자신이 선임되어 다시 보석허가청구를 하면 담당재판장이 절친한 친구 사

이이므로 보석허가청구가 받아들여질 가능성이 매우 높다."라고 말해서는 안 된다.

④ 위 사기 사건에는 이미 甲이 변호인으로 선임되어 있으므로 乙은 A의 변호인으로 선임
될 수 없다.

[정답] ④ 변호사는 의뢰인이 이미 다른 변호사를 선임한 사건을 수임할 때에는 그 다른 변호
사의 양해를 구해야 한다(구 변호사윤리장전 21③, 현행 변호사윤리장전에서는 이 규정을 삭
제하였다). ① 변호사는 서면에 의한 명백한 약정이 있는 경우가 아니면 공탁금, 보증금 기타
의 보관금 등을 보수로 전환하여서는 아니 된다(구 변호사윤리장전 34, 현행 변호사윤리장전
제33조 제 2 항에서 "변호사는 명백한 서면 약정 없이 공탁금, 보증금, 기타 보관금 등을 보수
로 전환하지 아니한다. 다만, 의뢰인에게 반환할 공탁금 등을 미수령 채권과 상계할 수 있다"
라고 규정하였다). ② 변호사는 수임하지 않은 사건에 개입하여서는 아니 되며, 그에 대한 경
솔한 비판도 삼가야 한다(구 변호사윤리장전 13, 현행 변호사윤리장전 제10조 제 2 항에서 "변
호사는 수임하지 않은 사건에 개입하지 아니하고, 그에 대한 경솔한 비판을 삼간다"라고 규정
하였다). ③ 변호사는 업무에 관하여 담당 공무원과의 연고를 선전하거나 이용하여서는 아니
된다(구 변호사윤리장전 16⑥, 현행 변호사윤리장전 제20조 제 4 항에서 "변호사는 사건의 수
임을 위하여 재판이나 수사업무에 종사하는 공무원과의 연고 등 사적인 관계를 드러내며 영
향력을 미칠 수 있는 것처럼 선전하지 아니한다"고 규정하였다).

문 36.

사건위임계약의 해지 시 보수금의 청구나 반환 여부 등에 관한 설명 중 옳지 않은 것은?
(다툼이 있는 경우에는 판례에 의함)

① 변호사의 귀책사유로 의뢰인이 계약을 중도 해지한 경우 의뢰인은 변호사가 계약종료
당시까지 이행한 사무처리 부분에 관해서 상당하다고 인정되는 보수 금액 및 사무처리
비용을 착수금 중에서 공제한 나머지 착수금만 변호사로부터 반환받을 수 있다.

② 의뢰인이 위임계약에 따른 착수금지급의무를 이행하지 아니하여 변호사가 위임계약을
해지하고 사임한 경우 변호사는 이미 처리한 사무의 비율에 따라 보수금을 청구할 수
있다.

③ 위임사무 처리를 위하여 상당한 노력을 투입한 후 의뢰인이 정당한 사유 없이 위임계
약을 해지할 경우 승소로 간주하고 성공보수금을 청구할 수 있다는 내용으로 사건위임
약정을 한 때 의뢰인이 정당한 사유 없이 소송진행 중 위임계약을 해지하였다면 변호
사는 의뢰인에게 성공보수금을 청구할 수 있으나, 이는 손해배상의 예정이므로 법원에
의해 감액될 수 있다.

④ 변호사가 부득이한 사유없이 자신의 개인 사정으로 인해 사임한 경우 위임계약은 각
당사자가 언제든지 해지할 수 있으므로 변호사는 지급받은 착수금만 반환하면 되고, 의
뢰인에게 불리한 시기에 사임하여 손해가 생겼다 하여도 이를 배상할 필요는 없다.

[정답] ④ 위임계약은 각 당사자가 언제든지 해지할 수 있다(민법 689①). 당사자 일방이 부득이한 사유 없이 상대방의 불리한 시기에 계약을 해지한 때에는 그 손해를 배상하여야 한다(민법 689②). ① 소송위임계약과 관련하여 위임사무 처리 도중에 수임인의 귀책사유로 계약이 종료되었다 하더라도, 위임인은, 수임인이 계약종료 당시까지 이행한 사무처리 부분에 관해서 수임인이 처리한 사무의 정도와 난이도, 사무처리를 위하여 수임인이 기울인 노력의 정도, 처리된 사무에 대하여 가지는 위임인의 이익 등 제반사정을 참작하여 상당하다고 인정되는 보수금액 및 상당하다고 인정되는 사무처리 비용을 착수금 중에서 공제하고 그 나머지 착수금만을 수임인으로부터 반환받을 수 있다(대법원 2008. 12. 11. 2006다32460 손해배상(기)등).

문 37.

판사와 검사가 구체적 사건에 관하여 대외적으로 의견 등을 표명한 행위 중 법관윤리강령 또는 검사윤리강령에 위배되지 않는 경우를 모두 고른 것은?

> 가. 서울중앙지방법원 소속 판사 A는 대전지방법원에서 재판 진행 중인 사건에 관하여 그 분야의 전문가로서 기자의 취재에 응하여 자신이 예상하는 재판 결과를 설명하는 인터뷰를 하였다.
> 나. 사법연수원 소속 판사 B는 법학전문대학원에서 외부 강사로 강의하면서 학생의 이해를 돕고자 자신이 과거에 담당한 재산범죄 사건을 사례로 들면서 그 법리에 관하여 설명하였다.
> 다. 서울중앙지방검찰청 소속 공보담당관인 검사 C는 최근 소속 청의 검사가 공소 제기한 사건에 관하여 기자로부터 취재 요청을 받고는, 검찰청의 장의 승인을 받아 작성한 공보자료에 의하여 수사결과를 설명하였다.
> 라. 광주지방법원 소속 판사 D는 부산지방법원 소속 판사가 진행하는 재판에 관한 언론보도를 접한 후 다른 판사의 재판에 문제가 많다는 생각에서 이를 알리고자 그 재판의 진행방법을 비판하는 글을 작성하여 신문에 기고하였다.

① 가, 나
② 가, 다
③ 나, 다
④ 다, 라

[정답] ③, 나. 법관은 품위유지와 직무수행에 지장이 없는 경우에 한하여, 학술 활동에 참여하거나 종교·문화 단체에 가입하는 등 직무외 활동을 할 수 있다(법관윤리강령 5①). 다. 검사는 수사 등 직무와 관련된 사항에 관하여 검사의 직함을 사용하여 대외적으로 의견을 기고·발표하는 등 공표할 때에는 소속 기관장의 승인을 받는다(검사윤리강령 21). 가. 라. 법관은 교육이나 학술 또는 정확한 보도를 위한 경우를 제외하고는 구체적 사건에 관하여 공개적으로 논평하거나 의견을 표명하지 아니한다(법관윤리강령 4⑤).

문 38.
변호사법에 따른 업무정지명령에 관한 설명 중 옳지 않은 것은?

① 법무부장관은 변호사가 공소제기되거나 징계 절차가 개시되어 그 재판이나 징계 결정의 결과 등록취소, 영구제명 또는 제명에 이르게 될 가능성이 매우 크고, 그대로 두면 장차 의뢰인이나 공공의 이익을 해칠 구체적인 위험성이 있는 경우에는 법무부 변호사징계위원회에 그 변호사의 업무정지에 관한 결정을 청구할 수 있다. 다만, 약식명령이 청구된 경우와 과실범으로 공소제기된 경우는 그러하지 아니하다.

② 법무부 변호사징계위원회는 법무부장관의 업무정지에 관한 결정의 청구를 받은 날로부터 1개월 이내에 업무정지에 관한 결정을 하여야 한다. 다만, 부득이한 사유가 있을 때에는 그 의결로 1개월의 범위에서 그 기간을 연장할 수 있다.

③ 업무정지 기간은 6개월로 한다. 다만, 법무부장관은 해당 변호사에 대한 공판 절차 또는 징계 절차가 끝나지 아니하고 업무정지 사유가 없어지지 아니한 경우에는 법무부 변호사징계위원회의 의결에 따라 업무정지 기간을 갱신할 수 있다.

④ 업무정지명령은 그 업무정지명령을 받은 변호사에 대한 해당 형사 판결이나 징계 결정이 확정된 뒤 법무부 변호사징계위원회의 의결로 효력을 잃는다.

[정답] ④ 업무정지명령은 그 업무정지명령을 받은 변호사에 대한 해당 <u>형사 판결이나 징계 결정이 확정되면</u> 그 효력을 잃는다(변호사법 106). ① 변호사법 제102조 제 1 항, ② 변호사법 제103조 제 1 항, ③ 변호사법 제104조 제 1 항.

문 39.
변호사 甲은 A로부터 B를 상대로 한 양수금청구사건을 수임하여 원고일부승소 판결을 받았고 그 즈음 판결이 확정되었다. 그 직후, A에 대하여 금전채권을 갖고 있는 C가 본안 소송 및 집행의 보전 방법을 찾기 위하여 甲을 찾아 상담하였고, 마침 위 양수금채권의 존재를 알고 있는 甲은 이를 가압류하면 되겠다고 생각하고 A의 동의 없이 C로부터 가압류 사건을 수임하였다. 甲은 위 양수금채권을 목적물로 삼아 채권가압류 신청을 하였다. 甲의 행위가 징계의 대상이 되는지에 관한 설명 중 옳은 것은?

① 변호사는 직무상 알게 된 의뢰인의 비밀을 이용하여서는 안 되므로, 甲의 행위는 징계의 대상이 된다.

② 甲은 A의 동의 없이 그를 상대로 하는 다른 사건을 수임하였으므로, 甲의 행위는 징계의 대상이 된다.

③ A가 의뢰한 사건과 C가 의뢰한 사건은 별개의 사건이므로, 甲의 행위는 징계의 대상이 되지 않는다.

④ 양수금청구사건에 관한 甲과 A 사이의 위임관계는 판결의 확정으로 종료되었으므로, 甲의 행위는 징계의 대상이 되지 않는다.

[정답] ① 변호사법과 구 변호사윤리장전에는 비밀의 이용을 금지하는 규정은 없다. 그러나 비밀의 유지에는 의뢰인에게 불리하게 하거나 변호사나 제3자(설문의 C)를 유리하게 하는 행위 역시 금지된다고 할 수 있다. 개정 변호사윤리장전 제18조 제1항은 "변호사는 직무상 알게 된 의뢰인의 비밀을 누설하거나 부당하게 이용하지 아니한다", 제41조는 "변호사는 공무를 수행하면서 알게 된 정부기관의 비밀을 업무처리에 이용하지 아니한다", 제47조는 "법무법인 등의 구성원 변호사 및 소속 변호사는 정당한 이유가 없는 한 다른 변호사가 의뢰인과 관련하여 직무상 비밀유지의무를 부담하는 사항을 알게 된 경우에는, 이를 누설하거나 이용하지 아니한다. 이는 변호사가 해당 법무법인 등으로부터 퇴직한 경우에도 같다"라고 규정하여 비밀의 이용행위를 금지하고 있다.

문 40.

변호사의 비밀유지의무 등에 관한 설명 중 옳지 않은 것은?

① 변호사가 의뢰인 범행의 수사에 대한 방어방법을 논의한 의견서를 작성하여 보관하다가 수사기관으로부터 압수당하게 된 경우, 변호사로서 의뢰인의 범죄행위에 협조해서는 안 된다는 의무가 비밀유지의무보다 우선하므로, 비밀유지의무를 들어 위 의견서에 대한 압수가 위법하다고 다툴 수는 없다.

② 변호사가 법률자문을 위하여 의뢰인으로부터 받아서 보관하고 있는 문서에 비밀이 포함되어 있더라도, 그 문서에 대한 압수를 거부할 수 없는 경우가 있다.

③ 변호사는 원칙적으로 의뢰인과 사이에 이루어진 비밀인 자문내용을 수사기관에서 진술하여서는 안 된다.

④ 변호사는 의뢰인의 형사공판절차에 증인으로 소환되더라도 비밀인 의뢰인과의 자문내용과 관련하여서는 원칙적으로 증언을 거부할 수 있다.

[정답] ① 대법원 2012. 5. 17. 2009도6788 뇌물수수; 변호사가 법률자문 과정에 작성하여 회사 측에 전송한 전자문서를 출력한 '법률의견서'에 대하여 피고인들이 증거로 함에 동의하지 아니하고, 변호사가 원심 공판기일에 증인으로 출석하였으나 증언할 내용이 갑 회사로부터 업무상 위탁을 받은 관계로 알게 된 타인의 비밀에 관한 것임을 소명한 후 증언을 거부하고, 의견서에 대한 압수가 위법하다고 다툴 수 있다.

[제 4 회 법조윤리 기출문제]

법 조 윤 리

문 1.

다음 설명 중 옳지 않은 것은?

① 변호사는 수임사건의 상대방에 변호사가 선임되어 있는 경우에는 특별한 사정이 없으면 상대방 본인과 직접 접촉하여서는 아니 된다.

② 변호사는 수임하고 있는 사건에 관하여 상대방으로부터 이익을 받거나 이를 요구 또는 약속해서는 안 되며, 이에 위반한 행위는 형사처벌의 대상이 된다.

③ 변호사는 의뢰인이 이미 다른 변호사를 선임한 사건을 수임할 때에는 그 다른 변호사의 양해를 구해야 한다.

④ 공탁금, 보증금 기타 보관금 등을 성공보수로 전환하는 것은 이를 서면으로 명백히 약정하더라도 사실상 변호사가 성공보수를 미리 수령하는 행위에 해당하므로 허용되지 아니한다.

[해설] ④ 변호사는 서면에 의한 명백한 약정이 있는 경우가 아니면 공탁금, 보증금 기타의 보관금 등을 보수로 전환하여서는 아니 된다(구 변호사윤리장전 34). 성공보수의 선수령에 해당되는 것은 아니므로 틀린 지문이다. 현행 변호사윤리장전 제33조 제2항은 "변호사는 명백한 서면 약정 없이 공탁금, 보증금, 기타 보관금 등을 보수로 전환하지 아니한다. 다만, 의뢰인에게 반환할 공탁금 등을 미수령 채권과 상계할 수 있다"고 한다. [해답] ④

문 2.

변호사 甲은 법률사무소를 기업처럼 운영함이 현실적이라고 생각하여 다음의 방법으로 운영하고 있다. 이 중 형사처벌의 대상이 되는 것은?

① 변호사법위반죄로 징역 1년을 선고받고 그 집행이 끝난 지 1년이 지나지 않은 사람이 사무직원으로 지원하자 사건 유치에 능하다는 점만을 생각하고 직원으로 채용하였다.

② 사건을 소개해 준 사람들 중 변호사가 아닌 사람에 한해서 보수 중 일정 비율을 소개료로 지급하고 있다.

③ 주사무실은 법원 근처에 있으나 30㎞ 정도 떨어진 시장의 상인들을 고객으로 유치하기 위하여 시장 내에 연락사무소를 두고 있다.

④ 사건을 유치하기 위하여 직원들에게 경찰서 유치장과 교통사고 환자 전문 병원에 출입하도록 독려하고 있다.

[해설] ② 변호사나 그 사무직원은 법률사건이나 법률사무의 수임에 관하여 소개·알선 또는 유인의 대가로 금품·향응 또는 그 밖의 이익을 제공하거나 제공하기로 약속하여서는 아니 된다(변호사법 34②). 이를 위반한 경우 7년 이하의 징역 또는 5천만원 이하의 벌금에 처한다. 이 경우 벌금과 징역은 병과(倂科)할 수 있다(변호사법 109(2)). 나머지 지문은 과태료 부과대 상이다. ① 변호사법 제117조 제2항 제1의2호, ③ 둘 이상의 법률사무소를 둘 수 없도록 하는 변호사법 제21조 제3항 위반으로 처벌규정이 없다. ④ 사건 유치 목적으로 수사기관· 병원에 출입하게 하여서는 아니 되는 변호사법 제35조 위반으로 과태료 부과대상이다(변호사 법 117②(1)의2). [해답] ②

문 3.
태풍주의보가 내려진 상태에서 바다를 운항하던 여객선이 암초와 충돌하여 많은 사람들 이 죽거나 다쳤다는 보도를 본 변호사 甲은 부상자 명단 중 과거 의뢰인이 있음을 확인 한 후 그를 집으로 찾아가서 만났다. 변호사 甲의 행위에 관한 설명 중 옳지 않은 것은?
 ① 의뢰인의 요청으로 방문하여 손해배상청구 소송을 권유하는 것은 가능하다.
 ② 의뢰인의 요청이 없이 방문한 경우에는 소속 지방변호사회의 허가를 받았어도 손해배상 청구 사건의 의뢰를 권유할 수 없다.
 ③ 의뢰인에게 소송제기를 할 경우의 승소가능성에 대한 상담을 해주었는데, 후일 의뢰인 이 변호사 甲의 사무실을 방문하여 사건을 의뢰하였다면 변호사업무광고규정에 위반되 지 않는다.
 ④ 의뢰인과 상담 후, 다른 피해자들에 대해서도 법률상담을 해주겠다며 소개시켜 달라고 하였다면 변호사업무광고규정에 위반되지 않는다.

[해설] ② 특정사건과 관련하여 당사자나 이해관계인(당사자나 이해관계인으로 예상되는 자 포함)에 대하여 그 요청이나 동의 없이 방문, 전화, 팩스, 우편, 전자우편, 문자 메시지 송부, 기타 이에 준하는 방식으로 접촉하여 당해 사건의 의뢰를 권유하는 내용의 광고. 다만, <u>소속 지방변호사회의 허가를 받은 경우에는 그러하지 아니하다</u>(변호사업무광고규정 4(5)). 따라서 변호사가 소속 지방변호사회의 허가를 받아 과거의 의뢰인을 방문하여 여객선 충돌과 관련된 법률상담 등의 광고를 할 수 있다. ④ <u>변호사는 현재 및 과거의 의뢰인(법인 기타 단체인 경 우, 담당 임·직원 포함), 친구, 친족 및 이에 준하는 사람</u> 이외의 사람을 방문하거나 전화를 거는 방법으로 광고를 하여서는 안 된다. 다만, 상대방의 동의나 요청이 있는 경우에는 예외 로 한다(변호사업무광고규정 5①). 따라서 변호사는 과거의 의뢰인의 동의나 요청이 없더라도 그를 방문하거나 전화를 거는 방법으로 광고할 수 있다. 설문에는 변호사가 과거의 의뢰인의 요청을 받거나 동의를 받고 방문하여 상담하였는지 여부는 밝히고 있지 않다. 변호사가 어떤 경위로 상담을 하게 되었는지 상관없이 다른 피해자들에 대해서도 법률상담을 해주겠다며 소 개시켜 달라고 한 행위는 위법한 것은 아니다. ④번도 정답으로 인정해야 한다는 이의신청이

많았던 문제이기도 하다. 이 문제는 변호사업무광고규정 중 변호사가 과거 의뢰인을 방문하여 특정사건에 관한 법률상담이 허용되는지 여부를 묻기 위하여 출제한 것이다. [해답] ②

문 4.
형사변호사의 윤리에 관한 설명으로 옳은 것을 모두 고른 것은? (다툼이 있는 경우 판례에 따름)

가. 의뢰인이 어떤 범죄로 기소되어 범행을 자백하고 있으나 이에 대한 보강증거가 증거능력이 없는 경우, 그 변호인인 변호사가 의뢰인이 실제로 범죄를 저질렀다는 심증이 있음에도 불구하고 무죄의 변론을 하는 것은 진실의무에 위배된다.

나. 절도혐의로 수사를 받고 있는 피의자가 증거를 인멸하면 죄가 되어 추가로 벌을 받게 되는지 여부를 묻자 변호사가 그와 같은 증거인멸행위가 법률상 처벌 대상이 되지는 않는다고 답변하는 것은 의뢰인의 권익을 옹호할 성실의무의 범위를 일탈하는 것이 아니다.

다. 변호사는 위증을 교사하거나 허위의 증거를 제출하게 하여서는 아니 되나, 그렇다고 하여 실체적 진실 발견을 위하여 피고인에게 불리한 증거와 정보를 스스로 제공하여야 할 적극적 의무까지 부담하는 것은 아니다.

라. 변호사가 형사사건에서 피고인에게 진술거부권이 있다고 단순히 알려 주는 것은 변호사로서의 진실의무에 위배된다고 할 수 없으나, 더 나아가 그 행사를 권고하는 것은 변호사로서의 진실의무에 위배된다.

---

① 가, 나, 라 　　　　　　　　② 나, 다
③ 나, 다, 라 　　　　　　　　④ 다, 라

[해설] 가.항; 피고인이 자백하고 있을지라도 변호사는 그 사건에 관한 증거가 없거나 부족한 경우에는 무죄변론할 수 있다. 라.항; 변호사가 진술거부권의 존재와 그 행사를 권유하는 행위는 진실의무에 위반되지 아니한다. [해답] ②

문 5.
다음 중 변호사법 또는 변호사윤리장전에 위반되는 경우를 모두 고른 것은?

가. A는 평소 알고 지내던 변호사 甲에게 X경찰서에서 수사 중인 교통사고처리특례법위반 피의사건을 소개하였다. A는 X경찰서 형사인데, 소개비를 받지 아니하였다.

나. 강간사건의 피고인 B의 친구 C가 변호사 甲에게 B의 사건을 의뢰하였다. C는 변호사 甲과 전혀 모르는 사이인데, 변호사 甲이 새로 개업한 것을 알고 사건을 소개한 것이었다. 그래서 변호사 甲은 감사의 표시로 30만 원을 봉투에 넣어 C에게 주었다.

다. 변호사 甲은 중학교 친구인 D로부터 사기 피고사건을 소개받았다. D는 속칭 사건브로
　　커(사건 주선업자)이지만 변호사 甲의 개업을 축하하는 의미에서 소개비를 받지 아니
　　하였다.
라. 변호사 甲은 대학교 동창인 Y지방검찰청의 검사 E로부터 자기 친형의 아들이 Y지방검
　　찰청의 다른 검사로부터 폭행사건 조사를 받고 있다고 하면서 사건을 소개받았다. 검
　　사 E는 사건 소개비를 받지 아니하였다.

① 가, 나, 다　　　　　　　　　　② 가, 나, 라
③ 가, 라　　　　　　　　　　　　④ 나, 다

[해설] 가.항; 재판·수사기관 공무원은 자기가 근무하는 기관에서 취급 중인 법률사건이나 법률사무의 수임에 관하여 당사자 또는 그 밖의 관계인을 특정한 변호사나 그 사무직원에게 소개·알선 또는 유인하여서는 아니 된다(변호사법 36). 나.항; 변호사나 그 사무직원은 법률사건이나 법률사무의 수임에 관하여 소개·알선 또는 유인의 대가로 금품·향응 또는 그 밖의 이익을 제공하거나 제공하기로 약속하여서는 아니 된다(변호사법 34②). 다.항; 변호사는 사건의 주선을 업으로 하는 자로부터 사건의 소개를 받거나 이러한 자를 이용하거나 이러한 자에게 자기의 명의를 이용하게 하는 일체의 행위를 하여서는 아니 된다(구 변호사윤리장전 10①, 개정 변호사윤리장전 제 9 조 제 1 항은 "변호사는 사건의 알선을 업으로 하는 자로부터 사건의 소개를 받거나, 이러한 자를 이용하거나, 이러한 자에게 자기의 명의를 이용하게 하는 일체의 행위를 하지 아니한다"라고 규정하고 있다). 라.항; 재판·수사기관 공무원은 자기가 근무하는 기관에서 취급 중인 법률사건이나 법률사무의 수임에 관하여 특정한 변호사나 그 사무직원에게 소개·알선 또는 유인하여서는 아니되지만, 사건 당사자나 사무 당사자가 「민법」 제767조에 따른 친족인 경우에는 그러하지 아니하다(변호사법 36). 검사 E는 친족인 조카를 위하여 변호사 소개를 한 것이므로 변호사법 위반이 아니다.　[해답] ①

문 6.
변호사 甲은 소유권이전등기청구 사건의 원고 소송대리인의 복대리인이 되었다. 그 후 변호사 甲은 위 사건의 항소심에서 피고의 소송대리인으로 선임되어 소송수행을 하던 중 항소심 변론종결 후에 사임하였다. 피고 패소판결 후, 피고는 새로운 변호사를 선임하여 상고하였다. 피고는 상고이유서에서 비로소 변호사 甲이 항소심에서 변호사법상 수임제한 규정을 위반하였으므로 그 소송행위가 무효라고 주장하였다. 이와 관련된 설명 중 옳은 것은? (다툼이 있는 경우 판례에 따름)
① 변호사 甲은 제 1 심에서 원고로부터 사건을 수임한 바 없이 단지 소송복대리인으로만 관여하였기에 수임제한 규정을 위반한 것은 아니다.
② 변호사 甲이 항소심에서 피고 소송대리인으로 소송수행을 한 행위는 설령 원고가 항소

심 도중 이의를 제기하였더라도 유효하다.

③ 변호사 甲이 항소심의 변론종결 후에 사임하였기에 수임제한 규정을 위반한 것은 아니다.

④ 피고가 상고이유서에서 변호사 甲의 항소심에서의 소송행위가 무효라는 주장을 하였을 지라도 변호사 甲의 항소심에서의 소송행위는 유효하다.

[해설] ④ 원심에서의 피고들의 소송대리인 변호사 이○○가 (변론종결후 사임) 제 1 심에서 원고들 소송대리인 변호사 정○○ 의 소송복대리인으로서 관여하였던 사실이 분명하여, 위 변호사 이○○ 의 소위는 변호사법 제16조 제 1 호(현행 변호사법 31①(1))에 위반되는 소송행위를 하였다고 하여도 원심에서 원고가 아무런 이의도 하지 아니한 이상, 그 소송경위는 소송법상 완전한 효력이 생긴다고 할 것이다(대법원 1969. 12. 30. 69다1899). [해답] ④

문 7.
외국법자문사와 관련된 설명 중 옳은 것은?

① 미국 뉴욕 주에서 변호사 자격을 취득한 자가 뉴욕에서 법률사무소를 운영하면서 외국법자문사 등록을 하고 서울에 외국법자문법률사무소를 설립하는 것은 2개 이상의 외국법자문법률사무소를 설치한 것에 해당된다.

② 외국법자문사로서 업무 수행을 하려는 사람은 법무부에서 자격승인과 함께 외국법자문사 등록을 하여야 한다.

③ 외국법자문사는 업무에 관하여 담당공무원과의 연고 등 사적인 관계를 드러내며 영향력을 미칠 수 있는 것으로 선전하여서는 아니 된다.

④ 법무부장관은 본점사무소가 자유무역협정등의 당사국에서 그 나라의 법률에 따라 적법하게 설립되어 5년 이상 정상적으로 운영되었을 것이라는 요건만 충족되면, 외국법자문법률사무소를 인가할 수 있다.

[해설] 이 문제는 외국법자문사법의 내용과 동법에서 준용하고 있는 변호사법의 내용을 습득하고 있는지 여부를 확인하고 있다. ① 원자격국에서 법률사무의 수행을 주된 목적으로 설립된 사무소나 법인(본점사무소)에 소속된 제16조 제 1 항 제 3 호에 해당하는 외국법자문사는 법무부장관의 설립인가를 받아 외국법자문법률사무소를 설립할 수 있다(외국법자문사법 15①). 제 1 항의 외국법자문사는 2개 이상의 외국법자문법률사무소를 설립할 수 없다(외국법자문사법 15③). 2개 이상의 외국법자문법률사무소는 대한민국에 설립된 것이어야 한다. ② 외국법자문사가 되려는 외국변호사는 법무부장관에게 외국법자문사의 자격승인을 신청하여야 한다(외국법자문사법 3①). 외국법자문사로서 업무 수행을 개시하려는 사람은 제 6 조의 자격승인을 받은 후 대한변호사협회에 외국법자문사로 등록하여야 한다(외국법자문사법 10①). ③ 외국법자문사의 직무 등에 관하여는 「변호사법」 제30조부터 제34조까지 및 제38조를 준용한

다(외국법자문사법 35). 변호사나 그 사무직원은 법률사건이나 법률사무의 수임을 위하여 재판이나 수사업무에 종사하는 공무원과의 연고(緣故) 등 사적인 관계를 드러내며 영향력을 미칠 수 있는 것으로 선전하여서는 아니 된다(변호사법 30). ④ 법무부장관은 다음 각 호의 요건을 모두 갖춘 경우 외국법자문법률사무소의 설립을 인가할 수 있다(외국법자문사법 16①). ㉠ 본점사무소가 자유무역협정등의 당사국에서 그 나라의 법률에 따라 적법하게 설립되어 5년 이상 정상적으로 운영되었을 것, ㉡ 본점사무소가 대한민국 내에서 외국법사무를 수행하기 위한 대표사무소로 그 외국법자문법률사무소를 설립하기로 의결 또는 결정하였을 것, ㉢ 외국법자문법률사무소의 대표자가 될 외국법자문사가 외국변호사의 자격을 취득한 후 원자격국에서 3년 이상의 기간을 포함하여 총 7년 이상 법률사무를 수행한 경력이 있을 것, ㉣ 본점사무소가 외국법자문법률사무소의 업무와 관련한 민사·상사상 책임에 대하여 그 이행을 보증할 것. [해답] ③

문 8.

대한변호사협회와 관련된 설명 중 옳지 않은 것은?

① 대한변호사협회는 변호사법에 의하여 설립된 지방변호사회로 구성한다.

② 대한변호사협회는 변호사의 품위보전과 자질향상 등을 설립목적으로 한다.

③ 개업신고를 하지 아니한 변호사는 대한변호사협회의 지도·감독에 관한 규정을 적용받지 아니한다.

④ 대한변호사협회의 개인회원은 개업신고를 한 변호사와 외국법자문사법에 따라 대한변호사협회에 등록한 외국법자문사로 한다.

[해설] 이 문제는 대한변호사협회의 설립목적과 회원에 관한 지도·감독 등을 파악하고 있는지와 해당 법령을 숙지하고 있는지 여부를 확인하고 있다. ① 이 회는 변호사법에 의하여 설립되는 지방변호사회로 구성한다(대한변호사협회 회칙 3①). ② 이 회는 다음 사항을 그 설립목적으로 한다(위 회칙 2).

1. 기본적 인권의 옹호와 민주적 기본질서의 확립
2. 준법정신의 앙양과 법률지식의 보급
3. 법률문화의 창달과 국제적 교류
4. 법제도의 개선과 법률사무의 쇄신
5. 법률구조사업의 수행과 사법복지의 증진
6. 변호사의 품위보전과 자질향상
7. 변호사·법무법인 법무법인(유한)·법무조합·공증인가합동법률사무소 및 지방변호사회의 지도와 감독 (2006. 2. 20. 개정)
8. 외국법자문사의 품위보전, 자질향상 및 외국법자문사·외국법자문사법률사무소의 지도와 감독 (2010. 2. 8. 신설)

③ 개업신고를 하지 않았거나 휴업신고를 한 변호사는 이 회의 준회원이 된다(위 회칙 10①).
준회원에 대하여는 회원의 권리·의무와 변호사의 지도·감독에 관한 규정을 적용하지 아니
한다(위 회칙 10②). ④ 대한변호사협회의 회원의 종류(위 회칙 7). ㉠ 이 회 회원의 종류는
단체회원, 법인회원, 개인회원 및 외국회원으로 한다. ㉡ 단체회원은 지방변호사회로 한다. ㉢
법인회원은 법무법인·법무법인(유한)·법무조합 및 공증인가합동법률사무소로 한다. ㉣ 개인
회원은 개업신고를 한 변호사로 한다. ㉤ 외국회원은 외국법자문사로 한다(2014년 회칙 개정
으로 이 조문이 '외국법자문사'로 변경됨).　[해답] ④

문 9.
변호사의 비밀유지의무에 위반되지 않는 경우는?

① 외국계 은행의 외자유치를 위한 프로젝트 작성을 의뢰받은 법률사무소가 그 은행의 동
　의를 얻어 일체의 영문 서류 작성을 전문번역업체에 의뢰하여 번역하게 한 후, 다시 그
　서류들을 검토하여 은행에 제출한 경우
② 동업자들이 운영하는 회사에 대한 법률고문계약을 체결한 변호사가 경영권 분쟁 발생
　후에 일방 동업자가 다른 동업자에 대하여 제기한 소송에서 일방 동업자를 대리하면서
　회사 자문 과정에서 알게 된 회사의 비밀을 이용하는 경우
③ 소유권이전등기청구 사건의 원고 대리인이었던 변호사가 소송 종료 후 피고가 다시 원
　고를 상대로 제기한 청산금청구소송에서 담당 재판부로부터 소유권이전등기청구 사건
　의 수임 경위 및 그 내용에 대한 사실조회를 받고 회신하는 경우
④ 공정거래위원회 소속 공무원이 조사 대상 회사 법률고문인 법무법인에 대하여 직무수행
　상 필요하다는 이유로 법률자문 관계 서류의 제출을 요구하자 그 법무법인이 이를 제
　출한 경우

[해설] ① 변호사 법률사무소가 의뢰인(외국계 은행)이 위임한 외자유치를 위한 프로젝트에는
그 은행의 영업상의 비밀이 포함되어 있을 수 있다. 변호사가 그 수임사건을 처리하는 과정에
서 전문번역업체로 하여금 영문서류를 작성하게 하면 은행의 비밀이 공개될 수도 있다. 그 때
문에 변호사가 의뢰인의 동의를 얻어서 영문서류를 작성하게 하였다면 이는 적법한 행위에
해당된다. ② 비밀유지의무는 비밀의 공개는 물론 비밀의 이용도 금지된다. ③ 변호사는 의뢰
인의 소송종료 후에도 그 비밀을 공개하여서는 아니 되므로 법원의 사실조회에 응하여서는
아니 된다. 대한변협이 사실조회에 응하여서는 아니 된다는 질의회신을 한 바 있는 사안이다.
④ 법무법인은 공정거래위원회의 법률고문회사의 법률자문관계 서류를 제출하라는 요구가 있
더라도 비밀유지의무를 주장하면서 이를 거절하여야 한다.　[해답] ①

문 10.

변호사의 연수교육에 관한 설명 중 옳지 않은 것은?

① 변호사는 원칙적으로 대한변호사협회가 실시하는 연수교육을 받아야 하는데, 의무연수 이수시간은 1년에 법조윤리과목 1시간 이상을 포함하여 8시간 이상으로 하되, 연수주기는 매 홀수연도의 1월 1일부터 그 다음 해의 12월 31일까지 2년으로 한다.

② 변호사 자격 취득 후 판사, 검사, 군법무관 및 공익법무관, 사내변호사, 기타 법률사무소에 종사한 경력이 3년 미만인 신규 변호사는 대한변호사협회가 정한 8시간의 연수를 변호사 자격을 등록한 해에 일반적 의무연수 이외에 추가로 이수하여야 한다.

③ 변호사연수는 일반연수와 특별연수로 하는데, 특별연수는 희망하는 변호사만을 대상으로 실시한다.

④ 질병이나 출산 등으로 인하여 연수교육을 받지 못할 정당한 사유가 있는 변호사의 신청이 있는 경우 변호사연수원운영위원회의 심의를 거쳐 대한변호사협회의 장이 그 의무의 전부 또는 일부를 면제 또는 유예할 수 있다.

[해설] ① 변호사법시행령 제17조의2(변호사의 연수교육시간), 변호사연수규칙 제7조 제1항, ② 의무연수이수시간은 의무전문연수의 경우 1년 7시간을 기준으로, 의무윤리연수의 경우 1년 1시간을 기준으로 각 연수주기에 맞추어 비례적으로 계산한다. 단, 신규변호사(변호사자격취득 후 판검사, 군법무관 및 공익법무관, 사내변호사, 기타 법률사무에 종사한 경력이 2년 이상인 자는 제외)는 협회가 정한 8시간의 연수를 변호사자격등록한 해에 추가로 이수하여야 하며, 구체적인 연수과목과 이수방법 등은 변호사연수원의 심의를 거쳐 협회장이 정한다(변호사연수규칙 7③).
대한변호사협회는 2014. 2. 24. '변호사연수규칙' 제7조 제3항을 개정하여 신규변호사에게 기존 변호사 의무연수 시간에 총 8시간의 의무연수를 추가로 부여하였으나 이에 대한 신규변호사의 경제적·심리적 부담이 상당하여 이를 2시간의 연수로 줄이는 개정을 한 바 있다. ③ 변호사연수는 일반연수와 특별연수로 한다(변호사연수규칙 3①). 일반연수는 변호사 전원을 대상으로, 특별연수는 희망하는 변호사를 대상으로 실시한다(변호사연수규칙 3②). [해답] ②

문 11.

변호사의 광고와 관련된 설명 중 옳지 않은 것은?

① 변호사는 대한변호사협회에서 자격등록신청이 수리되기 전에 미리 변호사업무에 관한 광고행위를 하여서는 아니 된다.

② 변호사는 다른 목적을 위한 광고를 하는 경우에 변호사업무에 관한 광고와 동시에 또는 연결하여 할 수 있다.

③ 변호사는 유료 또는 무료 법률상담에 관한 사항을 광고할 수 있으며, 법률상담방식에 의한 광고도 할 수 있다.

④ 변호사는 광고 속에 자신의 성명 또는 명칭을 표시하고, 공동으로 광고할 때에는 대표자의 성명 또는 명칭을 명시하여야 한다.

[해설] ① 변호사는 협회에서 자격등록신청이 수리되기 전이나 소속 지방변호사회에서 입회신청이 허가되기 전에 미리 변호사업무에 관한 광고행위를 하여서는 아니 된다(변호사업무광고규정 6). ② 변호사가 <u>업무외</u> 다른 목적을 위한 광고를 하는 경우에는 변호사업무에 관한 광고와 동시에 또는 연결하여 할 수 없다(변호사업무광고규정 5⑦). ③ 변호사업무광고규정 제8조. 변호사업무에 관한 광고라 함은 변호사가 고객 또는 의뢰인의 유치 및 유지를 주된 목적으로 하여 자기 또는 그 구성원이나 그 업무에 관하여 아래에 열거한 방식을 포함한 일체의 방법으로 정보를 제공하는 것을 말한다(변호사법업무광고규정 2). 따라서 광고규정 제2조 제5호에서 규정하는 "법률상담, 설명회, 세미나 등"에 의한 광고도 가능하다. ④ 변호사업무광고규정 제10조. 현재는 삭제된 규정이다. [해답] ②

문 12.
변호사와 의뢰인의 관계에 대한 설명 중 옳지 않은 것은? (다툼이 있는 경우 판례에 따름)
① 소송위임(수권행위)은 소송대리권의 발생이라는 소송법상의 효과를 목적으로 하는 단독 소송행위로서 그 기초관계인 의뢰인과 변호사 사이의 사법상의 위임계약과는 성격을 달리한다.
② 본안소송을 수임한 변호사는 그 소송을 수행함에 있어 강제집행이나 보전처분에 관한 소송행위를 할 수 있는 소송대리권을 가지는 경우, 의뢰인에 대한 관계에서 당연히 그 권한에 상응한 위임계약상의 의무를 부담한다.
③ 수임사건에 대한 패소판결을 받은 변호사는 의뢰인으로부터 상소에 관하여 특별한 수권이 없는 때에도 그 판결을 검토하여 의뢰인에게 불리한 판결의 내용과 상소할 때의 승소가능성 등에 대하여 구체적으로 설명하고 조언하여야 할 의무가 있다.
④ 피사취수표와 관련한 본안소송을 위임받은 변호사는 비록 사고신고담보금에 대한 권리보전조치의 위임을 별도로 받은 바 없다고 하더라도, 위임받은 소송업무를 수행함에 있어서 사고신고담보금이 예치된 사실을 알게 되었다면 법률전문가의 입장에서 승소판결금을 회수하는 데 있어 매우 실효성이 있는 방안을 위임인에게 설명하고 필요한 정보를 제공하여 위임인이 그 회수를 위하여 필요한 수단을 구체적으로 강구하기 위한 법률적인 조언을 하여야 할 보호의무가 있다.

[해설] ① 대법원 1997. 12. 12. 95다20775. ② 민사소송법 제82조의 규정은 소송절차의 원활·확실을 도모하기 위하여 소송법상 소송대리권을 정형적·포괄적으로 법정한 것에 불과하고 변호사와 의뢰인 사이의 사법상의 위임계약의 내용까지 법정한 것은 아니므로, 본안소송을 수임한 변호사가 그 소송을 수행함에 있어 강제집행이나 보전처분에 관한 소송행위를 할 수

있는 소송대리권을 가진다고 하여 의뢰인에 대한 관계에서 당연히 그 권한에 상응한 위임계약상의 의무를 부담한다고 할 수는 없고, 변호사가 처리의무를 부담하는 사무의 범위는 변호사와 의뢰인 사이의 위임계약의 내용에 의하여 정하여진다(대법원 1997. 12. 12. 95다20775). ③ 대법원 2004. 5. 14. 2004다7354. ④ 대법원 2002. 11. 22. 2002다9479. [해답] ②

문 13.
변호사의 업무제한 및 겸직제한에 관한 설명 중 옳지 않은 것은?
① 변호사가 휴업한 경우에는 소속 지방변호사회의 겸직허가를 받지 않더라도 주식회사의 이사가 될 수 있다.
② 법무법인의 구성원 변호사는 소속 지방변호사회의 겸직허가를 받지 않더라도 지방의회 의원이 될 수 있다.
③ 법무법인의 구성원이 아닌 소속 변호사는 법무법인에서 사직한 후라면, 그 법무법인 소속기간 중 그 법인이 수임을 승낙한 사건에 대하여 변호사업무를 수행할 수 있다.
④ 사내변호사를 고용한 회사가 그 회사의 송무사건 뿐 아니라 일반인으로부터 사건을 수임하여 사내변호사에게 소송대리 업무를 수행토록 하는 것은 허용되지 아니한다.

[해설] ① 변호사가 휴업한 경우에는 겸직제한의 규정을 적용하지 아니한다(변호사법 38③). ② 변호사는 보수를 받는 공무원을 겸할 수 없다. 다만, 국회의원이나 지방의회 의원 또는 상시 근무가 필요 없는 공무원이 되거나 공공기관에서 위촉한 업무를 수행하는 경우에는 그러하지 아니하다(변호사법 38①). ③ 법무법인의 구성원이었거나 구성원 아닌 소속 변호사이었던 자는 법무법인의 소속 기간 중 그 법인이 상의를 받아 수임을 승낙한 사건에 관하여는 변호사의 업무를 수행할 수 없다(변호사법 52②). ④ 변호사가 아닌 자는 변호사를 고용하여 법률사무소를 개설·운영하여서는 아니 된다(변호사법 34④). 사내변호사를 고용한 후 그 회사의 송무사건 외에 일반인으로부터 사건을 수임하여 소송대리를 하도록 하는 행위는 법률사무소를 개설·운영하는 행위에 해당된다. [해답] ③

문 14.
변호사윤리장전상 법원 등에 대한 변호사의 윤리와 관련한 설명 중 옳지 않은 것은?
① 변호사는 법정의 내외를 불문하고 법원의 위신이나 재판의 신뢰성을 손상시키는 언동을 하여서는 아니 되며 사법권의 존중에 특히 유의하여야 한다.
② 변호사는 재판시간과 서류의 제출 기타의 기한을 준수하고 소송지연을 목적으로 하는 행위를 하여서는 아니 된다.
③ 변호사는 법정에서 사건 진행의 순서를 다투어서는 아니 되며 특별한 사정이 있을 때에는 재판장의 허가를 받아야 한다.
④ 변호사는 법정 주위에서 자신의 의뢰인이 상대방에게 모욕적 언사를 쓰는 경우 이를

방임하여서는 아니 된다.

[해설] ① 구 변호사윤리장전 제26조, 현행 변호사윤리장전 제35조는 "변호사는 사법권을 존
중하며, 공정한 재판과 적법 절차의 실현을 위하여 노력한다"라고 한다. ② 구 변호사윤리장
전 제27조, 현행 변호사윤리장전 제37조는 "변호사는 소송과 관련된 기일, 기한 등을 준수하
고, 부당한 소송지연을 목적으로 하는 행위를 하지 아니한다"고 규정하였다. ③ 변호사는 법
정에서 사건 진행의 순서를 다투어서는 아니 되며 특별한 사정이 있을 때에는 재판장과 다른
변호사의 양해를 얻어야 한다(구 변호사윤리장전 28②, 현행 변호사윤리장전은 이 규정을 삭
제하였다). ④ 구 변호사윤리장전 제28조 제 4 항, 현행 변호사윤리장전에서는 이 규정을 삭제
하였다. [해답] ③

문 15.
이혼사건 전문변호사로 명성이 높은 변호사 甲은 틈이 나는 대로 시민단체에서 운영하는
무료법률상담 활동을 하고 있다. 하루는 A가 와서 사실혼 관계의 파혼에 관해서 상담을
하면서 자신의 비밀을 상당 부분 공개하였다. 변호사 甲은 A로부터 위 사건을 수임하되,
수임료는 일주일 뒤에 받기로 하였다. 그런데 며칠 뒤 B와 사실혼 관계의 파혼에 관한
무료법률상담을 하던 도중 B가 A의 사실혼 관계 배우자라는 것을 알게 되었다. 이 경우
변호사 甲의 행동에 대한 설명으로 옳은 것은?
 ① 변호사 甲은 이미 A와 수임계약을 체결하였으므로 B와의 상담을 중지해야 한다.
 ② 변호사 甲은 B와 법률상담을 시작한 이상, B와 상담을 계속하여야 한다.
 ③ 변호사 甲은 A로부터 수임료를 받지 않은 이상, 다시 B와 상담하는 데 아무런 문제가
   없다.
 ④ 변호사 甲은 B에게 A와의 상담 사실을 알려주고 그래도 상담을 계속 원하는지 확인해
   야 하고, 만약 B가 동의한다면 그때 비로소 상담을 계속할 수 있다.

[해설] ① 사안은 변호사가 당사자 한쪽으로부터 상의(相議)를 받아 그 수임을 승낙한 사건(A
의 사실혼 파혼사건)의 상대방(B)이 위임하는 사건에 해당되므로 B의 사건을 수임할 수 없을
뿐만 아니라 상담 역시 중지하여야 한다. [해답] ①

문 16.
변호사 甲이 법률사무소의 사무직원 채용 공고를 냈더니 4명이 지원하였다. 변호사법상
甲이 사무직원으로 채용할 수 없는 사람은?
 ① 시청 9급 공무원으로 재직 중 민원인에게서 현금 200만 원을 받은 사실이 드러나 뇌물
   죄로 기소되어 징역 10월의 형을 선고받고 복역하였다가 만기출소 후 2년 10개월이 경
   과한 A

② 검찰공무원 재직 중 성추행으로 징계를 받아 해임된 후 3년이 경과한 B

③ 흉기를 휴대하여 사람을 협박하였다는 내용으로 「폭력행위 등 처벌에 관한 법률」 제 3 조 위반으로 선고유예를 선고받고 유예기간 중인 C

④ 금융회사 임직원의 직무에 속하는 사항의 알선에 관하여 금품을 수수하였다는 내용으로 특정경제범죄가중처벌등에관한법률위반죄로 징역 1년에 집행유예 2년을 선고받고 집행유예 판결 확정일부터 3년 2개월이 경과한 D

[해설] 이 문제는 사무직원의 채용제한에 관한 변호사법 제22조 제 2 항 제 1 호에서 말하는 "그 밖에 대통령령으로 정하는 법률"에 기재된 내용까지도 파악해야 풀 수 있는 문제이다. ① 변호사는 변호사법 또는 「형법」 제129조부터 제132조까지, 「특정범죄가중처벌 등에 관한 법률 「제 2 조 또는 제 3 조, 그 밖에 대통령령으로 정하는 법률에 따라 유죄 판결을 받은 자로서, 징역 이상의 형을 선고받고 그 집행이 끝나거나 그 집행을 받지 아니하기로 확정된 후 3년이 지나지 아니한 자는 사무직원으로 채용할 수 없다(변호사법 22②(1)). 따라서 A는 3년이 지나지 아니한 자에 해당되므로 사무직원이 될 수 없다. ② 공무원으로서 징계처분에 의하여 파면되거나 해임된 후 3년이 지나지 아니한 자는 사무직원으로 채용할 수 없다(변호사법 22②(2)). B는 해임된 후 3년이 지났으므로 사무직원이 될 수 있다. ③ 변호사법 제22조 제 2 항 제 1 호 각 목 외의 부분에서 "그 밖에 대통령령으로 정하는 법률"이란 「특정경제범죄 가중처벌 등에 관한 법률」 제 3 조 제 1 항, 「형법」 제347조, 제347조의2, 제348조, 제348조의2, 제349조부터 제352조까지, 제355조부터 제357조까지 및 제359조, 「폭력행위 등 처벌에 관한 법률」 제 4 조, 제 5 조 및 제 6 조(같은 법 제 2 조, 제 3 조의 경우는 제외한다), 「마약류 관리에 관한 법률」 제58조부터 제64조까지의 규정을 말한다(변호사법시행령 6). C는 사무직원의 채용제한을 받지 아니하는 폭력행위 등 처벌에 관한 법률 제 3 조 위반으로 선고유예를 선고받고 유예기간 중에 있으므로 사무직원으로 채용될 수 있다. ④ 변호사법 제22조 제 2 항 제 1 호 각 목 외의 부분에서 "그 밖에 대통령령으로 정하는 법률"이란 「특정경제범죄 가중처벌 등에 관한 법률」 제 3 조 제 1 항을 포함하고 있어(변호사법시행령 6), D는 징역형의 집행유예를 선고받고 그 유예기간이 지난 후 2년이 지난 상태이므로 사무직원으로 채용될 수 있다. [해답] ①

문 17.
지방변호사회와 대한변호사협회에 관한 설명 중 옳지 않은 것은?
① 지방변호사회와 대한변호사협회의 총회 결의는 법무부장관에게 보고하고 인가를 받아야 한다.
② 지방변호사회는 회원들의 경력·업무실적 등에 관한 정보를 변호사를 선임하려는 자에게 제공하여야 한다.
③ 지방변호사회와 대한변호사협회가 회칙을 변경한 때에는 법무부장관의 인가를 받아야 한다.

④ 지방변호사회는 그 회원인 변호사 상호간에 직무상 분쟁이 있으면 당사자의 청구에 의
하여 이를 조정할 수 있다.

[해설] ① 지방변호사회는 총회의 결의 내용을 지체 없이 대한변호사협회와 법무부장관에게
보고하여야 한다(변호사법 77②). 대한변호사협회는 총회의 결의 내용을 지체 없이 법무부장
관에게 보고하여야 한다(변호사법 86②). ② 지방변호사회는 의뢰인의 변호사 선임의 편의를
도모하고 법률사건이나 법률사무 수임의 투명성을 확보하기 위하여 회원들의 학력, 경력, 주
요 취급 업무, 업무 실적 등 사건 수임을 위한 정보를 의뢰인에게 제공하여야 한다(변호사법
76①). ③ 지방변호사회 및 대한변호사협회의 회칙을 제정하거나 변경한 때는 법무부장관의
인가를 받아야 한다(변호사법 65, 79). ④ 지방변호사회는 그 회원인 변호사 상호간 또는 그
회원인 변호사와 위임인 사이에 직무상 분쟁이 있으면 당사자의 청구에 의하여 이를 조정할
수 있다(변호사법 74). [해답] ①

문 18.
B는 "A가 B와 말다툼을 하면서 B를 밀쳐 전치 3주의 상해를 가하였다."라는 내용으로 A
를 고소하였다. A는 위 상해 사건으로 1심 재판을 받던 중, 변호사 甲에게 변호를 의뢰
하였다. 변호사 甲은 A로부터 이 사건의 경위가 "A가 B에게 1,000만 원을 빌려주었다가
변제받지 못해 B에게 변제독촉을 하였으나, 오히려 B로부터 주변 사람들에게 빌린 돈도
아직 갚지 못해 당장 갚을 수 없으니 마음대로 하라는 답변을 듣게 되자 A와 B는 서로
언성을 높이고 말다툼을 하였는데, 그 과정에서 B를 밀친 사실이 없고 B 스스로 흥분에
못 이겨 넘어진 것이며, B가 자신을 고소한 이유는 상해 사건의 합의를 핑계로 차용금을
갚지 않기 위한 것이다."라는 말을 듣고 이와 관련된 증빙자료도 확인하였다. 이에 변호
사 甲은 A를 설득하여 B를 사기죄로 고소하였고, B의 사기 사건과 A의 상해 사건은 같
은 재판부에서 병합심리를 받게 되었다. 재판 과정에서 검사는 B의 사기 사건에서 B를
피고인신문하면서 A에게 폭행을 당해 상해를 입은 사실도 함께 신문하였고, B는 A가 자
신을 폭행하여 상해를 입은 것이 맞다는 취지로 진술하였다. 또한 검사는 B에 대한 피의
자신문조서도 증거로 제출하면서, 그 신문조서에 기재되어 있는 A가 B를 폭행하여 상해
를 가하였다는 B의 피해 진술을 토대로 재판부에 A의 상해 사건은 유죄임이 분명하다고
주장하고 있다. 이에 대한 설명 중 옳은 것은?
① 변호사는 범죄혐의가 확실한 사건만 고소 또는 고발하도록 종용할 수 있으므로, B에
대한 사기범죄 혐의가 확실하지 않은 상황에서 변호사 甲이 A에게 B를 고소하도록 종
용한 것은 변호사윤리장전에 위반되는 행위이다.
② B는 A의 상해 사건에 대하여 증인의 지위에 있기 때문에 선서 없이 한 B의 법정진술
은 A의 공소사실을 인정할 증거로 사용할 수 없고, 또한 B에 대한 피의자신문조서도
A가 동의하지 않는 한 A의 공소사실에 대한 증거로 사용할 수 없으므로, 변호사 甲이

A에게 그러한 법리를 설명한 후, 검사 제출 증거를 배척하는 방향으로 사건을 진행하자고 조언하는 것은 의뢰인을 위한 성실한 변호활동이다.

③ A의 공소사실을 입증하기 위해 검사가 제출한 증거는 증거법상 다툼의 여지가 없고, 검사 제출 증거에 대하여 다툴 수 있는 방법이 없으므로 변호사 甲은 위와 같은 법리를 A에게 설명하고, B가 인격적으로 상당히 문제가 있는 사람임을 강조하여 그 진술의 신빙성을 탄핵하는 방향으로 사건을 진행하자고 권유하여야 한다.

④ B는 A의 상해 사건에 대해서는 증인의 지위에 있기 때문에 선서 없이 한 B의 법정진술은 A의 공소사실을 인정하는 증거로 사용할 수 없으나, B에 대한 피의자신문조서는 A의 동의와 상관없이 A의 공소사실에 대한 증거가 되므로 변호사 甲은 A에게 B가 수사기관의 회유와 협박에 의해 부당하게 조사에 협조한 것이라는 취지로 다투어 보자고 조언하는 것이 타당한 변호활동이다.

[해설] 형사사건을 수임한 변호사가 형사소송법에 규정된 증거법에 따른 적법한 변론활동의 내용을 묻기 위하여 출제한 문제이다. 앞으로는 민사소송이나 행정소송과 같은 특정 소송을 진행하는 변호사의 타당하고 구체적인 직무범위를 묻는 내용도 출제될 수 있을 것으로 보인다. ① 변호사는 범죄혐의가 희박한 사건의 고소 또는 고발을 종용하여서는 아니 된다(구 변호사윤리장전 14②, 현행 변호사윤리장전 제11조 제 2 항은 "변호사는 범죄혐의가 희박한 사건의 고소, 고발 또는 진정 등을 종용하지 아니한다"고 규정하고 있다). 따라서 변호사는 범죄혐의가 확실한 사건만 고소 또는 고발하도록 종용할 수 있는 것은 아니다. ② 변호사가 형사소송법상의 증거법리에 부합한 내용의 설명을 한 후 의뢰인에게 불리한 증거를 배척하는 방향으로 변론을 진행하자고 조언하는 것은 타당한 변론행위에 해당된다. ③ 변호사는 의뢰인 A에 대한 상해사건의 증거로 검사가 법원에 제출한 B의 피의자신문조서 등에 대하여 다툴 수 있기 때문에 검사가 제출한 증거가 증거법상 다툼의 여지가 없고 검사 제출 증거에 대하여 다툴 수 있는 방법도 없다는 설명은 옳지 않다. ④ B에 대한 피의자신문조서는 A의 동의와 상관없이 A의 공소사실에 대한 증거가 된다는 기술 부분은 틀린 설명이고, 그 같은 점을 기초로 하는 변론방향에 대한 조언 역시 타당한 변호활동이라고 볼 수 없다.　[해답] ②

문 19.
법무법인(유한)과 법무조합에 관련된 설명 중 옳은 것은?
① 법무법인(유한)에는 변호사인 감사를 한 명 이상 두어야 한다.
② 법무법인(유한)의 담당변호사는 지정된 업무를 수행할 때에 공동으로 그 법무법인(유한)을 대표한다.
③ 법무부장관은 법무조합이 업무 집행에 관하여 법령을 위반한 경우에는 설립인가를 취소할 수 있다.
④ 법무조합은 그 주사무소의 소재지에서 설립등기를 함으로써 성립한다.

[해설] ① 법무법인(유한)에는 한 명 이상의 감사를 둘 수 있다. 이 경우 감사는 변호사이어야 한다(변호사법 58의6⑤). ② 담당변호사는 지정된 업무를 수행할 때에 각자가 그 법무법인(유한)을 대표한다(변호사법 58의16, 50⑥). ③ 법무부장관은 법무조합이 ㉠ 3개월 이내에 구성원을 보충하지 아니한 경우, ㉡ 손해배상 준비금을 적립하지 아니하거나 보험 또는 공제기금에 가입하지 아니한 경우, ㉢ 업무 집행에 관하여 법령을 위반한 경우 중 어느 하나에 해당하면 그 설립인가를 취소할 수 있다(변호사법 58의27). ④ 법무조합을 설립하려면 구성원이 될 변호사가 규약을 작성하여 주사무소 소재지의 지방변호사회와 대한변호사협회를 거쳐 법무부장관의 인가를 받아야 한다. 규약을 변경하려는 경우에도 또한 같다(변호사법 58의19①). 법무부장관은 제 1 항에 따라 법무조합의 설립을 인가한 경우에는 관보에 고시하여야 한다(변호사법 58의19②). 법무조합은 제 2 항에 따른 고시가 있을 때에 성립한다(변호사법 58의19③). 반면, 법무법인(유한)은 그 주사무소의 소재지에서 설립등기를 함으로써 성립한다(변호사법 58의5③). [해답] ③

문 20.

법조윤리협의회와 관련된 설명 중 옳은 것은?

① 법조윤리협의회는 「인사청문회법」에 따른 인사청문회 또는 「국정감사 및 조사에 관한 법률」에 따른 국정조사를 위하여 국회의 요구가 있을 경우에는 공직퇴임변호사 및 특정 변호사로부터 제출받은 변호사법 소정의 자료를 국회에 제출하여야 한다.

② 법조윤리협의회의 위원장은 위원 중에서 대한변호사협회의 장이 지명한다.

③ 법조윤리협의회의 위원장은 공직퇴임변호사에 한하여 징계사유나 위법의 혐의가 있는 것을 발견하였을 때에는 그 변호사에 대한 징계개시를 신청하거나 수사를 의뢰할 수 있다.

④ 공직퇴임변호사는 퇴직일부터 2년 동안 수임한 사건에 관한 수임 자료와 처리 결과를 법조윤리협의회에 제출하여야 한다.

[해설] 지문 ①은 2013. 5. 28. 변호사법에 신설되어 시행된 내용으로 새로운 법령의 제정과 개정 등에 주의를 기울여야 할 것을 시사하고 있다. ① 법조윤리협의회는 제89조의8에도 불구하고 「인사청문회법」에 따른 인사청문회 또는 「국정감사 및 조사에 관한 법률」에 따른 국정조사를 위하여 국회의 요구가 있을 경우에는 제89조의4 제 3 항 및 제89조의5 제 2 항에 따라 제출받은 자료 중 다음 각 호의 구분에 따른 자료를 국회에 제출하여야 한다(변호사법 89의9②).

1. 제89조의4 제 3 항에 따라 제출받은 자료: 공직퇴임변호사의 성명, 공직퇴임일, 퇴직 당시의 소속 기관 및 직위, 수임일자, 사건명, 수임사건의 관할 기관, 처리 결과

2. 제89조의5 제 2 항에 따라 제출받은 자료: 변호사의 성명, 사건목록(수임일자 및 사건명에 한한다)

② 위원장은 대한변호사협회의 장이 지명하거나 위촉하는 위원 중에서 재적위원 과반수의 동의로 선출한다(변호사법 89의2②). ③ 윤리협의회의 위원장은 공직퇴임변호사에게 제91조에 따른 징계사유나 위법의 혐의가 있는 것을 발견하였을 때에는 대한변호사협회의 장이나 지방검찰청 검사장에게 그 변호사에 대한 징계개시를 신청하거나 수사를 의뢰할 수 있다(변호사법 89의4④). 특정 변호사에 대하여는 제89조의4 제 4 항 및 제 5 항을 준용한다(변호사법 89의5③). ④ 공직퇴임변호사는 퇴직일부터 2년 동안 수임한 사건에 관한 수임 자료와 처리 결과를 대통령령으로 정하는 기간마다 소속 지방변호사회에 제출하여야 한다(변호사법 89의4①). [해답] ①

문 21.

변호사 甲은 X 아파트 거주자인 A로부터 그 아파트 인근의 Y 회사에서 배출되는 오염물질로 호흡기 질환을 앓고 있다는 이야기를 듣고 Y 회사를 상대로 하는 손해배상청구 사건을 수임하였다. 또한 변호사 甲은 X 아파트의 다른 입주자들로부터도 사건을 수임하기 위하여 "Y 회사를 상대로 오염물질로 인한 호흡기 질환을 원인으로 하는 손해배상청구 사건을 A로부터 수임하여 진행 중이니 소송에 동참해 달라."는 내용의 유인물을 만들어 X 아파트 각 세대 우편함에 투입하였다. 변호사 甲의 행동에 대한 평가로서 옳은 것을 모두 고른 것은?

> 가. 광고 내용이 공중의 이익을 보호하기 위한 공익성을 띠고 있고, 변호사의 공공성에도 반하지 않으므로 허용된다.
> 나. 소속 지방변호사회의 허가 없이 특정사건과 관련하여 당사자나 이해관계인으로 예상되는 자의 요청이나 동의를 받지 않고 사건의 의뢰를 권유하는 광고를 보낸 것이라면 허용되지 않는다.
> 다. 의뢰인의 동의 없이 현재 수임 중인 사건을 표시하여 한 광고라면 변호사업무광고규정에 위반된다.
> 라. 소속 지방변호사회의 허가 없이 불특정 다수인에게 광고를 한 것이라면 허용되지 않는다.

① 가, 나   ② 가, 라
③ 나, 다   ④ 나, 다, 라

[해설] 가.항; 변호사의 광고 내용은 Y회사의 불법행위로 인한 손해배상청구 사건수임에 관한 것으로서 공익성을 띠고 있다고 볼 수 없어 틀린 지문이다. 나머지 지문은 모두 옳다.   [해답] ④

문 22.
변호사보수청구권에 관한 다음 설명 중 옳지 않은 것은? (다툼이 있는 경우 판례에 따름)
① 변호사 보수는 약정된 보수액이 부당하게 과다하여 신의성실의 원칙이나 형평의 원칙에 반한다고 볼 만한 특별한 사정이 있는 경우에는 예외적으로 상당하다고 인정되는 범위 내의 보수액만을 청구할 수 있다.
② 변호사에게 공동당사자로서 소송대리를 위임한 소송사건의 결과에 따라 경제적 이익을 불가분적으로 향유하게 되거나 패소할 경우 소송 상대방에 대하여 부진정연대관계의 채무를 부담하게 되는 때에는 공동당사자들의 변호사에 대한 소송대리위임에 따른 보수금지급채무는 당연히 연대채무 또는 불가분채무에 해당한다.
③ 성공보수 약정이 제1심에 대한 것으로 인정되는 이상, 보수금의 지급시기에 관하여 당사자 사이에 특약이 없는 한, 심급대리의 원칙에 따라 수임한 소송사무가 종료하는 시기인 제1심 판결을 송달받은 때부터 그 소멸시효 기간이 진행된다.
④ 변호사가 소송사건을 수임하면서 지급받는 착수금은 일반적으로 위임사무의 처리비용 외에 보수금 중 일부를 선급금으로 지급받는 성질의 금원이다.

[해설] ② 변호사에게 공동당사자로서 소송대리를 위임한 소송사건의 결과에 따라 경제적 이익을 불가분적으로 향유하게 되거나 패소할 경우 소송 상대방에 대하여 부진정연대관계의 채무를 부담하게 된다 하더라도, 이러한 사정만으로 곧바로 공동당사자들의 변호사에 대한 소송대리위임에 따른 보수금지급채무가 연대 또는 불가분채무에 해당하는 것으로 단정할 수 없다 (대법원 1993. 2. 12. 92다42941). ③ 대법원 1995. 12. 26. 95다24609.　[해답] ②

문 23.
변호사 甲은 임대인 A를 대리하여 공동임차인 B와 C를 상대로 건물인도소송을 진행 중이다. 그런데 B와 C 사이에 분쟁이 발생하여 B가 C를 상대로 대여금청구의 소를 제기하면서 변호사 甲에게 위임하고자 한다. 이에 대한 설명으로 옳은 것은?
① A와 C의 동의를 얻더라도 B가 위임하는 소송을 수임할 수 없다.
② B가 위임하는 소송을 수임하기 위해서는 A와 C의 동의를 얻어야 한다.
③ B가 위임하는 소송을 수임하기 위해서는 법원의 허가를 얻어야 한다.
④ B가 위임하는 소송을 수임하기 위해서는 A의 동의를 얻어야 한다.

[해설] ④ 수임하고 있는 사건의 상대방이 위임하는 다른 사건은 사건의 위임인이 동의한 경우에는 수임할 수 있다(변호사법 31①단서(2)).　[해답] ④

문 24.

다음 중 변호사의 비밀유지의무에 위반된 행위에 해당되는 것은?

① 변호사 甲이 변호사를 그만둔 후 쓴 자서전에서 의뢰인의 비밀을 공개하였다.

② 변호사 乙이 의뢰인의 동의를 얻어 의뢰인의 비밀을 공개하였다.

③ 변호사 丙이 자신의 권리 옹호를 위해 필요하여 최소한의 범위에서 의뢰인의 비밀을 공개하였다.

④ 변호사 丁은 직무상 알게 된 비밀이 아닌 내용을 공개하였다.

[해설] ① 변호사 또는 변호사이었던 자는 그 직무상 알게 된 비밀을 누설하여서는 아니 된다(변호사법 26). 따라서 변호사는 폐업한 후에도 비밀유지의무가 있다. ② 변호사는 비밀의 주체인 의뢰인의 동의를 얻어 비밀을 공개할 수 있다. ③ 변호사는 공익상 이유가 있거나 변호사 자신의 권리를 옹호하기 위하여 필요한 경우에는 최소한의 범위에서 이를 공개할 수 있다(구 변호사윤리장전 23, 현행 변호사윤리장전 제18조 제 4 항은 "제 1 항 내지 제 3 항의 경우에 중대한 공익상의 이유가 있거나, 의뢰인의 동의가 있는 경우 또는 변호사 자신의 권리를 방어하기 위하여 필요한 경우에는, 최소한의 범위에서 이를 공개 또는 이용할 수 있다"고 한다). ④ 비밀이 아닌 내용이므로 비밀유지의무 위반이 아니다. [해답] ①

문 25.

변호사에 대한 업무정지명령과 관련된 설명 중 옳지 않은 것은?

① 법무부장관은 변호사에 대하여 약식명령이 청구된 경우와 과실범으로 공소제기된 경우에는 업무정지에 관한 결정을 청구할 수 없다.

② 업무정지결정이 청구된 변호사는 변호사 또는 학식과 경험이 있는 자를 특별변호인으로 선임하여 업무정지명령 청구사건에 대한 보충 진술과 증거 제출을 하게 할 수 있다.

③ 대한변호사협회의 장, 검찰총장 또는 업무정지명령을 받은 변호사는 법무부 변호사징계위원회에 업무정지명령의 해제를 신청할 수 있다.

④ 업무정지명령에 불복하려는 변호사는 그 통지를 받은 날부터 90일 이내에 행정법원에 소를 제기할 수 있다.

[해설] ① 변호사법 제102조 제 1 항 단서, ② 변호사법 제103조, 제98조의2 제 4 항, ③ 대한변호사협회의 장, 검찰총장 또는 업무정지명령을 받은 변호사는 법무부장관에게 업무정지명령의 해제를 신청할 수 있다(변호사법 105②). ④ 변호사법 제108조, 제100조 제 4 항. [해답] ③

문 26.

법무법인과 관련된 설명 중 옳지 않은 것은? (다툼이 있는 경우 판례에 따름)

① 구성원 변호사로 등기된 자라도 이익배당을 받은 바 없고 법무법인에 대하여 임금을 목적으로 종속적인 관계에서 근로를 제공하였다면, 법무법인에 대한 관계에서 근로자의 지위에 있다고 볼 수 있다.

② 법무법인의 구성원이 변호사법에 따라 정직 6개월의 징계처분을 받은 경우 구성원에서 당연히 탈퇴한다.

③ 법무법인의 담당변호사로 지정된 자의 과실로 의뢰인에게 손해가 발생한 경우, 구성원 변호사 전원과 법무법인은 연대하여 변제할 책임이 있다.

④ 법무법인이 다른 법무법인과 합병하거나 법무법인(유한) 또는 법무조합으로 조직변경을 하기 위해서는 구성원 전원의 동의가 필요하다.

[해설] ① 대법원 2012. 12. 13. 2012다77006 퇴직금청구, ② (법무법인의) 구성원은 ㉠ 사망한 경우, ㉡ 제18조에 따라 등록이 취소된 경우, ㉢ 제102조 제 2 항에 따라 업무정지명령을 받은 경우, ㉣ 이 법이나 「공증인법」에 따라 정직(停職) 이상의 징계처분을 받은 경우, ㉤ 정관에 정한 사유가 발생한 경우에 해당하는 사유가 있으면 당연히 탈퇴한다(변호사법 46②). ③ 구성원 변호사 상호간의 연대를 의미한다(변호사법 51, 상법 212①). ④ 변호사법 제55조의2 제 1 항. [해답] ③

문 27.

변호사 甲은 항소 기간의 도과와 불성실 변론, 의뢰인의 공탁금 횡령 및 국세체납 등의 혐의로 대한변호사협회 변호사징계위원회로부터 정직 2년의 징계를 받게 되었다. 아울러 공탁금 횡령 혐의로 기소되어 징역 1년을 선고받아 그 형이 확정되었다. 이와 관련된 설명 중 옳지 않은 것은?

① 변호사 甲은 정직 2년의 기간이 지나면 대한변호사협회에 재등록하여 변호사 직무를 수행할 수 있다.

② 법무부장관은 변호사 甲에 대하여 대한변호사협회에 그 변호사의 등록취소를 명하여야 한다.

③ 변호사 甲은 정직 2년의 징계처분을 다투기 위하여 이의신청을 거쳐 행정소송을 제기할 수 있다.

④ 대한변호사협회의 장은 변호사 甲에 대한 정직처분 사실을 지체 없이 대한변호사협회가 운영하는 인터넷 홈페이지에 3개월 이상 게재하는 등 공개하여야 한다.

[해설] ① 금고 이상의 형(刑)을 선고받고 그 집행이 끝나거나 그 집행을 받지 아니하기로 확정된 후 5년이 지나지 아니한 자는 변호사가 될 수 없다(변호사법 5(1)). 변호사 甲은 정직 2

년 징계처분과 함께 징역 1년을 선고받은 바 있어 형의 집행을 종료하거나 집행을 받지 아니하기로 확정된 후 5년이 경과하여야 변호사로 재등록할 수 있다. ② 법무부장관은 변호사 명부에 등록된 자가 제 4 조에 따른 변호사의 자격이 없거나 제 5 조에 따른 결격사유에 해당한다고 인정하는 경우 대한변호사협회에 그 변호사의 등록취소를 명하여야 한다(변호사법 19). ③ 변협징계위원회의 결정에 불복하는 징계혐의자 및 징계개시 신청인은 그 통지를 받은 날부터 30일 이내에 법무부징계위원회에 이의신청을 할 수 있다(변호사법 100①). 법무부징계위원회의 결정에 불복하는 징계혐의자는 「행정소송법」으로 정하는 바에 따라 그 통지를 받은 날부터 90일 이내에 행정법원에 소(訴)를 제기할 수 있다(변호사법 100④). ④ 대한변호사협회의 장은 징계처분을 하면 이를 지체 없이 대한변호사협회가 운영하는 인터넷 홈페이지에 3개월 이상 게재하는 등 공개하여야 한다(변호사법 99의5③). [해답] ①

문 28.

변호사와 의뢰인의 관계에 관한 설명 중 옳지 않은 것은? (다툼이 있는 경우 판례에 따름)
① 변호사는 위임인의 승낙이나 부득이한 사유 없이는 제 3 자로 하여금 자기에 갈음하여 위임사무를 처리하게 할 수 없으므로, 변호사가 복대리인을 선임하려는 경우에도 위임인의 승낙이 있거나 부득이한 사유가 있어야 한다.
② 피고인이 법인인 형사사건에서 그 법인의 대표이사가 변호인을 선임하는 경우에 그 선임권을 제 3 자에게 위임하여 그 제 3 자로 하여금 변호인을 선임하게 할 수 있다.
③ 변호사에게 계쟁사건의 처리를 위임하면서 보수의 지급 여부나 그 수액에 관하여 명시적인 약정을 하지 않았을 경우에는 무보수로 한다는 특별한 약정이 없는 한 응분의 보수를 지급한다는 묵시적 약정이 있는 것으로 해석된다.
④ 변호사는 언제든지 의뢰인과의 법률사무처리 위임계약을 해지할 수 있으나, 부득이한 사유 없이 의뢰인이 불리한 시기에 그 위임계약을 해지한 때에는 그 손해를 배상하여야 한다.

[해설] ① 민법 제120조, ② 피고인이 법인인 경우에는 형사소송법 제27조 제 1 항 소정의 대표자가 피고인인 당해 법인을 대표하여 피고인을 위한 변호인을 선임하여야 하며, 대표자가 제 3 자에게 변호인 선임을 위임하여 제 3 자로 하여금 변호인을 선임하도록 할 수는 없다(대법원 1994. 10. 28. 94모25). [해답] ②

문 29.

다음 중 변호사법에 위반되지 않는 것은?
① 변호사가 수사기관에서 내사 중인 사건에 대하여 변호인 선임서를 제출하지 아니하고 변호인 명의로 의견서를 제출한 경우
② 변호사가 수임료를 지불할 경제적 능력이 없는 당사자를 위해 상당한 대가를 지급하고

그 계쟁권리를 양수받아 소송을 수행한 경우
③ 법무법인 소속 변호사가 원고 소송대리인으로 소송을 진행하던 중 그 법무법인을 사직하고 원고 소송대리인 사임서를 제출한 후 개인 변호사 자격으로 원고 소송대리를 하는 경우
④ 변호사 甲과 乙이 변호사 업무수행 시 통일된 형태를 갖추고 수익과 비용을 똑같이 나누는 공동법률사무소를 운영하고 있는 상황에서 변호사 甲이 검사 재직 시절 수사·기소했던 A의 피의사건을 변호사 乙이 수임하는 경우

[해설] ① 변호사법 제29조, ② 변호사법 제32조, ③ 변호사법 제52조 제 2 항, ④ 변호사는 변호사법 제31조 <u>제 1 항 제 1 호</u>(당사자 한쪽으로부터 상의(相議)를 받아 그 수임을 승낙한 사건의 상대방이 위임하는 사건) 및 <u>제 2 호</u>(수임하고 있는 사건의 상대방이 위임하는 다른 사건)를 적용할 때 법무법인·법무법인(유한)·법무조합이 아니면서도 변호사 2명 이상이 사건의 수임·처리나 그 밖의 변호사 업무 수행시 통일된 형태를 갖추고 수익을 분배하거나 비용을 분담하는 형태로 운영되는 법률사무소는 하나의 변호사로 본다(변호사법 31②). 따라서 공무원·조정위원 또는 중재인으로서 직무상 취급하거나 취급하게 된 사건은 공동법률사무소를 운영하는 변호사의 수임제한에 해당되지 아니하므로 수임할 수 있다. [해답] ④

문 30.
개업 중인 변호사의 겸직제한에 대한 설명 중 옳지 않은 것은?
① 소속 지방변호사회의 허가 없이 서적판매업을 경영하였다. 이는 겸직제한규정을 위반한 것이다.
② 공공기관에서 위촉한 업무를 보수를 받고 수행하였다. 이는 겸직제한규정을 위반한 것이다.
③ 소속 지방변호사회의 허가 없이 법무법인·법무법인(유한) 또는 법무조합의 구성원이 되었다. 이는 겸직제한규정을 위반한 것이 아니다.
④ 휴업한 후 소속 지방변호사회의 허가 없이 주점을 경영하였다. 이는 겸직제한규정을 위반한 것이 아니다.

[해설] ① 소속 지방변호사회의 허가 없이 상업에 종사한 것이므로 겸직제한에 위반된다. ② 변호사는 보수를 받는 공무원을 겸할 수 없다. 다만, 국회의원이나 지방의회 의원 또는 상시 근무가 필요 없는 공무원이 되거나 <u>공공기관에서 위촉한 업무를 수행하는 경우에는 그러하지 아니하다</u>(변호사법 38①). ③ 변호사법 제38조 제 2 항 단서, ④ 변호사법 제38조 제 3 항. [해답] ②

문 31.

법관 甲은 서울중앙지방법원에서 진행 중인 손해배상청구 사건의 원고에게 평소 잘 알고 지내던 고교 후배인 변호사 A를 소개시켜 주어 소송대리에 관한 수임계약을 체결하도록 하였다. 이 사안에 관련된 설명 중 옳지 않은 것은?

① 법관 甲이 손해배상청구 사건의 재판장으로서 직무상 취급중인 손해배상청구 사건에 관하여 변호사 A를 소개하였다면 형사처벌의 대상이 된다.

② 법관 甲은 다른 재판부에 계속 중인 손해배상청구 사건의 원고가 그의 동생인 경우에는 그 사건의 소송대리인 선임을 위하여 변호사 A를 소개하는 행위가 허용된다.

③ 법관 甲이 손해배상청구 사건의 재판장인 경우 원활한 소송 진행을 위하여 원고에게 소송대리인을 선임할 수 있도록 변호사 A에 대한 정보를 제공하는 행위는 허용된다.

④ 법관 甲이 다른 재판부에 계속 중인 손해배상청구 사건에 관하여 변론 종결한 후에 재판장에게 전화를 하여 원고가 제출한 준비서면을 잘 읽어봐 달라고 부탁하였다면, 다른 법관의 재판에 영향을 미치는 행위에 해당되어 허용되지 아니한다.

[해설] ① 변호사법 제113조 제 6 호, 변호사법 제37조, ② 변호사법 제36조 단서, ③ 법관은 재판에 영향을 미치거나 공정성을 의심받을 염려가 있는 경우에는 법률적 조언을 하거나 <u>변호사 등 법조인에 대한 정보를 제공하지 아니한다</u>(법관윤리강령 5③). ④ 법관은 다른 법관의 재판에 영향을 미치는 행동을 하지 아니한다(법관윤리강령 5②). [해답] ③

문 32.

변호사의 비밀유지의무에 관한 설명 중 옳지 않은 것은?

① 변호사의 비밀유지의무는 의뢰인에 대한 관계에서는 의무인 반면, 민사소송법이나 형사소송법에서 정한 변호사의 증언거부권, 비밀물건 압수거부권 등은 의뢰인 이외의 제 3 자와의 관계에서 의뢰인의 비밀공개를 거부할 수 있는 권리이다.

② 변호사윤리장전의 비밀유지의무에 관한 규정에 따르면, 변호사는 의뢰인의 비밀을 공개하여서는 아니 되나 공익상의 이유로 필요한 경우에는 공개할 의무가 있다.

③ 의뢰인에 대한 비밀유지의무는 변호사와 의뢰인 사이의 신뢰관계를 형성·유지하는 것 외에 대립적 당사자주의의 유지를 위하여도 필요하다.

④ 사건의 의뢰인이 법무법인 소속의 변호사에게 자신의 비밀을 공개할 때에는 사건의 처리를 위한 범위에서 그 법무법인의 다른 변호사에게 비밀을 공개해도 좋다는 묵시적 동의가 있다고 할 수 있다.

[해설] ② 구 변호사윤리장전 제23조에 의하면, 변호사는 공익상의 이유가 있을 때에는 업무상 알게 된 의뢰인의 비밀을 공개할 수 있고, 반드시 공개하여야 하는 의무가 있는 것은 아니다. 나머지 지문은 전부 옳다. [해답] ②

문 33.
수임하고 있는 사건의 의뢰인이 동의 또는 양해하는 경우 수임할 수 있는 사건이 아닌 것은?
① 의뢰인과 공범관계에 있으면서 서로 이익이 충돌되는 공동피고인이 의뢰하는 당해 사건
② 수임하고 있는 사건의 상대방이 위임하는 다른 사건
③ 자신의 동서인 변호사가 수임하고 있는 사건에서 대립되는 당사자가 위임하는 사건
④ 자신과 동업약정을 통해 공동으로 법률사무소를 운영하는 변호사가 수임하고 있는 사건의 상대방이 위임하는 다른 사건

[해설] ① 변호사는 동일 사건에서 이익이 서로 충돌되는 2인 이상의 당사자를 동시에 대리하거나 변론할 수 없다(구 변호사윤리장전 18④, 현행 변호사윤리장전 제22조 제1항 제5호). ② 변호사법 제31조 제1항 단서, ③ 구 변호사윤리장전 제18조 제1항, 현행 변호사윤리장전 제22조 제1항 제4호, ④ 변호사법 제31조 제2항. [해답] ①

문 34.
다음 중 공직퇴임변호사의 사건 수임이 제한되는 경우는?
① 1년간 광주지방검찰청에서 검사로 근무한 후 3개월간 광주지방검찰청 목포지청의 지청장 직무대리로 근무하다가 퇴직한 지 8개월 만에 광주지방검찰청 순천지청에서 처리하는 사건을 수임하는 경우
② 수원지방법원에서 2년간 민사부 판사로 근무하다가 퇴직한 지 6개월 만에 수원지방법원에 계속 중인, 처남이 피고인인 형사사건을 수임하는 경우
③ 대구지방검찰청에 검사로 발령받아 2개월 근무한 후 외교부에 파견되어 10개월간 근무하다가 퇴직한 지 1개월 만에 대구지방법원에 계속된 민사사건을 수임하는 경우
④ 국방부 보통군사법원에서 군판사로 근무하다가 퇴직한 지 10개월 만에 국방부 보통검찰부에서 수사 중인 사건을 수임하는 경우

[해설] ③ 공직퇴임변호사는 퇴직 전 1년부터 퇴직한 때까지 근무한 법원, 검찰청, 군사법원, 금융위원회, 공정거래위원회, 경찰관서 등 국가기관이 처리하는 사건을 수임할 수 없다(변호사법 31③). ④ 변호사법상 국방부 고등검찰부 및 보통검찰부에 대하여는 수임제한 규정이 없으므로 군판사로 근무하다가 퇴직한 변호사는 1년 이내에 보통검찰부의 사건을 수임할 수 있다. [해답] ③

문 35.

변호사 甲은 A의 국선변호를 맡게 되었는데 A가 "사건이 복잡한데 애쓴다. 얼마 안 되는 돈이지만 감사의 표시로 받고 비용으로도 써달라. 국선변호인이지만 사선변호인처럼 최선을 다해 사건을 처리해 달라."고 하면서 100만 원을 지급하겠다고 한다. 실제로 이 사건 변론을 진행하면서 증인 면담을 위해 지방에 출장을 다녀오는 등으로 30만 원의 비용 지출이 예상된다. 이 경우 변호사 甲이 취해야 할 행동으로 옳은 것은?

① 100만 원을 모두 거절하여야 한다.

② 100만 원을 모두 거절하여야 할 뿐 아니라, 재판부에 국선변호인 선정의 취소를 요청하여야 한다.

③ 100만 원 중 비용에 해당하는 30만 원은 수령할 수 있으나, 나머지 70만 원은 보수이므로 수령하여서는 안 된다.

④ 100만 원 중 비용에 해당하는 30만 원은 수령할 수 있으나, 나머지 70만 원을 수령하려면 사선변호인으로서 선임서를 제출하여야 한다.

[해설] ① <u>변호사는 국선변호인</u>, 관리인, 관재인, 관리위원, 직무대행자, 임시이사, 청산인, 유언집행자, 공소유지변호사, 민사조정법에 의한 조정위원 등 <u>공익상의 직무를 위촉받았을 때에는</u> 공정하고 정확하게 직무를 집행하여야 하며 이해관계인 등으로부터 <u>별도의 보수를 받아서는 아니 된다</u>(구 변호사윤리장전 5①, 현행 변호사윤리장전 제 4 조 제 2 항은 "변호사는 국선변호 등 공익에 관한 직무를 위촉받았을 때에는 공정하고 성실하게 직무를 수행하며, 이해관계인 등으로부터 부당한 보수를 받지 아니한다"고 규정하고 있다). 변호사는 국선변호인 또는 국선대리인으로 선임된 때에는 그 사건을 사선으로 전환하기 위하여 교섭하여서는 아니 되며, <u>따로 보수를 받아서는 아니 된다</u>(구 변호사윤리장전 19④, 현행 변호사윤리장전 제17조 제 1 항은 "국선변호인 등 관련 법령에 따라 국가기관에 의하여 선임된 변호사는 그 사건을 사선으로 전환하기 위하여 부당하게 교섭하지 아니한다"고 규정하고 있다). [해답] ①

문 36.

다음 설명 중 옳지 않은 것은? (다툼이 있는 경우 판례에 따름)

① 법무법인 L이 전직 세무서장 A를 고문으로 영입하여 그 때문에 수임한 소송사건의 수임료를 일정 비율 나누어 주었다면 변호사윤리장전에 위반된다.

② 변호사 甲이 주민들로부터 손해배상청구소송의 위임을 받아오는 대가로 자신의 사무장에게 수임료의 일부를 지급하였다면 변호사법에 위반된다.

③ 변호사 甲이 사건의 주선을 업으로 하는 A로부터 사건을 소개 받았다면 소개료를 지급했는지 여부와 관계없이 변호사윤리장전에 위반된다.

④ 변호사 甲이 자신의 사무직원에게 소개료를 지급하고 알선을 받은 사건의 수임료는 추징의 대상이 된다.

[해설] ① 변호사는 변호사 아닌 자와 보수를 분배하여서는 아니 된다(구 변호사윤리장전 38, 현행 변호사윤리장전 제34조 제1항은 "변호사는 변호사 아닌 자와 공동의 사업으로 사건을 수임하거나 보수를 분배하지 아니한다. 다만, 외국법자문사법에서 달리 정하는 경우에는 그러하지 아니하다"라고 한다). ② 변호사나 그 사무직원은 법률사건이나 법률사무의 수임에 관하여 소개·알선 또는 유인의 대가로 금품·향응 또는 그 밖의 이익을 제공하거나 제공하기로 약속하여서는 아니 된다(변호사법 34②). ③ 변호사는 사건의 주선을 업으로 하는 자로부터 사건의 소개를 받거나 이러한 자를 이용하거나 이러한 자에게 자기의 명의를 이용하게 하는 일체의 행위를 하여서는 아니 된다(구 변호사윤리장전 10①, 현행 변호사윤리장전 제9조 제1항은 "변호사는 사건의 알선을 업으로 하는 자로부터 사건의 소개를 받거나, 이러한 자를 이용하거나, 이러한 자에게 자기의 명의를 이용하게 하는 일체의 행위를 하지 아니한다"라고 규정하고 있다). ④ 변호사가 변호사법을 위반하여 사건을 수임하고 받은 수임료는 추징의 대상이 되지 않는다(대법원 2001. 7. 24. 2000도5069). [해답] ④

문 37.
변호사 甲은 전년도 공익활동 결과를 소속 지방변호사회에 보고하고자 한다. 다음과 같은 변호사 甲의 활동 중 공익활동으로 인정될 수 없는 것은?
① 대한변호사협회가 설립한 법률구조재단에 금원을 기부하였다.
② 대한변호사협회 조사위원으로서 조사위원회에 참석하여 의견을 개진하였다.
③ 국선변호인으로 선정된 사건에 대해 변론을 하고 소정의 보수를 수령하였다.
④ 법인 파산관재인으로서 법원에서 위촉받은 파산 업무를 처리하고 상당한 보수를 받았다.

[해설] ① 공익활동등에 관한 규정 제2조 제8호, ② 공익활동등에 관한 규정 제2조 제2호, ③ 공익활동등에 관한 규정 제2조 제5호, ④ 법인 파산관재인처럼 법령 등에 의해 관공서로부터 위촉받은 사항에 관한 활동이라도 상당한 보수를 받는 경우는 공익활동에서 제외한다(공익활동등에 관한 규정 2(6)). [해답] ④

문 38.
변호사와 의뢰인의 관계에 대한 설명 중 옳지 않은 것은?
① 변호사는 민사소송 사건에 있어서는 당사자 쌍방을 대리할 수 있다.
② 변호사는 사건에 대한 개인적인 감정 때문에 성실하게 변론할 수 없는 경우에는 사건을 수임해서는 안 된다.
③ 변호사는 의뢰인이 다른 변호사의 참가를 희망할 때 정당한 이유가 있는 경우에는 반대할 수 있다.
④ 변호사는 직무수행 중 의뢰인의 행위가 위법행위에 해당된다고 판단된 때에는 즉시 그 협조를 중단하여야 한다.

[해설] ① 변호사법 제31조 제1항 제1호, 변호사는 동일 사건에 관하여 당사자 쌍방을 대리할 수 없다. 다만, 법률상 금지되지 아니한 경우에는 그러하지 아니하다(구 변호사윤리장전 17②, 현행 변호사윤리장전 제22조 제1항 제2호). ② 변호사는 그 사명에 따라 성실히 직무를 수행하여야 하는데(변호사법 1②) 개인적인 감정 때문에 성실의무를 다할 수 없다면 수임해서는 아니 된다. ③ 구 변호사윤리장전 제21조 제4항, 현행 변호사윤리장전 제25조 제1항은 "변호사는 의뢰인이 다른 변호사에게 해당 사건을 의뢰하는 것을 방해하지 아니한다"고 규정하고 있다. ④ 구 변호사윤리장전 제14조 제1항, 현행 변호사윤리장전 제11조 제1항은 "변호사는 의뢰인의 범죄행위, 기타 위법행위에 협조하지 아니한다. 직무수행 중 의뢰인의 행위가 범죄행위, 기타 위법행위에 해당된다고 판단된 때에는 즉시 그에 대한 협조를 중단한다"고 규정하고 있다. [해답] ①

문 39.
변호사 甲은 보석절도 사건으로 구속재판을 받고 있는 A의 형사사건을 수임하여 유죄의 확정판결을 받았다. 그 후 위 보석절도 사건의 피해자인 B가 변호사 甲에게 A를 상대로 한 손해배상청구 사건의 소송대리를 요청하였다. 변호사 甲이 취할 수 있는 행동에 관한 설명 중 옳은 것을 모두 고른 것은? (다툼이 있는 경우 판례에 따름)

> 가. 형사사건과 민사사건은 동일하거나 본질적으로 관련된 사건이라고 볼 수 없으므로 B의 의뢰를 수락할 수 있다.
> 나. 종전의뢰인인 A가 양해한 경우에도 B의 의뢰를 수락할 수 없다.
> 다. 형사사건이 종결된 상태이므로 형사사건에서 알게 된 비밀을 B에게 이야기할 수 있다.
> 라. 민사사건에 영향을 미칠 가능성이 있으므로 형사사건에서 알게 된 비밀이라도 B에게 공개할 수 없다.

① 가, 다   ② 가, 라
③ 나, 다   ④ 나, 라

[해설] 설문은 변호사법 제31조 제1항 제1호의 수임제한 사유에 해당되므로 종전의뢰인의 양해가 있더라도 수임할 수 없으며(나.항), 비밀유지의무도 인정된다(라.항). [해답] ④

문 40.
변호사의 등록과 취소에 관한 설명 중 옳지 않은 것은?
 ① 변호사는 대한변호사협회에 등록하지 않고서 변호사 업무를 수행하여서는 아니 된다.
 ② 대한변호사협회는 징계처분에 의하여 해임된 후 3년이 지나지 아니한 자에 대해서 등록심사위원회의 의결을 거쳐 등록을 거부할 수 있다.
 ③ 대한변호사협회가 등록신청을 받은 날부터 3개월이 지날 때 까지 등록을 하지 아니하면 등록이 거부된 것으로 본다.

④ 지방변호사회는 소속 변호사에게 등록취소 사유가 있다고 인정되면 지체 없이 대한변호사협회에 이를 보고하여야 한다.

[해설] ① 변호사로서 개업을 하려면 대한변호사협회에 등록을 하여야 한다(변호사법 7①). 등록을 하지 아니하고 변호사의 직무를 수행하는 자는 형사처벌된다(변호사법 112(4)). ② 변호사법 제 5 조 제 4 호(2014. 4. 29. 개정 변호사법 제 5 조 제 5 호), 제 8 조 제 1 항 제 2 호, ③ 대한변호사협회가 제 7 조 제 2 항에 따른 등록신청을 받은 날부터 3개월이 지날 때까지 등록을 하지 아니하거나 등록을 거부하지 아니할 때에는 등록이 된 것으로 본다(변호사법 8②). ④ 변호사법 제18조 제 4 항. [해답] ③

[제 5 회 법조윤리 기출문제]

법 조 윤 리

문 1.
다음 중 수임이 가능한 경우를 모두 고른 것은?

> 가. 변호사 甲이 교통사고를 원인으로 한 손해배상 사건에서 피고들을 공동으로 수임하여
>   소송대리를 하였다. 위 사건 종결 후 피고들 중 일부가 나머지 피고들을 상대로 제기
>   한 새로운 건물인도소송에서 변호사 甲을 소송대리인으로 선임하는 경우
> 나. 법무법인 L이 채권자와 채무자 사이의 대여금 채권을 원인으로 발행된 약속어음을 공
>   증하여 준 후 동일한 채권자가 같은 채무자를 상대로 제기한 소유권이전등기소송을 수
>   임하는 경우
> 다. 변호사 甲이 X회사를 상대로 한 공사대금청구소송에서 원고 A를 대리하고 있던 중 X
>   회사의 전 대표이사 B로부터 X회사를 상대로 제기하려는 대여금청구소송을 수임하는
>   경우

① 가, 나   ② 가, 다
③ 나, 다   ④ 가, 나, 다

[정답] ④ 가. 종전 사건과 실질적으로 동일하지 않고 종전 의뢰인(손해배상 사건의 피고 중
일부)이 양해한 경우 수임가능(변호사윤리장전 22②). 나. 법무법인은 그 법인이 인가공증인
으로서 공증한 사건에 관하여는 변호사 업무를 수행할 수 없다. 다만, 대통령령으로 정하는
경우에는 그러하지 아니하다(변호사법 51). 소유권이전등기소송은 공증한 사건이 아니고, 대
여금채권과 소유권이전등기소송은 별개의 사건이므로 변호사법 제51조가 적용되지 않기 때문
에 수임할 수 있다. 다. A의 동의(양해)를 얻어 수임할 수 있다(변호사법 31①(2), 변호사윤리
장전 22①(3)).

문 2.
변호사 甲의 다음 광고 중에서 허용되지 않는 것은?

① 케이블 TV에 '개인회생·파산/ 무료상담/ 甲 변호사 사무소'를 표시한 광고를 하였다.
② 생활정보지에 '소액사건에 관하여 소송물가액 1,000만 원 미만은 50만 원, 소송물가액
   1,000만 원 이상 2,000만 원 이하는 100만 원. 단 비용 및 부가가치세 별도'라는 광고
   를 하였다.
③ 아파트 관리사무소가 지정한 아파트의 각 동 1층 게시판에 '사무소 소개, 주소 및 연락
   처'와 함께 '주요 수임사건의 사건번호'를 적시한 인쇄물을 1주일 동안 부착하였다.

④ 지하철 역 내 대합실의 벽면에 '개인회생·파산/ 무료상담/ 甲 변호사 사무소'를 표시한 광고를 하였다.

[정답] ③ 아파트관리사무소의 검인 없이 아파트 게시판에 불특정 다수인에게 제공하기 위한 광고인쇄물을 부착하는 행위는 허용되지 않으며, 변호사의 품위를 손상시키는 광고방법에 해당되어 허용되지 않는다(변호사법 23②(6), 변호사업무광고규정 5⑥(3), (5)). 만약 아파트관리사무소의 검인을 받고 게시판에 일정기간 게시하였다면 허용되는 광고방법으로 평가될 수 있다. 그리고 '주요 수임사건의 사건번호'를 적시한 것은 변호사업무광고규정 제 4 조 제 8 호 "과거에 취급하였거나 관여한 사건이나 현재 수임중인 사건 또는 의뢰인(고문 포함)을 표시하는 내용의 광고"에 해당될 수 있다. ① 케이블 TV(방송매체)와 ② 생활정보지(신문)에 하는 광고는 허용된다(변호사업무광고규정 2(2)). ④ 지하철 전동차 내부나 외부에 광고물을 부착하는 행위는 허용되지 않지만(변호사업무광고규정 5⑥(1)), 대합실 벽면에 하는 광고는 금지되어 있지 아니하며 광고를 하기 위한 허가를 받아야 하는 사항도 아니다.

문 3.
신축된 A아파트의 수분양자들은 분양대금을 지급하기 위해 분양받은 아파트를 담보로 B은행으로부터 대출을 받았다. 당시 수분양자들은 B은행이 제공하는 약관에 따라 분양받은 아파트에 관해 B은행 명의의 근저당권을 설정해 주었고 그 설정비용도 부담하였다. 변호사 甲은 근저당권설정비용을 수분양자들에게 부담시킨 약관이 무효임을 주장하여 근저당권설정비용반환청구소송을 제기하고자 A아파트의 수분양자들을 상대로 소송참여자를 모집하는 광고를 하려고 한다. 다음 중 소속 지방변호사회의 허가 없이도 허용되는 광고는?
① 인터넷에 개설된 변호사 甲의 블로그에 소송참여자의 모집을 위한 안내문을 게재하는 행위
② A아파트 관리사무소가 제공한 주민의 전화번호로 소송참여자의 모집을 위한 전화를 하는 행위
③ A아파트 관리사무소가 제공한 주민의 전화번호로 소송참여자의 모집을 위한 문자 메시지를 발송하는 행위
④ A아파트 각 가구에 소송참여자의 모집을 위한 안내 우편을 발송하는 행위

[정답] ① 인터넷에 개설된 블로그는 변호사법상 '컴퓨터통신 등의 매체'(변호사법 23①) 또는 변호사업무광고규정이 허용하는 '인터넷을 이용한 광고'로 허가 없이도 허용된다(변호사업무광고규정 2②). 인터넷등을 이용한 변호사업무 광고기준 제 2 조, 제 3 조가 정하는 "인터넷 웹사이트상 개설된 홈페이지, 웹페이지, 게시판, 대화방, 카페, 블로그, 이메일, 웹메일 기타 이에 준하는 매체물"에 의한 광고로 허용된다. ② 불특정 다수인에게 전화를 거는 방법으로 광고하려면 상대방의 동의나 요청이 있어야 한다(변호사업무광고규정 5①). ③, ④ 불특정다수

인에게 팩스, 우편, 전자우편 또는 문자메시지 등을 보내거나 이에 준하는 방법을 이용한 광고는 금지되지만, 소속 지방변호사회의 허가를 받으면 가능하다(변호사업무광고규정 5②).

문 4.

변호사 또는 법무법인의 사건 수임에 관한 설명 중 옳은 것은? (다툼이 있는 경우에는 판례에 의함)

① 법무법인 L의 등기팀장인 법무사 A는 준정부기관에서 설치한 건설분쟁조정위원회의 조정위원으로서 위 기관과 B 사이의 분쟁에 대한 조정 업무를 했는데, B가 그 조정에 불복하여 제기한 소송을 법무법인 L이 수임할 수 있다.

② 변호사 甲은 수원시 선거관리위원회의 비상임위원으로 활동 중인데, 동 위원회가 지방선거 후보자 A를 공직선거법위반으로 고발한 사건을 변호사 甲이 소속되어 있는 법무법인 L이 수임할 수 있다.

③ 공증인가 합동법률사무소의 변호사 甲이 수임하여 원고 대리를 하고 있는 소송사건에서, 위 사무소 소속의 변호사 乙은 甲과 계산을 같이 하고 있지 않는 한, 위 소송사건의 피고 대리 업무를 수임할 수 있다.

④ 변호사 甲은 의뢰인 A로부터 근로복지공단을 상대로 한 요양불승인처분취소청구소송을 위임받고 소송대리 업무를 수행하는 중에 근로복지공단과 고문계약을 맺고 법률문제에 대한 자문 업무를 수행할 수 있다.

[정답] ① 법무법인의 구성원 변호사나 소속 변호사가 공무원, 조정위원 또는 중재인으로 직무상 취급하거나 취급하게 된 사건은 그 법무법인이 수임할 수 없다(변호사법 57, 변호사법 31①(3)). 그러나 법무법인의 구성원 변호사나 소속 변호사가 아닌 <u>직원이 공무원, 조정위원 또는 중재인으로 직무상 취급하거나 취급하게 된 사건에 대하여는 이를 규율하는 규정이 없는 점,</u> 현재와 같이 법무법인이 대형화, 전문화되어 가는 현실에서 여러 방면의 전문 인력이 필요한 점 등에 비추어 법무법인의 구성원 변호사나 소속 변호사가 아닌 직원이 공무원, 조정위원 또는 중재인으로 직무상 취급하거나 취급하게 된 사건을 당해 법무법인이 수임할 수 없다고 해석할 수는 없다고 판단된다(대한변협 2008. 1. 14. 질의회신). ② 변호사법 제31조 제1항 제3호(각급 선거관리위원회는 합의제 행정관청에 해당되고 위원은 상임, 비상임을 불문하고 해당 직무에 관하여는 광의의 공무원에 해당된다 할 것이므로, 사안은 공무원이 직무상 취급한 사건에 해당됨), ③ 변호사법 제31조 제2항(공동법률사무소의 수임제한), ④ 변호사는 수임하고 있는 사건의 위임인이 동의하지 않는 한 수임하고 있는 사건의 상대방이 위임하는 다른 사건에 관하여 그 직무를 행할 수 없다(변호사법 31①(2)). 지문은 위 변호사법 규정 위반으로 징계처분(과태료 100만원)을 받은 사안이다(대한변협 2006. 9. 4. 결정 제2006-2호).

문 5.

변호사 보수에 관한 설명 중 옳지 않은 것은? (다툼이 있는 경우에는 판례에 의함)

① A와 B가 공동당사자로서 동일한 변호사 甲에게 소송대리를 위임한 경우, 이에 따른 A 와 B의 보수지급채무는 특별한 사정이 없는 한 분할채무이다.

② 약정된 보수액이 부당하게 과다하여 신의성실 원칙이나 형평의 원칙에 반한다고 볼 만 한 특별한 사정이 있는 경우, 예외적으로 상당하다고 인정되는 범위 내의 보수액만을 청구할 수 있는데, 위와 같은 특별한 사정의 부존재에 대한 증명책임은 약정된 보수액 이 적정하다고 주장하는 변호사에게 있다.

③ 선정당사자가 선정자로부터 별도의 수권 없이 변호사 보수에 관한 약정을 하였다면 선 정자들이 이를 추인하는 등의 특별한 사정이 없는 한, 그 약정은 선정자에 대하여 효력 이 없다.

④ 민사소송에서 패소한 당사자는 원칙적으로 승소한 당사자가 지출한 소송비용을 부담하 게 되는데, 이러한 소송비용 속에는 승소한 당사자가 변호사에게 지출한 보수도 일정 범위에서 포함된다.

[정답] ② 위와 같은 특별한 사정의 존재에 대한 증명책임은 약정된 보수액이 부당하게 과다 하다고 주장하는 측에 있다(대법원 2012. 8. 17. 2010다60172). ① 피고나 그와 함께 공유수면 매립을 공동으로 하는 다른 동업자들인 소외 ○○○, 같은 ○○기업주식회사, 같은 ○엔지니 어링주식회사의 원고에 대한 소송대리 위임에 따른 보수금 지급채무는 특단의 사정이 없는 한 분할채무라 할 것이다(대법원 1993. 11. 12. 93다36882). ③ 대법원 2010. 5. 13. 2009다 105246; 그와 같은 보수약정을 하면서 향후 변호사 보수와 관련하여 다투지 않기로 부제소합 의를 하거나 약정된 보수액이 과도함을 이유로 선정자들이 제기한 별도의 소송에서 소취하 합의를 하더라도 이와 관련하여 선정자들로부터 별도로 위임받은 바가 없다면 선정자에 대하 여 역시 그 효력을 주장할 수 없다(대법원 2010. 5. 13. 2009다105246). ④ 민사소송법 제109 조 제1항(변호사의 보수와 소송비용), 변호사보수의 소송비용 산입에 관한 규칙 제3조(산입 할 보수의 기준); 소송비용에 산입되는 변호사의 보수는 당사자가 보수계약에 의하여 지급한 또는 지급할 보수액 범위 내에서 각 심급단위로 소송목적의 값에 따라 '변호사보수의 소송비 용산입에 관한 규칙' 제3조 제1항 [별표]의 기준에 의하여 산정해야 한다(대법원 2012. 1. 27. 2011마941). 반면, 특허사건의 상고심에서 지출한 변리사비용은 상환청구의 대상이 되는 소송비용이라고 볼 수 없다(대법원 1995. 6. 23. 95쿠3 소송비용액확정).

문 6.

변호사 보수에 관한 설명 중 옳지 않은 것은? (다툼이 있는 경우에는 판례에 의함)

① 단순한 법률자문을 하는 경우에는 보수, 보수지급방법, 보수에 포함되지 않는 비용 등을 반드시 명확하게 약정할 필요는 없다.

② 소송위임계약과 관련하여 위임사무 처리 도중에 수임인의 귀책사유로 계약이 종료되었다 하더라도 위임인은 수임인이 계약 종료 당시까지 이행한 사무처리 부분에 관해서 수임인이 처리한 사무의 정도와 난이도, 사무처리를 위하여 수임인이 기울인 노력의 정도, 처리된 사무에 대하여 가지는 위임인의 이익 등 제반 사정을 참작하여 상당하다고 인정되는 보수 금액 및 사무처리 비용을 착수금 중에서 공제하고, 나머지 착수금만을 수임인으로부터 반환받을 수 있다.

③ 변호사가 소송사건 위임을 받으면서 지급받는 착수금은 일반적으로 위임사무의 처리에 소요되는 비용 외에 보수 일부의 선급금 조로 지급받는 성질의 금원이다.

④ 민사사건의 소송대리 업무를 위임받은 변호사가 그 소제기 전에 상대방에게 채무 이행을 최고하고 형사고소를 제기하는 등의 사무를 처리함으로써 위임인과 상대방 사이에 재판 외 화해가 성립되어 결과적으로 소송을 할 필요가 없게 된 경우, 위임인과 변호사 사이에 소제기에 의하지 아니한 사무처리에 관하여 명시적인 보수의 약정을 한 바 없다면 특별한 사정이 없는 한 위임인은 변호사에게 보수를 지급할 의무가 없다.

[정답] ④ 변호사에게 계쟁사건의 처리를 위임함에 있어서 그 보수지급 및 수액에 관하여 명시적인 약정을 아니하였다 하여도, 무보수로 한다는 등 특별한 사정이 없는 한 응분의 보수를 지급할 묵시의 약정이 있는 것으로 봄이 상당하다 할 것이다(대법원 1993. 11. 12. 93다36882). 민사사건의 소송 대리업무를 위임받은 변호사가 그 소송 제기전에 상대방에 채무 이행을 최고하고 형사고소를 제기하는 등의 사무를 처리함으로써 사건위임인과 상대방 사이에 재판 외 화해가 성립되어 결과적으로 소송제기를 할 필요가 없게 된 경우에, 사건본인과 변호사 사이에 소세기에 의하지 아니한 사무처리에 관하여 명시적인 보수의 약정을 한바 없다고 하여도 특단의 사정이 없는 한 사건위임인은 변호사에게 위 사무처리에 들인 노력에 상당한 보수를 지급할 의무가 있다(대법원 1982. 9. 14. 82다125). ① 변호사는 사건을 수임할 경우에는 사건의 범위, 보수, 지급방법, 보수에 포함되지 않는 비용 등을 명확히 정하여 약정하고, 가급적 서면으로 수임계약을 체결한다. 다만, 단순한 법률자문이나 서류의 준비, 기타 합리적인 이유가 있는 경우에는 그러하지 아니하다(변호사윤리장전 32). ② 대법원 2008. 12. 11. 2006다32460. ③ 대법원 1982. 9. 14. 82다125, 82다카284.

문 7.
다음 중 변호사의 수임제한규정에 위반되지 않는 것은?
 ① 변호사 甲은 소유권이전등기소송에서 원고로부터 사건을 수임한 다음에 원고의 동의 하에 피고로부터 그 사건을 수임하였다.
 ② 변호사 甲은 자신의 조카인 변호사 乙이 피고 대리인으로 선임된 사건에서, 의뢰인인 원고의 양해 없이 그로부터 사건을 수임하였다.
 ③ 변호사 甲은 A의 수임인으로서 X회사를 상대로 하여 아파트 시공 하자 손해배상소송에서 승소확정판결을 받아 집행을 마쳤다. 그 후 A가 제기한 X회사의 주주총회결의부존재확인소송에서 A의 양해 하에 X회사로부터 사건을 수임하였다.
 ④ 법무법인 L에 소속된 변호사 甲, 乙은 원고 A가 피고 B를 상대로 한 이혼소송에서 B의 양해 하에 각각 A와 B로부터 사건을 수임하였다.

[정답] ③ 변호사는 위임사무가 종료된 경우에도 종전 사건과 실질적으로 동일하거나 본질적으로 관련된 사건에서 대립되는 당사자로부터 사건을 수임하지 아니한다. 다만, 종전 사건과 실질적으로 동일하지 않고 종전 의뢰인이 양해한 경우에는 그러하지 아니하다(변호사윤리장전 22②). ① 변호사법 제31조 제1항 제1호 위반, ② 변호사윤리장전 제22조 제1항 제4호 위반, ④ 변호사법 제57조(준용규정), 제31조 제1항 제1호 위반.

문 8.
변호사의 수임제한에 관한 설명 중 옳지 않은 것은? (다툼이 있는 경우에는 판례에 의함)
 ① '당사자 한쪽으로부터 상의를 받아 그 수임을 승낙한 사건의 상대방이 위임하는 사건'에 관하여 변호사의 직무를 수행할 수 없도록 한 변호사법상 수임제한규정을 위반한 변호사의 소송행위는 상대방 당사자가 그와 같은 사실을 알았거나 알 수 있었음에도 불구하고 사실심 변론종결 시까지 아무런 이의를 제기하지 아니하였다면, 소송법상 완전한 효력이 생긴다.
 ② 변호사가 '공무원으로서 직무상 취급한 사건'에 관하여 그 직무를 수행할 수 없도록 한 변호사법상 수임제한규정은 공익적인 강행규정이다.
 ③ 법원이 위 ①의 수임제한규정을 위반하여 국선변호인을 선정한 다음 그 국선변호인의 변론을 거쳐 심리를 마쳤다 하더라도 소송절차에 관한 법령 위반이 있다고 할 수 없다.
 ④ 변호사는 사건을 수임하였을 때에는 소송위임장이나 변호인선임서 등을 해당 기관에 제출하지 아니하고는 전화, 문서, 방문 기타 방법으로 변론활동을 할 수 없다.

[정답] ③ 원심이 변호사의 수임제한규정에 위반하는 국선변호인으로 ○○○ 변호사를 선정한 다음 그 국선변호인의 변론을 거쳐 심리를 마친 과정에는 소송 절차에 관한 법령위반의 위법이 있다(대법원 2004. 11. 26. 2004도5951). ① 대법원 2003. 5. 30. 2003다15556. ② 대법원 1971. 5. 24. 71다556. ④ 변호사윤리장전 제23조 제1항.

문 9.

변호사 甲은 손해배상청구사건을 수임하였다. 수임 당시 의뢰인은 甲에게 "피고는 현재 부동산은 없지만 은행에 많은 예금이 있고 내가 그 계좌번호를 아는데 판결을 받으면 강제집행을 하는 것은 문제없을 것이다. 다만, 자녀들이 모두 미국 시민권을 가지고 있어서 조만간 미국으로 영구 출국할 가능성이 있다. 그러니 빠른 시간 내에 판결을 받아서 손해배상을 받아야 한다."라고 말하고 관련된 모든 서류를 제공하였다. 변호사 甲은 손해배상청구소송을 제기하여 제1심에서 가집행 선고부 승소판결을 받았다. 피고는 제1심 재판의 변론종결일 무렵 패색이 짙어지자 위 예금계좌의 예금을 모두 인출한 후 미국으로 영구 출국하였고, 이로 인해 강제집행이 불가능하게 되었다. 손해배상청구소송의 수임계약서에 위임의 범위는 '손해배상금 청구의 본안소송의 제기'라고만 기재되어 있었다. 변호사 甲의 의뢰인에 대한 손해배상책임 유무에 대한 설명 중 옳은 것은? (다툼이 있는 경우에는 판례에 의함)

① 손해배상책임이 있다. 민사소송법 제90조 제1항은 "소송대리인은 위임을 받은 사건에 대하여 반소·참가·강제집행·가압류·가처분에 관한 소송행위 등 일체의 소송행위와 변제의 영수를 할 수 있다."라고 규정하고 있으므로, 가압류 등 보전처분을 하는 것이 위임계약의 내용이 되기 때문이다.

② 손해배상책임이 없다. 위임의 범위는 위임계약에 의하여 정해지기 때문에 보전처분은 위임의 범위에 포함되지 않고, 어떤 경우에도 위임의 범위를 넘어서서 의뢰인의 권리 옹호에 필요한 모든 조치를 취해야 할 의무가 변호사에게 있다고는 할 수 없기 때문이다.

③ 손해배상책임이 있다. 가압류 등 보전처분을 해야 할 정황이 있고 그것이 매우 실효성이 있는 것이라면, 본안소송을 수임한 변호사는 그러한 방안을 의뢰인에게 설명하고 필요한 정보를 제공하는 등 법률적인 조언을 하여야 할 보호의무가 있는데도 이를 하지 않았기 때문이다.

④ 손해배상책임이 없다. 피고가 은행예금을 인출할 가능성에 관하여 의뢰인이 변호사에게 구체적으로 경고하지 않았으므로 변호사에게 과실이 있다고 할 수 없기 때문이다.

[정답] ③ 소송의 수임 당시 변호사가 의뢰인에게 그 토지에 대한 소유권이전등기청구권을 보전할 필요성 및 처분금지가처분절차에 관하여 충분히 설명을 하였어야 할 구체적 사정이 존재하였다고 보기는 어렵다는 이유로, 변호사의 의뢰인에 대한 선량한 관리자로서의 주의의무 위반으로 인한 손해배상책임을 인정한 원심판결을 파기한 사례(대법원 1997. 12. 12. 95다20775). 이 문제의 설문과 지문의 내용에 비추어 보면 손해배상책임을 인정할 한 구체적인 사정을 인정할 수 있다.

변호사가 대여금청구사건의 소송대리를 수임할 당시 의뢰인과 함께 찾아온 제3자로부터 사해행위취소소송의 소송대리도 함께 수임하였다면, 제반 사정에 비추어 의뢰인을 위하여 실질적인 채권 확보가 가능하도록 보전처분의 필요성과 그 절차 등에 관하여 충분한 설명을 하여 보전조치가 이루어지도록 할 주의의무가 있다고 할 것인데, 이를 소홀히 함으로써 책임재산을 확보할 수 없게 되었다면 변호사로서는 선관주의의무 위반을 이유로 의뢰인에게 그로 인한 손해를 배상할 책임이 있다고 한 사례(인천지방법원 2004. 8. 4. 2002가단80187). ① 본안소송을 수임한 변호사가 그 소송을 수행함에 있어 강제집행이나 보전처분에 관한 소송행위를 할 수 있는 소송대리권을 가진다고 하여 의뢰인에 대한 관계에서 당연히 그 권한에 상응한 위임계약상의 의무를 부담한다고 할 수는 없고, 변호사가 처리의무를 부담하는 사무의 범위는 변호사와 의뢰인 사이의 위임계약의 내용에 의하여 정하여진다(대법원 1997. 12. 12. 95다20775). ②, ④ 소송대리를 위임받은 변호사는 그 수임사무를 수행함에 있어 전문적인 법률지식과 경험에 기초하여 성실하게 의뢰인의 권리를 옹호할 의무가 있다고 할 것이지만, 구체적인 위임사무의 범위는 변호사와 의뢰인 사이의 위임계약의 내용에 의하여 정하여지고, 변호사에게 이와 같은 위임의 범위를 넘어서서 의뢰인의 재산 등 권리의 옹호에 필요한 모든 조치를 취하여야 할 일반적인 의무가 있다고 할 수는 없다(대법원 2002. 11. 22. 2002다9479).

문 10.
A는 사기죄로 구속된 후 친구인 B에게 변호사 면담을 할 수 있게 해 달라고 부탁하였고, B의 요청을 받고 다음날 구치소로 접견 온 변호사 甲과 면담하고 그 자리에서 변호인선임계약을 체결하였다. A는 甲에게 착수금 500만 원을 지급하고, 이와 별도로 A가 석방되는 것을 조건으로 성공보수 500만 원을 지급하기로 약정하였다. 제1심 소송의 진행 중 A는 보석보증금 500만 원을 납입한 후 보석으로 석방되고 그 후 집행유예 판결을 받았으며 그 판결이 확정되었다. 이에 관한 설명 중 옳은 것은? (다툼이 있는 경우에는 판례에 의함)
 ① 변호인선임계약은 효력이 없다. 의뢰인이 구속되어 심리적으로 위축된 상태에서 변호사 甲과 체결한 선임계약으로서 계약 내용 형성의 자유가 침해되었기 때문이다.
 ② 만약 A가 변호사 甲과 변호인선임계약을 체결한 것이 아니라 친구인 B가 A로부터 부탁을 받아 변호사 甲과 변호인선임계약을 체결하고 B 명의로 변호인선임서를 법원에 제출하였다면, 변호사 甲은 형사소송절차에서 A의 변호인으로서 활동할 수 없다.
 ③ A와 변호사 甲 사이의 성공보수 약정은 부적절하다. 형사사건의 변호인선임계약에서는 성공보수 약정이 허용되지 않기 때문이다.
 ④ 변호사 甲은 A가 성공보수를 지급하지 아니하더라도 사전의 약정 없이는 성공보수채권과 A에게 반환하여야 할 보석보증금을 서로 상계할 수 없다.

[정답] ② 피고인 또는 피의자의 법정대리인, 배우자, 직계친족과 형제자매는 독립하여 변호인을 선임할 수 있다(형사소송법 30②). 피고인(A)의 친구(B)는 변호인선임권자가 아니다. 형사소송에 있어서 변호인을 선임할 수 있는 자는 피고인 및 피의자와 형사소송법 제30조 제2항에 규정된 자에 한정되는 것이고, 피고인 및 피의자로부터 그 선임권을 위임받은 자가 피

고인이나 피의자를 대리하여 변호인을 선임할 수는 없는 것이므로, 피고인이 법인인 경우에는 형사소송법 제27조 제 1 항 소정의 대표자가 피고인인 당해 법인을 대표하여 피고인을 위한 변호인을 선임하여야 하며, **대표자가 제 3 자에게 변호인 선임을 위임하여 제 3 자로 하여금 변호인을 선임하도록 할 수는 없다**(대법원 1994. 10. 28. 94모25). ① 구속상태에서 선임계약을 체결하였더라도 그 효력에 영향이 없다. ③ 형사사건에서의 성공보수약정을 금지하는 입법례(미국)도 있지만, 우리는 이를 금지하지 않고 있다. ④ 변호사는 명백한 서면 약정 없이 공탁금, 보증금, 기타 보관금 등을 보수로 전환하지 아니한다. 다만, 의뢰인에게 반환할 공탁금 등을 미수령 채권과 상계할 수 있다(변호사윤리장전 33②). 사전약정이 있어야만 성공보수채권과 보석보증금을 상계할 수 있는 것은 아니다.

문 11.

A는 변호사 甲에게 민사사건의 처리를 위임하였는데, 변호사 甲의 사무직원과 마찰이 생기자 변호사 甲에 대한 위임계약을 해지하려고 한다. 이에 관한 설명 중 옳지 않은 것은?

① A는 변호사 甲의 사건 처리에는 아무런 불만이 없더라도 위임계약을 해지할 수 있다.

② A가 변호사 甲이 불리한 시기에 위임계약을 해지한 것이 아닌 한 위임계약 해지로 인하여 변호사 甲에게 발생한 손해를 배상할 책임이 없다.

③ 변호사 甲은 A와 사무직원과의 마찰이 사소한 것이고 사건의 처리에 아무런 지장이 없는 경우라면 A의 일방적인 위임계약 해지를 수용하지 않을 수 있다.

④ 변호사 甲은 위임계약이 해지되기 전에 행한 수임사무의 처리 비용을 A에게 청구할 수 있다.

[정답] ③ 위임계약은 각 당사자가 언제든지 해지할 수 있다. 당사자 일방이 부득이한 사유없이 상대방의 불리한 시기에 계약을 해지한 때에는 그 손해를 배상하여야 한다(민법 689①, ②). ① 민법 제689조(위임의 상호해지의 자유) 제 1 항, ② 민법 제689조 제 2 항, ④ 수임인이 위임사무를 처리하는 중에 <u>수임인의 책임없는 사유로 인하여</u> 위임이 종료된 때에는 수임인은 이미 처리한 사무의 비율에 따른 보수를 청구할 수 있다(민법 686③). 소송위임계약과 관련하여 위임사무 처리 도중에 <u>수임인의 귀책사유로 계약이 종료되었다 하더라도</u>, 위임인은, 수임인이 계약종료 당시까지 이행한 사무처리 부분에 관해서 수임인이 처리한 사무의 정도와 난이도, 사무처리를 위하여 수임인이 기울인 노력의 정도, 처리된 사무에 대하여 가지는 위임인의 이익 등 제반사정을 참작하여 <u>상당하다고 인정되는 보수 금액 및 상당하다고 인정되는 사무처리 비용</u>을 착수금 중에서 공제하고 그 나머지 착수금만을 수임인으로부터 반환받을 수 있다고 한 사례(대법원 2008. 12. 11. 2006다32460).

문 12.

다음 중 변호사법 위반으로 형사처벌을 받는 경우가 아닌 것은? (다툼이 있는 경우에는 판례에 의함)

① 법원 직원 A는 사례비를 받기로 하고 당사자를 대신하여 부동산에 대한 근저당권 실행을 위한 경매사건의 기일 연기나 취하를 경매신청인에게 부탁하고, 그 명의의 경매신청 취하서를 작성·제출하였다.

② 손해사정사 B는 교통사고 피해자들을 대신하여 보험회사와 접촉하여 손해액 결정요인들에 대하여 절충을 하고 피해자들로 하여금 보험회사와 합의할 수 있도록 주선하고 수수료를 받았다.

③ 법무사 사무직원 C는 자신의 독자적인 책임과 별도의 계산 하에 경매부동산의 매수희망자를 위하여 입찰가격을 결정해주고 입찰표를 작성해주는 등 사실상 대리하고 수수료를 받았다.

④ 교통사고 분석 전문가 D는 친구로부터 자신이 당한 교통사고 원인 분석을 부탁받아 관련 분석 보고서를 작성해 주고 현장 및 실물 촬영비용, 식비 등 기초적인 비용을 받았다.

[정답] ④ 구 변호사법(1993. 3. 10. 법률 제4544호로 개정되기 전의 것) 제78조 제2호는 금품·향응 기타 이익의 수수 또는 그 약속행위가 있어야 처벌하도록 규정하고 있는바, 위 법조항 소정의 '이익'은 비변호사의 법률사무 취급을 금하는 위 법의 입법취지 등에 비추어 볼 때, 실비변상을 넘는 경제적 이익에 한한다고 해석하여야 할 것이고, 단순한 실비변상을 받았음에 불과한 때에는 위 법 소정의 법률사무 취급이 있어도 범죄가 된다고 할 수 없다(대법원 1996. 5. 10. 95도3120). 변호사 아닌 자가 변호사법이 금지하지 않는 교통사고원인 분석 등을 위한 감정을 하고 그 비용을 받은 것이라면 그 비용 범위 내에서는 범죄가 된다고 할 수 없을 것이고, 그와 같은 실비변상의 범위를 넘는 범위에 한하여 범죄로 취급하고 구 변호사법 제82조에 의한 추징이나 몰수도 그 범위에 한정해야 할 것이다(대법원 1995. 2. 14. 93도3453). ① 경매사건 기일 연기나 취하를 부탁하고 경매신청취하서를 피해자를 대신하여 제출하는 등의 행위가 구 변호사법 제78조 제2호 소정의 '대리'에 해당한다고 본 사례(대법원 1996. 4. 26. 95도1244). ② 손해사정인이 금품을 받거나 보수를 받기로 하고 교통사고의 피해자측과 가해자가 가입한 자동차보험회사 등과 사이에서 이루어질 손해배상액의 결정에 관하여 중재나 화해를 하는 것이 손해사정인의 업무범위에 속하는 손해사정에 관하여 필요한 사항인지 여부(소극)(대법원 2001. 11. 27. 2000도513). ③ 형식상으로는 법무사 사무원의 지위에 있지만 실제로는 법무사의 지도·감독을 받지 않고 자신의 독자적인 책임과 계산하에 경매입찰을 사실상 대리하고 그 수수료 명목의 돈을 지급받기로 약정한 사안에서, 구 변호사법(2008. 3. 28. 법률 제8991호로 개정되기 전의 것) 제109조 제1호 위반죄가 성립한다고 한 사례(대법원 2009. 4. 23. 2007도3587). 법률적 지식이 없거나 부족한 매수희망자들을 위하여 부동산의 입찰을 위한 제반 절차를 사실상 주도하면서 그 외부적인 형식만 매수희망자들이 직접 입찰을 하는 것처럼 하여 실질적으로 입찰을 대리한 경우, 변호사법 제90조 제2호 소정의 '대리'에 해당하는

지 여부(적극)(대법원 1999. 12. 24. 99도2193).

그 외에 변호사법 위반으로 형사처벌을 받은 사례로는 Ⓐ 상가의 분양 및 임대에 관하여 분쟁이 발생한 이해관계인들 사이에 화해, 합의서, 분양계약서의 작성 및 등기사무 등을 처리한 것이 변호사법 제90조 제 2 호 소정의 기타 일반의 법률사건에 관하여 법률사무를 취급한 것에 해당한다고 본 사례(대법원 1998. 8. 21. 96도2340). Ⓑ 변호사법 제90조 제 2 호 소정의 '대리'의 의미 및 피고인이 자신과 하자감정용역계약을 체결한 아파트 입주민들이 제기한 소송사건에 관하여 소송서류 및 형사고소장을 작성하여 주고 재판부의 현장검증에 참여하여 하자내역을 설명하는 등의 행위를 한 경우, 같은 조 소정의 '대리'에 해당하는지 여부(적극)(대법원 1999. 12. 24. 99도771). 이와 달리 형사처벌할 수 없다는 사례로는 Ⓒ 아파트관리 및 하자보수공사 등을 목적으로 하는 회사가 아파트 입주자대표회의와 아파트 하자보수에 관한 손해배상청구소송을 대신 수행하여 주기로 하는 소송약정을 체결한 다음 그에 필요한 자료제공의 일환으로 하자내역을 조사하고 하자보고서를 작성한 경우, 하자보수비용을 산출하여 하자보고서를 작성하는 행위 부분은 위 회사의 통상적 업무수행에 불과하여 변호사법 제109조 제 1호의 '감정'에 해당하지 않는다고 한 사례(대법원 2007. 9. 6. 2005도9521 변호사법위반).

문 13.

이혼소송 의뢰인 A는 재산분할로써 자신 명의의 아파트 3채를 자신의 몫으로 하고, 은행예금은 배우자 B에게 넘겨주려고 생각한다. A는 변호사 甲에게 성공보수로 그 중 1채의 아파트를 주겠다고 약정한 후 소송계속 중에 미리 소유권을 이전해 주었다. 이에 대한 설명 중 옳은 것은? (다툼이 있는 경우에는 판례에 의함)

① 성공보수의 조건부 선 수령에 해당하여 변호사 윤리장전 위반이다.
② 이전받은 아파트의 가액이 지나치게 과다한 경우 성공보수 약정은 전부 무효이다.
③ 이혼 및 재산분할 소송의 경우에는 성공보수 약정이 금지되므로 변호사법 위반이다.
④ 변호사법 위반 여부와 상관없이 성공보수 약정은 원칙적으로 유효하다.

[정답] ④ 변호사법에는 변호사의 보수에 관한 규정이 없다. 구 변호사윤리장전에 있던 성공보수 선수령 금지규정은 2014. 2. 24. 개정된 변호사윤리장전에서 삭제된 바 있어 성공보수 약정은 유효하다. 사안에서는 아파트의 소유권을 이전해 준 것으로 표현되어 있지만, 지문에서는 '성공보수 약정' 자체의 효력만을 묻고 있어 타당하다. 설령 변호사윤리장전 제31조 제 1 항이 정한 부당하게 과다한 보수를 약정하였더라도 과다한 부분만 예외적으로 청구할 수 없을 뿐이라서 원칙적으로 성공보수 약정은 유효하다.
다만, 변호사 아닌 자 갑이 소송당사자인 을로부터 소송사건을 떠맡아 을을 대리하여 갑의 비용과 책임하에 소송대리인을 선임하는 등의 일체의 소송수행을 하여 을을 승소시켜 주고 그 대가로서 소송물의 일부를 양도받기로 하는 내용의 양도약정이 변호사법에 저촉되어 무효라 하더라도 그 무효는 그 대가 약정부분에 한정된다 할 것(대법원 1987. 4. 28. 86다카1802)이라는 판례와는 구별하여야 한다. ① 성공보수 선수령 금지규정은 개정 변호사윤리장전에서 삭

제된 바 있다. ② 변호사의 소송위임 사무처리에 대한 보수에 관하여 의뢰인과의 사이에 약정이 있는 경우에 위임사무를 완료한 변호사는 특별한 사정이 없는 한 약정된 보수액을 전부 청구할 수 있는 것이 원칙이다. 다만, … 제반 사정을 고려하여 약정된 보수액이 부당하게 과다하여 신의성실의 원칙이나 형평의 원칙에 반한다고 볼만한 특별한 사정이 있는 경우에는, 예외적으로 상당하다고 인정되는 범위 내의 보수액만을 청구할 수 있다(대법원 2014. 3. 27. 2012다50353). 따라서 보수약정 자체가 전부 무효인 것은 아니다. ③ 이혼 및 재산분할 소송을 비롯하여 특정 사건에 대한 성공보수 약정을 금지하는 규정은 없다.

문 14.

변호사 甲은 A로부터 이혼소송을 수임하여 법정에 출석하고 있었다. A는 여러 해 동안 남편 B로부터 심한 구타를 당하고 있어 이것을 사유로 이혼소송을 변호사 甲에게 의뢰한 것이다. A는 주민등록지를 떠나 거주하고 있으며 B를 비롯한 다른 사람들에게 실거주지를 숨기고 있었다. B는 A의 실거주지를 알려고 여러 사람에게 물었으나 성과가 없자 변론을 마치고 사무실로 복귀하는 甲을 따라와 A의 실거주지를 문의하였다. 甲은 처음에는 답변을 거절하다가 B가 사과를 하려고 한다며 집요하게 요구하므로 별일 없으리라 믿고서 A의 실거주지를 B에게 알려 주었다. B는 그 뒤 실거주지로 찾아가 A에게 약 8주간의 치료가 필요한 상해를 가하였다. 이에 관한 설명 중 옳지 않은 것은?

① 변호사가 그 직무처리 중 지득한 타인의 비밀을 누설한 경우에 해당되므로 변호사 甲은 형법상 업무상비밀누설죄로 처벌받을 수 있다.
② 변호사는 그 직무상 알게 된 비밀을 누설하여서는 아니 되므로 변호사 甲은 변호사법에 의해서 형사처벌을 받을 수 있다.
③ 변호사는 비밀을 유지할 의무를 부담하고 비밀을 누설하는 경우 변호사법을 위반한 것이므로 변호사 甲은 변호사법에 따라 징계를 받을 수 있다.
④ 의뢰인 A의 동의가 있는 경우 직무상 알게 된 의뢰인의 비밀을 최소한의 범위에서 제3자에게 알리더라도 변호사 윤리장전을 위반한 것이 아니므로 변호사 甲은 변호사법에 따라 징계를 받지 않는다.

[정답] ② 변호사법에는 변호사의 비밀유지의무(제26조) 위반에 대한 처벌규정이 없다. 이는 형법 제317조에서 처벌하고 있기 때문이다 ① 의사, 한의사, 치과의사, 약제사, 약종상, 조산사, 변호사, 변리사, 공인회계사, 공증인, 대서업자나 그 직무상 보조자 또는 차등의 직에 있던 자가 그 직무처리중 지득한 타인의 비밀을 누설한 때에는 3년 이하의 징역이나 금고, 10년 이하의 자격정지 또는 700만원 이하의 벌금에 처한다(형법 317①). ③ 변호사법 제91조 제 2 항 제 1 호. ④ (변호사윤리장전 제18조) 제 1 항 내지 제 3 항의 경우에 중대한 공익상의 이유가 있거나, 의뢰인의 동의가 있는 경우 또는 변호사 자신의 권리를 방어하기 위하여 필요한 경우에는, 최소한의 범위에서 이를 공개 또는 이용할 수 있다(변호사윤리장전 18④). 변호사가 실거주지를 알려주어 상해를 입게 한 행위가 최소한의 비밀공개가 아니라는 취지의 이의가 많

았다. ④번은 설문과 정확히 일치되는 내용이 아닌 일반론적인 기술이지만, 조문 그대로 출제된 것이므로 옳은 지문에 해당된다.

문 15.

비밀유지의무에 관한 설명 중 옳은 것을 모두 고른 것은?

> 가. 비밀유지의무의 주체에 대해 변호사법은 '변호사' 뿐만 아니라 '변호사이었던 자'도 함께 규정하고 있다.
> 나. 변호사법에서는 비밀의 누설 금지만을 규정하고 있는데 반해, 변호사 윤리장전에서는 누설 뿐만 아니라 부당한 이용 금지도 규정하고 있다.
> 다. 변호사는 의뢰인의 비밀을 누설하여서는 아니 되며 여기서의 비밀은 직무상 알게 된 비밀인지 여부를 불문한다.
> 라. 변호사 윤리장전에서는 '법률에 특별한 규정이 있는 경우'에는 비밀유지의무의 적용이 배제되는 것으로 규정하고 있다.

① 가, 나   ② 가, 라
③ 나, 다   ④ 나, 라

[정답] ① 가. 변호사 또는 변호사이었던 자는 그 직무상 알게 된 <u>비밀을 누설</u>하여서는 아니 된다(변호사법 26 본문). 나. 변호사는 직무상 알게 된 의뢰인의 비밀을 <u>누설하거나 부당하게 이용</u>하지 아니한다(변호사윤리장전 18①). 다. 직무상 알게 된 비밀이어야 한다. 라. 변호사법 제26조 단서에 규정되어 있다.

문 16.

변호사의 비밀유지의무에 관한 설명 중 옳지 않은 것은?

① 법무법인의 구성원 변호사 및 소속 변호사는 다른 변호사가 의뢰인과 관련하여 직무상 비밀유지의무를 부담하는 사항을 알게 된 경우, 정당한 이유가 없는 한 이를 누설하거나 이용하여서는 아니 된다.
② 변호사법에서 변호사의 비밀유지의무는 의뢰인과의 관계에서는 의무로, 국가기관과 제3자 등과의 관계에서는 권리로 규정되어 있다.
③ 형사소송법은 변호사가 업무상 알게 된 비밀에 대한 증언거부권을 규정하고 있다.
④ 민사소송법은 변호사가 업무상 알게 된 비밀에 대한 증언거부권 뿐 아니라 문서제출거부권도 규정하고 있다.

[정답] ② 변호사 또는 변호사이었던 자는 그 직무상 알게 된 비밀을 누설하여서는 아니 된다. 다만, 법률에 특별한 규정이 있는 경우에는 그러하지 아니하다(변호사법 26). 변호사법 제26조가 규정하는 비밀유지의무는 영미에서의 비닉특권과 같은 권리로 명시하고 있지는 않다. ① 변호사

윤리장전 제47조, ③ 변호사소송법 제149조, ④ 변호사의 증언거부권(민사소송법 315①(1)), 민사소송법 제315조(증언거부권) 제 1 항 각호에 규정된 사항 중 어느 하나에 규정된 사항이 적혀 있고 비밀을 지킬 의무가 면제되지 아니한 문서는 제출을 거부할 수 있다(민사소송법 344②(1)).

문 17.
다음 설명 중 변호사의 비밀유지의무가 해제되는 경우가 아닌 것은?
① 위임받아 처리한 소송이 종료된 후 의뢰인이 사망한 경우
② 변호사가 의뢰인을 대리하여 처리한 사건과 관련하여 기소되거나 징계절차에 회부되어 자기방어를 하는 경우
③ 중대한 공익상의 이유가 있거나 의뢰인의 동의가 있는 경우
④ 변호사가 의뢰인을 상대로 보수청구소송을 하는 경우

[정답] ① 변호사법 또는 다른 법률, 변호사윤리장전은 의뢰인의 사망을 비밀유지의무 해제사유로 규정하고 있지 않다. ② 변호사윤리장전 제18조 제 4 항, ③ 형사소송법 제149조 단서, 변호사윤리장전 제18조 제 4 항, ④ 변호사 자신의 권리를 방어하기 위하여 필요한 경우이다 (변호사윤리장전 18④).

문 18.
수임제한에 관한 설명 중 옳지 않은 것은? (다툼이 있는 경우에는 판례에 의함)
① 형사사건의 피해자인 당사자를 위한 민사사건에서 소송대리인으로서 소송행위를 한 변호사가 나중에 실질적으로 동일한 쟁점을 포함하고 있는 형사사건에서 피고인을 위한 변호인으로 선임되어 변호활동을 하는 것은 금지되므로, 그 형사사건의 피고인이 스스로 위 변호사를 변호인으로 선임하였더라도 다른 특별한 사정이 없는 한 변호인의 조력을 받을 피고인의 권리는 침해된 것이다.
② 당사자 일방으로부터 상의를 받아 그 수임을 승낙한 사건의 상대방이 위임하는 사건의 경우, 변호사가 그와 같은 사건에 관하여 직무를 행하는 것은 먼저 그 변호사를 신뢰하여 상의를 하고 사건을 위임한 당사자 일방의 신뢰를 배반하게 되고, 변호사의 품위를 실추시키게 되기 때문에 변호사의 직무행위가 금지된다.
③ 변호사가 관여한 사건이 일방 당사자와 그 상대방 사이에 있어서 동일한지 여부는 상반되는 이익의 범위에 따라서 개별적으로 판단되어야 하는 것이고, 소송물이 동일한지 여부나 민사사건과 형사사건 사이와 같이 그 절차가 같은 성질의 것인지 여부는 관계가 없다.
④ 형사사건의 변호인으로 선임된 법무법인의 구성원 변호사가 업무담당 변호사로서 업무를 수행한 바 있었음에도, 같은 쟁점을 가진 민사사건이 그 이후 제기되자 위 형사사건의 피해자를 위한 소송대리인으로서 직무를 수행하는 것은 금지되고, 위 법무법인이 해

산된 이후라도 변호사 개인의 지위에서 그와 같은 민사사건을 수임하는 것도 금지된다.

[정답] ① 피고인들의 제 1 심 변호인에게 변호사법 제31조 제 1 호의 수임제한 규정을 위반한 위법이 있다 하여도, 피고인들 스스로 위 변호사를 변호인으로 선임한 이 사건에 있어서 다른 특별한 사정이 없는 한 위와 같은 위법으로 인하여 변호인의 조력을 받을 피고인들의 권리가 침해되었다거나 그 소송절차가 무효로 된다고 볼 수는 없다(대법원 2009. 2. 26. 2008도9812). ②, ③ 대법원 2003. 11. 28. 2003다41791, ④ 대법원 2003. 5. 30. 2003다15556.

문 19.

변호사와 의뢰인 간의 보수 약정에 관한 설명 중 옳지 않은 것은? (다툼이 있는 경우에는 판례에 의함)

① 당사자들 사이에 성공보수의 약정을 하면서 전 심급을 통하여 최종적으로 승소한 금액의 일정 비율을 성공보수로 지급하기로 한 경우, 1심 승소 후 항소심 계속 중 변호사의 귀책사유로 수임계약이 해지되었다면 그 후 최종적으로 승소하였더라도 성공보수를 청구할 수 없다.

② 제 1 심에 대한 성공보수 약정에 따른 변호사의 성공보수청구권 발생 시기는 특약이 없는 한 승소판결이 확정된 때가 아니라 1심 판결을 송달받은 때이다.

③ 변호사는 사건 또는 사무를 수임할 때에는 보수에 관한 명백한 약정을 하고 가급적 이를 서면으로 체결하여야 한다.

④ 약정된 보수액이 부당하게 과다하여 신의성실의 원칙이나 형평의 원칙에 반한다고 볼 만한 특별한 사정이 있는 경우에는 의뢰인과의 평소 관계, 사건 수임의 경위, 착수금의 액수, 사건 처리의 경과와 난이도, 노력의 정도, 소송물 가액 및 의뢰인이 승소로 인하여 얻게 된 구체적 이익 등 기타 변론에 나타난 제반 사정을 고려하여 상당하다고 인정되는 범위 내의 보수액만을 청구할 수 있다.

[정답] ① 소송위임계약과 관련하여 위임사무 처리 도중에 수임인의 귀책사유로 신뢰관계가 훼손되어 더 이상 소송위임사무를 처리하지 못하게 됨에 따라 계약이 종료되었다 하더라도, 위임인은, 수임인이 계약종료 당시까지 이행한 사무처리 부분에 관해서 수임인이 처리한 사무의 정도와 난이도, 사무처리를 위하여 수임인이 기울인 노력의 정도, 처리된 사무에 대하여 가지는 위임인의 이익 등 여러 사정을 참작하여 <u>상당하다고 인정되는 보수 금액 및 상당하다고 인정되는 사무처리 비용을 지급할 의무</u>가 있다(대법원 2008. 12. 11. 2006다32460). 그리고 당사자들 사이에 이른바 성공보수의 약정을 하면서 전 심급을 통하여 최종적으로 승소한 금액의 일정 비율을 성공보수금으로 지급하기로 한 경우에, 특별한 사정이 없는 한 성공보수는 소송위임계약에서 정한 소송위임 사무처리 대가로서의 보수의 성격을 가진다고 할 것이고, 또한 각 심급별 소송비용에 산입될 성공보수는 최종 소송 결과에 따라 확정된 성공보수금을 승

소한 심급들 사이에서 각 심급별 승소금액에 따라 안분하는 방법으로 산정함이 타당함에 비추어 보면, 위와 같이 상당한 보수 금액을 정할 때에는 그 당시까지의 소송 수행의 결과 충분히 예상 가능한 성공보수액도 참작할 수 있다고 봄이 상당하다(대법원 2012. 6. 14. 2010다52584). ② 성공보수 약정이 제1심에 대한 것으로 인정되는 이상 보수금의 지급시기에 관하여 당사자 사이에 특약이 없는 한, 심급대리의 원칙에 따라 수임한 소송사무가 종료하는 시기인 제1심 판결을 송달받은 때로부터 그 소멸시효 기간이 진행된다(대법원 1995. 12. 26. 95다24609). ③ 변호사윤리장전 제32조, ④ 대법원 1995. 4. 25. 94다57626.

문 20.
법관과 검사의 직업윤리에 관한 설명 중 옳은 것은?

① 법관은 어떠한 경우에도 구체적 사건에 관하여 공개적으로 논평하거나 의견을 표명할 수 없다.

② 법관은 당사자와 대리인 등 소송관계인을 법정 이외의 장소에서 면담하거나 접촉하는 것이 항상 금지된다.

③ 검사는 법무부장관의 허가를 받아 금전상의 이익을 목적으로 하는 업무에 종사할 수 있다.

④ 검사는 소속 기관장의 승인을 받으면 수사 등 직무와 관련된 사항에 관하여 검사의 직함을 사용하여 대외적으로 그 내용을 발표할 수 있다.

[정답] ④ 검사윤리강령 제21조, ① 법관은 교육이나 학술 또는 정확한 보도를 위한 경우를 제외하고는 구체적 사건에 관하여 공개적으로 논평하거나 의견을 표명하지 아니한다(법관윤리강령 4⑤). ② 법관은 재판업무상 필요한 경우를 제외하고는 당사자와 대리인 등 소송 관계인을 법정 이외의 장소에서 면담하거나 접촉하지 아니한다(법관윤리강령 4④). ③ 검사는 금전상의 이익을 목적으로 하는 업무에 종사하거나 법무부장관의 허가없이 보수 있는 직무에 종사하는 일을 하지 못하며, 법령에 의하여 허용된 경우를 제외하고는 다른 직무를 겸하지 아니한다(검사윤리강령 17).

문 21.
이익충돌로 인한 수임의 제한 등에 관한 설명 중 옳지 않은 것은?

① 변호사는 위임사무가 종료된 종전 사건의 대립되는 당사자가 선임을 요청하는 사건이, 종전 사건과 실질적으로 동일하지 않고 종전 의뢰인이 양해한 경우에는 수임이 가능하다.

② 변호사는 현재 수임하고 있는 사건과 이해가 충돌하는 사건의 경우, 관계되는 의뢰인들이 모두 동의하고 의뢰인의 이익이 침해되지 않는다는 합리적인 사유가 있는 경우에는 수임이 가능하다.

③ 의뢰인과 이해관계가 대립되는 상대방으로부터 사건의 수임을 위해 먼저 상담하였으나 결국 수임에 이르지 아니한 경우, 위 상대방의 양해를 얻는 경우에 한하여 의뢰인으로

부터 수임이 가능하다.

④ 법무법인의 특정 변호사가 겸직하고 있는 정부기관의 사건은 당해 변호사가 사건의 수임 및 업무수행에 관여하지 않고 그러한 사유가 법무법인 등의 사건처리에 영향을 주지 아니할 것이라고 볼 수 있는 합리적 사유가 있는 경우에 한하여 수임이 가능하다.

[정답] ③ 변호사는 의뢰인과 대립되는 상대방으로부터 사건의 수임을 위해 상담하였으나 수임에 이르지 아니하였거나 기타 그에 준하는 경우로서, 상대방의 이익이 침해되지 않는다고 합리적으로 여겨지는 경우에는, 상담 등의 이유로 수임이 제한되지 아니한다(변호사윤리장전 22③). ① 변호사윤리장전 제22조 제 2 항, ② 변호사윤리장전 제22조 제 1 항 단서, 제 6 호. ④ 변호사윤리장전 제48조 제 2 항.

문 22.
다음 설명 중 옳은 것을 모두 고른 것은?

> 가. 재판연구원, 사법연수생과 병역의무를 이행하기 위하여 군인·공익법무관으로 근무하다가 퇴직하여 변호사 개업을 한 자는 국선변호 등 공익 목적의 수임이 아니라도, 퇴직 전 근무한 국가기관이 처리하는 사건을 수임할 수 있다.
> 나. 변호사는 과거 공무원·중재인·조정위원 등으로 직무를 수행하면서 취급 또는 취급하게 된 사건이나 공정증서 작성사무에 관여한 사건은 수임할 수 없지만, 쌍방 당사자가 모두 동의하는 경우에는 그러하지 아니하다.
> 다. 변호사법 제31조 제 1 항 제 1 호가 수임을 제한하는 '당사자 한쪽으로부터 상의를 받아 그 수임을 승낙한 사건의 상대방이 위임하는 사건'에 해당되기 위해서는 그 변호사가 관여한 사건이 일방 당사자와 그 상대방 사이에 있어서 동일하여야 한다.

① 가

② 다

③ 가, 다

④ 가, 나, 다

[정답] ③ 가. 변호사법 제31조 제 3 항, 나. 변호사윤리장전 제22조 제 1 항 제 1 호; 당사자의 동의가 있더라도 수임할 수 없다. 다. 대법원 2003. 11. 28. 2003다41791.

문 23.
X회사의 직원 A는 비리 혐의로 회사로부터 감사를 받았다. A는 이에 대한 법률상담을 받기 위해 변호사 甲을 방문하여 자신이 그동안 저질렀던 위법행위에 대해 상세히 털어 놓으면서 이를 기록해 둔 노트를 甲에게 맡겼다. 그리고 사건의 위임에 대해서는, 수사를 받게 되는 동안에는 변호인선임서를 제출하지 않은 상태에서 비공식적으로 자신을 변호 내지 조언해 주고, 기소되면 변호인선임서를 제출하여 정식으로 변호해 줄 것을 요구하였고, 甲은 이러한 요구를 그대로 받아들이는 수임계약을 체결하였다. 이에 대한 설명으

로 옳은 것을 모두 고른 것은?

> 가. A의 고발로 변호사 甲이 위 사건과 관련하여 변호사법위반혐의로 입건되어 자신의 권리를 방어하기 위하여 필요한 경우, 최소한의 범위에서 변호사 甲은 A의 비밀을 공개 또는 이용할 수 있다.
>
> 나. 변호사 甲이 A와 상세한 내용의 법률상담을 하는 것은 허용되나, 범죄의 증거물이 될 수도 있는 노트를 넘겨받아 보관하는 것은 변호사의 업무영역을 벗어난 것으로서 위법하다.
>
> 다. 변호사 甲은 A의 비리행위에 대해서는 형사소송절차에서 증언을 거부할 수 있다.
>
> 라. 변호사 甲은 사건 수임 경위를 묻는 법원의 사실조회에 대한 회신을 거부할 수 없다.

① 가, 다   ②가, 라
③ 가, 나, 다   ④ 나, 다

[정답] ① 가. 변호사윤리장전 제18조 제 4 항, 나. 변호사는 의뢰인으로부터 제출받은 문서 또는 물건을 외부에 공개하지 아니한다(변호사윤리장전 18②). 다. 형사소송법 제149조 단서, 라. 대한변협 2008. 2. 19. 질의회신.

문 24.
변호사 甲은 의뢰인인 피고인 A를 접견하던 중 A로부터 수사기관과 법원에는 B의 범행을 감추려고 자신이 저질렀다는 취지로 허위 자백을 하였다는 말과 함께 자신만 유죄판결을 받도록 도와 달라는 요청을 받았다. 변호사 甲은 A를 돕는 것이 형사변호인으로서 본래의 의무라고 생각하고 허위 자백을 계속 유지하는 입장에서 변호하려고 하고 있다. 나아가 A는 B와 허위 자백을 대가로 하는 거래가 진행 중이라고 하면서 그 거래가 성사되도록 도와달라고 했다. 이에 관한 설명 중 옳지 않은 것은? (다툼이 있는 경우에는 판례에 의함)
① 원칙적으로 형사변호인의 기본적인 임무는 피고인을 보호하고 그 이익을 대변하는 것이지만 그 이익은 법적으로 보호받을 가치가 있는 정당한 이익으로 제한된다.
② 변호사의 비밀유지의무는 변호사가 업무상 알게 된 비밀을 다른 곳에 누설하지 않을 소극적 의무를 말한다.
③ 변호사 甲이 적극적으로 허위의 진술을 하거나 허위 진술을 하도록 하는 것은 A의 결의를 강화하게 하는 행위로서 범인도피의 방조행위가 될 수 있다.
④ 변호사 甲이 그 후 A를 위하여 부정한 거래가 성사되도록 돕는 등 A와 B의 거래에 깊숙이 관여하였더라도 이는 A의 이익을 위한 것으로서 정당한 변론권의 범위에 속한다.

[정답] ④ 이른바 대신자처범인에 대한 변호인의 변론내용에 관한 것으로 판례는 지문과 같은 사안에서 범인도피방조죄를 인정한 바 있다(대법원 2012. 8. 30. 2012도6027).

문 25.

변호사법상 징계에 관한 설명 중 옳지 않은 것은?

① 징계의 종류에는 영구제명, 제명, 3년 이하의 정직, 3천만 원 이하의 과태료 및 견책이 있다.

② 징계혐의사실을 1차 심의·의결하기 위하여 지방변호사회에 변호사징계위원회를 둔다.

③ 직무와 관련이 없는 행위로도 징계를 받을 수 있다.

④ 의뢰인이나 의뢰인의 법정대리인 등의 청원이 있는 경우, 지방변호사회의 장은 지체 없이 징계 개시의 신청 여부를 결정하여야 한다.

[정답] ② 변호사법 제92조 제 2 항. ① 변호사법 제90조, ③ 변호사법 제91조 제 2 항 제 3 호, ④ 변호사법 제97조의3 제 2 항.

문 26.

변호사 甲은 법원에 의하여 피고인 A에 대한 상해사건의 국선변호인으로 선정되어 사건 기록을 복사한 후 검토하였다. 기록에 의하면 A가 B를 때려 약 6주간의 치료가 필요한 상해를 가하였고 이에 대해 A도 자백하였으며, 참고인 C, D도 모두 동일한 취지로 진술하였다. 이에 변호사 甲은 이 사건이 단순 상해사건으로서 피고인도 자백하고 목격자도 있으므로 쉽게 끝날 사건이라고 생각하고 구치소를 방문하여 A를 접견하였다. 그런데 A는 수사기관에서의 자백은 강압수사에 의한 허위 자백이고, 참고인들의 진술도 모두 자신을 모함하기 위한 허위 진술이라고 주장하면서 甲에게 위와 같은 날조 사실들을 모두 밝혀서 자신이 무죄판결을 받을 수 있도록 도와 달라는 요청을 하였다. 이 경우 甲의 행위에 대한 설명 중 옳은 것은?

① 변호사 甲이 A에 대한 국선변호 활동을 하는 과정에서 충실한 변호를 위하여 불가피하게 추가적인 비용을 지출하더라도 법원이 아닌 A나 그 가족에게 별도로 그 비용을 청구하는 것은 허용되지 아니한다.

② 국선변호인의 보수로는 A의 요구사항에 따른 충실한 변론이 어렵다고 말하면서, 변호사 甲이 A를 설득하여 다른 변호사를 사선변호인으로 선임하도록 함으로써 보다 충실한 변론이 이루어질 수 있도록 하는 것은 허용된다.

③ 변호사 甲이 A에게 국선변호인으로서의 변호활동에는 한계가 있다고 말하는 등의 방법으로 A로 하여금 자신을 사선변호인으로 선임하도록 유도하는 것은 허용된다.

④ 국선변호인과 사선변호인은 수임 경위와 보수 수준 등이 달라 변호활동의 범위나 피고인 보호의 정도 등에 사실상 차이가 있을 수밖에 없으므로, 변호사 甲이 A에게 자신은 국선변호인이기 때문에 A의 요청을 모두 들어줄 수 없다며 거절하는 것은 허용된다.

[정답] ① 변호사는 국선변호 등 공익에 관한 직무를 위촉받았을 때에는 공정하고 성실하게 직

무를 수행하며, <u>이해관계인 등으로부터 부당한 보수를 받지 아니한다</u>(변호사윤리장전 4②). ② 국선변호인에게 지급할 일당, 여비 및 숙박료의 금액은 제 3 조부터 제 6 조까지에 규정된 기준에 준하여 대법원규칙으로 정하는 범위에서 법원이 정한다(형사소송비용 등에 관한 법률 8①). (국선변호인의) 보수는 사안의 난이, 국선변호인이 수행한 직무의 내용, 사건처리에 소요된 시간 등을 참작하여 예산의 범위 안에서 당해 재판장이 이를 증액할 수 있다(형사소송비용 등에 관한 규칙 6②). 그러므로 국선변호인은 추가비용이 발생하더라도 피고인이나 그 가족에게 청구할 수 없으며, 당해 재판부(법원)에 증액신청을 하여야 할 것이다. ②, ③, ④ 변호사윤리장전 제 4 조 제 2 항(<u>국선 변호 등 공익에 관한 직무를 위촉받았을 때에는 공정하고 성실하게 직무를 수행하며</u>).

문 27.

변호사의 주의의무 및 책임에 관한 설명 중 옳지 않은 것은? (다툼이 있는 경우에는 판례에 의함)

① 위임사무의 종료 단계에서 패소판결이 있었던 경우에는 의뢰인으로부터 상소에 관하여 특별한 수권이 없는 때에도 그 판결을 점검하여 의뢰인에게 그 판결의 내용과 상소하는 때의 승소 가능성 등에 대하여 구체적으로 설명하고 조언하여야 할 의무가 있다.

② 변호사는 의뢰인과 변호인선임계약을 체결한 이후 뿐 아니라 그 계약 체결 과정 및 준비 단계에도 주의의무를 부담한다.

③ 의뢰인의 지시가 의뢰인에게 불리한 경우에 변호사는 그런 사실을 의뢰인에게 알려 주어야 할 의무가 있지만, 그와 같은 지시라 하더라도 의뢰인의 명시적인 지시에 대해 그 변경을 요구 또는 권고하여서는 아니 된다.

④ 변호사 사무실 직원이 의뢰인에게 상고제기기간을 잘못 고지하는 바람에 의뢰인이 상고제기기간을 도과하여 상고의 기회를 잃게 된 경우, 변호사는 이로 인하여 의뢰인이 입은 손해를 배상할 책임이 있다.

[정답] ③ 수임인은 위임의 본지에 따라 선량한 관리자의 주의로써 위임사무를 처리하여야 하므로, 수임인인 법무사는 우선적으로 위임인인 의뢰인의 지시에 따라야 할 것이지만 이 지시에 따르는 것이 위임의 취지에 적합하지 않거나 또는 의뢰인에게 불이익한 때에는 그러한 내용을 의뢰인에게 알려주고 그 지시의 변경을 요구 또는 권고할 수 있다(대법원 2003. 1. 10. 2000다61671). 변호사는 의뢰인의 요청이나 요구가 변호사의 품위를 손상시키거나 의뢰인의 이익에 배치된다고 인정하는 경우에는, <u>그 이유를 설명하고 이에 따르지 않을 수 있다</u>(변호사윤리장전 28②). ① 대법원 2004. 5. 14. 2004다7354, ② 변호사는 의뢰인이 사건 위임 여부를 결정할 수 있도록 의뢰인으로부터 제공받은 정보를 기초로 사건의 <u>전체적인 예상 진행과정, 수임료와 비용, 기타 필요한 사항을 설명한다</u>(변호사윤리장전 20①). 또한 변호사는 수임계약 체결 과정에서 직무상 알게 된 의뢰인의 비밀을 유지할 의무 등 여러 의무를 부담한다. ④ 대법원 1997. 5. 28. 97다1822.

문 28.

외국법자문사에 관한 설명 중 옳지 않은 것은?

① 외국법자문사로서 업무를 수행하려는 사람은 법무부장관에게 자격승인을 받아 대한변호
사협회에 등록하여야 한다.

② 외국법자문사의 자격승인을 받기 위하여는 외국변호사의 자격을 취득한 후 원자격국에
서 3년 이상 법률사무를 수행한 경력이 있어야 한다.

③ 자유무역협정의 당사국에 본점사무소가 설립·운영되고 있는 외국법자문법률사무소는
대한변호사협회에 공동사건 처리 등을 위한 등록을 마친 후 국내 법률사무소 또는 법
무법인과 사안별 개별 계약에 따라 국내법사무와 외국법사무가 혼재된 법률사건을 공
동으로 처리하고 수익을 분배할 수 있다.

④ 외국법자문사는 2개의 외국법자문법률사무소, 법률사무소, 법무법인, 법무법인(유한) 또
는 법무조합에 동시에 고용되어 업무를 처리할 수 있다.

[정답] ④ 외국법자문사는 동시에 2개 이상의 외국법자문법률사무소, 법률사무소, 법무법인,
법무법인(유한) 또는 법무조합에 소속 또는 고용되거나 그 직책을 겸임할 수 없다(외국법자문
사법 25②). ① 외국법자문사법 제 3 조(자격승인의 신청) 제 1 항, 제10조(등록의 신청) 제 1
항, ② 외국법자문사법 제 4 조(직무경력) 제 1 항, ③ 외국법자문사법 제34조의2(외국법자문법
률사무소의 공동 사건 처리 등) 제 1 항. 다만, ③번 지문에서는 조문상의 "자유무역협정등에
따라 법무부장관이 고시하는 자유무역협정등의 당사국"부분을 축약하여 "자유무역협정의 당
사국"으로 표현하고 있다. 자유무역협정등에 따라 법무부장관이 고시하는 자유무역협정등의
당사국은 "ASEAN(10개국), EU(28개국), 페루, 미국"을 말하고, 자유무역협정 당사국은 "칠
레, 싱가포르, EFTA, ASEAN(10개국), EU(28개국), 페루, 미국, 터키"를 말한다. 그런데 지문
은 "자유무역협정의 당사국"으로 표현되어 있어 위 두 개념과 명확히 일치하는 것은 아니기
때문에 이 지문도 틀린 문항으로 볼 수 있는 논란의 여지가 있다. 수험생으로서는 (위와 같
은) 명시적·묵시적 지시사항에 따라 문항과 답항의 내용을 상호 비교·검토하여 가장 적합
한 하나만을 정답으로 골라야 한다(대법원 2009. 10. 15. 2007두22061)는 점에서 명확히 조문
내용과 명백하게 배치되는 ④번을 정답으로 골라야 한다.

문 29.

변호사법상 공직퇴임변호사에 관한 설명 중 옳지 않은 것은?

① 장기복무 군법무관으로 근무하다가 퇴직하여 변호사 개업을 한 자는 퇴직 전 2년부터
퇴직한 때까지 근무한 국가기관이 처리하는 사건을 퇴직한 날로부터 2년간 수임할 수
없다.

② 공직퇴임변호사에 대한 수임제한규정은 공직퇴임변호사가 법무법인의 담당변호사로 지
정되는 경우에도 적용된다.

③ 공직퇴임변호사는 퇴직일부터 2년 동안 수임한 사건에 관한 수임자료와 처리 결과를 소속 지방변호사회에 제출하여야 한다.

④ 법조윤리협의회 위원장은 공직퇴임변호사에게 위법의 혐의가 있는 것을 발견하였을 때에는 지방검찰청 검사장에게 수사를 의뢰할 수 있다.

[정답] ① 법관, 검사, 장기복무 군법무관, 그 밖의 공무원 직에 있다가 퇴직(재판연구원, 사법연수생과 병역의무를 이행하기 위하여 군인·공익법무관 등으로 근무한 자는 제외한다)하여 변호사 개업을 한 자(이하 "공직퇴임변호사"라 한다)는 퇴직 전 1년부터 퇴직한 때까지 근무한 법원, 검찰청, 군사법원, 금융위원회, 공정거래위원회, 경찰관서 등 국가기관(대법원, 고등법원, 지방법원 및 지방법원 지원과 그에 대응하여 설치된「검찰청법」제3조 제1항 및 제2항의 대검찰청, 고등검찰청, 지방검찰청, 지방검찰청 지청은 각각 동일한 국가기관으로 본다)이 처리하는 사건을 퇴직한 날부터 1년 동안 수임할 수 없다. 다만, 국선변호 등 공익목적의 수임과 사건당사자가「민법」제767조에 따른 친족인 경우의 수임은 그러하지 아니하다(변호사법 31③). ② 변호사법 제31조 제4항 제1호, ③ 공직퇴임변호사는 퇴직일부터 2년 동안 수임한 사건에 관한 수임 자료와 처리 결과를 대통령령으로 정하는 기간마다 소속 지방변호사회에 제출하여야 한다(변호사법 89의4①). ④ 변호사법 제89조의4(공직퇴임변호사의 수임자료 등 제출) 제4항.

문 30.
변호사의 징계에 관한 설명 중 옳지 않은 것은?
① 대한변호사협회 변호사징계위원회의 위원장은 징계심의의 기일을 정하고 징계혐의자에게 출석을 명할 수 있고, 징계혐의자는 징계심의기일에 출석하여 구술 또는 서면으로 자기에게 유리한 사실을 진술하거나 필요한 증거를 제출할 수 있다.
② 징계의 청구는 징계 사유가 발생한 날부터 3년이 지나면 하지 못한다.
③ 징계혐의자가 징계결정의 통지를 받은 후 법규정에 따른 이의신청을 하지 아니하면 이의신청 기간이 끝난 날부터 대한변호사협회 변호사징계위원회의 징계 효력이 발생한다.
④ 대한변호사협회 변호사징계위원회의 징계 결정에 불복하는 징계혐의자는 행정소송법으로 정하는 바에 따라 그 통지를 받은 날부터 90일 이내에 행정법원에 소를 제기할 수 있다.

[정답] ④ 변협징계위원회의 결정에 불복하는 징계혐의자 및 징계개시 신청인은 그 통지를 받은 날부터 30일 이내에 법무부징계위원회에 이의신청을 할 수 있다(변호사법 100①). 법무부징계위원회의 결정에 불복하는 징계혐의자는 「행정소송법」으로 정하는 바에 따라 그 통지를 받은 날부터 90일 이내에 행정법원에 소(訴)를 제기할 수 있다(변호사법 100④). ① 변호사법 제98조의2(징계혐의자의 출석·진술권 등), ② 변호사법 제98조의6(징계 청구의 시효), ③ 징계혐의자가 징계 결정의 통지를 받은 후 제100조 제1항에 따른 이의신청을 하지 아니

하면 이의신청 기간이 끝난 날부터 변협징계위원회의 징계의 효력이 발생한다(변호사법 98의 4③).

문 31.

변호사에 관한 설명 중 옳지 않은 것은? (다툼이 있는 경우에는 판례에 의함)

① 변호사의 활동은, 자유로운 광고·선전활동을 통하여 영업의 활성화를 도모하며 인적·물적 영업기반을 자유로이 확충하여 효율적인 방법으로 최대한의 영리를 추구하는 것이 허용되는 상인의 영업활동과는 본질적으로 차이가 있다.

② 변호사의 직무수행으로 인하여 발생한 수익은 소득세법상 사업소득으로 보아 과세대상이 된다.

③ 변호사는 상법상 당연상인이라고 볼 수는 없지만, 의제상인에는 해당한다.

④ 법무법인의 설립등기는 '상호' 등을 등기사항으로 하는 상법상 회사의 설립등기나 개인 상인의 상호등기와 동일시할 수 없다.

[정답] ③ 변호사를 상법 제 5 조 제 1 항이 규정하는 '상인적 방법에 의하여 영업을 하는 자'라고 볼 수는 없다 할 것이므로, 변호사는 의제상인에 해당하지 아니한다(대법원 2007. 7. 26. 2006마334). ① 대법원 2007. 7. 26. 2006마334, ② 소득세법이 변호사의 직무수행으로 인하여 발생한 수익을 같은 법 제19조 제 1 항 제11호가 규정하는 '사업서비스업에서 발생하는 소득'으로 보아 과세대상으로 삼고 있는 사정 등을 감안한다 하더라도, 위에서 본 변호사법의 여러 규정과 제반 사정을 참작하여 볼 때, 변호사를 상법 제 5 조 제 1 항이 규정하는 '상인적 방법에 의하여 영업을 하는 자'라고 볼 수는 없다 할 것이므로, 변호사는 <u>의제상인에 해당하지 아니한다</u>(대법원 2007. 7. 26. 2006마334). ④ 변호사가 변호사법 제40조에 의하여 그 직무를 조직적·전문적으로 행하기 위하여 설립한 법무법인은, 같은 법 제42조 제 1 호에 의하여 그 정관에 '상호'가 아닌 '명칭'을 기재하고, 같은 법 제43조 제 2 항 제 1 호에 의하여 그 설립등기 시 '상호'가 아닌 '명칭'을 등기하도록 되어 있으므로, 이러한 법무법인의 설립등기를 '상호' 등을 등기사항으로 하는 <u>상법상 회사의 설립등기나 개인 상인의 상호등기와 동일시할 수 없다</u>(대법원 2007. 7. 26. 2006마334).

문 32.

변호사법 위반으로 형사처벌을 받는 경우가 아닌 것은?

① 변호사가 수임하고 있는 사건에 관하여 상대방으로부터 이익을 받거나 이를 요구 또는 약속하는 행위

② 변호사 아닌 자가 변호사를 고용하여 법률사무소를 개설·운영하는 행위

③ 수임하고 있는 사건의 상대방이 위임하는 다른 사건을 의뢰인의 동의 없이 수임하는 행위

④ 변호사의 업무에 관하여 거짓된 내용을 표시하는 광고를 하는 행위

[정답] ③ 변호사법 제31조 제1항 제1호 및 제2호의 수임제한에 위반한 경우는 민사상 유·무효 여부만이 문제되고 형사처벌을 하는 규정이 없다. ① 변호사법 제109조 제2호, 제33조(독직행위의 금지), ② 변호사법 제109조 제2호, 제34조 제4항, ④ 변호사법 제113조 제3호, 제23조 제2항 제1호.

문 33.
다음 설명 중 옳은 것을 모두 고른 것은?

가. 폭력행위등처벌에관한법률위반(공동상해)죄로 징역 1년에 집행유예 2년을 선고받고 그 유예기간이 지난 후 2년이 지나지 아니한 자라도 법률사무소 사무직원으로 채용될 수 있다.
나. 폭력행위등처벌에관한법률위반(상습상해)죄로 징역 2년을 선고받고 그 형의 집행이 끝난 후 3년이 지나지 아니한 자는 법률사무소 사무직원으로 채용될 수 없다.
다. 형법상 횡령죄로 징역 1년에 집행유예 2년을 선고받고 그 유예기간을 포함하여 3년이 지난 자는 법률사무소 사무직원으로 채용될 수 있다.
라. 변호사법과 변호사 윤리장전 모두 사무직원의 인원 수에 대한 제한 규정을 두고 있지 않다.

① 가, 다   ② 가, 라
③ 나, 다   ④ 나, 라

[정답] ② 가. 폭력행위등처벌에관한법률 제4조, 제5조 및 제6조 위반의 경우만이 해당되고(변호사법시행령 6) 그 외의 행위(공동상해)로 처벌받은 경우에는 사무직원으로 채용하는데 제한이 없다. 라. 구 변호사윤리장전 제8조 제1항은 '소속 지방변호사회의 규칙에 정한 수 이외의 사무직원을 둘 수 없다'고 하였지만, 개정 변호사윤리장전에서는 이 규정이 삭제되어 현재는 제한이 없다. 나. 폭력행위등처벌에관한법률 제2조 제1항 제3호 '상습상해죄'로 징역형을 선고받은 자에 대한 채용제한은 없다. 다. 집행유예 2년 유예기간이 경과한 후 2년이 지난 자여야 한다(변호사법 22②(1)(나)).

문 34.
사내변호사에 대한 설명 중 옳지 않은 것은?
① 사내변호사는 변호사윤리의 범위 안에서 그가 속한 단체 등의 이익을 위하여 성실히 업무를 수행한다.
② 개업 중인 변호사가 주식회사의 사내변호사가 되려면 소속 지방변호사회의 허가를 받아야 한다.

③ 사내변호사도 그 직무를 수행할 때 독립성을 유지하여야 하므로, 자신의 직업적 양심과 전문적 판단에 따라 업무를 성실히 수행한다.

④ 휴업 중인 변호사는 사내변호사가 될 수 없다.

[정답] ④ 변호사가 휴업한 경우에는 겸직제한을 받지 않는다(변호사법 38③). 그러나 휴업 중인 변호사라도 사내변호사로 취업할 수 있다. 이 경우 그 휴업 변호사는 휴업이 아닌 개업 (한) 변호사로 전환된다. ① 변호사윤리장전 제52조, ② 변호사법 제38조 제 2 항, ③ 변호사윤리장전 제51조.

문 35.

다음 설명 중 옳은 것은? (다툼이 있는 경우에는 판례에 의함)

① 비변호사는 변호사가 아니면 할 수 없는 업무를 통하여 보수나 그 밖의 이익을 변호사와 분배할 수 없지만, 변호사는 비변호사와 보수를 분배할 수 있다.

② 비변호사가 변호사를 고용하여 법률사무소를 개설 또는 운영하는 행위는 변호사법 위반으로서 형사처벌의 대상이지만, 비변호사에게 고용된 변호사는 비변호사의 변호사법 위반에 대한 공범으로 처벌되지 않는다.

③ 변호사 자격에 의하여 변리사 등록을 한 변호사가 다른 변리사와 공동 사업자로 등록하여 특허변리업무를 처리하는 형태의 동업은 허용된다.

④ 회계법인에 고용된 변호사는 소속 지방변호사회의 허가를 받아도 회계법인의 명의가 아닌 변호사의 명의로 법률사무를 처리하는 것이 허용되지 않는다.

[정답] ② 변호사법 제109호(벌칙) 제 2 호, 대법원 2004. 10. 28. 2004도3994(공범으로 처벌할 수 없다), ① 변호사가 아닌 자는 변호사가 아니면 할 수 없는 업무를 통하여 보수나 그 밖의 이익을 분배받아서는 아니 된다(변호사법 34⑤). 변호사윤리장전 제34조 제 1 항, ③ 변호사법 제34조 제 5 항, 변호사는 변호사 아닌 자와 공동의 사업으로 사건을 수임하거나 보수를 분배하지 아니한다. 다만, 외국법자문사법에서 달리 정하는 경우에는 그러하지 아니하다(변호사윤리장전 34①).

변리사·세무사 등록을 한 변호사가 <u>변리사 또는 세무사·공인회계사와 공동사업자로 등록하고 특허변리업무 또는 세무회계업무를 처리하는 것</u>은, 비변호사와의 동업을 통하여 변호사 아닌 자와 그러한 행위로부터 얻어진 수익을 분배하게 되는 것으로 이는 변호사법 제34조 제 5 항에 정면으로 위반되는 것입니다. 그러므로 <u>변호사가 변리사 또는 세무사·공인회계사를 고용하여 특허변리업무 또는 세무회계업무를 하는 것</u>은 무방하나 그들을 공동사업자로 등록하여 사무실을 함께 운영하는 것은 허용되지 않습니다(대한변협 2005. 5. 2. 질의회신). ④ 사내변호사와 같은 경우라면 독립하여 소속 지방변호사회를 거쳐 대한변호사협회에 변호사로 등록하고, 소속 지방변호사회의 겸업허가를 얻어 회계법인사무소를 근무지로 하여 변호사의 직무를 수행하고 있는 경우 회계법인과의 관계는 별론으로 하고 <u>질의자의 이름으로 법률자문에</u> <u>응하거나 법률업무를 취급하는 것이 가능합니다</u>(대한변협 2009. 10. 5. 질의회신). 겸직허가를 받은 변호사가 대외적으로 변호사로서의 직무를 수행함에 있어서는 독립적인 변호사의 지위에서 그 직무를 수행하는 것이므로 변호사 명의로 법률사무의 처리가 허용된다.

문 36.

부동산 컨설팅 회사인 X주식회사가 사내변호사 甲을 고용한 후 회사 인터넷 홈페이지에 일반인들을 대상으로 한 유료 법률상담 코너를 개설하여 甲으로 하여금 온라인 상담을 하게 하였다. 그로 인한 상담료는 X주식회사의 수입으로 하였다. 이와 관련한 설명 중 옳은 것은?

① 변호사 자격을 가진 甲이 법률상담을 하였으므로 X주식회사가 상담료를 받더라도 적법하다.

② 상담료 수입 중 일정 금액을 甲에게 수당 명목으로 지급한다면 적법하다.

③ 변호사 甲 명의로 답변을 하였다면 적법하지만 X주식회사 명의로 답변하였다면 변호사법에 위반된다.

④ X주식회사 명의로 답변을 하든, 변호사 甲 명의로 답변을 하든 변호사법에 위반된다.

[정답] ④ 변호사법 제109조 제2호, 제34조; 변호사가 아닌 자는 변호사를 고용하여 법률사무소를 개설·운영하여서는 아니 된다(변호사법 34④). 주식회사가 사내변호사를 고용하여 일반인을 상대로 법률상담을 하는 것은 변호사법이 금지하는 '법률사무소를 개설·운영'하는 행위에 해당된다. 아울러 변호사법 제34조 제5항 역시 위반한 것에 해당된다.

문 37.

변호사 甲은 형사사건으로 재판을 받고 있는 피고인 A의 변호인이다. 다음 중 변호사의 비밀유지의무에 관한 윤리규범을 위반한 경우는?

① 변호사 甲은 A의 형사사건 관련 직무를 수행하는 과정에서 작성하였던 메모를, A의 동의를 받고 방송사에 제공하였다.

② 변호사 甲은 A의 형사재판 진행 중 A가 추가 선임한 변호사 乙의 요청을 받고 A의 동의 없이 사건 기록 전부를 乙에게 교부하였다.

③ 변호사 甲은 법학전문대학원의 교수인 P가 현재 진행 중인 A의 형사재판기록을 이용하여 모의재판 수업을 진행하고자 한다면서 재판기록의 등사를 요청하자 A의 동의를 받지 않고 그에 응하였다.

④ 변호사 甲은 A의 형사재판을 준비하기 위해서 같은 법무법인의 변호사 乙이 기록을 봐야 할 필요가 있다고 생각하여 교부해 주었다.

[정답] ③ 변호사는 직무를 수행하면서 작성한 서류, 메모, 기타 유사한 자료를 외부에 공개하지 아니한다(변호사윤리장전 18③). 형사재판기록에는 의뢰인(A)의 범죄사실 등의 비밀이 포함되어 있기 때문에 그 기록을 의뢰인의 동의 없이 외부에 공개하는 행위는 <u>비밀유지 및 의뢰인의 권익보호</u>에 위반한 것이다. 형사소송법 제59조의2는 재판확정기록을 학술연구의 목적으로 검찰청에 열람 또는 등사를 신청할 수 있도록 규정하고 있다. ① 변호사윤리장전 제18조 제 4 항, ② 변호사윤리장전 제26조 제 1 항; 피고인의 이익을 위한 행위이므로 동의 여부와 상관없이 정당한 변론활동에 해당된다. ④ 변호사윤리장전 제47조(법무법인 등의 구성원 변호사 및 소속 변호사의 비밀유지의무).

문 38.

다음 설명 중 옳지 않은 것은?

① 변호사 甲은 검사 재직시 A가 사문서위조 등 혐의로 B를 고소한 사건을 수사하여 불기소처분하면서 A를 무고죄로 기소하였고, 그 후 A의 무고사건 재판 과정에서 B가 허위 증언하자 B에 대하여 위증 혐의로 수사하던 중 퇴직하였다. 변호사 개업 후 甲은 B로부터 위의 위증사건을 변호하여 달라는 요청을 받은 경우 위 사건을 수임할 수 없다.

② 변호사 甲은 공정거래위원회 위원으로 재직하면서 심의한 X회사의 담합행위와 관련하여 X회사와 대표이사가 공정거래법 위반 혐의로 검찰에 고발된 후 퇴직하였다. 이 경우 퇴직한 甲이 소속된 법무법인 L은 위 공정거래법 위반에 대한 형사사건을 수임할 수 없다.

③ 변호사 甲은 대법원 재판연구관으로 근무할 당시 특허등록무효사건의 기록을 검토한 바 있는데, 퇴직 후 위 특허등록무효사건의 한 쪽 당사자가 제기한 특허침해를 원인으로 한 손해배상청구소송에서 피고측으로부터 수임할 수 없다.

④ 변호사 甲은 자신이 A법원의 형사항소부 판사로 재직하던 때 그 재판부에 배당된 사건 중 퇴직 당시 공판기일이 이미 지정된 사건을 수임할 수는 없지만, 공판기일이 지정되지 않았던 사건은 수임할 수 있다.

[정답] ④ 변호사법 제31조 제1 항 제3 호, 공판기일 지정 여부와 상관없이 공무원으로서 직무상 취급하거나 취급하게 된 사건이므로 수임할 수 없다. ①, ②, ③ 검사, 공정거래위원, 판사로 근무하였던 자 역시 공무원으로서 직무상 취급하거나 취급하게 된 사건은 수임할 수 없다(변호사법 31①(3)).

문 39.

변호사 甲은 법관으로 5년간 재직하다가 2014. 2. 9. 사직하고 변호사 개업을 하여 사무실을 운영하고 있는데, 금년 상반기에 민사사건 20건, 형사사건 11건을 수임하였다. 변호사 甲이 수임한 사건에 대한 설명 중 옳지 않은 것은?

① 甲은 상반기에 수임한 사건에 관한 수임자료를 2014. 7. 31.까지 소속 지방변호사회에

제출하여야 한다.

② 위 수임사건 31건에 관하여 제출할 수임자료의 기재사항에는 보수액도 포함된다.

③ 형사사건 11건에 관하여는 인신구속 여부 및 그 변경사항도 수임자료의 기재사항에 포함된다.

④ 甲이 사직할 당시 소속되었던 법원에 대응하는 검찰청에서 수사 중인 사건을 수임하였다면 변호사법의 수임제한규정에 위반된다.

[정답] ② 공직퇴임변호사가 제출하는 수임자료 및 처리결과의 기재사항(변호사법시행령 20의11 ②)에는 <u>수임액</u>에 관한 사항이 명시되어 있지 않다. ① 변호사법시행령 제20조의12 제 1 항 제 1 호, ③ 변호사법시행령 제20조의11 제 3 항, ④ 변호사법 제31조 제 3 항; 법관퇴임일은 2014. 2. 9. 이므로 1년 동안은 소속 법원은 물론 대응하는 검찰청 사건을 수임할 수 없다. 1년의 기산점은 이 문제를 풀고 있는 법조윤리 시험일 2014. 8. 9.(토)을 기준으로 하여야 한다. 따라서 퇴직일로부터 1년이 경과하지 않았기에 수임할 수 없다. 그렇지 않더라도 설문에 "금년 상반기"에 사건을 수임하였다고 특정하고 있기 때문에 2014. 6. 31.까지를 기준으로 판단해야 한다.

문 40.
변호사의 공익활동에 대한 설명 중 옳지 않은 것은?

① 변호사가 정당한 사유 없이 공익활동 시간을 완수하지 못한 때는 징계사유에 해당한다.

② 조합형 합동법률사무소는 소속 변호사 전원을 위한 공익활동수행변호사를 지정할 수 있다.

③ 개인에 대한 변호는 무료라고 할지라도 대한변호사협회 또는 지방변호사회가 인정하여야 공익활동에 해당한다.

④ 상당한 보수를 받았다고 하여도 법령에 근거하여 관공서로부터 위촉받은 사항에 관한 활동을 한 것이라면 공익활동에 해당한다.

[정답] ④ 공익활동등에 관한 규정 제 2 조 제 6 호(<u>상당한 보수를 받는 경우는 제외</u>), ① 변호사법 제27조(공익활동 등 지정업무 처리의무) 제 1 항, 제91조 제 2 항 제 1 호, 공익활동등에 관한 규정 제 9 조, ② 공익활동등에 관한 규정 제 4 조 제 3 항, 제 1 항 제 2 호, ③ 공익활동등에 관한 규정 제 2 조 제 7 호(개인에 대한 <u>무료변호</u>).

[제 6 회 법조윤리 기출문제]

법 조 윤 리

문 1.
국선변호인의 윤리에 관한 설명 중 옳은 것은?

① 변호사 甲은 법원으로부터 국선변호인으로 선정되었으나, 그가 변호할 피고인이 저지른 범죄에 대한 사회일반의 비난 정도가 매우 강하다는 이유만으로, 수임을 거절한다는 의사를 법원에 밝혔다. 변호사 甲의 위와 같은 행위는 변호사윤리에 어긋나지 않는다.

② 변호사 乙은 그가 국선변호인으로 변호하는 피고인의 접견을 위해 구치소에 갔는데 특별한 이유 없이 제대로 변호를 하지 못한다며 피고인으로부터 심한 모욕을 받고 더 이상 피고인을 변호할 수 없다고 생각되어 별도의 절차 없이 즉각 사임하였다. 변호사 乙의 사임행위는 정당하다.

③ 변호사 丙은 국선변호인으로 선정된 사건의 변호활동을 하던 중 그 성의에 감탄한 피고인의 아버지로부터 그 사건의 사선변호사로 선임하겠다는 의사표시를 받자 국선변호인을 사임하고 사선변호사로 전환하여 사건을 수임하였다. 변호사 丙이 스스로 피고인이나 피고인의 아버지 등에게 자신을 사선변호사로 선임하여 줄 것을 요청하기 위하여 부당하게 교섭한 것이 아니므로 위와 같은 사선변호사로의 전환행위 자체가 변호사윤리에 어긋나는 것은 아니다.

④ 변호사 丁은 형사사건의 국선변호인으로 선정되었는데, 알고 보니 위 형사사건의 피고인이 현재 자신이 수임하여 처리 중인 손해배상 청구사건의 상대방 당사자였다. 이와 같은 경우 국선변호인으로 선임된 사건에 있어서는 「변호사윤리장전」상 이익충돌회피의무의 면제에 관한 특칙이 있으므로, 변호사 丁이 국선변호인으로의 선정을 받아들여 그대로 위 형사사건의 변론활동을 하는 것은 정당하다.

[정답] ③

문 2.
외국법자문사에 관한 설명 중 옳은 것을 모두 고른 것은?

> ㄱ. 외국변호사의 자격을 갖춘 변호사가 외국법자문사의 자격승인 신청을 하는 경우에는 변호사업을 휴업하거나 폐업하여야 한다.
> ㄴ. 국가를 불문하고 금고 이상의 형벌에 해당하는 형의 선고를 유예받고 그 유예기간이 지난 후 2년이 지나지 아니한 사람은 외국법자문사가 될 수 없다.

ㄷ. 외국법자문사 자격승인 신청인이 외국법자문사의 자격승인을 받기 위하여는 외국변호
   사의 자격을 취득한 후 원자격국에서 3년 이상 법률사무를 수행한 경력이 있어야 한
   다.
ㄹ. 외국법자문사 자격승인 신청인이 원자격국 외의 외국에서 원자격국의 법령에 관한 법
   률사무를 수행한 기간은 외국법자문사 자격승인 시에 최대 2년까지 원자격국에서의
   법률 사무 수행 기간에 산입할 수 있다.

① ㄱ, ㄴ   ② ㄱ, ㄷ
③ ㄴ, ㄹ   ④ ㄷ, ㄹ

[정답] ②

문 3.
L법무법인의 구성원 변호사 甲은 공정거래위원회의 비상임위원을 겸직하고 있다. L법무
법인은 X회사로부터 불공정거래행위에 관한 공정거래위원회의 조사사건을 수임하게 되
었다. 이에 관한 설명 중 옳지 않은 것은?
 ① 「변호사윤리장전」상 L법무법인은 수임이 제한되는 사건을 수임하지 않도록 의뢰인, 상
    대방 당사자, 사건명 등 사건 수임에 관한 정보를 구성원 아닌 소속 변호사들도 공유할
    수 있도록 적절한 조치를 취해야 한다.
 ② 「변호사윤리장전」상 L법무법인은 변호사 甲이 위 사건의 수임 및 업무수행에 관여하지
    않고, 공정거래위원회의 비상임위원을 겸직하고 있는 점이 법무법인의 사건처리에 영향
    을 주지 아니할 것이라고 볼 수 있는 합리적 사유가 있는 때에는 그 사건을 수임할 수
    있다.
 ③ 변호사는 「변호사법」에 따라 상시 근무가 필요 없는 공무원이 되거나 공공기관에서 위
    촉한 업무를 수행할 수 있으므로, L법무법인은 위 사건을 수임한다는 이유로 변호사
    甲에게 공정거래위원회의 비상임위원직을 사직할 것을 요구할 수는 없다.
 ④ 「변호사윤리장전」상 L법무법인이 위 사건을 수임하는 경우에 당해 사건을 처리하는 변
    호사와 변호사 甲이 당해 사건과 관련하여 비밀을 공유하는 일이 없도록 합리적인 조
    치를 취해야 한다.

[정답] ①

문 4.
대한변호사협회가 등록심사위원회의 의결을 거쳐 변호사 등록을 거부할 수 있는 사유에
해당하지 않는 것은?
① 사석(私席)에서의 폭행 행위로 인하여 벌금형의 선고유예를 받고 그 유예기간 중에 있
는 자
② 공무원 재직 중 뇌물을 수수한 행위로 인하여 기소된 자로서 변호사의 직무를 수행하
는 것이 현저히 부적당하다고 인정되는 자
③ 공무원 재직 중 「변호사법」 위반 행위로 인하여 징계인 감봉 처분을 받은 자로서 변호
사의 직무를 수행하는 것이 현저히 부적당하다고 인정되는 자
④ 징계처분에 의하여 면직된 후 2년이 지나지 아니한 자

[정답] ①

문 5.
법조윤리협의회에 관한 설명 중 옳은 것은?
① 법조윤리협의회는 대법원장, 법무부장관 및 대한변호사협회의 장이 각 3명씩 지명하거
나 위촉하는 9명의 위원으로 구성한다.
② 법조윤리협의회는 법조윤리와 관련된 법령을 위반한 자에 대한 징계개시의 신청 또는
수사의뢰의 업무를 수행한다.
③ 대한변호사협회는 대통령령으로 정하는 수 이상의 사건을 수임한 변호사(특정변호사)의
성명과 사건 목록을 법조윤리협의회에 제출하여야 한다.
④ 장기복무 군법무관으로 재직하다가 퇴직하여 변호사 개업을 한 자는 퇴직일부터 1년
동안 수임한 사건에 관한 수임 자료와 처리결과를 일정 기간마다 법조윤리협의회에 제
출하여야 한다.

[정답] ②

문 6.
변호사 甲은 법률사무소를 개설하여 운영하던 중 변호사업무와 관련하여 「변호사법」 위
반혐의로 기소되어 징역 1년을 선고받았고, 2015. 3. 3. 그 형의 집행이 종료되었다. 이
에 관한 설명 중 옳지 않은 것은?
① 대한변호사협회는 등록심사위원회의 의결을 거쳐 변호사 甲의 등록을 취소하여야 한다.
② 대한변호사협회는 변호사 甲이 2018. 8. 6. 변호사등록 신청을 하는 경우 등록심사위원
회의 의결을 거쳐 등록을 거부할 수 있다.

③ 대한변호사협회는 위 형의 집행을 이유로 등록을 거부할 경우 1년 이상 2년 이하의 등록금지기간을 설정하여야 한다.

④ 대한변호사협회는 등록을 거부하는 경우 지체없이 그 사유를 명시하여 변호사 甲에게 통지하여야 한다.

[정답] ③

문 7.
변호사 징계에 관한 설명 중 옳지 않은 것은? (다툼이 있는 경우 판례에 의함)
① 대한변호사협회 변호사징계위원회의 징계결정은 기본적으로 공권력적 행정처분이다.
② 대한변호사협회 변호사징계위원회의 징계에 대한 결정은 징계혐의자가 그 결정을 송달받은 날부터 효력을 발생한다.
③ 대한변호사협회 변호사징계위원회의 결정에 불복하는 징계혐의자는 그 통지를 받은 날부터 30일 이내에 법무부 변호사징계위원회에 이의신청을 할 수 있다.
④ 변호사 징계로서의 과태료 결정은 「민사집행법」에 따른 집행력 있는 집행권원과 같은 효력이 있으며 검사의 지휘로 집행한다.

[정답] ②

문 8.
다음 중 변호사가 「변호사법」 위반으로 형사처벌을 받을 수 있는 경우는?
① 변호사 甲은 자신이 사기 피해자임을 주장하는 A로부터 사기 고소사건의 대리업무를 수임하면서 피고소인 B가 기소되거나 구속된 경우에 성공보수를 지급받기로 약정하였다.
② 변호사 乙은 법률사무소를 개설하면서 C를 사무직원으로 채용하였는데, 채용 당시 C는 폭력행위등처벌에관한법률위반(단체등의구성·활동)죄로 징역 3년을 선고받고 만기출소한 후 2년 4개월이 경과한 상황이었다.
③ 변호사 丙은 D의 소송대리인으로서 교통사고로 인한 손해배상청구소송을 제기하여 소송계속 중 종전에 D로부터 받지 못했던 소유권이전등기청구사건의 수임료 명목으로 위 손해배상청구사건의 손해배상청구권을 양수하였다.
④ 변호사 丁은 인천지방검찰청에서 검사로 4개월 근무한 후 인천광역시청에 파견되어 9개월 근무하다가 퇴직한 지 1개월만에 E로부터 자신이 직무상 취급한 바 없는 공유물분할청구사건을 수임하여 인천지방법원에 소를 제기하였다.

[정답] ③

문 9.

법무법인에 관한 설명 중 옳지 않은 것은?

① 법무법인의 구성원 변호사가 「변호사법」에 의하여 정직의 징계처분을 받은 경우 그 변호사는 그 법무법인에서 당연히 탈퇴한다.

② 법무법인의 구성원 변호사는 임의로 탈퇴할 수 없다.

③ 법무법인의 구성원 및 구성원 아닌 소속 변호사는 자기나 제3자의 계산으로 변호사의 업무를 수행할 수 없다.

④ 법무법인이 인가공증인으로서 법률행위에 관한 사실에 대한 공정증서를 작성한 경우에 그 사건에 대한 소송행위를 할 수 없다.

[정답] ②

문 10.

L법무법인(유한)은 A회사와 손해배상청구사건의 소송위임계약을 체결하고 구성원 변호사 甲과 구성원 아닌 소속 변호사 乙을 담당변호사로 지정하였고, 구성원 변호사 丙으로 하여금 변호사 甲과 乙을 지휘·감독하게 하였다. 그런데 담당변호사들이 상고이유서 제출기간을 간과한 과실로 상고이유서를 제출하지 않아 상고가 기각됨으로써 A회사에 막대한 손해를 발생시켰다. 이에 관한 설명 중 옳은 것은?

① 변호사 甲과 乙은 A회사에 대하여 연대하여 손해를 배상할 책임이 있지만, L법무법인(유한)은 손해를 배상할 책임이 없다.

② 변호사 甲은 구성원 변호사이므로 A회사에 대하여 L법무법인(유한)과 연대하여 손해를 배상할 책임이 있지만, 변호사 乙은 구성원이 아닌 피고용자에 불과하므로 손해를 배상할 책임이 없다.

③ 변호사 甲과 乙 모두 A회사에 대하여 L법무법인(유한)과 연대하여 손해를 배상할 책임이 있다.

④ 변호사 丙은 지휘·감독을 할 때에 주의를 게을리하지 아니하였음을 증명하지 못한 경우에는 출자금액의 한도에서 A회사에 대하여 손해를 배상할 책임이 있다.

[정답] ③

문 11.

변호사의 업무제한 및 겸직제한에 관한 설명 중 옳지 않은 것은?

① 변호사는 보수를 받는 공무원을 겸할 수 없다. 다만 법령이 허용하는 경우와 공공기관에서 위촉한 업무를 행하는 경우에는 그러하지 아니하다.

② 변호사는 소속 지방변호사회의 겸직허가를 받으면 상업 기타 영리를 목적으로 하는 업

무를 경영하거나, 이를 경영하는 자의 사용인이 될 수 있다.

③ 변호사가 폐업한 경우에는 종전 소속 지방변호사회의 겸직허가를 받지 않더라도 주식회
사의 이사가 될 수 있으나, 휴업한 경우에는 소속 지방변호사회의 겸직허가를 받아야
주식회사의 이사가 될 수 있다.

④ 변호사가 법무법인·법무법인(유한) 또는 법무조합의 구성원이 되거나 소속 변호사가
되는 경우에는 보수의 획득을 목적으로 하는 경우라도 소속 지방변호사회의 허가를 필
요로 하지 않는다.

[정답] ③

문 12.

변호사와 의뢰인의 관계에 관한 설명 중 옳지 않은 것은? (다툼이 있는 경우 판례에 의
함)

① 변호사가 의뢰인에게 의무를 부담하는 사무의 범위는 변호사와 의뢰인 사이에 체결된
위임계약의 내용에 따라 결정된다.

② 피사취수표와 관련된 본안소송을 위임받은 변호사는 사고신고담보금에 대한 권리보전
조치의 위임을 받은 바 없다면, 적극적으로 사고신고담보금에 대한 권리보전 조치를 할
의무는 없다.

③ 변호사는 의뢰인에게서 전달받은 서류의 일부가 의뢰인에 의해 변조되었고, 변조된 내
용을 토대로 소장의 청구원인사실이 기재되어 있어 소송사기가 될 수 있다는 사실을
소 제기 후에 알게 된 때에는 수임계약을 해지하는 등의 방법으로 위법행위에 대한 협
조를 중단해야 한다.

④ 변호사는 의뢰인과 직무와 관련한 분쟁이 발생한 경우에는 대한변호사협회의 조정에 의
하여 분쟁을 해결하도록 노력한다.

[정답] ④

문 13.

변호사의 사건수임제한에 관한 설명 중 옳은 것은?

① L법무법인의 구성원 변호사 甲은 피고인 A의 사기사건을 담당하고 있는데, 위 사기사건
에서 A를 가해자로 고소한 B로부터 A를 상대로 제기한 위 사기사건 관련 손해배상청구
사건을 수임하려면, L법무법인을 탈퇴한 뒤 개인 변호사 자격으로 수임하여야 한다.

② 변호사 乙은 판사로서 X회사와 Y회사 사이의 대여금사건을 재판하던 중 사직하고 변
호사로 개업하였는데, 그 후 다른 판사가 1심판결을 선고한 경우, 변호사 乙은 항소심

계속 중 Y회사가 X회사를 상대로 낸 반소청구에서 Y회사의 소송대리인이 될 수 없다.
③ 변호사 丙은 C남이 D녀의 부정행위를 이유로 제기한 이혼소송에서 D녀를 대리하고 있는데, 이혼소송계속 중 C남이 자신과 통정한 바 있는 E녀의 남편으로부터 불법행위에 의한 손해배상청구소송을 당한 경우, 변호사 丙은 C남으로부터 그 손해배상청구사건을 수임함에 있어 아무런 제한을 받지 않는다.
④ 변호사 丁이 F가 피고로 되어 있는 소유권이전등기청구소송에서 F의 대리인으로서 소송을 진행하고 있던 중 위 사건과는 별개로 F를 피고로 하는 대여금청구소송이 제기된 경우, 대여금청구소송의 원고가 누구인지 관계없이 그로부터 사건을 수임할 수 있다.

[정답] ②

문 14.
변호사와 의뢰인의 관계에 관한 설명 중 옳지 않은 것은? (다툼이 있는 경우 판례에 의함)
① 의뢰인으로부터 사건을 수임한 변호사는 전문적인 법률지식과 경험에 기초하여 성실하게 의뢰인의 권리를 옹호할 의무가 있음과 아울러 의뢰인과의 신뢰관계를 깨뜨리는 행위를 하지 않아야 할 의무도 있다.
② 변호사가 그 재량적 판단에 기초하여 성실하게 수임사무를 처리한 것으로 인정될 경우에는 의뢰자의 지시에 반하거나 재량권의 범위를 일탈한 것으로 인정되지 않는 한 변호사에게 수임계약상의 채무불이행책임 또는 불법행위책임을 물을 수 없다.
③ 가압류·가처분 등 보전소송사건을 수임한 소송대리인의 소송대리권은 본안의 제소명령신청권과 제소명령결정을 송달받을 권한에까지 미친다.
④ 형사사건에 있어 변호인을 선임할 수 있는 자는 피고인, 피의자, 피고인·피의자의 법정대리인, 배우자, 직계친족, 형제자매, 피고인·피의자로부터 변호인선임권을 위임받은 자이다.

[정답] ④

문 15.
이익충돌회피의무에 관한 설명 중 옳은 것을 모두 고른 것은? (다툼이 있는 경우 판례에 의함)

ㄱ. 변호사는 동일 사건에서 둘 이상의 의뢰인의 이익이 서로 충돌하는 경우 관계되는 의뢰인들의 양해가 있으면 당해 사건을 수임할 수 있다.
ㄴ. 변호사는 현재 수임하고 있는 사건과 이해가 충돌하는 사건을 수임하려면 관계되는 의뢰인들이 모두 동의하고 의뢰인의 이익이 침해되지 않는다는 합리적인 사유가 있어야

한다.
ㄷ. 변호사는 양 당사자의 동의가 있어도 당사자 한쪽으로부터 상의를 받아 그 수임을 승낙한 사건의 상대방이 위임하는 동일한 사건을 수임할 수 없다.
ㄹ. 변호사가 상대방 또는 상대방 대리인과 친족관계에 있는 사건을 수임하려면 의뢰인의 양해와 의뢰인의 이익이 침해되지 않는다는 합리적인 사유가 있어야 한다.

① ㄱ, ㄴ   ② ㄱ, ㄷ
③ ㄴ, ㄷ   ④ ㄷ, ㄹ

[정답] ③

문 16.
X회사 대표이사 A는 직원을 시켜 독극물이 섞인 폐수를 무단으로 강에 방류하였다. 이로 인하여 강 주변에 살던 주민 수십 명이 폐수에 오염된 지하수를 마시는 바람에 사망하였다. 언론에서 위 사건을 대대적으로 보도하자 X회사와 A는 국민들의 공분을 사게 되었다. A는 미필적 고의에 의한 살인죄로 기소되었다. 이에 X회사는 이전에 법률자문을 하였던 변호사 甲에게 A를 변호해 달라고 의뢰하였고, 변호사 甲은 고심 끝에 사건을 수임하였다. 변호사 甲에 대한 설명 중 옳은 것은?
① 사회적으로 비난받는 자로부터 사건을 수임하여 무죄를 주장한다면 변호사의 공익적 역할에 비추어 볼 때 정당하지 못하므로 수임한 것은 위법하다.
② 사회적 비난의 대상이 된 X회사의 법률자문을 그만둔 이상 위 회사에서 의뢰한 사건을 수임하는 것은 위법하다.
③ A에게 주민들의 사망에 대한 책임이 없다고 적극 변론하는 것은 변호사 직무의 공공성에 반한다.
④ 변호사로서 직업윤리에 따라 사회적 비난에도 불구하고 A에게는 살인의 고의가 없었다는 점을 적극 주장할 수 있다.

[정답] ④

문 17.
변호사 甲과 乙은 법학전문대학원을 졸업한 후에 함께 행운합동법률사무소를 설립하였다. 변호사 甲과 乙은 대외적으로 위 법률사무소의 공동대표로 활동하였다. 내부적으로는 위 법률사무소의 인건비, 사무실 임대료 등 운영에 소요되는 비용을 반반씩 분담하고, 수익은 변호사 甲과 乙의 수입액 비율에 따라 분배하였다. 2015. 5. 6. 변호사 甲이 사기죄로 구속된 A의 국선변호인을 맡아 그 업무를 수행하던 중, 그 사기사건의 피해자인 B가 변호사 乙에게 찾아와 A를 상대로 제기하는 편취금에 대한 민사사건을 맡을 수 있는지를 문의하였다. 변호사 乙은 B가 의뢰하는 민사사건을 수임할 수 있는가?

① 있다. 합동법률사무소는 법무법인, 법무법인(유한), 법무조합이 아니므로, 법률상 변호사 甲과 乙은 독립적으로 법률사무소를 운영하는 것으로 취급되고, 합동법률사무소를 「변호사법」에 따른 '하나의 변호사'로 볼 수 없어 수임제한규정이 적용되지 않기 때문이다.

② 있다. 변호사 甲과 乙이 합동법률사무소의 공동대표로 활동하고 그 운영 비용도 동일 비율로 분담한다 하더라도, 수익을 각자 수임사건의 수입액에 따라 분배하고 있는 이상 합동법률사무소를 「변호사법」에 따른 '하나의 변호사'로 볼 수 없어 수임제한 규정이 적용되지 않기 때문이다.

③ 없다. 합동법률사무소는 법무법인, 법무법인(유한), 법무조합은 아니지만, 변호사 甲이 국선변호인으로 활동하는 경우 당해 사건에 한정하여 합동법률사무소를 「변호사법」에 따른'하나의 변호사'로 볼 수 있어 수임제한규정이 적용되기 때문이다.

④ 없다. 변호사 甲과 乙이 수익을 각자 수임사건의 수익에 따라 분배하고, 합동법률사무소의 공동대표로 활동하고, 그 운영 비용도 동일 비율로 분담하고 있으므로, 합동법률사무소를 「변호사법」에 따른 '하나의 변호사'로 볼 수 있어 수임제한규정이 적용되기 때문이다.

[정답] ④

문 18.

변호사의 비밀유지의무에 관한 설명 중 옳지 않은 것은?

① 법무법인의 소속 변호사는 해당 법무법인의 다른 변호사가 의뢰인과 관련하여 직무상 비밀유지의무를 부담하는 사항을 알게 된 경우 해당 법무법인에서 퇴직한 경우에도 이에 대한 비밀유지의무가 있다.

② 변호사는 업무수행에 필요한 경우에는 자신이 운영하는 법률사무소의 직원에게 의뢰인의 비밀을 알릴 수 있지만 그 직원으로 하여금 비밀을 유지하게 하여야 한다.

③ 변호사는 업무상 위탁을 받아 소지하는 물건으로 타인의 비밀에 관한 것은 압수를 거부할 수 있다.

④ 변호사의 직책에 있었던 사람이 민사사건의 증인으로 직무상 비밀에 속하는 사항에 대하여 신문을 받을 때에는 증언을 거부할 수 있지만, 직무상 비밀에 속하는 사항이 적혀 있는 문서의 제출까지 거부할 수는 없다.

[정답] ④

문 19.

'당사자 한쪽으로부터 상의를 받아 그 수임을 승낙한 사건의 상대방이 위임하는 사건'의 수임을 금지하는 「변호사법」 제31조 제1항 제1호에 관한 설명 중 옳은 것을 모두 고른 것은? (다툼이 있는 경우 판례에 의함)

> ㄱ. A와 B 사이의 민사사건에서 B의 소송대리인으로서 직무를 수행한 변호사가, 위 민사사건 종결 후 그와 실질적으로 동일한 쟁점을 포함하고 있는 피고인 A의 B에 대한 소송사기 형사사건재판에서 피고인 A의 변호인으로 선임되어 변호활동을 하는 것은 위 조항에 위반된다.
>
> ㄴ. 피고가 피고 보조참가인을 민간투자시설사업 사업시행자로 지정처분한 것에 대해 원고가 취소를 구하는 제1심 소송에서 피고의 대리인이었던 자가 항소심에서 피고 보조참가인의 대리인이 되는 것은 위 조항에 위반된다.
>
> ㄷ. 위 조항에 위반한 변호사의 소송행위에 대하여 상대방 당사자가 그와 같은 사실을 알았거나 알 수 있었음에도 불구하고 사실심 변론종결시까지 아무런 이의를 제기하지 아니하였다면 그 소송행위는 소송법상 완전한 효력이 생긴다.
>
> ㄹ. 법무법인의 구성원 변호사가 형사사건의 변호인으로 선임된 법무법인의 담당변호사로 지정되어 그 직무를 수행하였음에도, 그 이후 제기된 같은 쟁점의 민사사건에서 이번에는 위 형사사건의 피해자측에 해당하는 상대방 당사자를 위한 소송대리인으로서 직무를 수행하는 것은 위 조항에 위반되지 아니한다.

① ㄱ, ㄷ   ② ㄱ, ㄹ

③ ㄴ, ㄷ   ④ ㄷ, ㄹ

[정답] ①

문 20.

변호사 甲은 A의 업무상횡령사건의 변호인으로 활동하는 과정에서 A가 과거 사기사건에서 유죄판결을 받은 사실을 알게 되었다. A는 업무상횡령사건의 공판에서 무죄판결을 받았지만 변호사 甲에게 수임료를 제대로 지급하지 않았다. 그 이후 변호사 甲은 A가 X기업의 이사로 재직한다는 소식을 듣고서, X기업의 대표이사 등에게 A가 이전에 사기사건 유죄판결을 받았기에 업무에 부적절하다는 내용을 알려 주었다. 이로 인하여 A는 X기업의 이사직에서 해임되었다. 이에 관한 설명 중 옳은 것은?

① 변호사 甲의 행위는 비밀유지의무 위반으로 징계 대상이자 「변호사법」상 형사처벌의 대상이다.

② 변호사 甲의 행위는 비밀유지의무 위반이긴 하나, 공익을 위한 것으로서 위법성이 없으므로 징계 대상이 아니다.

③ 변호사 甲의 행위는 비밀유지의무 위반으로 징계 대상이나, 「변호사법」상 형사처벌의 대상은 아니다.

④ 변호사 甲의 행위는 비밀유지의무 위반이긴 하나, 형법상 업무상비밀누설죄는 고소가 있어야 처벌할 수 있는데 아직 고소가 이루어지지 않았으므로 징계 대상이 아니다.

[정답] ③

문 21.

A와 B가 공동대표이사인 X회사는 오리, 동충하초, 녹용 등 여러 재료를 혼합하여 가공한 제품을 판매하는 회사이며, 변호사 甲은 지난 3년간 X회사의 영업과 관련한 법률자문을 해왔다. 그러던 중 A는 위 제품을 당뇨병에 탁월한 효능이 있는 약이라는 허위광고로 고가에 판매한 것과 관련하여 그 사술의 정도가 사회적으로 용인될 수 있는 상술의 정도를 넘은 것이라는 이유로 사기죄로 기소되었고, 변호사 甲이 변호인으로 선임되었다. 한편 검사는 변호사 甲이 A에게 보낸 허위광고임을 인정하는 내용이 기재된 법률의견서를 압수하여 위 사기죄에 대한 증거자료로 제출하였다. 이 사건에서 A는 실제로는 B가 저지른 허위광고 등 사기 범행을 자신이 저질렀다는 취지로 허위자백을 하였는데, 변호사 甲은 A와 B 사이에 부정한 거래가 진행 중이라는 점을 알았음에도 A와 B 사이에 허위자백에 대한 대가로 금전을 지급하기로 하는 합의가 성사되도록 도와 진범인 B를 은폐하는 A의 허위자백을 유지하게 하였다. 이에 관한 설명 중 옳지 않은 것은? (다툼이 있는 경우 판례에 의함)

① 변호사 甲은 비밀유지의무가 있으므로 법률의견서의 내용을 수사기관에서 진술하여서는 안 된다.

② 변호사 甲이 A에 대한 형사재판의 공판기일에 증인으로 출석하여 X회사로부터 업무상 위탁을 받은 관계로 알게 된 타인의 비밀에 관한 것임을 소명한 후 법률의견서의 진정성립에 관하여 아무런 진술을 하지 않는 것은 정당한 증언거부권의 행사이다.

③ 변호사 甲의 법률의견서는 변호인과 의뢰인 사이에서 의뢰인이 법률자문을 받을 목적으로 비밀리에 이루어진 의사교환이 포함된 문서이므로, 이른바 변호인-의뢰인 특권에 기하여 증거능력이 없다.

④ 변호사 甲이 A의 허위자백을 유지하게 한 행위는 A의 범인도피행위에 대한 결의를 강화하게 한 방조행위로 평가될 수 있으며, 변호사 甲은 범인도피방조죄로 처벌될 수 있다.

[정답] ③

문 22.
변호사 甲은 건강기능식품을 제조·판매하는 A회사의 사내변호사이다. 변호사 甲은 "A회사가 건강기능식품 중 가장 잘 팔리는 X제품에 허가받은 원재료가 아닌 저가의 유해원료를 사용하여 과도한 수익을 올리고 있다."라는 담당 직원의 제보를 받고 내부 조사절차를 거쳐 위 제보가 진실이라는 것을 확인하였다. 이에 관한 설명 중 타당한 것은?
① 변호사 甲은 A회사의 이익을 위해 담당 직원에게 더 이상 재론하지 못하도록 권고하고, 더 이상의 조치를 취하면 안 된다.
② 변호사 甲은 먼저 그 행위를 저지하거나 시정할 권한이 있는 자에게 알리고 시정을 위해 노력하는 것이 바람직하다.
③ 변호사 甲은 확인 즉시 수사기관에 수사를 의뢰하거나 언론에 위 내용을 공개하여야 할 의무가 있다.
④ 변호사 甲은 A회사의 대표이사나 이사회에 조사 사실을 통보하면 되고, 이후 절차는 위법하더라도 회사 지시대로 업무를 수행하면 된다.

[정답] ②

문 23.
변호사와 의뢰인의 관계에 관한 설명 중 옳지 않은 것은? (다툼이 있는 경우 판례에 의함)
① 공사대금과 관련한 사기사건의 피해자로부터 형사고소사건을 수임한 변호사는 의뢰인의 공사대금채권을 확보하기 위하여 피고소인들의 재산에 대해서 보전처분을 신청할 의무가 있다.
② 변호사가 의뢰인의 위임에 따라 장기간 동안 소송사건 외에도 의뢰인이 상속받은 부동산을 매각하고 상속재산을 분할하는 사무 등을 처리하여 왔고, 그 사무에 관하여 의뢰인이 변호사를 지휘·감독하는 관계에 있으며 그 사무가 외형상 객관적으로 의뢰인의 사무로 볼 수 있다면, 그 사무에 관한 변호사의 불법행위에 대하여 의뢰인이 사용자 책임을 진다.
③ 변호사는 의뢰인의 지시에 따르는 것이 위임의 취지에 적합하지 않거나 오히려 의뢰인에게 불이익한 결과가 될 경우, 그러한 내용을 의뢰인에게 알리고 의뢰인의 진정한 의사를 확인한 후, 의뢰인에게 이익이 되도록 사무를 처리해야 할 의무가 있다.
④ 변호사가 의뢰인으로부터 소유권이전등기 신청사무를 수임할 경우, 인감증명서나 주민등록증을 제출받거나 기타 이에 준하는 방법으로 의뢰인이 소유자 본인 또는 그의 적법한 대리인인지 여부를 확인하고 수임해야 할 의무가 있다.

[정답] ①

문 24.

변호사 甲은 A로부터 소송대리를 위임받아(상소에 대한 특별수권을 받지 않았다) B를 상대로 교통사고를 원인으로 한 손해배상청구의 소를 제기하였으나, 제1심에서 일부패소하였다. 마침 변호사 甲이 출장 중이라 사무장인 C가 그 판결을 송달받았다. 그 판결은 일실수입과 호프만수치를 잘못 계산하여 A의 청구 중 상당부분을 기각한 명백한 잘못이 있었다. 그러나 C는 변호사 甲과 상의하지 않고 이 판결을 A에게 전달하면서 항소할 경우 기각될 가능성이 높다고만 설명하였다. A는 그 말을 듣고 항소하지 아니함으로써 위 판결이 확정되었다. 변호사 甲의 책임은? (다툼이 있는 경우 판례에 의함)

① 손해배상책임이 없다. 사무장의 과실 있는 행위에 대하여 변호사에게 손해배상의무가 있지만, 상소에 대한 특별수권이 없는 경우 심급대리의 원칙에 따라 판결정본을 송달받는 때에 변호사와 의뢰인 사이의 계약관계가 종료되기 때문이다.

② 손해배상책임이 없다. 변호사의 출장 중에 사무장의 전적인 과실로 인하여 의뢰인에게 손해가 발생한 경우 변호사에게 손해배상책임이 발생하지 않기 때문이다.

③ 손해배상책임이 있다. 변호사에게 상소에 관한 특별수권이 없는 경우에도 패소판결을 검토하여 상소하는 때의 승소가능성에 대하여 조언하여야 할 의무가 있기 때문이다.

④ 손해배상책임이 있다. 변호사에게 상소에 관한 특별수권이 없으므로 상소 시 승소가능성에 관하여 조언할 의무가 있다고 할 수 없으나, 이 사건의 경우 조언을 하였고 조언을 한 이상 잘못된 조언을 한 경우에는 손해배상책임이 발생하기 때문이다.

[정답] ③

문 25.

의뢰인에 대한 변호사의 비밀유지의무가 해제되는 경우가 아닌 것은?

① 의뢰인의 구체적인 살인계획을 알게 되어 이를 예방하기 위한 경우

② 의뢰인과의 수임관계에서 발생한 변호사의 청구권을 확보하기 위한 경우

③ 변호사가 의뢰인을 대리하여 처리한 사건과 관련하여 징계절차에 회부되었을 때 자신의 비위혐의가 없음을 입증하기 위한 경우

④ 변호사가 타인의 민사소송에서 증인으로 선서한 경우

[정답] ④

문 26.

다음 설명 중 옳지 않은 것은? (다툼이 있는 경우 판례에 의함)

① 변호사에게 계쟁 사건의 처리를 위임함에 있어서 그 보수 지급 및 수액에 관하여 명시적인 약정을 하지 않은 경우에도, 무보수로 한다는 등 특별한 사정이 없는 한 응분의

보수를 지급할 묵시의 약정이 있다고 보아야 한다.

② 변호사의 소송위임사무처리에 대한 보수에 관하여 당사자 간에 그 액수의 약정이 없는 경우에는 법원은 사건수임의 경위, 사건의 경과와 난이 정도, 소송물가액, 승소로 인하여 당사자가 얻는 구체적 이익 및 의뢰인과 변호사 간의 관계 기타 변론에 나타난 제반 사정을 참작하여 결정함이 상당하다.

③ 변호사 선임 계약은 원칙적으로 위임계약의 성질을 가지므로 반드시 일정한 결과를 발생시켜야 하는 것은 아니며 선량한 관리자의 주의로 수임사무를 처리하는 것으로 충분하다.

④ 민사 사건에서 위임인이 임의로 위임계약을 중도 해지한 경우를 승소로 간주하여 성공보수를 변호사에게 지급하기로 하는 개별적·구체적 약정이 있더라도 그 약정은 효력이 없다.

[정답] ④

문 27.

변호사 甲은 미국에 유학해서 뉴욕 주 변호사 자격을 취득하였다. 그 후 대한변호사협회에 자신의 전문분야를 국제거래, 해외투자 두 분야로 등록하고 이를 자신의 명함에 새겨서 의뢰인들이나 지인들에게 나누어 주었다. 또한 변호사 甲은 2015년 여름 휴가철 동안 외국계 기업이 다수 입주해 있는 여의도 소재 A빌딩 입구에 현수막을 설치하고 '국제거래 및 해외투자 최고의 전문가 甲변호사'라는 내용의 광고를 실시하였다. 이에 관한 설명 중 옳은 것은?

① 변호사 甲은 인수합병을 전문분야로 추가 등록할 수 있다.

② 전문분야 등록의 유효기간은 등록일로부터 5년으로서, 갱신신청할 수 있다.

③ 현수막에 적은 광고내용은 문제없지만, 현수막을 이용한 광고방법은 허용되지 않는다.

④ 소속 지방변호사회장은 광고심사위원회의 의결을 거쳐 위반행위의 중지 또는 시정을 요구할 수 있으나 경고만 할 수는 없다.

[정답] ②

문 28.

다음 설명 중 옳지 않은 것은? (다툼이 있는 경우 판례에 의함)

① 변호사가 자신의 사무직원에게 사건 소개비로 수임료 중 일정 비율을 급여나 상여금 명목으로 지급하는 것은 「변호사법」에 위반된다.

② 변호사가 공인노무사를 직원으로 고용하여 그 보조를 받아 산업재해 사건을 처리하고 정해진 급여를 지급하는 것은 「변호사법」에 위반되지 아니한다.

③ 변호사가 의뢰인으로부터 세무 사건을 수임하여 검토를 하던 중 세무사에게 자문을 구

하고, 이에 대한 자문료를 지급하는 것은 변호사 아닌 자와 보수를 분배하는 것으로 「변호사법」에 위반된다.

④ 포털사이트에 법률상담 배너를 만들어 변호사의 웹 사이트와 링크하여 변호사가 포털사이트 운영자에게 법률상담의 대가인 상담료의 일정 비율을 운영비용 명목으로 약정하여 지급하는 것은 변호사 아닌 자와 보수를 분배하는 것으로 「변호사법」에 위반된다.

[정답] ③

문 29.
서울 소재 한 교회 신도 36명은 미국 서부지역 단체관광에 나섰다. 이들은 버스 두 대에 탑승하여 가다가 LA 인근 고속도로에서 다중 충돌사고를 당해 8명이 사망하고 28명이 부상을 입었다. 미국 캘리포니아 주 변호사자격도 가지고 있는 변호사 甲은 이 사건의 피해자들 및 그 가족들에게 자신을 광고하려고 한다. 다음 중 「변호사업무광고규정」상 허용되는 것은?

① 소속 지방변호사회의 허가를 받아 피해자 및 그 가족들에게 광고성 우편물을 발송한다.
② 광고 전단을 이 사건 피해자들이 다니는 교회 앞 도로상의 시설에 비치한다.
③ 미국에서 발생한 다른 항공사고 처리 전력을 언급하며 사례의 사건에 관련하여 방송에 출연한 다른 변호사보다 단체여행 사고처리 전문성이 높다고 홍보한다.
④ 국내 변호사 자격뿐만 아니라 미국 캘리포니아 주 변호사 자격을 함께 갖춘 국제변호사라고 자신을 소개한다.

[정답] ①

문 30.
다음 중 「변호사업무광고규정」상 허용되지 않는 것은?

① 변호사 甲 : 주간신문에 법무법인의 구성사실과 구성원들의 이력에 대한 내용을 표시한 광고를 게재하였다.
② 변호사 乙 : 무료신문에 개인회생, 소비자파산 등의 업무를 처리한다는 내용의 광고를 게재하였다.
③ 변호사 丙 : 케이블 TV에 무료법률 상담을 한다는 광고를 하였다.
④ 변호사 丁 : 자신이 졸업한 대학교 총동창회 명부를 입수하여 명부에 기재된 동창 전원에게 전화를 걸어 광고를 하였다.

[정답] ④

문 31.
변호사의 보수에 관한 설명 중 옳지 않은 것은? (다툼이 있는 경우 판례에 의함)
 ① 변호사는 정당한 사유가 있는 경우 약정한 보수에 추가하여 보수를 요구할 수 있다.
 ② 변호사는 사건을 수임할 경우에는 보수에 관한 명확한 약정을 하고 가급적 이를 서면
   으로 체결하여야 한다.
 ③ 원칙적으로 단체의 비용으로 지출할 수 있는 변호사 선임료는 단체 자체가 소송당사자
   가 된 경우에 한하므로 단체의 대표자 개인이 당사자가 된 민·형사사건의 변호사 비
   용은 단체의 비용으로 지출할 수 없는 것이 원칙이다.
 ④ 법인이 형식적으로 소송당사자가 되어 있을 뿐 실질적인 당사자가 따로 있고 법인으로서
   는 그 소송의 결과에 있어서 별다른 이해관계가 없다고 볼 특별한 사정이 있는 경우에도,
   소송의 당사자는 법인이므로 법인의 비용으로 이를 위한 변호사 선임료를 지출할 수 있다.

[정답] ④

문 32.
사건 수임과 관련한 변호사의 행위 중 허용되는 것은?
 ① 변호사 甲은 자신의 과거 의뢰인이던 회사의 담당 임·직원들을 방문하여 자신의 법률
   사무소 홍보물을 전달하였다.
 ② 변호사 乙은 사건을 유치할 목적으로 자신의 법률사무소 인근 병원에 직원을 파견하여
   환자들과 접촉을 하게 하였다.
 ③ 변호사 丙은 친분이 없는 지역 유지인 A가 형사사건으로 기소되었다는 소식을 듣고 A
   에게 형사사건의 의뢰를 권유하는 내용의 우편물을 발송하였다.
 ④ 변호사 丁은 사건의 알선을 업으로 하는 자로부터 사건의 소개를 받았으나, 아무런 재
   산상 이익을 제공하지는 않았다.

[정답] ①

문 33.
변호사 甲은 자신과 절친한 A로부터 민사소송사건을 의뢰받았으나 현재 하고 있는 업무
가 너무 많아 바쁜 관계로 사건을 수임할 수 없었다. 변호사 甲은 A의 양해를 얻어 혼자
서 법률사무소를 운영하고 있는 법학전문대학원 동기생인 변호사 乙에게 A를 소개해 주
었다. 변호사 甲은 추후에 A의 사건이 승소로 종결될 경우 변호사 乙로부터 그 사건에 대
한 성공보수금 중 30%를 받기로 하였다. 변호사 甲의 행위는 「변호사법」에 위반되는가?
 ① 그렇다. 변호사 甲은 변호사 乙로부터 착수금이 아니라 성공보수를 분배받기로 한 것이

므로 「변호사법」 위반에 해당한다.

② 그렇다. 변호사 甲이 변호사 乙에게 A를 소개하고 그 대가로 보수를 받기로 한 행위는 甲이 변호사인지 여부에 상관없이 「변호사법」 위반에 해당한다.

③ 아니다. 변호사 甲은 변호사인 乙에게서 보수를 분배받기로 한 것이므로 「변호사법」 위반에 해당되지 않는다.

④ 아니다. 변호사가 사건에 관한 상담을 한 후 의뢰인에게 다른 변호사를 소개시켜 주는 것도 변호사의 업무범위에 해당되므로 「변호사법」 위반에 해당되지 않는다.

[정답] ②

문 34.

변호사 甲은 공정거래위원회에서 2014. 5. 7.부터 1년간 근무하다가 퇴직한 후 법률사무소를 개설하였다. 2015. 8. 7. 변호사 甲은 공정거래위원회에서 조사 중인 「독점규제 및 공정거래에 관한 법률」 위반 사건을 수임하려고 한다. 이에 관한 설명 중 옳지 않은 것은?

① 변호사 甲이 변호사 乙의 명의를 빌려 사건을 처리하는 것은 「변호사법」 위반이 된다.

② 사건 당사자가 변호사 甲의 사촌 형일 때에는 수임할 수 있다.

③ 소속 지방변호사회가 무상 공익활동 수행자로 변호사 甲을 지정한 것이라면 수임할 수 있다.

④ 변호사 甲이 2014. 5. 6.까지 기획재정부에서 근무하다가 2014. 5. 7.에 육아 휴직을 하면서 공정거래위원회에 적을 두었지만 실제로 근무하지는 않았다고 하여도 수임할 수 없다.

[정답] ④

문 35.

변호사의 공익활동에 관한 설명 중 옳지 않은 것은?

① 공증인가합동법률사무소의 경우 그 구성원인 개인회원 전원을 대신하여 공익활동을 행할 변호사를 지정하여 그 변호사로 하여금 공익활동을 하게 할 수 있다.

② 법무법인의 소속변호사 전원을 대신하여 공익활동을 수행한 변호사는 그가 행한 공익활동시간 중 그에게 배분이 인정된 시간에 한하여 그 수행변호사 자신의 공익활동시간으로 본다.

③ 상당한 보수를 받고 법령 등에 의해 관공서로부터 위촉받은 사항에 관하여 하는 활동은 공익활동에 해당된다.

④ 지방변호사회가 설립한 공익재단에 대한 기부행위도 공익활동에 포함된다.

[정답] ③

문 36.

형사사건으로 고소가 되어 수사기관으로부터 피의자로 수사를 받고 있던 A는 이 사건에 대한 변호를 부탁하기 위해 변호사 甲을 찾았다. A는 변호사 甲과의 상담과정에서 자신이 피해자 B를 각목으로 폭행한 사실을 시인하면서 다만 수사기관이나 법원에 이 사실이 그대로 드러날 경우 중형을 받게 될 것을 염려하였다. 이에 관한 변호사 甲의 태도로서 타당하지 않은 것은?

① A의 폭행사실이 인정된다는 이유만으로 A의 변호를 거부하는 것은 타당하지 않고, 인정된 사실관계를 전제로 최대한 A에게 유리한 결과가 나올 수 있도록 최선의 변호를 진행한다.

② 정식 기소가 되기 전이라도 A의 변호를 위해 필요하다면 수사기관에 선임계를 제출하여 적극적으로 변호를 진행할 수 있다.

③ A가 사건 수임여부를 결정할 수 있도록 A에게 이 사건의 전체적인 예상진행과정, 수임료와 비용, 기타 필요한 사항을 설명한다.

④ 폭행사실 자체를 부인할 수는 없고 그렇다고 하여 각목으로 폭행한 사실 자체를 인정하면 중형이 예상되기 때문에, 폭행사실은 인정하되 각목 등 위험한 물건으로 폭행한 것은 아니라고 적극적으로 변론하고 A에게는 각목을 없애도록 조언한다.

[정답] ④

문 37.

X주식회사의 전무이사인 A가 휴일에 개인적인 용무로 자신의 승용차를 운전하던 중 신호위반을 하여 B가 운전하던 화물차와 충돌하여 B에게 중상을 입혔다. B가 A를 상대로 교통사고로 인한 손해배상청구의 소를 제기하면서 X주식회사의 고문변호사인 甲을 소송대리인으로 선임하려고 한다. 변호사 甲은 B로부터 위 사건을 수임할 수 있는가?

① X주식회사의 동의를 얻는 경우에만 수임할 수 있다.

② A의 동의를 얻는 경우에만 수임할 수 있다.

③ X주식회사와 A의 동의 여부에 관계없이 수임할 수 없다.

④ X주식회사와 A의 동의 여부에 관계없이 수임할 수 있다.

[정답] ④

문 38.

변호사 아닌 자가 법률사무의 취급에 관여하는 것을 금지함으로써 변호사제도를 유지하고자 하는 「변호사법」 제109조 제 1 호는 '변호사가 아니면서 금품·향응 또는 그 밖의 이익을 받거나 받을 것을 약속하고 또는 제 3 자에게 이를 공여하게 하거나 공여하게 할 것을 약속하고 다음 각 목의 사건에 관하여 감정·대리·중재·화해·청탁·법률상담 또는 법률 관계 문서 작성, 그 밖의 법률사무를 취급하거나 이러한 행위를 알선한 자'를 처벌하 도록 규정하고 있다. 이에 관한 설명 중 옳지 않은 것은? (다툼이 있는 경우 판례에 의함)

① 위 법조에서 말하는 '이익'은 비변호사의 법률사무 취급을 금하는 위 법의 입법취지 등에 비추어 볼 때, 실비변상을 넘는 경제적 이익에 한한다고 해석하여야 할 것이고, 단순한 실비변상을 받았음에 불과한 때에는 위 법 소정의 법률사무 취급이 있어도 범죄가 된다고 할 수 없다.

② 위 법조에서 말하는 '대리'에는 본인의 위임을 받아 대리인의 이름으로 법률사건을 처리하는 법률상의 대리뿐만 아니라 법률적 지식을 이용하는 것이 필요한 행위를 본인을 대신하여 행하는 것도 포함되나, 법률적 지식이 없거나 부족한 본인을 위하여 사실상 사건의 처리를 주도하면서 그 외부적인 형식만 본인이 직접 행하는 것처럼 하는 등으로 대리의 형식을 취하지 않고 실질적으로 대리가 행하여지는 것과 동일한 효과를 발생시키고자 하는 경우는 포함되지 않는다.

③ 위 법조에서 말하는 '알선'이라 함은 법률사건의 당사자와 그 사건에 관하여 대리 등의 법률사무를 취급하는 상대방 사이에서 양자 간에 법률사건이나 법률사무에 관한 위임계약 등의 체결을 중개하거나 그 편의를 도모하는 행위를 말한다.

④ 위 법조에서 말하는 '알선'에 있어서는, 현실적으로 위임계약 등이 성립하지 않아도 무방하고, 그 대가로서의 보수(이익)를 알선을 의뢰하는 자뿐만 아니라 그 상대방 또는 쌍방으로부터 받거나 받을 것을 약속한 경우도 포함하며, 이러한 보수의 지급에 관한 약속은 그 방법에 아무런 제한이 없고 반드시 명시적임을 요하는 것도 아니다.

[정답] ②

문 39.
변호사의 사무직원 채용에 관한 설명 중 옳지 않은 것은?

① 「폭력행위 등 처벌에 관한 법률」 제3조(집단적 폭행 등)에 따라 징역형의 선고유예를 받고 그 유예기간 중에 있는 자는 사무직원으로 채용할 수 없다.

② 사기죄로 징역형의 집행유예를 선고받고 그 유예기간이 지난 후 2년이 지나지 아니한 자는 사무직원으로 채용할 수 없다.

③ 「변호사법」에 따라 유죄 판결을 받은 자로서, 징역 이상의 형을 선고받고 그 집행이 끝나거나 그 집행을 받지 아니하기로 확정된 후 3년이 지나지 아니한 자는 사무직원으로 채용할 수 없다.

④ 공무원으로서 징계처분에 의하여 파면되거나 해임된 후 3년이 지나지 아니한 자는 사무직원으로 채용할 수 없다.

[정답] ①

문 40.
검사와 법관의 윤리에 관한 설명 중 옳은 것을 모두 고른 것은? (다툼이 있는 경우 판례
에 의함)

> ㄱ. 검사는 소속기관장의 승인을 받으면 수사 등 직무상 관련된 사항에 관하여 검사의 직
>   함을 사용하여 대외적으로 의견을 발표할 수 있다.
> ㄴ. 법관은 재판이 진행 중인 경우라고 하더라도 절차를 협의하는 등 재판업무상 필요한
>   경우에는 당사자를 법정 이외의 장소에서 면담하거나 접촉할 수 있다.
> ㄷ. 검사는 수사 및 공판과정에서 피고인에게 유리한 증거를 발견하게 되었다고 하더라도
>   공소를 유지하기 위하여 이를 법원에 제출하지 않을 수 있다.
> ㄹ. 법관은 품위 유지와 직무 수행에 지장이 없는 경우에도 종교·문화단체에 가입하는 등
>   직무외 활동을 할 수 없다.

① ㄱ, ㄴ   ② ㄱ, ㄷ
③ ㄴ, ㄹ   ④ ㄷ, ㄹ

[정답] ①

[제 7 회 법조윤리 기출문제]

법 조 윤 리

문 1.
변호사의 윤리에 관한 설명 중 옳은 것은?
① A와 B는 건물철거소송의 원고와 피고이며, 변호사 甲은 B로부터 이 사건을 수임하였다. A는 B가 식당 영업을 하고 있는 위 철거청구 대상 건물에 찾아와 두세 차례 건물철거를 요구한 적이 있다. 변호사 甲은 A의 행위가 업무방해죄에 해당할 여지가 희박하더라도 민사사건과 형사사건은 별개이므로 고소할 것을 종용하는 것이 타당하다.
② 국선변호인이 선임된 뒤 의뢰인의 요청에 의해 국선변호인을 사선으로 전환하는 경우에는 종전에 소송위임장과 변호사선임신고서 등을 이미 제출하였다면 별도로 이를 제출할 필요는 없다.
③ 변호사는 상대방 당사자에게 법정대리인이 있는 경우에 원활한 분쟁해결을 위하여 상대방 당사자와 직접 접촉하거나 교섭하는 것이 좋다.
④ 변호사는 노약자, 장애인, 빈곤한 자, 무의탁자, 외국인, 소수자라는 이유만으로 수임을 거절하여서는 아니 된다.

[정답] ④

문 2.
「변호사법」상 법조윤리협의회의 업무에 관한 설명 중 옳지 않은 것은?
① 공직퇴임변호사는 퇴직일부터 3년 동안 수임한 사건에 관한 수임 자료와 처리 결과를 소속 지방변호사회에 제출하여야 하고, 지방변호사회는 제출받은 자료를 법조윤리협의회에 제출하여야 한다.
② 일정 직급 이상의 직위에 재직했던 변호사가 아닌 퇴직공직자가 법무법인에 취업한 때에는 법무법인은 매년 1월 말까지 업무활동내역 등이 포함된 전년도 업무내역서를 작성하여 법무법인의 주사무소를 관할하는 지방변호사회에 제출하고, 그 지방변호사회는 제출받은 자료를 법조윤리협의회에 제출하여야 한다.
③ 법조윤리협의회의 위원·간사·사무직원 또는 그 직에 있었던 자는 업무처리 중 알게 된 비밀을 누설하여서는 아니 된다.
④ 법조윤리협의회의 위원장은 제출받은 자료를 점검한 결과 공직퇴임변호사에게 징계사유나 위법의 혐의가 있는 것을 발견하였을 때에는 대한변호사협회의 장에게 징계개시를 신청하거나 지방검찰청 검사장에게 수사를 의뢰할 수 있다.

[정답] ①

문 3.
변호사 甲은 법무법인 L의 대표변호사인 乙로부터 구성원 변호사로 참여해달라는 제안을 받았다. 甲은 서울 강남구에, 법무법인 L은 서울 서초구에 사무소를 두고 있다. 법무법인 L에는 구성원 변호사로 乙, 丙, 丁 세 사람이 있고, 소속변호사로 戊, 己 두 사람이 있다. 이에 관한 설명 중 옳지 않은 것은?

① 甲이 乙의 제안에는 응하되 기존의 자기 사무소 위치로 인한 이익을 포기하고 싶지 않다면, 기존의 사무소 위치에 법무법인 L의 분사무소를 설치할 수는 있으나, 그 분사무소에 甲, 乙, 丙, 丁 중 누구도 없이 戊나 己만 주재하는 것으로는 할 수 없다.

② 甲이 구성원 변호사가 된 후에는, 구성원 변호사가 되기 전부터 법무법인 L이 제3자에 대하여 부담하고 있던 일반 채무에 대하여도 법무법인 L의 재산으로 변제할 수 없을 때, 甲은 다른 구성원 변호사들과 연대하여 책임을 져야 한다.

③ 甲이 구성원 변호사가 된 후, 甲으로서는 선임여부조차 알지 못했던 사건에서 담당변호사로 지정된 丁과 戊의 업무상 과오로 법무법인 L이 의뢰인에게 손해배상책임을 지게 되었다면, 甲은 丁과 戊의 재산으로 그 채무를 완제할 수 없거나 강제집행이 주효하지 않을 경우에만 다른 구성원 변호사들과 연대하여 책임을 진다.

④ 甲은 구성원 변호사가 된 후, 설령 甲의 탈퇴로 인하여 법무법인 L이 구성원의 요건을 갖추지 못하게 되고 보충조차 불가능한 상황에 빠진다고 하더라도, 어떠한 제약도 없이 임의로 탈퇴할 수 있다.

[정답] ③

문 4.
변호사 甲은 의뢰인으로부터 관리를 위탁받은 부동산을 임의로 처분하여 도박에 탕진하였고, 이로 인하여 횡령 혐의로 기소되어 징역 2년에 집행유예 3년의 형을 선고받아 확정되었다. 이에 관한 설명 중 옳은 것은?

① 甲은 그 집행유예 기간이 끝나면 대한변호사협회에 재등록을 신청할 수 있다.

② 甲이 다시 의뢰인으로부터 관리를 위탁받은 금원을 횡령하여 집행유예 이상의 형이 확정되면 영구제명의 대상이 된다.

③ 대한변호사협회의 등록 취소가 결정된 후, 甲은 집행유예 기간 중 사건을 수임할 수는 없으나 법무법인 구성원 지위는 유지할 수 있다.

④ 甲은 형이 확정되면 당연히 변호사의 자격을 상실하므로 대한변호사협회의 장은 등록심사위원회의 의결이 있기 전이라도 신속히 그 등록을 취소하여야 한다.

[정답] ②

문 5.

다음 중 변호사의 상인성을 부정하는 근거가 아닌 것은? (다툼이 있는 경우 판례에 의함)

① 성공보수금의 지급채무는 영업에 관한 채무가 아니다.

② 「변호사법」에서는 변호사의 직무에 관하여 고도의 공공성과 윤리성을 강조하고 있다.

③ 「소득세법」에서는 변호사의 직무수행으로 발생한 수익을 사업서비스업에서 발생하는 소득으로 보아 과세대상으로 삼고 있다.

④ 「변호사법」에서는 법무법인의 설립등기시 '상호'가 아닌 '명칭'을 등기하도록 하고 있다.

[정답] ③

문 6.

「변호사법」상 업무정지에 관한 설명 중 옳은 것은?

① 법무부장관은 변호사가 과실범으로 공소제기된 경우에도 의뢰인이나 공공의 이익을 해칠 구체적인 위험성이 있는 때에는 법무부징계위원회에 그 변호사의 업무정지에 관한 결정을 청구할 수 있다.

② 법무부장관은 변호사가 「변호사법」에 따라 징계 절차가 개시되어 그 징계 결정의 결과 영구제명에 이르게 될 가능성이 매우 크다는 이유만으로도 법무부징계위원회에 그 변호사의 업무정지에 관한 결정을 청구할 수 있다.

③ 법무부징계위원회는 법무부장관의 청구를 받은 날부터 14일 이내에 해당 변호사에 대하여 업무정지에 관한 결정을 하여야 한다.

④ 업무정지명령을 받은 변호사가 공소제기된 해당 형사사건과 같은 행위로 징계개시가 청구되어 정직결정을 받으면 업무정지 기간은 그 전부 또는 일부를 정직 기간에 산입한다.

[정답] ④

문 7.

다음 중 변호사에 대한 징계사유가 될 수 없는 것은?

① 변호사시험에 합격한 변호사가 6개월 이상 법률사무종사기관에서 법률사무에 종사하거나 대한변호사협회 연수를 마치지 아니하고 다른 변호사 명의를 빌려 사건을 수임한 경우

② 검사 출신 변호사가 퇴직 6개월 전 근무했던 검찰청에 대응하는 법원에서 진행 중인 민사사건을 퇴직 3개월 후 수임한 경우

③ 변호사가 불특정한 다수인에게 문자 메시지를 보내는 방법으로 광고를 한 경우

④ 변호사가 「변호사전문분야등록에관한규정」에 따라 금융법을 전문분야로 등록한 후 명함
   에 '금융법 전문변호사'라고 표시한 경우

[정답] ④

문 8.
甲은 미국 뉴욕주 변호사 자격을 취득한 후 뉴욕에서 'Liberty Law Firm'이라는 명칭으
로 사무실을 운영하던 중 대한민국 법무부장관으로부터 자격승인을 받고 대한변호사협회
에 외국법자문사로 등록하였다. 甲이 대한민국에서 '리버티 외국법자문법률사무소'를 개
설·운영하려고 할 때, 이에 관한 설명 중 옳지 않은 것은?
① 甲이 외국법자문법률사무소의 대표자가 되려면 미국변호사의 자격을 취득한 후 미국에
   서 3년 이상의 기간을 포함하여 총 5년 이상 법률사무를 수행한 경력이 있어야 한다.
② '리버티 외국법자문법률사무소'는 미국 뉴욕의 본점사무소가 국내에 대표사무소 형태로
   설립한 것이므로 甲은 국내에 그 외국법자문법률사무소의 분사무소를 둘 수 있다.
③ 외국법자문법률사무소는 국내 법무법인과 사건을 공동으로 처리하고 그로 인한 보수나
   수익을 분배할 수 없으나, 「외국법자문사법」상 공동사건처리등을 위한 등록을 한 때에
   는 일정한 경우 수익을 분배할 수 있다.
④ 甲이 외국법자문사로서의 품위를 손상하는 행위를 한 경우, 대한변호사협회의 장이 甲
   에 대하여 대한변호사협회 외국법자문사징계위원회에 징계개시를 청구하여야 한다.

[정답] ②

문 9.
변호사와 의뢰인의 관계에 대한 설명 중 옳지 않은 것은?
① 변호사가 예상 의뢰인과 접촉하는 행위는 변호사로서의 명예와 품위에 어긋난다.
② 변호사는 의뢰인이 기대하는 결과를 얻을 가능성이 없거나 희박한 사건을 그 가능성이
   높은 것처럼 설명하거나 장담하지 아니한다.
③ 변호사는 상대방 또는 상대방 대리인과 친족관계 등 특수한 관계가 있을 때에는 이를
   미리 의뢰인에게 알린다.
④ 변호사는 사건처리의 방법이 현저하게 부당한 경우에는 당해 사건을 수임하지 아니
   한다.

[정답] ①

문 10.

변호사의 사건 수임 및 처리에 관한 설명 중 옳지 않은 것은?
① 변호사는 위임의 목적이 현저하게 부당한 경우에는 당해 사건을 수임하지 아니한다.
② 변호사는 사건의 내용이 사회 일반으로부터 비난을 받는다는 이유만으로 수임을 거절하지 아니한다.
③ 변호사는 의뢰인의 요청이 있으면 비록 의뢰인의 이익에 배치되더라도 반드시 이에 따라야 한다.
④ 국선변호인으로 선임된 변호사는 그 사건을 사선으로 전환하기 위하여 부당하게 교섭하지 아니한다.

[정답] ③

문 11.

변호사 甲은 사기사건의 피해자 A로부터 위임을 받아 변호사 乙을 소송대리인으로 선임한 가해자 B를 상대로 손해배상청구소송을 진행하고 있다. 합의에 의한 사건해결을 바라는 A는 甲에게 "乙보다는 B가 합의에 더 적극적이니 직접 B를 접촉하여 적절한 합의를 도출해 달라. 그것이 잘 안되면 나도 B를 만나 직접 협상해 보겠다."라고 한다. 甲이나 A가 乙의 동의 없이 직접 B와 접촉할 수 있는가?
① 甲이나 A가 직접 B와 접촉하는 것은 모두 허용된다. 합리적인 금액에 따른 합의는 A와 B 모두에게 이익이 되고, 乙에게도 손해가 되지 않기 때문이다.
② 甲이나 A가 직접 B와 접촉하는 것은 모두 허용되지 않는다. 당사자나 그의 소송대리인은 상대방 당사자에게 소송대리인이 있는 경우, 원칙적으로 상대방 당사자 본인과 직접 접촉하거나 교섭해서는 안 되기 때문이다.
③ 甲이 B와 접촉하는 것은 가능하지만 A가 B와 접촉하는 것은 허용되지 않는다. 당사자가 변호사에게 소송수행을 위임한 이상 직접 상대방 당사자를 접촉하는 것은 허용되지 않기 때문이다.
④ 甲이 B와 접촉하는 것은 안 되지만 A가 B와 접촉하는 것은 허용된다. 변호사는 상대방 당사자 본인과 직접 접촉하는 것이 원칙적으로 금지되어 있지만 당사자 본인에게는 그러한 제한이 없기 때문이다.

[정답] ④

문 12.

변호사의 의뢰인에 대한 윤리에 관한 설명 중 옳지 않은 것은? (다툼이 있는 경우 판례

에 의함)

① 변호사는 의뢰인의 구체적인 수권 없이 소취하, 화해, 조정 등 사건을 종결시키는 소송 행위를 하여서는 아니 된다.

② 변호사는 형사사건의 피고인인 의뢰인에게 자기 사건에 대한 증거인멸행위는 범죄가 되지 않는다고 법률적인 조언을 해줄 수 있다.

③ 변호사는 그 지위를 부당하게 이용하는 것이 아닌 한 의뢰인과 금전거래를 할 수 있다.

④ 변호사는 「변호사법」이 정하는 바에 따라서 진실의무가 인정되는 것이므로, 변호사가 신체구속을 당한 사람에게 헌법상 권리인 진술거부권이 있음을 알려 주고 그 행사를 권고하는 것은 변호사로서의 진실의무에 위배되는 것이다.

[정답] ④

문 13.

변호사와 의뢰인의 관계에 관한 설명 중 옳은 것은? (다툼이 있는 경우 판례에 의함)

① 피고인으로부터 변호인 선임권을 위임받은 자는 피고인을 대리하여 변호인을 선임할 수 있다.

② 단순한 법률자문의 경우에도 수임할 사건의 보수를 명확히 정하여 서면으로 수임계약을 체결하여야 한다.

③ 가압류사건을 수임한 변호사의 소송대리권은 그 가압류신청사건에 관한 소송행위뿐만 아니라 본안의 제소명령을 신청하거나, 상대방의 신청으로 발하여진 제소명령결정을 송달 받을 권한에까지 미친다.

④ 변호사는 수사기관에 변호인선임서를 제출하지 아니하여도 내사 단계에 있는 사건에 대하여 변호하거나 대리할 수 있다.

[정답] ③

문 14.

변호사 甲은 의뢰인 A로부터 착수금을 받고 대여금청구사건을 수임하였다. 소송 진행 중 A는 대여사실 입증을 위해 허위의 증언을 할 B를 증인으로 내세울 것을 지속적으로 요구하였으나 甲은 이를 거절하고 사임하였다. 이후 A는 B를 증인으로 내세워 직접 소송을 진행하였지만 결국 패소하였다. 그러자 A는 甲에게 중도사임을 이유로 착수금의 반환을 요구하였고, 甲은 A의 귀책사유로 사임하는 경우에는 착수금을 일체 반환하지 않기로 하는 특약을 이유로 착수금의 반환을 거절하였다. 이에 A는 甲을 상대로 착수금의 반환을 구하는 소를 제기하였는데, 이 소송에서 甲은 B의 위증과 관련된 사실을 공개할 수 있는가?

① 공개할 수 있다. 이미 위임계약은 종료되었고, 과거 의뢰인이었던 자의 비밀은 지킬 의

무가 없기 때문이다.

② 공개할 수 있다. 그 사실을 공개하지 않고는 A의 귀책사유에 의한 사임임을 입증할 수 없기 때문이다.

③ 공개할 수 없다. 변호사는 과거의 의뢰인이라도 보호할 의무가 있는데, 그 사실을 공개할 경우 A가 소송사기 미수와 위증교사로 처벌받을 우려가 있기 때문이다.

④ 공개하여야 한다. 변호사는 사회정의의 실현을 사명으로 하며 진실의무가 있기 때문이다.

[정답] ②

문 15.

변호사 甲은 의뢰인 A의 소개로 항소심 재판을 받고 있는 B의 사기사건을 수임하였다. 그런데 甲은 B의 변호인으로 활동하는 과정에서 B가 제1심 재판을 받음에 있어 A로부터 상당한 금전적 대가를 받기로 하고 자신이 이 사건 사기 범행을 저질렀다는 취지로 허위 자백하였음을 알게 되었다. 甲이 항소심 재판 과정에서도 적극적으로 B로 하여금 그 자백을 유지하게 하였다면, 이러한 甲의 변론활동은 정당한가? (다툼이 있는 경우 판례에 의함)

① 정당하다. 甲은 A에 대하여 성실의무를 부담하기 때문이다.

② 정당하다. 甲은 A와 B의 합의사실에 대하여 그 비밀을 유지할 의무가 있기 때문이다.

③ 정당하지 않다. 甲은 항소심 재판 과정에서 A가 진범임을 밝혀야 할 적극적인 진실의무를 부담하기 때문이다.

④ 정당하지 않다. 甲이 대변하여야 할 B의 이익은 법적으로 보호받을 가치가 있는 정당한 이익으로 제한되기 때문이다.

[정답] ④

문 16.

변호사 甲의 행위 중 변호사 윤리에 위반되지 않는 것은?

① 甲은 소송 수행 중에 의뢰인으로부터 받은 증거자료를 사건이 종결된 후 3년까지 보관하였는데도 의뢰인이 돌려달라는 요구를 하지 아니하자 반환청구권의 소멸시효가 완성되었다는 이유로 고물상에 팔아버렸다.

② 甲은 소송 수행 중에 의뢰인으로부터 받은 동영상 파일을 혹시 모를 분실에 대비하여 자신의 컴퓨터에 복사해 놓았는데, 사건이 종결된 후 그 사실을 잊고서 컴퓨터를 중고상에 매각하였고, 중고상은 컴퓨터에 남아 있던 동영상 파일을 보게 되었다.

③ 甲은 의뢰인의 동의를 받아 그가 맡긴 영문계약서를 외부번역사와 비밀준수약정을 체결

한 후 번역을 의뢰하였다.

④ 甲은 사건이 종결된 후 1년간 사건의 내용을 외부에 공개하지 않기로 하는 약정을 맺
고서 사건을 수임하였다. 그 사건의 종결 후 어느 날 甲은 1년이 경과된 것으로 생각하
고 기자에게 이 사건을 소개하였는데, 그 날은 1년에 하루가 모자란 날이었고, 기자는
다음날 그 사건을 공개하였다.

[정답] ③

문 17.
변호사의 비밀유지의무에 관한 설명 중 옳지 않은 것은?

① 변호사의 비밀유지의무는 변호사가 반드시 지켜야 하는 의무이나 이를 위반한 경우
「변호사법」상 형사처벌의 대상은 아니다.

② 변호사는 의뢰인과 대립되는 상대방으로부터 사건의 수임을 위해 상담하였으나 수임에
이르지 아니하였을 경우, 상대방의 이익이 침해되지 않는다고 합리적으로 여겨지는 경
우라면 수임할 수 있으나, 상대방에 대한 비밀유지의무가 침해되는 경우라면 그러하지
아니하다.

③ 변호사가 의뢰인에 대한 비밀유지의무에서 벗어나려면 대한변호사협회에 폐업을 신청하
여 스스로 등록을 말소하여야 한다.

④ 비밀유지의무는 기본적으로 의뢰인에 대한 의무이지만 잠재적 의뢰인에 대하여도 적용
된다.

[정답] ③

문 18.
변호사의 수임제한에 관한 설명 중 옳지 않은 것은?

① 변호사는 위임사무가 종료된 이후에 종전 의뢰인이 양해한 경우라도 종전 사건과 기초
가 된 분쟁의 실체가 동일한 사건에서 대립되는 당사자로부터 사건을 수임할 수 없다.

② 변호사는 상대방 또는 상대방 대리인과 친족관계에 있는 경우라도 의뢰인이 양해하는
경우에는 사건을 수임할 수 있다.

③ 법무법인은 그 법무법인 소속의 특정 변호사가 사건의 수임 및 업무수행에 관여하지
않고 사건처리에 영향을 주지 아니할 것이라고 볼 수 있는 합리적인 사유가 있는 때에
는 당해 변호사가 겸직하고 있는 당해 정부기관의 사건을 수임할 수 있다.

④ 법무법인은 그 법무법인 소속의 특정 변호사가 사건의 수임 및 업무수행에 관여하지
않고 사건처리에 영향을 주지 아니할 것이라고 볼 수 있는 합리적인 사유가 있는 때에

는 당해 변호사가 수임한 사건의 의뢰인의 양해 없이도 그 상대방이 위임하는 다른 사
건을 수임할 수 있다.

[정답] ④

문 19.
다음 각 사례에 관한 설명 중 옳지 않은 것은? (다툼이 있는 경우 판례에 의함)

> ○ A는 변호사 甲에게 B를 상대로 한 토지 X에 관한 소유권이전등기말소청구소송을 의뢰
> 하면서 승소할 경우 토지 X 소유권 중 1/4 지분을 착수금 및 성공보수금으로 주겠다고
> 제안하였고, 甲은 이를 승낙하였다. 甲은 이 소송을 대리하였고 승소판결이 확정되자 A
> 에게 토지 X 소유권 중 1/4 지분을 자신의 명의로 이전해달라고 요구하였다.
> ○ 법무법인 L은 수년간 회사 Y로부터 여러 사건을 수임하여 처리하였는데, 수임료 및 성
> 공보수로 3,000만 원이 넘는 돈을 지급받지 못하게 되자, 회사 Y가 개인 C에 대하여 가
> 지고 있던 4,000만 원 상당의 대여금 채권을 양수하였다. 법무법인 L은 자신의 이름으
> 로 C를 상대로 대여금청구의 소를 제기한 후 그 채권을 추심하여 미납수임료 등 채무
> 의 변제에 충당하였다.

① 「변호사법」에서 계쟁권리양수를 금지하는 것은 계쟁권리를 양수함으로 인하여 당사자와
변호사 사이의 신임관계에 균열을 초래하고 당사자와 이해 상반하는 결과를 가져오는
등 변호사의 일반적 품위를 손상시킬 염려가 있기 때문이다.
② 계쟁권리라 함은 계쟁 중에 있는 권리를 말하는데 甲과 A 사이에 토지 X 소유권 중
1/4 지분에 대한 양수약정 당시 토지 X에 대한 소유권은 A와 B 사이에 계쟁 중에 있
었고, 이후 소송에서도 계쟁의 목적이 되는 권리였으므로 甲과 A 사이의 위 양수약정
은 계쟁권리양수에 해당한다.
③ 회사 Y의 대여금 채권은 계쟁 중에 있는 권리라고 할 수 없으므로 법무법인 L이 회사
Y로부터 대여금채권을 양수하는 것은 계쟁권리양수에 해당하지 않는다.
④ 「변호사법」은 계쟁권리양수에 대하여 형사처벌하는 규정을 두고 있으나, 계쟁권리양수
의 사법적 효력까지 부인하는 것은 아니다.

[정답] ②

문 20.
A와 B는 특수절도죄로 구속되어 재판을 받게 되었는데, 변호사 甲은 두 사람의 가족들로
부터 두 사람 모두의 변론을 요청받고 이들을 접견하였다. 그런데 접견 결과 두 사람은

수사 초기부터 현재에 이르기까지 서로 자기는 망만 보았고 상대방이 담을 넘어 들어갔으며, 절취품도 상대방이 처분하였다고 주장하고 있음을 알게 되었다. 甲은 이 사건에서 A와 B 모두로부터 사건을 수임할 수 있는가?

① A와 B가 모두 선임을 요청하면 각자의 주장을 견지하더라도 수임할 수 있다.

② A와 B가 모두 선임을 요청하더라도 각자의 주장에 변화가 없다면 수임할 수 없다.

③ A와 B가 모두 선임을 요청하고 각자의 주장에 변화가 없더라도, 두 사람 모두 자기 주장대로 변호사의 조력을 받아가며 재판을 받아 결과에 승복하기로 약속한다면 수임할 수 있다.

④ A와 B가 아닌 그들의 가족들로부터 선임을 받으면 A와 B의 의사나 주장 내용과 상관없이 수임할 수 있다.

[정답] ②

문 21.
甲은 법학전문대학원을 졸업하고 변호사시험에 합격한 후 병역의무를 이행하기 위하여 3년간 군법무관으로 군사법원에서 근무하다가 제대하였다. 그 직후 甲은 검사로 임용되어 서울중앙지방검찰청에 발령받아 10개월을 근무하던 중 수사능력을 인정받아 서울고등검찰청 반부패사범특별수사본부에 파견되어 20일을 근무하다가 경제적 사정으로 사직하고 변호사로 개업하였다. 「변호사법」상 공직퇴임변호사의 윤리에 관한 설명 중 옳지 않은 것은?

① 甲은 군사법원에서 처리하는 사건을 검사로서 퇴직한 날부터 1년이 경과하지 않더라도 수임할 수 있다.

② 검사로 재직하다가 퇴직한 날부터 1년 내라고 하더라도 서울중앙지방법원에 공소제기된 형사사건의 국선변호인으로 지정되어 활동하는 것은 허용된다.

③ 서울중앙지방검찰청에서 수사를 받고 있는 피의자가 甲의 처남인 경우 甲이 검사직에서 퇴직한 날부터 1년이 경과하지 않더라도 처남의 피의사건을 수임할 수 있다.

④ 甲은 검사직에서 퇴직한 날부터 1년 동안 서울고등검찰청 및 서울중앙지방검찰청에서 수사하는 사건을 수임할 수 없다.

[정답] ④

문 22.
「변호사업무광고규정」에 관한 설명 중 옳은 것은?

① 변호사는 승소율이 사실에 부합하는 경우 승소율을 광고에 표시할 수 있다.

② 변호사는 원칙적으로 법률상담 방식에 의한 광고를 할 수 있다.

③ 변호사는 소속 지방변호사회에서 입회신청이 허가되기 전에도 변호사 업무에 관한 광고를 할 수 있다.

④ 변호사는 명함을 신문 기타 다른 매체에 끼워 배포할 수 없지만 불특정한 다수인에게 제공하기 위하여 옥내나 가로상에 비치할 수 있다.

[정답] ②

문 23.

다음 설명 중 옳은 것을 모두 고른 것은? (다툼이 있는 경우 판례에 의함)

> ㄱ. 법무법인이 인가공증인으로서 공증한 사건이라고 하더라도 그것은 「변호사법」 제31조 제1항 제3호에서 규정한 '공무원·조정위원 또는 중재인으로서 직무상 취급하거나 취급하게 된 사건'에 해당하지 아니하므로 수임이 제한되지 아니한다.
>
> ㄴ. 수임제한 규정을 적용함에 있어 변호사 2명 이상이 사건의 수임·처리나 그 밖의 변호사 업무 수행 시 통일된 형태를 갖추고 수익을 분배하거나 비용을 분담하는 형태로 운영되는 법률사무소는 하나의 변호사로 본다.
>
> ㄷ. 중재인으로 선정된 변호사는 중재인의 공정성과 독립성의 확보를 위하여 당해 사건과 무관한 것이라 하더라도 일방 당사자나 그 대리인의 의뢰로 사건을 수임하는 것은 원칙적으로는 허용될 수 없다.
>
> ㄹ. 수임하고 있는 사건의 상대방으로부터 다른 사건을 수임하는 것은 당해 사건과 관련이 없으므로 당해 사건 의뢰인의 동의 여부와 관계없이 수임할 수 있다.

① ㄱ, ㄷ   ② ㄴ, ㄷ

③ ㄴ, ㄹ   ④ ㄷ, ㄹ

[정답] ②

문 24.

A에게 상해를 가한 혐의로 기소된 B는 법무법인 L을 변호인으로 선임하였고, 법무법인 L은 구성원 변호사 甲과 구성원 아닌 소속 변호사 乙을 담당변호사로 지정하였다. 그런데 실제 변호업무는 乙이 맡아 수행하였다. B에 대한 형사사건이 종료된 이후 법무법인 L은 해산되었고, 甲은 개인 법률사무소를 개설하였다. 그 후 A는 대리인으로 甲을 선임하여 B를 상대로 상해를 원인으로 한 손해배상청구의 소를 제기하였는데, B는 甲이 자신에 대한 형사사건의 담당변호사였다는 사실을 알고 있었음에도 불구하고 사실심변론종결시까지 이의를 제기하지 않았다. 甲이 A를 대리하여 진행한 손해배상청구소송에서의 소송행위는 효력이 있는가? (다툼이 있는 경우 판례에 의함)

① 있다. 형사사건에서 수임 주체는 법무법인 L이었을 뿐 아니라 甲이 실질적으로 관여한 바도 없어서 수임제한 규정을 위반한 경우가 아니기 때문이다.
② 있다. 甲이 수임제한 규정을 위반한 것은 사실이나 B가 이와 같은 사실을 알고 있었음에도 사실심변론종결시까지 아무런 이의를 제기하지 아니하였기 때문이다.
③ 없다. 법무법인 L이 해산되고 甲의 B에 대한 수임사무도 이미 종료되었다고 하더라도 甲은 법무법인 L의 구성원 변호사였으므로 수임제한 규정을 위반한 경우에 해당하기 때문이다.
④ 없다. 손해배상청구소송은 선행된 형사사건과 실질적으로 동일한 쟁점을 포함하고 있는 민사사건으로서 수임제한 규정을 위반한 경우에 해당하기 때문이다.

[정답] ②

문 25.
변호사 업무의 광고에 관한 설명 중 옳지 않은 것은?
① 변호사 甲은 광고에 "100% 석방을 보장합니다."라는 문구를 사용할 수 없다.
② 변호사 甲은 신문에서 A가 B를 상대로 손해배상청구의 소를 제기하였다는 기사를 접하고, B의 동의를 받아 B를 방문한 자리에서 위 소송의 의뢰를 권유하는 내용의 광고를 할 수 있다.
③ 변호사 甲은 조세사건의 수임을 위하여 서울지방국세청 앞 도로가에 자신의 업무이력을 소개하는 현수막을 설치하여 광고할 수 있다.
④ 변호사 甲은 법률사무소 개업소연을 하면서 사무직원으로 하여금 사무실 앞 인도에서 어깨띠를 메고 확성기를 사용하도록 하여 법률사무소를 광고할 수 없다.

[정답] ③

문 26.
다음 중 변호사의 업무형태로 허용되는 것은?
① 법률소비자가 유료진화업체에 전화를 걸어 변호사를 선택하면 해당 변호사가 유료 법률상담을 하고, 변호사가 그 법률상담료 중 일정 비율의 돈을 유료전화업체에 법률상담 연결의 대가로 지급하는 경우
② 사무직원이 변호사의 이름으로 수임하여 업무를 처리하되, 수임료는 변호사와 사무직원이 일정 비율로 나누는 경우
③ 변호사가 신축된 아파트 단지 입주민 1인으로부터 하자보수 청구소송을 의뢰받아 소제기를 준비하던 중 다른 가구에도 하자가 발생한 사실을 알고, 그 아파트 입주민들에게

하자보수청구의 소를 권유하는 내용을 인터넷 웹사이트 상에 개설된 자신의 홈페이지에 게시하는 경우

④ 변호사가 구치소에 수감 중인 의뢰인을 접견하러 가면서 다른 수감자들을 대상으로 임의로 접견 신청하여 접견을 하는 방식으로 사건을 수임하는 경우

[정답] ③

문 27.
변호사가 아닌 자와의 동업을 금지하는 「변호사법」 제34조에 관한 설명 중 옳은 것은? (다툼이 있는 경우 판례에 의함)

① 「변호사법」 제34조는 법조계의 투명성과 도덕성을 보장하기 위한 것이 입법취지이기는 하지만, 직업선택의 자유를 침해하는 과잉입법으로서 위헌이다.

② 변호사가 자신의 사무직원에게 사건의 수임에 관하여 알선 등의 대가로 금품 등을 제공하거나 이를 약속하는 것은 금지되지 않는다.

③ 변호사와 변호사가 아닌 자가 동업으로 법률사무소를 개설·운영하여 수임료를 분배하는 것은 금지되지 않는다.

④ 변호사가 아닌 자에게 고용되어 법률사무소의 개설·운영에 관여한 변호사의 행위가 일반적인 형법 총칙상의 공모, 교사 또는 방조에 해당된다고 하더라도 이를 처벌하는 규정이 없는 이상 변호사를 변호사가 아닌 자의 공범으로서 처벌할 수는 없다.

[정답] ④

문 28.
변호사 甲은 A가 B에게 매도한 토지대금 중 잔금 2억 원 청구사건에 관한 전심급의 소송대리사무를 수임하고 착수금으로 300만 원을 지급받았으며, 성공보수금은 전부 승소시에 1,000만 원, 일부 승소시에는 1,000만 원을 기준으로 승소금액에 비례한 금액을 지급받기로 하되 A가 소제기 후 임의로 청구를 포기, 인낙, 화해를 하거나 소취하를 한 경우에는 전부 승소에 준하기로 약정하였다. 그 후 甲은 B에게 잔대금이행을 촉구하는 통고서와 협조요청 통고문을 발송하고, 관할경찰서에 A 명의의 고소장을 작성·제출하였다. 이러한 甲의 노력으로 소제기 전에 B로부터 2억 원을 지급받기로 하는 화해가 성립하였다. 이 경우 변호사의 보수에 관한 설명 중 옳은 것은? (다툼이 있는 경우 판례에 의함)

① 甲의 노력으로 토지잔금을 받게 된 것은 승소한 것과 같으므로, A는 당연히 위 약정에 따라 성공보수금을 지급하여야 한다.

② 甲과 A 사이에 소제기에 의하지 아니 한 사무처리에 관하여 보수약정을 한 바 없으므

로, 甲은 그 사무처리에 들인 노력에 상당한 보수의 지급을 청구할 수 없다.

③ 甲은 위임받은 본래의 소송사건 사무를 개시하기 전에 처리한 사무의 내용과 거기에 들인 노력에 상당한 보수를 청구할 수 있다.

④ 변호사가 소송사건 위임을 받으면서 지급받은 착수금은 일반적으로 위임사무의 처리비용조로 지급받는 것이므로 甲이 소송사건을 개시하기 전의 사무처리에 대한 보수는 위 착수금 300만 원과 별개로 산정하여야 한다.

[정답] ③

문 29.
변호사 보수에 관한 설명 중 옳은 것은? (다툼이 있는 경우 판례에 의함)

① 변호사가 사건을 수임할 경우 수임할 사건의 범위, 보수, 보수 지급방법, 보수에 포함되지 않는 비용 등을 명확히 서면으로 약정하지 않으면 효력이 없다.

② 2016년에 체결된 형사사건의 성공보수 약정은 의뢰인이 동의하더라도 효력이 없다.

③ 약정된 보수액이 부당하게 과다하면 신의성실의 원칙이나 형평의 원칙에 반하는 것으로서 보수 약정 전체가 무효로 된다.

④ 변호사는 명백하게 서면 약정을 하더라도 공탁금, 보증금, 기타 보관금 등을 보수로 전환할 수 없다.

[정답] ②

문 30.
다음 변호사의 행위 중 「변호사윤리장전」에 위배되는 것은?

① 변호사 甲은 민사사건의 의뢰인으로부터 사건을 수임하면서 착수금과 성공보수를 약정하였고 사건이 승소로 확정되었으나, 의뢰인이 착수금과 성공보수를 지급하지 않자 기존에 의뢰인이 법원에 공탁한 금액을 법원으로부터 회수하여 이를 착수금 및 성공보수와 상계하고 나머지는 의뢰인에게 돌려주었다.

② 변호사 乙은 민사사건의 의뢰인으로부터 사건 종료 후 성공보수를 받지 못할 것을 염려하여 승소를 하지 못하면 돌려주기로 하고 성공보수를 수령하였다.

③ 변호사 丙은 의뢰인과 보수에 대하여 사건의 난이도, 소요되는 시간, 의뢰인이 얻게 되는 경제적 이익 등을 감안하여 착수금을 약정하고, 사무처리비용으로 인지대, 송달료, 교통비, 관련 공무원과의 식사비용 등을 산정하여 약정하였다.

④ 변호사 丁은 의뢰인으로부터 약정한 착수금과 사무처리비용을 수령하였으나, 예상하지 못했던 지방 현장검증을 가야 할 상황이 발생하자 의뢰인에게 지방 출장에 따른 출장

비와 보수를 추가로 요구하였다.

[정답] ③

문 31.
변호사 甲은 A로부터 B를 상대로 손해배상청구의 소를 제기하고 상고심까지 수행해달라는 위임을 받아 소를 제기하였으나, 이미 A와 B 사이에 손해배상에 관한 합의가 성립된 사실이 드러나 제1심에서 패소판결을 선고받았다. 甲은 판결문을 송달받은 후 A에게 항소심에서도 승소하기는 어렵다는 의견을 밝혔으나, A는 그래도 상고심까지 소송을 진행해달라고 부탁하였다. 甲은 이후 승소하기 어려운 사건이라 생각하고 주의를 기울이지 못하던 중 항소제기기간이 도과하도록 항소장을 제출하지 않았다. 甲의 손해배상책임에 관한 설명 중 옳은 것은? (다툼이 있는 경우 판례에 의함)
 ① A가 이미 B와 손해배상에 관한 합의를 하였으므로 甲이 항소장을 제출하지 않고 항소제기기간을 도과하였더라도 선량한 관리자의 주의의무를 위반한 것은 아니다.
 ② 甲은 A가 제1심에서 B를 상대로 손해배상을 청구한 금액 전액을 A에게 배상하여야 한다.
 ③ 법원은 적법하게 항소가 제기되었더라면 항소심에서 어느 정도의 손해배상청구가 받아들여졌을지 심리한 후 A의 손해액의 범위를 결정하여야 한다.
 ④ 변호사선임비용과 관련한 A의 손해액은 甲이 A로부터 지급받은 변호사보수 전액이다.

[정답] ③

문 32.
경기중앙지방변호사회에 개업신고를 한 변호사 甲은 수원에 위치한 특허법인 P에 고용되었다. 이에 관한 설명 중 옳은 것은?
 ① 특허법인 P가 甲을 고용한 것만으로도 「변호사법」 위반이다.
 ② 甲은 특허법인 P의 지시가 있더라도 특허법인 P의 고객을 위한 조세불복신청사건을 수행할 수 없다.
 ③ 甲은 특허법인 P에 고용되었으므로 직무를 수행함에 있어 직업적 양심과 전문적 판단보다는 회사의 지침이 우선된다.
 ④ 甲에게는 변리사자격이 주어지기 때문에 변리사회에 등록하지 않더라도 甲은 특허출원대리 등 변리사업무를 할 수 있다.

[정답] ②

문 33.

변호사 甲은 뇌물사건 피의자 A의 변호인이다. A는 甲에게 B로부터 돈을 받았으나 그것이 뇌물은 아니라고 말했다. 그런데 甲은 A에게 뇌물을 주었다는 B의 진술에 상당한 신빙성이 있어 보였고 A가 거짓말을 하는 것처럼 생각되었다. 다만 수사기관이 확보한 증거 중에서 B의 진술 이외의 다른 증거는 압수할 당시 압수수색영장이 없었고 사후에도 압수수색영장을 발부 받지 않았기 때문에 증거능력이 없는 것으로 판단되었다. 그리고 B의 진술 역시 영장 없이 압수한 물건에 기초한 것이었다. 이에 관한 설명 중 옳은 것은?

① 甲이 비록 개인적으로 A가 B로부터 뇌물을 받았다고 생각하더라도 위법수집증거에 대한 변론을 통하여 A의 무죄를 주장하는 것은 「변호사윤리장전」에 위배되지 아니한다.

② 甲은 A가 유죄라고 생각하기 때문에 「변호사윤리장전」에 따라 A에 대한 변론을 포기하고 즉각 사임하여야 한다.

③ 변호사는 그 직무를 행함에 있어서 진실을 왜곡하거나 허위진술을 하지 아니할 의무가 있으므로, 甲은 A에게 진실을 밝힐 것을 요구하고, A가 불응할 경우 「변호사윤리장전」에 따라 사임하여야 한다.

④ A가 수사기관이 확보한 증거가 위법수집증거라고 주장하지 않는 이상 甲이 먼저 나서서 위법수집증거라고 주장할 필요는 없다.

[정답] ①

문 34.

변호사 甲은 A로부터, 변호사 乙은 A의 상대방 B로부터 이혼소송을 각각 수임하였다. 이 경우 甲의 행위 중 「변호사윤리장전」에 위반되지 않는 것은?

① 甲은 乙이 B의 일방적 주장을 그대로 준비서면에 기재하고 법정에서도 같은 주장을 하자, 법정에서 乙의 변론이 잘못되었음을 지적하며 乙이 다른 사건에서도 이런 식으로 일방적 주장을 한다며 乙을 비방하였다.

② 甲은 이혼소송 수행 중 B로부터 A를 잘 설득하여 이혼소송이 원만히 종결되도록 해달라는 부탁을 받고, B에게 이혼소송이 원만히 종결되면 약간의 사례금을 지급해 달라고 요구하였다.

③ B측 증인 C에 대한 증인신문을 앞두고 甲은 A가 C를 매수하여 A에게 유리한 증언을 하게 하려는 것을 알게 되었으나, 평소 B와 乙의 행태에 비추어 그대로 두면 C가 B에게 유리한 내용으로 위증할 가능성이 높다고 생각하여 A의 행위를 묵인하였다.

④ C에 대한 증인신문이 끝난 후 화가 난 A가 법원 건물 앞에서 B와 乙에게 "이런 사기꾼 같은 놈들"이라고 욕설을 하는 것을 보고 甲은 A를 제지하였다.

[정답] ④

문 35.
「변호사법」상 변호사의 겸직 제한에 관한 설명 중 옳은 것은?
① 주식회사의 사외이사는 상시 근무를 필요로 하지 아니하므로 소속 지방변호사회의 허가 없이 겸직할 수 있다.
② 주식회사는 영리법인이므로 변호사가 주식회사의 감사를 겸직하기 위해서는 소속 지방변호사회의 허가를 받아야 한다.
③ 학교법인의 이사장은 상시 근무를 필요로 하는 경우에도 소속 지방변호사회의 허가 없이 겸직할 수 있다.
④ 사립대학교수는 학교법인의 사용인이 되는 것이므로 소속 지방변호사회의 허가 없이 겸직할 수 없다.

[정답] ③

문 36.
법률사무소의 사무직원에 관한 설명 중 옳은 것은? (다툼이 있는 경우 판례에 의함)
① 변호사가 사무직원에게 법률사무소의 업무 전체가 아니라 일정 부분의 업무에 한하여서만 실질적으로 변호사의 지휘·감독을 받지 않고 사무직원의 책임과 계산으로 변호사 명의로 취급·처리하게 하였다면 「변호사법」 위반에 해당되지 않는다.
② 사기죄로 징역 1년에 집행유예 2년을 선고 받고 그 유예기간이 지나면 언제든지 사무직원으로 채용될 수 있다.
③ 변호사는 음주운전 사고로 해임된 전직 공무원을 해임 후 3년 이내라도 사무직원으로 채용할 수 있다.
④ 누구든지 법률사건 또는 법률사무의 수임에 관하여 당사자 기타 관계인을 사무직원에게 소개한 후 그 대가로 금품·향응 기타 이익을 받아서는 아니 되는데, 이 행위에 해당하려면 소개된 사무직원이 반드시 금품 등이 수수될 때까지 사무직원으로서의 지위를 유지하고 있어야 하는 것은 아니나 소개될 당시에는 사무직원이어야 한다.

[정답] ④

문 37.
변호사 甲의 법률사무소에 근무하는 사무직원 A는 甲의 부재 중 사무소를 찾아온 B와 이혼문제에 관한 법률상담을 하였다. 법률상담 후 B는 이혼의 실제 당사자는 자신이 아니라 C인데 C의 요청으로 자신이 먼저 법률상담을 받고 승소가능성을 알아보러 온 것이라고 하면서 C를 소개해주면 그 대가로 수임료 20%를 줄 수 있겠느냐고 물어보았다. 바로 답변하지 않으면 다른 법률사무소를 찾아가겠다는 B의 말에 A는 나중에 甲에게 보고

하기로 하고 B에게 수임료의 20%를 지급하겠다고 하였다. 이에 관한 설명 중 옳지 않은 것은? (다툼이 있는 경우 판례에 의함)

① 변호사가 아닌 사무직원 A가 약속을 하였다고 하더라도 약속한 사실만으로는 「변호사법」 위반으로 형사처벌되지 않는다.

② 나중에 A로부터 보고를 받은 甲이 이혼사건을 수임한 후 수임의 대가로 B에게 주는 것과는 별개로 A에게 수임료 중 일부를 알선료로 지급하였다면 甲과 A는 모두 「변호사법」 위반으로 형사처벌을 받을 수 있다.

③ 나중에 甲이 B에게 알선료를 지급하고 이혼사건을 수임하여 착수금과 성공보수금을 받게 된다고 하더라도 이는 범죄로 인하여 얻은 이익이라고 볼 수 없어 추징의 대상이 되지 않는다.

④ 사무직원 A가 상담과정 중에 알게 된 C의 비밀을 제3자에게 누설하였다면 甲은 C에 대하여 손해배상책임을 질 수 있다.

[정답] ①

문 38.
변호사 甲은 서울중앙지방법원에서 법관으로 재직하다가 2015. 3. 2. 퇴직한 후 법무법인 L의 구성원 변호사로 활동하던 중 2016. 2. 15. A로부터 서울중앙지방법원에 계속 중인 형사사건을 맡아달라는 의뢰를 받았다. 법무법인 L의 위 사건 수임 가부에 관한 설명 중 옳은 것은?

① 甲이 서울중앙지방법원에서 퇴직한 날부터 1년이 경과하지 않았으므로 법무법인 L은 위 사건을 수임하여서는 아니 된다.

② 법무법인 L이 위 사건을 수임하더라도 甲을 담당변호사로 지정하지 않으면 수임제한규정에 저촉되지 않는다.

③ 법무법인 L이 위 사건을 수임하더라도 사건수임계약서, 변호인의견서 등 소송관련서류에 甲을 담당변호사로 표시하지 않으면 수임제한규정에 저촉되지 않는다.

④ A가 甲과 「민법」 제767조에 따른 친족 관계에 있다면 법무법인 L이 위 사건을 수임하고 甲에게 사건의 처리를 맡겨도 된다.

[정답] ④

문 39.
「공익활동등에관한규정」에 따른 변호사의 공익활동에 관한 설명으로 옳지 않은 것을 모두 고른 것은?

> ㄱ. 공익적 성격을 가진 단체에 대하여 법률서비스를 제공하는 활동은 상당한 보수를 받는 경우에도 공익활동에 속한다.
> ㄴ. 지방변호사회가 설립한 공익재단에 대한 기부행위는 공익활동에 속한다.
> ㄷ. 대한변호사협회의 임원으로서의 활동은 보수 유무와 관계없이 공익활동에 속한다.
> ㄹ. 법령 등에 의해 관공서로부터 위촉받은 사항에 관한 활동은 상당한 보수를 받는 경우에도 공익활동에 속한다.

① ㄱ, ㄴ   ② ㄱ, ㄹ
③ ㄴ, ㄷ   ④ ㄴ, ㄹ

[정답] ②

문 40.

검사의 윤리에 관한 설명 중 옳은 것은? (다툼이 있는 경우 판례에 의함)

① 객관적으로 보아 검사가 당해 피의자에 대하여 유죄의 판결을 받을 가능성이 있다는 혐의를 가지게 된 데에 상당한 이유가 있는 때에는 후일 재판과정을 통하여 그 범죄사실의 존재를 증명함에 족한 증거가 없다는 이유로 그에 관하여 무죄의 판결이 확정되더라도, 검사의 판단이 경험칙이나 논리칙에 비추어 도저히 그 합리성을 긍정할 수 없는 정도에 이른 경우에만 불법행위의 귀책사유가 있다.

② 검사가 직무상의 의무를 위반하거나 직무를 게을리하였을 때에는 징계할 수 있지만, 검사가 직무와 상관없이 검사로서의 체면이나 위신을 손상하는 행위를 하였을 때에는 징계할 수 없다.

③ P지방검찰청 차장검사 甲은 고등학교 동창인 A로부터 부탁을 받고, 위 검찰청에서 수사 중인 A에 대한 사건의 증거 내역과 구속여부에 대한 수사검사의 의견을 알려주면서 구속을 피하기 어려워 보이니 자수하라고 조언하였다. 이 경우 甲이 A로부터 금품이나 향응 등의 이익을 받지 않았다면 甲의 행위는 검사 윤리에 위배되지 아니 한다.

④ 공판검사 乙은 공소유지업무를 수행하는 중에 피고인 B의 무죄를 입증할 수 있는 감정서를 국립과학수사연구원으로부터 제출받았으나, 위 감정서는 공소가 제기된 후 작성된 것이고, 수사검사로부터 법원에 제출해 달라는 요청을 받지도 않았다는 이유로 이를 법원에 제출하지 아니한 채 B에 대한 유죄의 구형을 하였다. 이러한 乙의 행위는 위법한 직무집행이 아니다.

[정답] ①

[제 8 회 법조윤리 기출문제]

법 조 윤 리

문 1.

「변호사법」에 따른 형사처벌을 받는 경우가 아닌 것은?

① 변호사 甲은 교통사고로 인한 손해배상사건을 유상으로 유치할 목적으로 사무직원 A를 종합병원의 응급실에 주재하게 하였다.

② 변호사 乙은 재판연구원으로 근무하던 중 재판장의 지시로 사기사건에 대한 기록을 검토하였는데, 재판연구원의 임기를 마친 후 변호사로 개업하여 위 사건의 피고인 B로부터 사건을 수임하였다.

③ 변호사 丙은 친구 C의 소개로 의뢰인 D로부터 공사대금청구사건을 수임하고 수임료 500만 원 중 50만 원을 C에게 소개비로 지급하였다.

④ 변호사 丁은 수사 중인 횡령사건을 수임한 후 수임제한을 회피하기 위하여 변호인선임서를 제출하지 않고 담당 검사실을 방문하여 위 사건의 피의자 E를 변호하였다.

[정답] ①

문 2.

변호사 징계정보의 공개 및 제공에 관한 설명 중 옳지 않은 것은?

① 대한변호사협회의 장은 징계처분정보를 징계처분의 확정일부터 2주일 이내에 인터넷 홈페이지에 게재하고 해당 징계처분의 확정일 이후 최초로 발간하는 대한변호사협회 발행 정기간행물에 게재하여야 한다.

② 영구제명이나 제명의 경우 징계처분정보를 최초 게재일부터 5년간 인터넷 홈페이지에 게재하여야 한다.

③ 해당 변호사와 면담하였거나 사건수임계약을 체결하는 등 변호사를 선임한 자뿐 아니라 선임하려는 자도 징계정보의 열람·등사를 신청할 수 있다.

④ 대한변호사협회의 장은 징계정보의 열람·등사 신청 목적이 변호사를 선임하기 위한 것이 아님이 명백한 경우에는 징계정보를 제공하지 아니할 수 있다.

[정답] ②

문 3.

외국법자문사와 합작법무법인에 관한 설명 중 옳은 것은?

① 외국법자문사는 외국변호사의 자격을 취득한 후 「외국법자문사법」에 따라 법무부장관으로부터 자격을 승인받은 사람을 말한다.

② 외국법자문사는 대한민국 법령에 관한 사무가 포함되더라도 국제중재사건의 대리 사무를 처리할 수 있다.

③ 합작법무법인은 외국법사무와 「외국법자문사법」에서 규정하는 국내법사무를 수행하기 위해 「외국법자문사법」에 따라 설립된 법인을 말한다.

④ 합작법무법인은 「외국법자문사법」 및 다른 법률에 저촉되지 아니하는 범위에서 노동분야 자문 사무를 처리할 수 있다.

[정답] ③

문 4.

지방변호사회와 대한변호사협회에 관한 설명 중 옳지 않은 것은?

① 등록이 취소된 변호사는 소속 지방변호사회를 당연히 탈퇴한다.

② 변호사 자격등록을 하지 않은 변호사에 대해서는 징계할 수 없다.

③ 지방변호사회의 회원은 당연히 대한변호사협회의 회원이 된다.

④ 대한변호사협회는 자율권이 인정되므로 총회의 결의 내용을 법무부장관에게 보고할 의무는 없다.

[정답] ④

문 5.

L법률사무소의 변호사 甲은 의뢰인 A로부터 민사사건을 수임하여 담당변호사로서 소송을 수행하는 과정에서 불법행위를 저질러 의뢰인 A에게 금전적인 손해를 발생시켰다. 이에 관한 설명 중 옳은 것은?

① L법률사무소가 공동법률사무소인 경우, 변호사 甲뿐만 아니라 L법률사무소에 속한 다른 변호사들도 무한연대책임을 부담한다.

② L법률사무소가 법무법인인 경우, 법무법인의 재산으로 법무법인의 채무를 완제할 수 없는 때에는 구성원 변호사 甲을 포함한 모든 구성원 변호사들은 연대하여 변제할 책임을 부담한다.

③ L법률사무소가 법무법인(유한)인 경우, 변호사 甲이 구성원 아닌 소속 변호사라면 甲은 손해배상책임을 부담하지 않고, 甲을 지휘·감독한 구성원 변호사가 손해배상책임을 부담한다.

④ L법률사무소가 법무조합인 경우, 변호사 甲이 구성원 변호사라면 甲을 포함한 모든 구
성원 변호사들은 조합재산의 범위 내에서 손해배상책임을 부담한다.

[정답] ②

문 6.
법무법인의 사무소에 관한 설명 중 옳지 않은 것은?
① 법무법인의 구성원과 구성원 아닌 소속 변호사는 법무법인 외에 따로 법률사무소를 둘
수 없다.
② 법무법인은 주사무소 이외에 분사무소를 둘 수 있으나, 주사무소에는 통산하여 5년 이
상 「법원조직법」 제42조 제1항에 따른 경력을 가진 변호사를 포함하여 구성원의 3분의
1 이상이 주재하여야 한다.
③ 법무법인의 분사무소는 시·군·구(자치구) 관할구역마다 1개를 둘 수 있으나, 주사무소
의 소재지인 시·군·구(자치구)에는 별개의 분사무소를 둘 수 없다.
④ 법무법인이 사무소를 개업 또는 이전하거나 분사무소를 둔 경우에는 지체 없이 주사무
소 소재지의 지방변호사회와 대한변호사협회를 거쳐 법무부장관에게 신고하여야 한다.

[정답] ③

문 7.
변호사와 의뢰인의 관계에 관한 설명 중 옳은 것을 모두 고른 것은?

> ㄱ. 지방변호사회는 변호사 선임의 편의를 도모하고 법률사건이나 법률사무 수임의 투명성
> 을 확보하기 위하여 회원들의 정보를 의뢰인에게 제공하여야 하는데, 제공해야 하는 정
> 보에는 회원들의 개인정보인 학력과 경력도 포함된다.
> ㄴ. 공직퇴임변호사는 퇴직일부터 2년 동안 수임한 사건에 관한 자료와 처리결과를 제출할
> 의무가 있는데, 수임사건이 형사사건인 경우에는 인신구속 여부도 기재하여야 한다.
> ㄷ. 변호사에게 「변호사법」에 따른 징계사유가 있는 경우 의뢰인이나 의뢰인의 법정대리인
> 은 소속 지방변호사회의 장에게 그 변호사에 대한 징계개시의 신청을 청원할 수 있으
> 나, 의뢰인의 직계친족 또는 형제자매는 징계개시의 신청을 청원할 수 없다.

① ㄴ   ② ㄱ, ㄴ
③ ㄱ, ㄷ   ④ ㄱ, ㄴ, ㄷ

[정답] ②

문 8.
「변호사윤리장전」 중 사건의 수임 및 처리에 관한 사항으로 옳지 않은 것은?
① 변호사는 해당 사건을 수사 중인 공무원과 친족관계에 있을 때는 이를 미리 의뢰인에게 알려야 한다.
② 변호사는 사무직원이 사건유치를 목적으로 변호사의 명예와 품위에 어긋나는 방법으로 예상 의뢰인과 접촉하는 행위를 하지 않도록 주의한다.
③ 변호사가 승소가능성이 낮은 사건을 수임하는 것은 위임의 목적이 현저히 부당한 사건의 수임에 해당되지 않는다.
④ 변호사는 의뢰인이 다른 변호사에게 해당 사건을 의뢰하는 것을 방해하지 아니한다.

[정답] ①

문 9.
「변호사법」상 변호사시험합격자의 수임제한 등에 관한 설명 중 옳지 않은 것은?
① 통산하여 6개월 이상 법률사무종사기관에서 법률사무에 종사하거나 연수를 마치지 아니하면 사건을 단독 또는 공동으로 수임할 수 없다.
② 최초로 단독 또는 공동으로 수임하는 경우에는 법률사무종사기관에서 법률사무에 종사하였다는 사실을 증명하는 확인서를 받아 지방변호사회를 거쳐 대한변호사협회에 제출하여야 한다.
③ 통산하여 6개월 이상 대한변호사협회에서 연수를 마친 경우에는 단독으로 법률사무소를 최초로 개설하거나 법무법인, 법무법인(유한) 또는 법무조합의 구성원이 되더라도 법률사무종사기관에서 법률사무에 종사한 사실을 증명하는 확인서를 제출할 필요가 없다.
④ 법률사무 종사 또는 연수 기간 중 법무법인에 취업한 자는 구성원 변호사와 함께 담당변호사로 지정될 수 있다.

[정답] ④

문 10.
변호사의 수임제한 등에 관한 설명 중 옳지 않은 것은? (다툼이 있는 경우 판례에 의함)
① 변호사가 민사사건에서 소송대리인으로서 소송행위를 하는 등 직무를 수행한 경우, 나중에 민사사건과 기초가 된 분쟁의 실체가 동일한 형사사건에서 위 민사사건의 상대방인 피고인을 위한 변호인으로 선임되어 변호 활동을 하는 것은 허용되지 않는다.
② 수임사건의 동일성은 소송물이 동일한지 여부나 그 절차가 같은 성질의 것인지 여부 등 객관적 원칙에 따라 일반적·추상적으로 판단되어야 한다.

③ 법무법인이 인가공증인으로서 법률행위에 관한 사실에 대한 공정증서를 작성한 사건을 수임 받아 소송에 관한 행위를 하면 형사처벌을 받는다.

④ 변호사가 의뢰인과 대립되는 상대방으로부터 사건수임을 위해 상담했을지라도, 오로지 상담을 이유로 수임이 제한되는 것은 아니다.

[정답] ②

문 11.

변호사의 수임제한에 관한 설명 중 옳은 것은?

① 법관으로 퇴직한 공직퇴임변호사는 수임제한기간 중에도 국선변호 등 공익목적의 수임은 할 수 있다.

② 변호사는 명백한 사항들과 관련된 증언을 하는 경우라도 스스로 증인이 되어야 할 사건을 수임하지 아니한다.

③ 법무법인의 특정 변호사에게 상대방 또는 상대방 대리인과 친족관계에 해당되는 사유가 있으면 그 법무법인은 해당 사건을 수임할 수 없다.

④ 변호사는 공정을 해할 우려가 있을 때에는 법률자문을 맡고 있는 민간기업체의 사건을 수임하지 아니한다.

[정답] ①

문 12.

변호사와 의뢰인의 관계에 관한 설명 중 옳은 것을 모두 고른 것은?

> ㄱ. 변호사는 사건을 수임할 경우에는 반드시 서면으로 수임계약을 체결하여야 한다.
> ㄴ. 변호사는 사건을 수임하지 않음으로써 오히려 의뢰인에게 불리한 영향을 미치는 경우에는 스스로 증인이 되어야 할 사건을 수임할 수 있다.
> ㄷ. 변호사는 사건과 관련하여 본인이 제공한 법률사무의 내용에 관해 증언을 하는 경우에는 스스로 증인이 되어야 할 사건을 수임할 수 있다.
> ㄹ. 변호사는 그가 속한 법무법인 등의 다른 변호사가 증언함으로써 의뢰인의 이익이 침해되거나 침해될 우려가 있는 경우에는 당해 사건에서 변호사로서 직무를 수행하지 아니한다.

① ㄱ, ㄷ   ② ㄴ, ㄹ

③ ㄷ, ㄹ   ④ ㄴ, ㄷ, ㄹ

[정답] ④

304 … 제 8 회 법조윤리 기출문제

문 13.
변호사가 사건을 수임함에 있어 관계되는 의뢰인들이 모두 동의하고 의뢰인의 이익이 침해되지 않는다는 합리적 사유가 있을 때에만 수임할 수 있는 경우에 해당되는 것은?
① 수임하고 있는 사건의 상대방이 위임하는 다른 사건
② 상대방의 대리인과 친족관계에 있는 경우
③ 현재 수임하고 있는 사건과 이해가 충돌하는 사건
④ 동일한 사건에 관하여 상대방을 대리하고 있는 경우

[정답] ③

문 14.
변호사 甲은 X주식회사를 대리하여 Y주식회사를 상대로 대여금청구소송을 수행하고 있다. 그러던 중 X주식회사의 대표이사인 A가 술자리에서 Y주식회사의 전무인 B를 폭행한 혐의로 공소제기되었고, B는 甲을 대리인으로 선임하여 A를 상대로 불법행위로 인한 손해배상청구소송을 제기하려고 한다. 이에 관한 설명 중 옳은 것은?
① 甲은 손해배상청구사건을 수임할 수 없으나 X주식회사의 승낙이 있으면 수임할 수 있다.
② 甲은 손해배상청구사건을 수임할 수 없으나 A의 승낙이 있으면 수임할 수 있다.
③ X주식회사와 대표이사 A는 실질적으로 동일한 주체라고 할 수 있으므로 甲은 손해배상청구사건을 수임할 수 없다.
④ X주식회사와 대표이사 A는 별개의 법적 주체이므로 甲은 손해배상청구사건을 수임할 수 있다.

[정답] ④

문 15.
「변호사법」상 변호사의 겸직 제한에 관한 설명 중 옳지 않은 것은?
① 변호사는 공공기관에서 위촉하는 업무를 수행할 때는 겸직허가를 받아야 한다.
② 변호사는 보수를 받으며 상시근무가 필요한 국립 경찰대학 전임교원을 겸직할 수 없다.
③ 변호사는 소속 지방변호사회의 허가 없이 법무법인의 구성원이 될 수 있다.
④ 휴업한 변호사는 소속 지방변호사회의 허가 없이 상업사용인이 될 수 있다.

[정답] ①

문 16.

변호사의 비밀유지의무에 관한 설명 중 옳지 않은 것은?

① 폐업신고를 한 변호사라도 직무상 알게 되었던 비밀을 누설하여서는 아니 된다.

② 변호사는 직무상 알게 된 의뢰인의 비밀을 부당하게 이용하여서는 아니 된다.

③ 변호사가 외부에 공개해서는 아니 되는 의뢰인이 제공한 문서 또는 물건은 직무와 관련하여 제출받은 것이어야 한다.

④ 변호사는 업무상 위탁을 받아 보관하는 물건이 타인의 비밀에 관한 것이라면 그 타인의 승낙이 있는 경우에 한하여 압수를 거부할 수 없다.

[정답] ④

문 17.

甲은 2014. 2.경부터 서울중앙지방검찰청 검사로 근무하다가 2016. 1. 5. 사직하고 2016. 2.경부터 L법무법인에서 변호사로 근무하게 되었다. L법무법인은 甲과 사실혼 관계에 있는 A가 서울중앙지방법원에 공소제기된 사기사건을 2016. 9. 1. 수임하였다. 한편 L법무법인은 B로부터 소유권이전등기말소청구사건을 수임하여 C를 상대로 소송을 수행하고 있었는데, C는 L법무법인이 특허소송에서 최고라고 생각하여 L법무법인을 특허무효소송의 대리인으로 선임하고자 한다. L법무법인으로부터 이 이야기를 전해 들은 B의 처 D는 이에 대해 동의하였다. 이에 관한 설명 중 옳지 않은 것은?

① 변호사 甲이 서울중앙지방검찰청 검사로 퇴직한 날부터 1년이 경과하기 전이라도 L법무법인은 위 사기사건을 수임할 수 있다.

② 사건당사자와 변호사가 「변호사법」상 특수한 관계에 있는 경우에는 공직퇴임변호사의 수임제한규정이 적용되지 않으므로 L법무법인은 甲과 사실혼 관계에 있는 A의 사건을 수임하여 甲을 담당변호사로 지정할 수 있다.

③ 소유권이전등기말소청구소송과 특허무효소송의 담당변호사가 다르더라도 수임제한사유유무는 L법무법인 전체를 기준으로 판단하여야 한다.

④ L법무법인은 B가 동의한 경우에는 특허무효소송을 수임할 수 있으나 B의 처 D의 동의만으로는 수임할 수 없다.

[정답] ②

문 18.

변호사와 의뢰인의 관계에 관한 설명 중 옳은 것을 모두 고른 것은? (다툼이 있는 경우 판례에 의함)

ㄱ. 변호사는 민법상의 임의대리인과 마찬가지로 의뢰인의 승낙이 있거나 부득이한 사유가 있는 때가 아니면 복대리인을 선임하지 못한다.

ㄴ. 민법상 위임계약은 무보수가 원칙이나 변호사와의 위임계약에서는 당사자 사이에 무보수로 한다는 특약이 없는 이상 응분의 보수를 지급하기로 하는 묵시적 약정이 있는 것으로 해석된다.

ㄷ. 형사사건의 경우 피고인 또는 피의자, 피고인 또는 피의자의 법정대리인·배우자·직계친족·형제자매·고용주는 변호인을 선임할 수 있다.

ㄹ. 본안소송을 수임한 변호사가 그 소송을 수행함에 있어 가처분 등 보전처분에 관한 소송행위를 할 수 있는 소송대리권까지 갖게 되었다면, 별도로 위임을 받은 바 없다고 하더라도 가처분 신청 등 의뢰인의 권리를 보전함에 필요한 조치를 하여야 한다.

① ㄱ, ㄴ
② ㄱ, ㄷ
③ ㄱ, ㄴ, ㄹ
④ ㄴ, ㄷ, ㄹ

[정답] ①

문 19.
법무법인의 책임에 관한 설명 중 옳지 않은 것은? (다툼이 있는 경우 판례에 의함)
① 법무법인의 대표변호사 甲은 업무집행 중 불법행위를 한 경우에만 법무법인과 연대하여 손해배상책임을 부담하고, 소송위임계약상의 채무불이행으로 인한 손해배상책임에 대해서는 연대책임을 부담하지 않는다.
② 법무법인의 구성원이 아닌 변호사 乙이 의뢰인에게 자기를 법무법인의 구성원이라고 오인시키는 행위를 하였을 때에는 오인으로 인하여 법무법인과 거래한 의뢰인에 대하여 법무법인의 구성원 변호사와 동일한 책임을 진다.
③ 법무법인의 구성원 변호사 丙은 탈퇴하더라도 그 등기를 하기 전에 생긴 법무법인의 채무에 대하여는 등기 후 2년 내에는 다른 구성원 변호사와 동일한 책임이 있다.
④ 법무법인의 성립 후에 가입한 구성원 변호사 丁은 가입한 이후에 발생한 법무법인의 채무에 대하여 책임을 부담할 뿐이고, 그 가입 전에 생긴 법무법인의 채무에 대해서는 연대책임을 부담하지 않는다.

[정답] ④

문 20.
변호사와 의뢰인의 관계에 관한 설명 중 옳은 것을 모두 고른 것은? (다툼이 있는 경우 판례에 의함)

ㄱ. 아직 수사나 공판 등 형사절차가 개시되지 않아 피의자 또는 피고인에 해당한다고 볼 수 없는 사람이 일상적 생활관계에서 변호사와 상담한 법률자문에 대하여도 변호인의 조력을 받을 권리의 내용으로서 그 비밀의 공개를 거부할 수 있는 의뢰인의 특권을 도출할 수 있다.

ㄴ. 피사취수표와 관련된 본안소송을 위임받은 변호사는 사고신고담보금에 대한 권리보전조치의 위임을 받지 않았다면 사고신고담보금에 대한 권리보전조치로서 지급은행에 소송계속중임을 증명하는 서면을 제출해야 할 의무가 없다.

ㄷ. 변호사는 의뢰인의 재산 등 권리의 옹호에 필요한 조치를 취할 의무가 있으므로, 공사대금과 관련한 사기사건의 피해자로부터 형사고소사건만을 수임한 변호사가 의뢰인의 공사대금채권을 확보하기 위하여 피고소인들의 재산 등에 대한 보전처분의 신청을 하지 않은 것은 선량한 관리자의 주의의무를 위반한 것이다.

ㄹ. 소송위임계약과 관련하여 위임사무처리 도중에 수임인의 귀책사유로 신뢰관계가 훼손되어 더 이상 소송위임사무를 처리하지 못하게 됨에 따라 계약이 종료되었다면 위임인은 계약 종료 당시까지 이행한 사무처리 부분에 대한 보수지급의무가 없다.

① ㄴ   ② ㄱ, ㄴ
③ ㄱ, ㄹ   ④ ㄴ, ㄷ

[정답] ①

문 21.

변호사 업무광고로 허용되는 것은?

① 변호사 甲은 시내버스 외부에 법률사무소 광고를 하였다.

② 변호사 乙은 유료 법률상담 전화를 이용한 상담을 하면서 운영업체에 상담료의 일정 비율을 중개료로 지급하였다.

③ 변호사 丙은 구청에서 실시하는 무료 법률상담에 참여하여 상담하는 동안 상담실 바깥 탁자에 명함을 놓아두어 민원인들이 가져갈 수 있게 하였다.

④ 변호사 丁은 과거 의뢰인이었던 회사의 법무팀 직원이 다른 회사의 법무팀장이 된 것을 알고 전화를 걸어 법률사무소 홍보를 하였다.

[정답] ④

문 22.

변호사의 비밀유지의무에 관한 설명 중 옳은 것을 모두 고른 것은?

ㄱ. 「변호사윤리장전」에 의하면 변호사는 공무를 수행하면서 알게 된 정부기관의 비밀을 의뢰인의 이익을 위한 경우에 한하여 최소한의 범위에서 이용할 수 있다.

ㄴ. 「형사소송법」에 의하면 의뢰인은 변호사에게 업무상 위탁을 받은 관계로 알게 된 비밀에 대하여 증언거부권을 포기하고 증언할 것을 승낙할 수 있다.

ㄷ. 「민사소송법」은 변호사의 증언 거부의 예외사유로 '비밀을 지킬 의무가 면제된 경우'를 규정하고 있을 뿐 '중대한 공익상의 이유'를 명시하고 있지 않다.

ㄹ. 「변호사윤리장전」에 의하면 의뢰인이 직무수행상 과실을 이유로 손해배상청구를 한 경우 변호사는 그 재판과정에서 자신을 방어하기 위하여 필요한 경우에는 최소한의 범위에서 의뢰인의 비밀을 공개할 수 있다.

① ㄴ, ㄹ   ② ㄷ, ㄹ

③ ㄱ, ㄴ, ㄷ   ④ ㄴ, ㄷ, ㄹ

[정답] ④

문 23.

변호사 업무광고로 허용되는 것은?

① 변호사 甲은 「변호사 전문분야 등록에 관한 규정」에 따라 형사법을 전문분야로 등록한 후 '형사법 분야의 국내 최고 전문 변호사'라고 지역신문에 광고하였다.

② 변호사 乙은 관할구청의 허가를 받아 도로 현수막 게시대에 주요 취급업무, 사무실 위치 및 전화번호 등의 내용이 적힌 현수막을 설치하였다.

③ 변호사 丙은 지역신문에 광고하면서 법관 경력을 기재하였다.

④ 변호사 丁은 미국 캘리포니아 주 변호사 자격을 취득한 후 자신을 국제변호사로 소개하는 내용의 광고를 하였다.

[정답] ③

문 24.

변호사 업무광고에 관한 설명 중 옳은 것을 모두 고른 것은?

ㄱ. 변호사 甲은 유료 법률상담에 관한 사항은 광고할 수 있으나, 제 3 자의 영리를 위한 사업의 일환으로 운영되는 법률상담에 참여하는 경우에는 그 법률상담에 관한 광고는 할 수 없다.

ㄴ. 변호사 乙이 '전년도 승소율 90%' 라는 표현을 사용하여 광고를 한 경우, 그 광고 내용이 사실이라도 「변호사법」 위반으로 형사처벌의 대상이 된다.

ㄷ. 변호사 丙이 고객 유치 목적으로 개업연, 기타의 연회, 협찬의 방식으로 자기의 업무에

관한 정보를 제공한다면 그 광고는 변호사의 품위를 훼손할 우려가 있어 「변호사업무 광고규정」에 위반된다.
ㄹ. 공직퇴임변호사인 변호사 丁의 경우 수임제한기간 1년이 지난 후에도 수임제한의 해제에 관한 광고는 할 수 없다.

① ㄱ, ㄴ
② ㄱ, ㄹ
③ ㄷ, ㄹ
④ ㄱ, ㄴ, ㄹ

[정답] ②

문 25.
서울 서초구에 법률사무소를 둔 변호사 甲은 2016. 1. 3. 의뢰인 A로부터 서울중앙지방법원 관할의 형사사건과 민사사건을 수임하면서 형사사건에 대하여는 서면으로 착수금과 성공보수약정을 하였다. 그리고 민사사건에 대하여는 추후 수임료를 정하기로 하고, 소송비용만 일단 甲이 먼저 지출하고 나중에 A가 이를 甲에게 지급하는 것으로 구두 약정하였다. 甲이 위 각 사건을 수임한 후 형사사건은 A에 대하여 추가로 기소된 사건과의 병합을 위해 부산지방법원으로 이송되었다. 甲은 A로부터 의뢰받은 민사사건에서 승소하여 상대방으로부터 공탁금을 수령하여 보관하고 있고, 형사사건도 무죄판결을 이끌어 내었다. 이에 관한 설명 중 옳지 않은 것은? (다툼이 있는 경우 판례에 의함)
① 변호사 甲은 위 민사사건에서 A와 수임료를 구체적으로 합의하지 않더라도 상당하다고 인정되는 보수를 A에게 청구할 수 있다.
② 변호사 甲은 A로부터 의뢰받은 형사사건에 대하여 A에게 성공보수를 청구할 수 없다.
③ 변호사 甲은 서면약정 없이는 A에게 반환할 공탁금을 자신이 A로부터 아직 지급받지 못한 소송비용 관련 채권과 상계할 수 없다.
④ 변호사 甲은 A에게 형사사건의 관할법원 변경으로 인해 추가로 발생하는 시간과 노력을 고려하여 수임료의 추가 지급을 요구할 수 있다.

[정답] ③

문 26.
변호사의 사건수임에 관한 설명 중 옳은 것은? (다툼이 있는 경우 판례에 의함)
① 변호사 아닌 자가 법률사건을 변호사에게 알선하고 그 대가를 지급받았다고 하더라도 변호사와 의뢰인 사이에 위임계약이 성립하지 않았다면 「변호사법」 위반이 아니다.
② 변호사가 법률사건을 다른 변호사에게 알선하고 그 대가를 지급받은 것은 「변호사법」 위반이 아니다.

③ 법률사건 또는 법률사무의 알선에 대한 대가로서의 금품 지급에 관한 약속은 그 방법에 아무런 제한이 없고, 반드시 명시적일 필요도 없다.

④ 변호사가 자신의 법률사무소 사무직원의 알선으로 사건을 소개받았다면 의뢰인으로부터 받은 수임료는 「변호사법」에서 금지하는 알선대가이므로 몰수·추징의 대상이 된다.

[정답] ③

문 27.
변호사 甲은 고객들에게 자신의 법률사무소 명칭이 기재된 연하장을 우편으로 보내면서 '부동산법 일반'에 관한 세미나에 참석을 부탁하는 안내문을 함께 송부하였다. 또한 甲은 위 안내문을 법률사무소 인근 아파트 단지 주민들에게 우편으로 발송하였고, 우편 발송이 어려운 아파트 단지에는 개별 방문하여 안내문을 배포하였다. 한편 甲은 현재 재건축과 관련하여 분쟁이 진행 중인 X아파트 재건축조합에 "귀하의 아파트 재건축 분쟁사건을 담당하고 있는 변호사 乙, 丙보다 제가 재건축업무를 더 잘하며, 乙, 丙이 상대방을 대리한 소송에서도 모두 승소하였습니다."라는 내용의 홍보성 우편물을 발송하였다. 이에 관한 설명 중 옳은 것은?

① 변호사 甲이 고객에게 연하장을 보낸 것은 친분에 의한 것이므로 광고에 해당하지 않는다.

② 변호사 甲이 인근 아파트 주민들에게 세미나 안내문을 우편으로 발송하는 것은 소속 지방변호사회의 허가를 받으면 허용된다.

③ 변호사 甲이 아파트 주민을 개별 방문하여 세미나 안내문을 배포하는 것은 해당 주민의 동의가 있으면 허용된다.

④ 변호사 甲이 변호사 乙, 丙과 자신을 비교하는 내용의 홍보성 우편물을 발송하는 것은 소속 지방변호사회의 허가를 받으면 허용된다.

[정답] ③

문 28.
변호사 보수에 관한 설명 중 옳지 않은 것은? (다툼이 있는 경우 판례에 의함)

① 수인의 공동당사자가 변호사에게 소송대리를 위임한 경우 그 보수금 지급 채무에 있어서는 특별한 약정이 없는 한 각자가 분할채무를 부담한다.

② 주식회사의 대표이사가 회사를 위한 탈세행위로 인하여 형사재판을 받을 경우 그 대표이사가 변호사 보수를 회사자금으로 지급하더라도 횡령죄에 해당되지 않는다.

③ 선정당사자가 선정자로부터 별도의 수권 없이 변호사 보수에 관한 약정을 하였다면 선정자들이 이를 추인하는 등의 특별한 사정이 없는 한 선정자에 대하여 효력이 없다.

④ 변호사의 보수를 결정할 때 변호사의 경험과 능력도 고려 대상이므로 검사로 장기간 근무한 경력이 있다면 그 점도 보수 결정에 반영될 수 있다.

[정답] ②

문 29.
변호사 甲은 의뢰인 A와 구상금청구의 항소사건만으로 수임 범위를 한정하는 소송위임계약을 체결하였고, 그 위임계약서에는 "의뢰인이 임의로 청구의 포기 또는 인낙, 화해하거나 소를 취하하는 경우 전부 승소한 것으로 본다."라는 승소간주 조항이 부동문자로 인쇄되어 있다. 또한 위 계약의 특약사항으로 "1) 착수금은 계약 당일 변호사 甲이 정한 계좌로 입금한다. 2) 착수금은 어떠한 일이 있어도 반환하지 않는다. 3) 성공보수는 상고심 결과와 관계없이 당해 항소사건의 판결선고 시에 지급한다."라는 내용이 포함되어 있다. 이에 관한 설명 중 옳은 것을 모두 고른 것은? (다툼이 있는 경우 판례에 의함)

ㄱ. 변호사 甲의 귀책사유로 계약이 종료되었더라도 위임계약에 있는 특약사항에 따라 의뢰인 A는 착수금을 반환받을 수 없다.
ㄴ. 부동문자로 인쇄된 승소간주 조항은 의뢰인 A에게 부당하게 불리한 약관 조항이므로 무효이다.
ㄷ. 변호사 甲이 항소심에서 승소판결을 받았지만 대법원이 당해 항소심 판결을 파기환송하는 경우에는 항소심 재판이 다시 진행되므로 甲은 성공보수를 받을 수 없다.
ㄹ. 의뢰인 A가 위임계약일부터 일주일이 지나도록 착수금을 지급하지 않고 있는 경우 변호사 甲은 법원에 위임장을 제출하지 않았더라도 의뢰인 A에게 착수금을 청구할 수 있다.

① ㄱ, ㄴ
② ㄱ, ㄷ
③ ㄴ, ㄹ
④ ㄷ, ㄹ

[정답] ③

문 30.
변호사의 직무와 그 한계에 관한 설명 중 옳지 않은 것은? (다툼이 있는 경우 판례에 의함)
① 법무법인이 직접 인터넷사이트를 개설한 후 업무담당 변호사를 지정하여 그 담당변호사로 하여금 위 인터넷사이트를 통하여 법무법인의 명의로 온라인 유료 법률상담을 하게 하는 것은 법무법인의 업무집행방법에 관한 「변호사법」 위반이다.
② 「변리사법」상 변리사 자격을 가진 변호사가 변리사로서 변리사 업무를 시작하기 위해서는 특허청장에게 등록하여야 한다.

③ 변호사의 자격이 있는 자는 세무사의 자격을 가지나, 세무사 자격시험에 합격하지 않은 변호사는 비록 세무사 자격이 있더라도 「세무사법」(2003. 12. 31. 법률 제7032호) 부칙 제2조 제1항의 적용대상에 해당하지 않는 이상 세무사등록부에 세무사로 등록할 수 없다.

④ 「세무사법」에 따라 세무사 등록을 할 수 있는 변호사가 법무법인의 구성원 또는 소속 변호사로 근무하는 것은 세무사 등록 거부사유인 '영리를 목적으로 하는 법인'의 업무 집행사원·임원 또는 사용인이 되어 영리 업무에 종사하는 경우에 해당하지 않는다.

[정답] ①

문 31.
변호사 윤리에 관한 설명 중 옳지 않은 것을 모두 고른 것은? (다툼이 있는 경우 판례에 의함)

> ㄱ. 주택인도사건을 수임한 변호사는 의뢰인의 이익을 위하여 소송지연만을 목적으로 하는 소송행위를 할 수 있다.
> ㄴ. 변호사는 의뢰인과 직무와 관련한 분쟁이 발생하였을 경우 대한변호사협회의 조정을 통하여 분쟁을 해결하도록 노력한다.
> ㄷ. 변호사는 전문적 지식과 경험을 가지고 수임한 사무를 처리하여야 하므로 의뢰인으로 부터 독립하여 직무를 수행하나, 예외적으로 의뢰인의 지휘·감독을 받을 때에는 사용 자와 피용자의 관계일 수도 있다.
> ㄹ. 대한변호사협회에 개업신고를 한 65세 미만의 등록 회원은 의무연수를 받아야 한다. 다만, 대한변호사협회는 의무전문연수에 한하여 그 대상을 60세 미만으로 하향 조정할 수 있다.

① ㄱ, ㄴ   ② ㄱ, ㄹ
③ ㄷ, ㄹ   ④ ㄱ, ㄴ, ㄹ

[정답] ①

문 32.
변호사 윤리에 관한 설명 중 옳지 않은 것은? (다툼이 있는 경우 판례에 의함)

① 변호사가 아닌 자에게 고용되어 법률사무소의 개설·운영에 관여한 변호사는 변호사가 아닌 자의 공범으로 처벌될 수 있다.

② 변호인이 신체구속을 당한 사람에게 법률적 조언을 하는 것은 그 권리이자 의무이므로 변호인이 적극적으로 피고인 또는 피의자로 하여금 허위진술을 하도록 하는 것이 아니

라 단순히 헌법상 권리인 진술거부권이 있음을 알려 주고 그 행사를 권고하는 것을 변호사로서의 진실의무에 위배되는 것이라고는 할 수 없다.
③ 형사사건에서 성공보수약정은 수사·재판의 결과를 금전적인 대가와 결부시킴으로써, 기본적 인권의 옹호와 사회정의의 실현을 사명으로 하는 변호사 직무의 공공성을 저해하고, 의뢰인과 일반 국민의 사법제도에 대한 신뢰를 현저히 떨어뜨릴 위험이 있으므로, 선량한 풍속 기타 사회질서에 위배되어 무효이다.
④ 누구든지 법률사건의 수임에 관하여 당사자를 변호사 또는 그 사무직원에게 소개한 후 그 대가로 금품 기타 이익을 받아서는 아니 되는데, 이 행위에 해당하려면 소개된 사무직원이 반드시 금품 등이 수수될 때까지 사무직원으로서의 지위를 유지하고 있어야 하는 것은 아니지만 소개될 당시에는 사무직원이어야 한다.

[정답] ①

문 33.
공직퇴임변호사에 관한 설명 중 옳지 않은 것은?
① 수원지방검찰청 검사로 근무하다 퇴직한 변호사 甲이 퇴직한 지 3개월 만에 수원지방법원에 계속된 민사사건 중 수원지방변호사회가 공익 목적으로 지정한 개인회생사건을 통상 수임료의 3분의 1 가격으로 수임하는 것은 수임제한 규정에 위반된다.
② 대구지방경찰청장으로 퇴직한 변호사 乙은 퇴직 직후 L법무법인의 구성원이 되었다. 그로부터 10개월 뒤 대구지방검찰청이 처리하는 사건을 L법무법인이 수임하는 것은 수임제한 규정에 위반된다.
③ 변호사 丙은 판사로 재직 시 X회사의 회생절차 중 Y회사와 체결한 하도급계약에 관한 직무를 취급하였다. 丙이 변호사 개업 2년 후 X회사의 소송대리인으로 선임되어 X회사와 별도의 하도급계약을 체결한 Z회사를 상대로 소송을 진행하더라도 수임제한 규정에 위반되지 않는다.
④ 서울고등법원 판사로 근무하다 퇴직한 변호사 丁은 퇴직 후 1년간 서울고등법원이 처리하는 사건을 수임할 수 없으나 서울중앙지방법원이 처리하는 사건은 기간제한 없이 수임할 수 있다.

[정답] ②

문 34.
「변호사법」상 법조윤리협의회에 관한 설명 중 옳지 않은 것은?
① 위원장은 대한변호사협회의 장이 지명하거나 위촉하는 위원 중에서 재적위원 과반수의

동의로 선출한다.

② 위원장은 특정변호사에게 위법의 혐의가 있는 것을 발견하였을 때에는 지방검찰청 검사장에게 그 변호사에 대한 수사를 의뢰할 수 있다.

③ 퇴직공직자가 법무법인에 취업한 때에는 법무법인은 취업일부터 2년 동안 취업한 퇴직공직자의 명단과 업무활동내역을 법조윤리협의회에 제출하여야 한다.

④ 공직퇴임변호사의 수임 자료와 처리 결과에 대하여 거짓 자료를 제출한 자에게는 과태료를 부과한다.

[정답] ③

문 35.

사내변호사에 관한 설명 중 옳은 것은?

> ㄱ. 변호사가 영리를 목적으로 하는 회사에 고용되어 근무를 하는 경우에는 전문연수를 받을 의무는 면제되지만 윤리연수를 받을 의무는 여전히 부담한다.
> ㄴ. 사내변호사는 「변호사법」에 따라 소속 지방변호사회의 감독을 받는다.
> ㄷ. 사내변호사를 고용한 회사는 사내변호사에게 다른 회사의 소송사건을 수임하여 수행하도록 명할 수 있고, 이 경우 그 회사는 다른 회사로부터 수임료를 직접 받을 수 있다.
> ㄹ. 사내변호사로서 겸직허가를 받은 이상 회사로부터 소송사건을 위임받더라도 소속 지방변호사회를 경유할 필요는 없다.

① ㄱ   ② ㄴ
③ ㄴ, ㄷ   ④ ㄴ, ㄹ

[정답] ②

문 36.

「법관윤리강령」에 위반되는 행위를 모두 고른 것은?

> ㄱ. 법관 甲은 자신이 소속한 학회의 발표의뢰를 받고 최근 선고된 다른 법원 하급심 판결에 관하여 학술 목적으로 학회에서 의견을 표명하였다.
> ㄴ. 법관 乙은 친구인 A의 토지소유권 관련 분쟁에 도움을 주기 위하여 분쟁상대방을 직접 만나 A를 위하여 협상하였다.
> ㄷ. 법관 丙은 친구인 B가 자신이 재직하고 있는 법원에서 재판을 받게 되자 B가 유리한 판결을 받게 하려고 해당 재판부 법관들의 성향에 대한 정보를 B에게 제공하였다.
> ㄹ. 법관 丁은 진행 중인 사건을 화해나 조정으로 해결하는 것이 보다 바람직하다고 판단하여 두 당사자를 법정이 아닌 판사실로 불러 면담을 하였다.

① ㄱ, ㄹ   ② ㄴ, ㄷ
③ ㄷ, ㄹ   ④ ㄴ, ㄷ, ㄹ

[정답] ②

문 37.

甲은 대전고등법원의 재판연구원으로 임용되어 위 법원 민사1부에서 근무하다가 2016. 12. 31. 퇴직하고 2017. 2. 1. L법무법인에 취업하였다. 이에 관한 설명 중 옳은 것은?

① 甲이 대전고등법원 민사1부에서 재판을 하고 판결을 선고한 사건에 재직 중 관여한 바가 없더라도 L법무법인이 그 사건의 상고대리인이 되는 것은 허용되지 않는다.

② 甲은 공직퇴임변호사에 해당되지 아니하므로 대전고등법원에 계속 중인 사건의 담당변호사로 지정될 수 있다.

③ 甲이 재판연구원에서 퇴직하고 변호사로 개업하면 수임사건 수와 관계없이 퇴직일부터 1년까지는 「변호사법」상 특정변호사에 해당한다.

④ 甲이 대전고등법원 민사1부에서 근무하는 동안 재판장의 지시로 특정사건을 검토한 후 보고서 작성에 그친 것이라면, 甲은 L법무법인에서 담당변호사로 그 사건을 처리할 수 있다.

[정답] ②

문 38.

검사의 직무윤리에 관한 설명 중 옳지 않은 것은?

① 검사는 자신이 취급하는 사건의 피의자나 피해자 등 사건 관계인 기타 직무와 이해관계가 있는 자와 정당한 이유 없이 사적으로 접촉하지 아니한다.

② 검사는 수사 등 직무와 관련된 사항에 관하여 검사의 직함을 사용하여 대외적으로 의견을 기고·발표하는 등 공표할 때에는 소속 기관장의 승인을 받는다.

③ 검사는 직무에 관한 상급자의 지휘·감독에 따라야 하지만 구체적 사건과 관련된 상급자의 지휘·감독의 적법성이나 정당성에 이견이 있을 때에는 절차에 따라서 이의를 제기할 수 있다.

④ 검사는 '취급 중인 사건의 사건 관계인과 친족관계에 있거나 그들의 변호인으로 활동한 전력이 있을 때' 이외의 친분 관계 기타 특별한 관계가 있는 경우에도 수사의 공정성을 의심받을 우려가 있다고 판단했을 때에는 그 사건을 회피하여야 한다.

[정답] ④

문 39.

변호사 甲은 승소가능성이 전혀 없는 조상 땅 찾기 소송에서 반드시 승소할 것처럼 의뢰인들을 기망하여 사건을 수임함으로써 변호사보수 상당의 금전을 편취하였다는 내용 등으로 사기 및 변호사법위반으로 공소제기되어 1심 및 2심에서 징역 1년에 집행유예 2년의 형을 선고받고 대법원에 상고하였다. 이에 관한 설명 중 옳은 것은?

① 대법원이 위 상고를 기각할 경우 형의 확정과 동시에 변호사 甲은 변호사 자격을 상실하고 대한변호사협회 등록심사위원회의 의결을 거쳐 등록이 취소된다.

② 변호사 甲이 위 형의 확정으로 변호사 등록이 취소된 경우 형의 확정일부터 5년이 경과하여야만 다시 변호사 등록을 할 수 있다.

③ 법무부장관은 상고심 재판 계속 중에도 등록취소의 가능성이 매우 크다는 이유만으로 변호사 甲에게 법무부징계위원회의 결정에 따라 업무정지명령을 할 수 있다.

④ 변호사 甲이 위 형의 확정으로 변호사 등록이 취소되었다가 재등록 후 직무 외 품위손상행위로 정직의 징계처분을 받고, 다시 「변호사법」을 위반하여 변호사로서의 직무를 수행하는 것이 현저히 부적당하다고 인정되는 경우에는 甲을 영구제명할 수 있다.

[정답] ①

문 40.

법무법인의 사건 수임 등에 관한 설명 중 옳은 것은?

① L법무법인의 구성원 아닌 변호사 甲이 국토교통부 중앙공동주택관리분쟁조정위원회의 조정위원으로서 A와 B 사이의 분쟁에 대한 조정업무를 처리하였더라도 L법무법인은 그 조정에 불복하여 제기한 소송을 수임할 수 있다.

② L법무법인의 구성원 변호사 乙은 공정거래위원회의 비상임위원을 겸직하고 있다. L법무법인은 구성원 변호사 丙을 담당변호사로 지정한다면 X회사로부터 공정거래위원회의 조사사건을 제한 없이 수임할 수 있다.

③ L법무법인의 구성원 변호사 丁은 C를 대리하여 D를 상대로 한 이혼소송 업무를 담당하고 있다. 한편 D가 E를 상대로 한 대여금반환청구 소송을 준비하면서 변호사 丁에게 수임을 부탁하는 경우 변호사 丁은 C의 동의를 받아야 수임할 수 있다.

④ L법무법인의 구성원 변호사 戊는 위 변호사 丁이 의뢰인 C와 관련하여 직무상 비밀유지의무를 부담하는 사항을 알게 된 경우, L법무법인이 해산되면 비밀유지의무로부터 벗어날 수 있다.

[정답] ③

저자약력

정 형 근(鄭 亨 根)
경희대 법대·동 대학원(법학박사, 행정법)
제34회 사법시험 합격(사법연수원 24기)
변호사
사법시험 출제위원(행정법)
9급, 7급 공무원시험 출제위원(행정법)
중앙행정심판위원회 위원
법무부 변호사제도개선위원회 위원
서울북부지방검찰청 정보공개심의회 위원
법조윤리협의회 자문위원
변호사시험 출제위원(공법)
법조윤리시험 출제위원
국민권익위원회 청탁금지법 자문위원
경희대학교 법학전문대학원 교수
        법학전문대학원 원장
        법무대학원 원장
        법과대학 학장

주요 저서
법조윤리강의, 박영사(2018, 제8판)
행정법, 피앤씨미디어(2018, 제6판)
기출 공법기록형, 피앤씨미디어(2018, 제3판)
행정법입문, 피앤씨미디어(2017, 제2판)
공법기록형 공법소송실무, 박영사(2016, 제5판)
변호사법주석, 피앤씨미디어(2016, 초판)
도로하자소송, 피앤씨미디어(2016, 초판)
공법선택형강의, 박영사(2013, 초판)
실전답안 행정법연습, 동방문화사(2012, 초판)

법조윤리강의—문제편

초판발행   2018년 7월 30일

지은이   정형근
펴낸이   안종만

편 집   김선민
기획/마케팅   손준호
표지디자인   권효진
제 작   우인도·고철민

펴낸곳   (주) 박영사
               서울특별시 종로구 새문안로3길 36, 1601
               등록 1959. 3. 11. 제300-1959-1호(倫)
전 화   02)733-6771
f a x   02)736-4818
e-mail   pys@pybook.co.kr
homepage   www.pybook.co.kr
ISBN   979-11-303-3239-0 93360

copyright©정형근, 2018, Printed in Korea

* 잘못된 책은 바꿔드립니다. 본서의 무단복제행위를 금합니다.
* 저자와 협의하여 인지첩부를 생략합니다.

정 가   28,000원